Contabilidade Avançada

Miguel Angelo Casagrande

CONTABILIDADE AVANÇADA

8ª Edição

Editora Central de Concursos Ltda.
São Paulo
2013

CASAGRANDE, Miguel Angelo
Contabilidade Avançada – Miguel Angelo Casagrande
São Paulo : Central de Concursos, 2013
380 p.; 21cm X 28cm.

1. Contabilidade Avançada 2. Matéria Básica

ISBN 978-85-85980-09-2

Solicitamos a gentileza de, ao término de seus estudos, preencher a carta-resposta que se encontra na última folha e entregá-la em qualquer agência dos Correios. Sua opinião é fundamental para que possamos trabalhar sempre de modo a atender, cada vez mais, às suas expectativas.

Atenciosamente,
Os Editores

editoracao@centraldeconcursos.com.br
www.centraldeconcursos.com.br

Eventuais erratas e complementos referentes a esta publicação estarão disponíveis em nosso site.

INDICAÇÃO DE ESTUDOS

A presente apostila está agora atualizada, revista e ampliada pelo **Professor Miguel Angelo Casagrande** e foi escrita com o objetivo de atender o programa básico da disciplina de Contabilidade Avançada exigido nos concursos da área fiscal, e servirá como importante material de apoio aos candidatos a Concursos Públicos Municipais, Estaduais e Federais.

Este material foi escrito em uma linguagem clara, didática e acessível, procurando explicar com atenção os principais pontos exigidos pelos examinadores na elaboração das provas. Tem o objetivo de fornecer ao leitor uma visão geral da Contabilidade Avançada, abordando, principalmente as exigências da Legislação Societária (Lei n. 6.404/76, alterada pela Lei n. 11.638/07 e Lei n. 11.941/09), Normas da Comissão de Valores Mobiliários - CVM, e do Conselho Federal de Contabilidade - CFC, quanto à forma de apresentação das Demonstrações Contábeis, equilibrando teoria com aplicação de exercícios práticos.

A Central de Concursos trabalha para desenvolver um material livre de erros e sempre atualizado (no que diz respeito a legislação), mas nem sempre conseguimos, sendo assim às vezes se faz necessário a elaboração de erratas, atualizações e complementos, disponíveis para consulta e impressão em nosso site *www.centraldeconcursos.com.br*, contamos com a sua compreensão.

Ao final de cada capítulo, você encontrará questões de provas de concursos anteriores.

A Central de Concursos agradece a colaboração do professor na alteração e atualização deste abrangente material e espera contribuir para que você, leitor, esteja na lista dos aprovados no próximo concurso.

Ótimos Estudos e Ótima Prova!

Departamento de Editoração
editoracao@centraldeconcursos.com.br

Autor e Revisor,

Miguel Angelo Casagrande, é bacharel em Ciências Contábeis e Jurídicas e Mestre em Contabilidade Avançada. Agente Fiscal de Rendas da Secretaria da Fazenda do Estado de São Paulo e professor universitário (Graduação, Lato Sensu - MBA e Cursos Preparatórios para Concursos Públicos), nas disciplinas de Contabilidade Geral, Comercial, Custos, Avançada e Análise de Balanços. Ex-professor da Escola Fazendária da Secretaria da Fazenda do Estado de São Paulo e autor do Livro Contabilidade Geral – Editora Cristã Ltda.

Sumário

1. Critérios de Avaliação do Ativo e Passivo

1. Ajuste a Valor Presente
2. CVM - Perguntas e Respostas

1. Ajuste a Valor Presente

Lei nº 6.404/76, após as alterações introduzidas pela Lei nº 11.638/07 e Lei nº 11.941/09

Art. 183. No balanço, os elementos do ativo serão avaliados segundo os seguintes critérios:

....

VIII – os elementos do ativo decorrentes de operações de longo prazo serão ajustados a valor presente, sendo os demais ajustados quando houver efeito relevante. *(Incluído pela Lei nº 11.638, de 2007)*

Art. 184. No balanço, os elementos do passivo serão avaliados de acordo com os seguintes critérios:

....

III – as obrigações, encargos e riscos classificados no passivo não-circulante serão ajustados ao seu valor presente, sendo os demais ajustados quando houver efeito relevante.

A Comissão de Valores Mobiliários através da Instrução CVM nº 469 de 02 de Maio de 2008 assim se manifestou sobre a implementação dos Ajustes a Valor Presente – AVP.

....

Art. 8º Os elementos integrantes do ativo e do passivo decorrentes de operações de longo prazo, ou de curto prazo quando houver efeitos relevantes, deverão ser ajustados a valor presente com base em taxas de desconto que reflitam as melhores avaliações atuais do mercado quanto ao valor do dinheiro no tempo e os riscos específicos do ativo e do passivo.

Os procedimentos técnicos a serem seguidos, para atendimento do dispositivo legal acima descrito, estão detalhados no Pronunciamento Técnico Contábil CPC 12 – Ajuste a Valor Presente, o qual tornou-se obrigatório conforme Resolução do Conselho Federal de Contabilidade (CFC) nº 1.151/09 e Deliberação da Comissão de Valores Mobiliários (CVM) nº 564/08 para as companhias abertas.

A mensuração contábil a valor presente deve ser aplicada no **reconhecimento inicial** de ativos e passivos, ou seja, ativos e passivos monetários com juros implícitos ou explícitos embutidos devem ser mensurados pelo seu valor presente quando do seu reconhecimento inicial, por ser este o valor de custo original dentro da filosofia de valor justo (*fair value*).

Apenas em certas situações excepcionais, como a que é adotada numa renegociação de dívida em que novos termos são estabelecidos, o ajuste a valor presente deve ser aplicado como se fosse nova medição de ativos e passivos.

As práticas contábeis adotadas no Brasil e o padrão internacional de contabilidade (*International Financial Reporting Standards* – IFRS) estabelecem a necessidade de apresentar, na data-base de cada balanço, determinados ativos e passivos por seu valor justo, bem como determinados ativos e passivos ajustados a valor presente.

É necessário observar que a aplicação do conceito de ajuste a valor presente nem sempre equipara o ativo ou o passivo a seu valor justo. Por isso, valor presente e valor justo não são sinônimos. Por exemplo, a compra financiada de um veículo por um cliente especial que, por causa dessa situação, obtenha taxa não de mercado para esse financiamento, faz com que a aplicação do conceito de valor presente com a taxa característica da transação e do risco desse cliente leve o ativo, no comprador, a um valor inferior ao seu valor justo; nesse caso prevalece contabilmente o valor calculado a valor presente, inferior ao valor justo, por representar melhor o efetivo custo de aquisição para o comprador. Em contrapartida o vendedor reconhece a contrapartida do ajuste a valor presente do seu recebível como redução da receita, evidenciando que, nesse caso, terá obtido um valor de venda inferior ao praticado no mercado.

A Lei das Sociedades por Ações após modificações introduzidas pela Lei nº 11.638/07, Lei nº 11.941/09 e definições retiradas do glossário das normas internacionais de contabilidade assim definiram Valor Justo *(fair value)* e Valor Presente *(present value)*:

1.1. Valor Justo (*fair value*) - é o valor pelo qual um ativo pode ser negociado, ou um passivo liquidado, entre partes interessadas, conhecedoras do negócio e independentes entre si, com a ausência de fatores que pressionem para a liquidação da transação ou que caracterizem uma transação compulsória. Tem como primeiro objetivo demonstrar o valor de mercado de determinado ativo ou passivo; na impossibilidade disso, demonstrar o provável valor que seria o de mercado por comparação a outros ativos ou passivos que tenham valor de mercado; na impossibilidade dessa alternativa também, demonstrar o provável valor que seria o de mercado por utilização do ajuste a valor presente dos valores estimados futuros de fluxos de caixa vinculados a esse ativo ou passivo; finalmente, na impossibilidade dessas alternativas, pela utilização de fórmulas econométricas reconhecidas pelo mercado.

1.2. Valor Presente (*present value*) - é a estimativa do valor corrente de um fluxo de caixa futuro, no curso normal das operações da entidade. Tem como objetivo efetuar o ajuste para demonstrar o valor presente de um fluxo de caixa futuro. Esse fluxo de caixa pode estar representado por ingressos ou saídas de recursos (ou montante equivalente; por exemplo, créditos que diminuam a saída de caixa futuro seriam equivalentes a ingressos de recursos). Para determinar o valor presente de um fluxo de caixa, três informações são requeridas: valor do fluxo futuro (considerando todos os termos e as condições contratados), data do referido fluxo financeiro e taxa de desconto aplicável à transação.

Sobre esse assunto, o Comitê de Pronunciamentos Contábeis, através da Orientação OCPC 02, esclareceu alguns pontos:

- O Ajuste a Valor Presente é obrigatório para todos os ativos e passivos não circulantes recebíveis ou exigíveis, e também para os circulantes se a diferença entre praticá-lo ou não for relevante para a avaliação da situação patrimonial ou do resultado. São excluídos o Imposto de Renda Diferido Ativo e Passivo e as contas que não tenham qualquer condição de fixação de data para sua liquidação ou realização por outra forma, ou em situação de contas correntes, certos tipos de mútuos etc.

- Como regra os valores transacionados em condições normais com instituições financeiras já estão a valor presente, não sendo necessário qualquer ajuste, desde que as apropriações dos respectivos rendimentos ou encargos financeiros venham sendo efetuadas pela taxa efetiva de juros (juros compostos), ou seja, que se esteja praticando o "custo amortizado" (amortização dos juros a apropriar por competência).

- Já no caso de transações que, mesmo mencionando expressamente a figura de juros, utilizem taxas visivelmente fora de mercado, os ajustes a valor presente por taxas efetivamente realistas da data da transação são obrigatórios. Mas deve ser entendido que certas taxas em certas situações são dadas como de mercado pela presença de apenas um tipo de instituição, como é o caso do BNDES no Brasil; nesse caso, não há ajustes a serem feitos porque os montantes devidos já devem estar registrados a valor presente, sobre o qual incidem os juros aplicáveis às respectivas transações.

- Há situações em que passivos são reconhecidos a preços atuais, mas para liquidação a médio ou longo prazo, como certas provisões. Os ajustes a valor presente são obrigatórios nesses casos, pelas taxas reais de desconto, já que os preços estão em moeda de agora (pagamento futuro, mas preços de agora). Se os valores registrados embutem inflação, a taxa de desconto precisa também incluir a inflação estimada.

- E os ajustes são, obviamente, mandatórios quando as transações não mencionam quaisquer encargos financeiros, como em certas transações de imóveis, de participações societárias e outras em que só têm valores fixos e datas determinadas para a liquidação financeira.

Do exposto, infere-se que os elementos integrantes do ativo e do passivo decorrentes de operações de longo prazo, ou de curto prazo quando houver efeito relevante, devem ser ajustados a valor presente com base em taxas de desconto que reflitam as melhores avaliações do mercado quanto ao valor do dinheiro no tempo e os riscos específicos do ativo e do passivo em suas datas originais.

O objetivo é dar um tratamento contábil aos juros embutidos nas transações efetuadas a prazo, de acordo com a sua natureza efetiva da transação, ou seja, deve-se contabilizar os juros embutidos, como resultado financeiro.

A quantificação do ajuste a valor presente deve ser realizada em base exponencial *pro rata die*, a partir da origem de cada transação, sendo os seus efeitos apropriados nas contas a que se vinculam.

Caso a taxa de juros não esteja claramente explícita ou indicada, o valor presente deverá ser estimado na data inicial da transação, a partir da taxa de juros de mercado para transações com prazo, riscos e natureza semelhantes.

As reversões dos ajustes a valor presente dos ativos e passivos monetários qualificáveis devem ser apropriadas como receitas ou despesas financeiras, a não ser que a entidade possa devidamente fundamentar que o financiamento feito a seus clientes faça parte de suas atividades operacionais, quando então as reversões serão apropriadas como receita operacional. Esse é o caso, por exemplo, quando a entidade opera em dois segmentos distintos: (i) venda de produtos e serviços e (ii) financiamento das vendas a prazo, e desde que sejam relevantes esse ajuste e os efeitos de sua evidenciação.

Quando aplicável, o custo de ativos não monetários deve ser ajustado em contrapartida; ou então a conta de receita, despesa ou outra conforme a situação. A esse respeito, uma vez ajustado o item não monetário, não deve mais ser submetido a ajustes subsequentes no que respeita à figura de juros embutidos. Ressalte-se que nem todo ativo ou passivo não monetário está sujeito ao efeito do ajuste a valor presente; por exemplo, um item não monetário que, pela sua natureza, não está sujeito ao ajuste a valor presente é o adiantamento em dinheiro para recebimento ou pagamento em bens e serviços.

Passivos não contratuais

Passivos não contratuais são aqueles que apresentam maior complexidade para fins de mensuração contábil pelo uso de informações com base no valor presente. Fluxos de caixa ou séries de fluxos de caixa estimados são carregados de incerteza, assim como são os períodos para os quais se tem a expectativa de desencaixe ou de entrega de produto/prestação de serviço. Logo, muito senso crítico, sensibilidade e experiência são requeridos na condução de cálculos probabilísticos para execução da tarefa.

O reconhecimento de provisões e passivos está disciplinado no ambiente contábil brasileiro. São contempladas as obrigações legais e as não formalizadas (estas últimas também denominadas pela Teoria Contábil Normativa como "obrigações justas ou construtivas"), que nada mais são do que espécies do gênero "passivo não contratual". Obrigações justas resultam de limitações éticas ou morais e não de restrições legais. Já as obrigações construtivas decorrem de práticas e costumes. Garantias concedidas a clientes discricionariamente, assistência financeira frequente a comunidades nativas situadas em regiões nas quais sejam desenvolvidas atividades econômicas exploratórias, entre outros, são alguns exemplos.

O desconto a valor presente é requerido quer se trate de passivos contratuais, quer se trate de passivos não contratuais, sendo que a taxa de desconto necessariamente deve considerar o risco de crédito da entidade, ou seja, a técnica deve ser aplicada a todos os passivos, inclusive às provisões.

Efeitos fiscais

Para fins de desconto a valor presente de ativos e passivos, a taxa a ser aplicada não deve ser líquida de efeitos fiscais, e sim, antes dos impostos.

Divulgação

Em se tratando de evidenciação em nota explicativa, devem ser prestadas informações mínimas que permitam que os usuários das demonstrações contábeis obtenham entendimento inequívoco das mensurações a valor presente levadas a efeito para ativos e passivos, compreendendo o seguinte rol não exaustivo:

(a) descrição pormenorizada do item objeto da mensuração a valor presente, natureza de seus fluxòs de caixa (contratuais ou não) e, se aplicável, o seu valor de entrada cotado a mercado;
(b) premissas utilizadas pela administração, taxas de juros decompostas por prêmios incorporados e por fatores de risco (*risk-free*, risco de crédito etc.), montantes dos fluxos de caixa estimados ou séries de montantes dos fluxos de caixa estimados, horizonte temporal estimado ou esperado, expectativas em termos de montante e temporalidade dos fluxos (probabilidades associadas);
(c) modelos utilizados para cálculo de riscos e *inputs* dos modelos;
(d) breve descrição do método de alocação dos descontos e do procedimento adotado para acomodar mudanças de premissas da administração;
(e) propósito da mensuração a valor presente, se para reconhecimento inicial ou nova medição e motivação da administração para levar a efeito tal procedimento;
(f) outras informações consideradas relevantes.

Custos x benefícios

Na elaboração de demonstrações contábeis utilizando informações com base no fluxo de caixa e no valor presente, o Comitê de Pronunciamento Técnico CPC nº 03, item 44, aprovado pela Deliberação nº 539/08, assim determinou:

- O equilíbrio entre o custo e o benefício é uma limitação de ordem prática, ao invés de uma característica qualitativa. Os benefícios decorrentes da informação devem exceder o custo de produzi-la. A avaliação dos custos e benefícios é, entretanto, em essência, um exercício de julgamento.

Assim, a depender do conjunto de informações disponíveis e do custo de obtê-las, a entidade pode, ou não, traçar múltiplos cenários para estimar fluxos de caixa; pode, ou não, recorrer a modelos econométricos mais sofisticados para chegar a uma taxa de desconto para um dado período; pode, ou não, recorrer a modelos de precificação mais sofisticados para mensurar seus ativos e/ou passivos; pode, ou não, adotar um método ou outro de alocação de juros. Importante salientar que os custos a serem incorridos para obtenção da informação são mais objetivamente identificáveis ao passo que os benefícios não o são nesse mesmo nível. Mas uma informação prestada pode alcançar inúmeros usuários e gerar, por vezes, benefícios por mais de um exercício social, ao passo que o custo de produzi-la é incorrido em um único momento. Ademais, podem ocorrer ganhos em termos de eficiência, à medida em que dita informação vai sendo prestada com maior frequência.

Em síntese, as empresas de um modo geral, quando da venda e ou compra de mercadorias a prazo, vinham adotando o mesmo tratamento contábil das vendas e, ou compras a vista, não reconhecendo as receitas e despesas financeiras incluídas nas referidas transações, apurando desta forma resultados distorcidos causados pela falta do ajuste a valor presente. Com as novas normas em vigor, todos os direitos realizáveis e exigíveis a longo prazo na data do balanço deverão estar ajustados a valor presente. Se o reflexo for significativo, deverão também ser ajustados a valor presente os direitos registrados no ativo circulante e as obrigações registradas no passivo circulante.

Cabe ressaltar que, ao se ajustar quaisquer direitos ou obrigações, a melhor maneira de efetuar o registro contábil é a utilização de contas retificadoras ativas ou passivas, que precisam ao longo do tempo ser apropriadas ao resultado do exercício, na forma de despesas ou receitas, atendendo assim o princípio da competência.

A conta de Ajuste a Valor Presente no Ativo (Direitos a Receber) é demonstrada como retificadora da conta Valores a Receber, tendo como contrapartida uma conta devedora, demonstrada como retificadora da conta de Receita Bruta de Vendas. O acréscimo proveniente do financiamento efetuado ao cliente (diferença entre o valor a vista e o valor a prazo na venda) é registrado como receitas financeiras, no resultado do exercício, *pro rata temporis*.

A conta de Ajuste a Valor Presente no Passivo (Dívidas a Pagar) é demonstrada como retificadora da conta Valores a Pagar. O acréscimo proveniente do financiamento efetuado pelo fornecedor (diferença entre o valor a vista e o valor a prazo na compra) é registrado como despesas financeiras, no resultado do exercício, *pro rata temporis*.

Exemplo – 01

A empresa **"X"**, adquiriu no dia 31/12/2.0x1, da empresa **"Y"**, um imóvel para o seu uso, pelo valor de R$ 1.000.000,00, a prazo, sendo que o pagamento será efetuado em 5 parcelas anuais de R$ 200.000,00, a contar da data de aquisição do referido imóvel, ou seja, a 1ª parcela terá vencimento em 31/12/2.0x2.

Taxa de juros hipotética: 10% a.a.

Cálculo do Valor Presente: Aplicação de juros compostos

1ª Parcela
R$ 200.000,00 (:) $1{,}10^1$
R$ 200.000,00 (:) 1,10 = R$ 181.818,00

Vencimento: 31/12/20x2		R$	200.000,00
(-)	Valor presente	(R$	181.818,00)
(=)	Juros a apropriar	R$	18.182,00

2ª Parcela
R$ 200.000,00 (:) $1{,}10^2$
R$ 200.000,00 (:) 1,21 = R$ 165.289,00

Vencimento: 31/12/20x3		R$	200.000,00
(-)	Valor presente	(R$	165.289,00)
(=)	Juros a apropriar	R$	34.711,00

3ª Parcela
R$ 200.000,00 (:) $1{,}10^3$
R$ 200.000,00 (:) 1,3310 = R$ 150.263,00

Vencimento: 31/12/20x4		R$	200.000,00
(-)	Valor presente	(R$	150.263,00)
(=)	Juros a apropriar	R$	49.737,00

4ª Parcela
R$ 200.000,00 (:) $1{,}10^4$
R$ 200.000,00 (:) 1,4641 = R$ 136.603,00

Vencimento: 31/12/20x5		R$	200.000,00
(-)	Valor presente	(R$	136.603,00)
(=)	Juros a apropriar	R$	63.397,00

5ª Parcela
R$ 200.000,00 (:) $1{,}10^5$
R$ 200.000,00 (:) 1,6105 = R$ 124.184,00

Vencimento: 31/12/20x6		R$	200.000,00
(-)	Valor presente	(R$	124.184,00)
(=)	Juros a apropriar	R$	75.816,00

Parcelas	Valor Prestação	Valor presente	Juros a apropriar
1ª parcela	R$ 200.000,00	R$ 181.818,00	R$ 18.182,00
2ª parcela	R$ 200.000,00	R$ 165.289,00	R$ 34.711,00
3ª parcela	R$ 200.000,00	R$ 150.263,00	R$ 49.737,00
4ª parcela	R$ 200.000,00	R$ 136.603,00	R$ 63.397,00
5ª parcela	R$ 200.000,00	R$ 124.184,00	R$ 75.816,00
Soma	**R$ 1.000.000,00**	**R$ 758.157,00**	**R$ 241.843,00**

Considerando-se os cálculos acima, tem-se que do valor R$ 1.000.000,00, parte refere-se ao bem adquirido e parte a juros decorrentes do parcelamento.

Valor ajustado à data da compra (valor presente)	R$ 758.157,00
Juros a apropriar	R$ 241.843,00
Total a pagar	R$ 1.000.000,00

Do valor de R$ 241.843,00 de juros a apropriar, para fins de lançamentos contábeis, faz-se necessário dividi-lo em curto e longo prazo, como segue:

Juros a apropriar:		
Período: 2.0x2		R$ 18.182,00
Período: 2.0x3	R$ 34.711,00	
Período: 2.0x4	R$ 49.737,00	
Período: 2.0x5	R$ 63.397,00	
Período: 2.0x6	R$ 75.816,00	R$ 223.661,00
Total dos juros a apropriar		R$ 241.843,00

Lançamentos contábeis:

	Conta	Débito	Crédito
D	Ativo Não Circulante Imobilizado Imóvel	R$ 758.157,00	
D	Passivo Circulante Juros a apropriar (2.0x2)	R$ 18.182,00	
D	Passivo Não Circulante Passivo Exigível a Longo Prazo Juros a apropriar (2.0x3 a 2.0x6)	R$ 223.661,00	
C	Passivo Circulante Imóvel a pagar (2.0x2)		R$ 200.000,00
C	Passivo Não Circulante Passivo Exigível a Longo Prazo Imóvel a pagar (2.0x3 a 2.0x6)		R$ 800.000,00

Balanço Patrimonial: Comprador - 31.12.20x1

ATIVO		PASSIVO + PATRIMÔNIO LÍQUIDO	
Ativo Circulante		Passivo Circulante	
		Imóvel a pagar	200.000,00
Ativo Não Circulante		(-) Juros a apropriar	(18.182,00)
Realizável a Longo Prazo		Passivo Não Circulante	
Imobilizado	758.157,00	Exigível a Longo Prazo	
		Imóvel a pagar	800.000,00
		(-) Juros a apropriar	(223.661,00)
Total	758.157,00	Total	758.157,00

Pagamento da 1ª parcela no dia 31/12/20x2

D Passivo Circulante
Imóvel a pagar R$ 200.000,00
C Ativo Circulante
Bancos conta movimento R$ 200.000,00

Apropriação da Despesa de Juros referente ao período: 01/01/2.0x2 a 31/12/2.0x2

D Conta de Resultado
Despesas financeiras (juros) R$ 18.182,00
C Passivo Circulante
Juros a apropriar R$ 18.182,00

Os juros a apropriar serão contabilizados como despesas financeiras, nos respectivos períodos de acordo com o regime de competência.

Exemplo – 02

A empresa **"Y"**, vendeu no dia 31/Dez/2.0x1, a prazo, um imóvel de sua propriedade pelo valor de R$ 1.000.000,00, para a empresa **"X"**, sendo que o recebimento será efetuado em 5 parcelas anuais de R$ 200.000,00, a contar da data da venda do referido imóvel, ou seja, a 1ª parcela terá vencimento em 31/12/2.0x2. O valor líquido contábil do referido imóvel na data da venda era de R$ 600.000,00.

Taxa de juros hipotética: 10% a.a.

Cálculo do Valor Presente: Aplicação de juros compostos

1ª Parcela

R\$ 200.000,00 (:) $1{,}10^1$

R\$ 200.000,00 (:) 1,10 = R\$ 181.818,00

Vencimento: 31/12/20x2	R$	200.000,00
(-) Valor presente	(R$	181.818,00)
(=) Juros a apropriar	R$	18.182,00

2ª Parcela

R\$ 200.000,00 (:) $1{,}10^2$

R\$ 200.000,00 (:) 1,21 = R\$ 165.289,00

Vencimento: 31/12/20x3	R$	200.000,00
(-) Valor presente	(R$	165.289,00)
(=) Juros a apropriar	R$	34.711,00

3ª Parcela

R\$ 200.000,00 (:) $1{,}10^3$

R\$ 200.000,00 (:) 1,3310 = R\$ 150.263,00

Vencimento: 31/12/20x4	R$	200.000,00
(-) Valor presente	(R$	150.263,00)
(=) Juros a apropriar	R$	49.737,00

4ª Parcela

R\$ 200.000,00 (:) $1{,}10^4$

R\$ 200.000,00 (:) 1,4641 = R\$ 136.603,00

Vencimento: 31/12/20x5	R$	200.000,00
(-) Valor presente	(R$	136.603,00)
(=) Juros a apropriar	R$	63.397,00

5ª Parcela

R\$ 200.000,00 (:) $1{,}10^5$

R\$ 200.000,00 (:) 1,6105 = R\$ 124.184,00

Vencimento: 31/12/20x6	R$	200.000,00
(-) Valor presente	(R$	124.184,00)
(=) Juros a apropriar	R$	75.816,00

Parcelas	Valor Prestação	Valor presente	Juros a apropriar
1ª parcela	R$ 200.000,00	R$ 181.818,00	R$ 18.182,00
2ª parcela	R$ 200.000,00	R$ 165.289,00	R$ 34.711,00
3ª parcela	R$ 200.000,00	R$ 150.263,00	R$ 49.737,00
4ª parcela	R$ 200.000,00	R$ 136.603,00	R$ 63.397,00
5ª parcela	R$ 200.000,00	R$ 124.184,00	R$ 75.816,00
Soma	**R$ 1.000.000,00**	**R$ 758.157,00**	**R$ 241.843,00**

Considerando-se os cálculos acima, tem-se que do valor R$ 1.000.000,00, parte refere-se ao bem vendido e parte a juros decorrentes do parcelamento.

Valor ajustado à data da venda (valor presente)	R$ 758.157,00
Juros a apropriar	R$ 241.843,00
Total a pagar	R$ 1.000.000,00

Do valor de R$ 241.843,00 de juros a apropriar, para fins de lançamentos contábeis, faz-se necessário dividi-lo em curto e longo prazo, como segue:

Juros a apropriar:		
Período: 2.0x2		R$ 18.182,00
Período: 2.0x3	R$ 34.711,00	
Período: 2.0x4	R$ 49.737,00	
Período: 2.0x5	R$ 63.397,00	
Período: 2.0x6	R$ 75.816,00	R$ 223.661,00
Total dos juros a apropriar		R$ 241.843,00

Lançamentos contábeis:

Venda do Imobilizado:

D	Ativo Circulante		
	Imóvel a receber (2.0x2)	R$ 200.000,00	
D	Ativo Não Circulante		
	Realizável a Longo Prazo		
	Imóvel a receber (2.0x3 a 2.0x6)	R$ 800.000,00	
C	Conta de Resultado		
	Receita bruta na venda de Imobilizado		R$ 1.000.000,00

Registro do ajuste a valor presente no momento em que a venda for realizada

D	Conta de Resultado		
	Receita bruta na venda de Imobilizado	R$ 18.182,00	
C	Ativo Circulante		
	Juros a apropriar (2.0x2)		R$ 18.182,00

D	Conta de Resultado		
	Receita bruta na venda de Imobilizado	R$ 223.661,00	
C	Ativo Não Circulante		
	Ativo Realizável a Longo Prazo		
	Juros a apropriar (2.0x3 a 2.0x6)		R$ 223.661,00

Baixa do Imobilizado:

D Outras Despesas
Valor líquido contábil do Imobilizado R$ 600.000,00

C Ativo Não Circulante
Imobilizado R$ 600.000,00

Demonstração do Resultado do Exercício: 31.12.20x1

Outras Receitas – Imobilizado	1.000.000,00
(-) Ajuste a Valor Presente:	
Juros a apropriar – Ativo Circulante (2.0x2)	(18.182,00)
Juros a apropriar – Ativo Não Circulante (2.0x3 a 2.0x6)	(223.661,00)
(=) Receita Líquida	758.157,00
(-) Valor Contábil do Imobilizado	(600.000,00)
(=) Resultado	158.157,00

Balanço Patrimonial: Vendedor - 31.12.20x1

ATIVO		PASSIVO + PATRIMÔNIO LÍQUIDO	
Ativo Circulante		Passivo Circulante	
Imóvel a receber	200.000,00		
(-) Juros a apropriar	(18.182,00)		
Ativo Não Circulante		Passivo Não Circulante	
Realizável a Longo Prazo			
Imóvel a Receber	800.000,00	Patrimônio Líquido	
(-) Juros a apropriar	(223.661,00)	Lucro	158.157,00
Total		Total	

Nota:

- As receitas financeiras (juros) a apropriar serão contabilizadas como receitas financeiras, nos respectivos períodos de acordo com o regime de competência.

- O Imposto de Renda não será ajustado a valor presente por imposição de normas internacionais que vedam essa prática contábil.

Lançamentos contábeis:

Recebimento da 1ª parcela no dia 31/12/2.0x2

D	Ativo Circulante		
	Bancos conta movimento	R$ 200.000,00	
C	Ativo Circulante		
	Imóvel a receber		R$ 200.000,00

Apropriação da Receita financeira (juros) referente ao período: 01/01/2.0x2 a 31/12/2.0x2

D	Ativo Circulante		
	Juros a apropriar	R$ 18.182,00	
C	Conta de Resultado		
	Receita financeira (juros)		R$ 18.182,00

OU

Lançamentos contábeis:

Venda do Imobilizado

D	Ativo Circulante		
	Imóvel a receber (2.0x2)	R$ 200.000,00	
D	Ativo Não Circulante		
	Realizável a Longo Prazo		
	Imóvel a receber (2.0x3 a 2.0x6)	R$ 800.000,00	
C	Conta de Resultado		
	Outras receitas - Imobilizado		R$ 758.157,00
C	Ativo Circulante		
	Juros a apropriar (2.0x2)		R$ 18.182,00
C	Ativo Não Circulante		
	Realizável a Longo Prazo		
	Juros a apropriar (2.0x3 a 2.0x6)		R$ 223.661,00

Baixa do Imobilizado pela venda

D	Conta de Resultado		
	Outras despesas		
	Baixa do imobilizado	R$ 600.000,00	
C	Ativo Não Circulante		
	Imobilizado		R$ 600.000,00

Demonstração do Resultado do Exercício

Outras Receitas – Imobilizado	1.000.000,00
(-) Ajuste a Valor Presente:	
Juros a apropriar – Ativo Circulante (2.0x2)	(18.182,00)
Juros a apropriar – Ativo Não Circulante (2.0x3 a 2.0x6)	(223.661,00)
(=) Receita Líquida	758.157,00
(-) Valor Contábil do Imobilizado	(600.000,00)
(=) Resultado	158.157,00

Balanço Patrimonial: Vendedor - 31.12.20x1

ATIVO		PASSIVO + PATRIMÔNIO LÍQUIDO	
Ativo Circulante		Passivo Circulante	
Imóvel a receber	200.000,00		
(-) Juros a apropriar	(18.182,00)		
Ativo Não Circulante		Passivo Não Circulante	
Realizável a Longo Prazo			
Imóvel a Receber	800.000,00	Patrimônio Líquido	
(-) Juros a apropriar	(223.661,00)	Lucro	158.157,00
Total		Total	

Notas:

- Os juros a apropriar serão contabilizados como receitas financeiras, nos respectivos períodos de acordo com o regime de competência.
- O Imposto de Renda não será ajustado a valor presente por imposição de normas internacionais que vedam essa prática contábil.

Lançamentos contábeis:

Recebimento da 1ª parcela no dia 31/12/2.0x2

D Ativo Circulante
Bancos conta movimento R$ 200.000,00

C Ativo Circulante
Imóvel a receber R$ 200.000,00

Apropriação da Receita financeira (juros) referente ao período: 01/12/2.0x2 a 31/12/2.0x2

D Ativo Circulante
Juros a apropriar R$ 18.182,00
C Conta de Resultado
Receita financeira (juros) R$ 18.182,00

Demonstração do Resultado do Exercício

Outras Receitas – Imobilizado	758.157,00
(-) Custo do Imóvel – Líquido Contábil	(600.000,00)
(=) Resultado	158.157,00

2. CVM - Perguntas e Respostas

A CVM, por intermédio da Deliberação nº 564/08, forneceu orientações sobre o Ajuste a Valor Presente, por intermédio de uma série de perguntas e respostas a seguir transcritas.

Introdução

Este anexo foi elaborado com base neste Pronunciamento e em textos encontrados nas normas internacionais emitidas pelo *International Accounting Standards Board* (IASB) sobre o tema Ajuste a Valor Presente - AVP (IAS 12, IAS 18, IAS 39, etc.) O objetivo é refletir sobre algumas das principais discussões existentes sobre o tema com base nas mencionadas normas.

1. Qual a diferença entre AVP e valor justo?

Resposta - Para responder a essa pergunta, é necessário entender o conceito de valor justo (conforme expressão da Lei das Sociedades por Ações após modificações introduzidas pela Lei nº. 11.638/07 e Medida Provisória nº. 449/08) e valor presente, de acordo com as definições a seguir transcritas, retiradas do glossário das normas internacionais de contabilidade:

Valor justo (*fair value*) - é o valor pelo qual um ativo pode ser negociado, ou um passivo liquidado, entre partes interessadas, conhecedoras do negócio e independentes entre si, com a ausência de fatores que pressionem para a liquidação da transação ou que caracterizem uma transação compulsória.

Valor presente (*present value*) - é a estimativa do valor corrente de um fluxo de caixa futuro, no curso normal das operações da entidade.

Com base nessas definições, devemos distinguir AVP de valor justo da seguinte forma:

AVP: tem como objetivo efetuar o ajuste para demonstrar o valor presente de um fluxo de caixa futuro. Esse fluxo de caixa pode estar representado por ingressos ou saídas de recursos (ou montante equivalente; por exemplo, créditos que diminuam a saída de caixa futuro seriam equivalentes a ingressos de recursos). Para determinar o valor presente de um fluxo de caixa, três informações são requeridas: valor do fluxo futuro (considerando todos os termos e as condições contratados), data do referido fluxo financeiro e taxa de desconto aplicável à transação.
Valor justo: tem como primeiro objetivo demonstrar o valor de mercado de determinado ativo ou passivo; na impossibilidade disso, demonstrar o provável valor que seria o de mercado por comparação a outros ativos ou passivos que tenham valor de mercado; na impossibilidade dessa alternativa também, demonstrar o provável valor que seria o de mercado por utilização do ajuste a valor presente dos valores estimados futuros de fluxos de caixa vinculados a esse ativo ou passivo; finalmente, na impossibilidade dessas alternativas, pela utilização de fórmulas econométricas reconhecidas pelo mercado.

Vê-se, pois, que em algumas circunstâncias o valor justo e o valor presente podem coincidir.

As práticas contábeis adotadas no Brasil e o padrão internacional de contabilidade (*International Financial Reporting Standards* – IFRS) estabelecem a necessidade de apresentar, na data-base de cada balanço, determinados ativos e passivos por seu valor justo, bem como determinados ativos e passivos ajustados a valor presente. Esse aspecto é bem caracterizado na norma internacional para registro e mensuração de ativos e passivos financeiros (IAS 39), inclusive as contas a receber relativas a vendas (IAS 18) e ativos de longo prazo destinados à venda (IFRS 5), entre outros. Com as alterações na Lei das Sociedades por Ações (Lei nº 6.404/76) introduzidas pela Lei nº 11.638/07 e Medida Provisória nº 449/08, a prática contábil adotada no Brasil aproxima-se e em alguns casos se iguala ao padrão internacional no momento da edição deste documento.

Apesar das diferenças existentes entre os conceitos, ainda podem existir dúvidas na aplicação prática do valor justo e do valor presente, até mesmo em sua diferenciação. Assim, o exemplo ilustrativo, a seguir apresentado, objetiva a elucidar a questão:

Cenário: a entidade efetua uma venda a prazo no valor de $ 10.000 mil para receber o valor em parcela única, com vencimento em cinco anos. Caso a venda fosse efetuada a vista, de acordo com opção disponível, o valor da venda teria sido de $ 6.210 mil, o que equivale a um custo financeiro anual de 10%. Verifica-se que essa taxa é igual à taxa de mercado, na data da transação. No primeiro momento, a transação deve ser contabilizada considerando o seu valor presente, cujo montante de $ 6.210 mil é registrado como contas a receber, em contrapartida de receita de vendas pelo mesmo montante. Nota-se que, nesse primeiro momento, o valor presente da transação é equivalente a seu valor de mercado ou valor justo (*fair value*).

No caso de aplicação da técnica de ajuste a valor presente, passado o primeiro ano, o reconhecimento da receita financeira deve respeitar a taxa de juros da transação na data de sua origem (ou seja, 10% ao ano), independentemente da taxa de juros de mercado em períodos subsequentes. Assim, depois de um ano, o valor das contas a receber, para fins de registros contábeis, será de $ 6.830 mil, independentemente de variações da taxa de juros no mercado. Ao fim de cada um dos cinco exercícios, a contabilidade deverá refletir os seguintes efeitos:

Ano	$ mil		
	Valor	Juros (taxa efetiva)	Saldo atualizado
1	6.210	620	6.830
2	6.830	683	7.513
3	7.513	751	8.264
4	8.264	827	9.091
5	9.091	909	10.000

A aplicação da técnica de marcação a mercado, apenas para fins de referência e comparação, poderia ser ilustrada com uma situação na qual a taxa de juros saísse de 10% ao ano, no momento inicial da transação, para 15% ao ano, no fim do primeiro ano. Nessa situação, o valor justo das contas a receber, calculado mediante o ajuste a valor presente nessa nova data e com a atual condição de mercado, seria de $ 5.718 mil ($ 10.000 mil/$1,15^4$), ou seja, seu valor justo no fim do primeiro ano é bem inferior ao valor contabilizado com base na técnica do ajuste a valor presente.

Dessa forma, embora no momento inicial o valor presente e o valor justo de uma operação sejam normalmente iguais, com o passar do tempo esses valores não guardam, necessariamente, nenhum tipo de relação. Enquanto o valor presente tem relação com a taxa de juros específica intrínseca do contrato, considerando as condições na data de sua origem, o valor justo pode sofrer alterações com o passar do tempo em decorrência de condições do mercado (taxas de juros e outros fatores), que apenas devem ser consideradas nos casos em que for aplicável o reconhecimento de um saldo pelo seu valor justo. Independentemente disso, sempre que na data de cada balanço, como na tabela anterior, o valor contábil for diferente do valor justo. Deve-se atentar para as disposições legais e normativas sobre a aplicação de um e outro conceito. Mas, em caso de discrepância como no exemplo dado, em função da relevância da diferença pode ser necessário que essa informação deva ser divulgada nas notas explicativas.

2. Caso seja aplicável o conceito do AVP a uma transação, em que momento deverá ser contabilizado? Quais os reflexos contábeis depois do registro inicial de uma transação a seu valor presente?

Resposta - Conforme discutido na Questão 1 anterior, o AVP deve ser calculado no momento inicial da operação, considerando os fluxos de caixa da correspondente operação (valor, data e todos os termos e as condições contratados), bem como a taxa de desconto aplicável à transação, na data de sua ocorrência.

A dúvida surge em relação aos efeitos contábeis depois do registro inicial da operação (transcorridos meses ou anos depois da data inicial da transação). O presente Pronunciamento e as normas internacionais apresentam o método que deve ser utilizado para refletir tais efeitos; nas do IASB isso aparece em diversas normas (IAS 17 – *Leases*, IAS 18 – *Revenue* e IAS 39 – *Financial Instruments: Recognition and Measurement*, entre outros). Essas normas e este Pronunciamento preveem a adoção do método de taxa efetiva de juros no registro inicial da operação. Assim, os juros embutidos na operação (receita ou despesa financeira) devem ser contabilizados de acordo com a taxa efetiva de juros relacionada à transação (vide também exemplo na Questão 1).

Nota-se que o mecanismo do AVP não pode mudar o valor contratado entre as partes. Se o título ou contrato prevê um valor para determinada data, ele precisa estar contabilizado por esse montante nessa data. No exemplo anteriormente visto, previa-se que o valor depois de cinco anos seria de $ 10.000 mil; assim, a apropriação dos juros deverá restabelecer esse valor até a data do vencimento.

3. Como deve ser definida a taxa de juros para fins de cálculo do AVP?

Resposta - Há operações cuja taxa de juros é explícita (por exemplo, descrita e conhecida no contrato da operação) ou implícita (por exemplo, desconhecida, mas embutida na precificação inicial da operação pela entidade no ato da compra ou da venda). Em ambos os casos, é necessário utilizar uma taxa de desconto que reflita juros compatíveis com a natureza, o prazo e os riscos relacionados à transação, levando-se em consideração, ainda, as taxas de mercado praticadas na data inicial da transação entre partes conhecedoras do negócio, que tenham a intenção de efetuar a transação e em condições usuais de mercado. Nos casos em que a taxa é explícita, o processo de avaliação passa por uma comparação entre a taxa de juros da operação e a taxa de juros de mercado, na data da origem da transação. Nos casos em que a taxa estiver implícita, é necessário estimar a taxa da transação, considerando as taxas de juros de mercado, conforme anteriormente mencionado. Mesmo nos casos em que as partes afirmem que os valores a vista e a prazo são os mesmos, o AVP deve ser calculado e, se relevante, registrado. Por definição, valor presente "é a estimativa do valor corrente de um fluxo de caixa futuro".

Para algumas entidades (por exemplo, varejistas), não é praticável efetuar uma análise detalhada (prazo, riscos etc.) de cada transação, e, nesses casos, a taxa mais evidente para o cálculo do AVP é a própria taxa utilizada pela tesouraria da entidade para determinação das condições e dos preços a serem praticados. De acordo com o mencionado no parágrafo anterior, a menos que a taxa definida pela tesouraria e utilizada em determinada operação a prazo seja claramente fora de um padrão de mercado para a indústria ou o tipo de atividade, essa taxa é adequada para desconto a valor presente.

A fim de ilustrar essa discussão, veja-se o cenário a seguir:

Cenário: uma entidade apresenta as seguintes operações:

a) Venda com prazo de 12 meses, para a qual a entidade normalmente cobra juros de 10% ao ano, considerando os riscos relacionados com prazos mais elevados.
b) Venda com prazo de 6 meses, para a qual a entidade cobra juros de 6% ao ano, considerando que o risco é relativamente inferior ao de uma venda com prazo de 12 meses.

Observação: esses juros são claramente evidenciados pela entidade na aplicação de descontos para pagamentos antecipados; os valores são faturados de acordo com o valor a receber no vencimento final da operação.

c) Contas a receber oriundas de venda de ativo imobilizado, com garantia real do próprio ativo, com vencimento em um prazo de 18 meses, cuja taxa de juros embutida na operação foi de 5% ao ano.

Considerando o cenário apresentado, observa-se que, para diferentes situações em uma mesma entidade, a taxa de juros utilizada como base para o cálculo do valor presente pode ser diferente. Dessa forma, deve ser efetuada análise da transação em si, na data em que ocorreu (e não na data do fechamento do balanço - ver Questão 1 anterior), para fins de determinação da adequada taxa de juros a ser utilizada no cálculo do AVP e sua recomposição subsequente.

Algumas considerações de custo *versus* benefício podem ser adequadas na avaliação e na definição de taxa de juros. Todavia, cabe ressaltar que o uso de taxa de juros única para todas as transações que envolvem ativos e passivos não é, em geral, um procedimento aceitável, embora se possa admitir o uso de uma única taxa para um grupo de ativos e passivos com características semelhantes (por exemplo, uma única taxa de juros para todo o grupo de contas a receber e uma única taxa para todo o grupo de fornecedores), em que esse uso reflete, de fato, a taxa de juros usualmente aplicável.

4. Os arts. 183 e 184 da Lei das Sociedades por Ações, alterados pela Lei nº 11.638/07 e Medida Provisória nº 449/08, fazem referência a elementos de ativos e passivos da entidade. Como esses artigos interagem com a apuração do resultado de uma entidade?

Resposta - Embora a nova redação da Lei mencione claramente os ajustes para saldos de ativos e passivos, esses ajustes têm relação direta com as transações de compra e venda que envolvem, preponderantemente, as contas do resultado do exercício (por exemplo, AVP de transação de vendas e o respectivo saldo das contas a receber). Nesse caso, considerando que o reflexo do AVP de determinado saldo ativo ou passivo tenha contrapartida direta em conta do resultado do exercício, o AVP também afeta essas linhas do resultado (que é o caso específico da receita bruta versus o registro do saldo de contas a receber).

Para ilustrar essa questão, veja-se o cenário a seguir:

Cenário: operação de venda com prazo de seis meses para recebimento, com as seguintes características:
Venda com prazo de seis meses = $ 100, com ICMS de 10% = $ 10
Venda a vista = $ 80, com ICMS de 10% = $ 8

Observe-se que o AVP guarda relação com a operação de financiamento das contas a receber em seu todo ($ 100) e não somente sobre o saldo, depois de deduzidos os impostos a recuperar. A entidade, ao conceder prazo para o recebimento, está financiando o cliente. Nesse caso, a base para o cálculo do AVP é o valor que está sendo financiado, ou seja, o valor total da nota fiscal ($ 100).

No exemplo anterior, assumindo que uma boa referência do valor presente da transação seja o valor de venda a vista, a contabilização da transação a prazo ficaria da seguinte forma:

a) No vendedor:

Débito - Contas a receber -	$ 80	
Crédito - Receita de vendas -		$ 80

Débito - Despesa com ICMS (*[1]) -	$ 10	
Crédito - ICMS a pagar -		$ 10

Com o passar do tempo, a diferença ($ 20) entre o valor presente das contas a receber ($ 80) e o valor que será recebido no final de seis meses ($ 100) é apropriada ao resultado do período como receita financeira, utilizando o método da taxa efetiva de juros.

b) No comprador:

No lado do comprador, ao contrário do vendedor, a taxa de juros imputada pelos seus fornecedores não é conhecida e a tarefa de determinação de qual taxa utilizar se torna mais complexa, mas deve ser estimada tomando-se por base a carteira de fornecedores como um todo.

Débito - Estoques -	$ 70	
Débito - ICMS a recuperar -	$ 10	
Crédito - Contas a pagar - Fornecedores -		$ 80

A diferença ($ 20) entre o valor presente das contas a pagar ($ 80) e o valor que será pago no final de seis meses ($ 100) é apropriada ao resultado do período como despesa financeira, utilizando o método da taxa efetiva de juros.

Essa questão da reclassificação da parcela do ICMS calculada sobre os juros embutidos na operação para o resultado financeiro comercial altera o lucro bruto, o resultado financeiro e também o LAJIDA (ou EBITDA, na sigla em inglês, se a entidade faz uso dessa medida não contábil). Dessa forma, essa questão pode ser relevante para algumas entidades. Qualquer que seja o método utilizado, ele deve ser divulgado em nota explicativa para melhor entendimento do usuário das demonstrações contábeis e aplicado de maneira uniforme ao longo dos exercícios.

[1] (*): há discussão quanto à necessidade de reclassificar, no caso do vendedor, a parcela do ICMS calculada sobre os juros embutidos na operação para o resultado financeiro comercial. Se, por um lado, a justificativa de não efetuar o desconto a valor presente para o ICMS decorre do fato de este ser utilizado para apuração já no próprio mês da transação, por outro, essa reclassificação parte do pressuposto de que o ICMS incide também sobre os juros embutidos em uma operação de venda financiada. Esse aspecto também deve ser avaliado, levando-se em consideração a materialidade dos montantes envolvidos.

O quadro a seguir ilustra esses efeitos, depois de decorrido todo o período desde a venda até o recebimento, com apropriação dos juros no prazo da transação:

ICMS sem segregação		ICMS com segregação entre a parcela sobre venda e a parcela sobre receita financeira	
Receita de vendas	80	Receita de vendas	80
Deduções de vendas – ICMS	(10)	Deduções de vendas – ICMS	(8)
CPV	(50)	CPV	(50)
Lucro bruto	20	Lucro bruto	22
Receita financeira	20	Receita financeira	20
		ICMS sobre receita financeira	(2)
Lucro antes do IR/CS	40	Lucro antes do IR/CS	40

Esse mesmo conceito é aplicável para os demais tributos incidentes sobre venda, tais como IPI, PIS e COFINS.

Para algumas entidades, a diferença ($20) entre o valor presente das contas a receber ($80) e o valor que será recebido no final de seis meses ($100) poderá ser apropriada como receita financeira comercial, no mesmo grupo que as receitas de vendas, em lugar de receita financeira, desde que a entidade demonstre que o financiamento feito a seus clientes faça parte de seus negócios e que opera com, por exemplo, dois segmentos: (i) venda de produtos e serviços e (ii) financiamento das vendas a prazo. Essa demonstração poderá ser evidenciada por meio da combinação de algumas das seguintes circunstâncias (na entidade e/ou por ocasião da preparação das demonstrações contábeis): a atividade financeira é parte de seus negócios; previsão da atividade de financiamento no estatuto da entidade; organização e condução da atividade de financiamento como um segmento operacional distinto; portfólio de serviços como oferta de crédito pessoal e outros serviços correlatos a todos os seus clientes; etc. Observada essa situação, os custos financeiros com terceiros, decorrentes dos passivos (tais como fornecedores e financiamentos) utilizados como *funding* para sustentar a carteira de valores a receber de clientes, deverão também compor o custo das receitas com vendas, para uma adequada apuração da margem bruta. Nesses casos, tanto a receita, quanto o custo, devem ser apresentados por segmento de negócios.

5. Transação de venda com vencimentos em 30, 60 ou 90 dias – prazos normalmente aplicados pela entidade – deve ser contabilizada considerando o AVP, conforme anteriormente descrito?

Resposta - Considerando a busca da convergência com as normas internacionais, é importante observar o que estabelece o IAS 18, que trata do registro de receitas:

"9. A receita deve ser mensurada pelo valor justo do montante recebido ou a receber.

10. O montante da receita proveniente de uma transação é usualmente determinado por acordo entre a entidade e o comprador ou o usuário do ativo. É mensurada pelo valor justo do montante recebido ou a receber, levando em consideração a quantia de quaisquer descontos comerciais ou abatimentos concedidos pela entidade.

11. Na maior parte dos casos, o pagamento é em caixa ou equivalente, e a receita é a quantia em caixa ou equivalente recebido ou a receber. Porém, quando o ingresso do caixa ou equivalente de caixa for diferido, o valor justo pode ser menor do que a quantia

nominal de caixa a receber. Por exemplo, uma entidade pode conceder crédito sem juros ao comprador ou aceitar do comprador um título a receber com taxa de juros inferior à do mercado em pagamento pela venda dos bens. ***Quando a transação se constitui efetivamente em uma transação de financiamento****, o valor justo do recebível é determinado, descontando-se todos os recebimentos futuros,* ***usando uma taxa de juros imputada****. A taxa de juros imputada é a que for mais claramente determinável entre as seguintes:*
(a) a taxa prevalecente de instrumento similar de emitente com classificação (rating) de crédito similar; ou (b) uma taxa de juros que desconte o valor nominal do instrumento para o preço de venda corrente dos bens ou serviços." (Grifos nossos.)

Pelo destacado, o AVP é aplicável para operações que possam ser consideradas como atividades de financiamento e não para operações que são liquidadas em curto espaço de tempo, cujo efeito não seja material. Em geral, quando aplicável, o AVP será calculado com a taxa de juros que possa estar embutida nas operações. Um exemplo, mas não limitado a, de evidência da existência ou não de juros é a concessão de descontos financeiros (descontos dados depois das vendas) para pagamento antes do prazo de vencimento estipulado, ou a existência de tabela de preços distinta para pagamentos a vista.

O desconto aqui mencionado está relacionado ao aspecto financeiro da transação e não ao desconto comercial eventual concedido. O desconto condicionado a aspectos comerciais deve ser registrado como redutor da venda.

Em muitos casos, a entidade concede normalmente prazos para pagamento da fatura. Esse prazo pode ser considerado como parte das condições comerciais normais ou inerentes das operações da entidade, sem que isso leve à caracterização de uma atividade de financiamento. Em outros casos, mesmo que não sejam concedidos descontos financeiros, as operações são efetuadas para prazos maiores. Isso representa, na essência, uma atividade de financiamento (por exemplo, entidades de varejo e de incorporação imobiliária) e, nessa situação, é aplicável o conceito do AVP.

A aplicação do conceito de AVP nas transações de vendas deve considerar os conceitos do IAS 18 e também os princípios da Lei das Sociedades por Ações, ambos na mesma direção. Segundo o inciso VIII do art. 183 e o inciso III do art. 184 da Lei das Sociedades por Ações, com a nova redação dada pela Lei nº 11.638/07 e Medida Provisória nº 449/08, os elementos decorrentes de operações de longo prazo serão ajustados a valor presente (objetivo principal), e os demais, ajustados <u>quando houver efeito relevante</u>.

Uma avaliação criteriosa desse aspecto é importante, levando-se em consideração as taxas de juros praticadas no Brasil. Como referência, a taxa de juros em um grande número de países pode girar em torno de 2% ao ano ou até menos. No caso do Brasil, financiamentos de varejo podem utilizar taxas próximas ou acima de 2% ao mês. Desse modo, um padrão que pode ser considerado razoável para fins internacionais (por exemplo, 90 dias ou até um ano) pode não ser adequado para transações realizadas no Brasil, dependendo das taxas de juros que tenham sido embutidas nessas transações e da situação específica de cada entidade. Por exemplo, uma entidade que tenha um giro rápido em seus estoques e prazos curtos, tanto para as contas a receber quanto para as contas a pagar a fornecedores, pode apresentar efeitos não relevantes quando aplicar o conceito do AVP. Por outro lado, se a entidade financia seus clientes sem o financiamento de fornecedores, os valores podem ser eventualmente relevantes, conforme os prazos e as taxas de juros praticados.

A decisão e a avaliação da entidade para não registrar contabilmente o AVP de saldos a receber ou a pagar devem estar documentadas com os cálculos e os efeitos dos respectivos valores, a fim de fundamentar a correspondente conclusão. Adicionalmente, a prática contábil devem ser adotada de forma consistente ao longo dos exercícios e divulgada em nota explicativa às demonstrações contábeis.

6. É aceitável avaliar a necessidade e aplicar o AVP somente para transações que apresentem saldos em aberto nas datas dos balanços?

<u>Resposta</u> - Não. A aplicação do conceito de AVP é feita na data da transação. Mesmo que o saldo gerador do AVP não esteja mais em aberto, pode haver efeitos relevantes entre as linhas da demonstração do resultado (vide quadro da Questão 4). Isso é relevante nas entidades que financiam seus clientes e que trabalham com margens pequenas, bem como nas situações ou transações que envolvem compras de estoques de longa maturação ou ativo imobilizado. A aplicação somente para saldos em aberto na data do balanço, especialmente aquelas entidades que não elaboram demonstrações contábeis intermediárias ou que tenham atividades sazonais, além de gerar distorções de margem e natureza, fere uma característica qualitativa importante das demonstrações contábeis, que é a comparabilidade, já que todas as transações geradas durante o período devem ter o mesmo tratamento.

7. Os saldos de imposto de renda e de contribuição social diferidos devem ser ajustados a valor presente?

Resposta - Não. Utilizando como referência o padrão contábil internacional, deparamo-nos que, textualmente (IAS 12 - Item 53 - *Deferred tax assets and liabilities shall not be discounted*), não é permitido efetuar descontos a valor presente para saldos de imposto de renda diferidos (e contribuição social, no caso brasileiro).

Basicamente, essa vedação foi efetuada com o argumento de não ser possível determinar com exatidão as datas em que os referidos valores serão realizados. Dessa forma, esse tipo de desconto não é requerido ou permitido pelas normas internacionais de contabilidade.

8. Quais saldos oriundos de tributos seriam passíveis de desconto a valor presente?

Resposta - Para fins de entendimento, estamos aqui tratando dos seguintes tributos (acompanhados de suas características):

8.1. Tributos estaduais:

Introdução - geral: o principal tributo estadual é o ICMS, que apresenta a característica de não-cumulatividade por meio do processo de apuração mensal de créditos e débitos. Exceto pelo ICMS na compra de ativo fixo, para o qual o crédito é geralmente apropriado em parcelas por um certo número de meses, e algumas situações de entidades que acumulam créditos para recuperação, os saldos apurados depois da compensação dos créditos ficam disponíveis para liquidação mensalmente.

Portanto, como regra geral, e utilizando-se dos conceitos do Pronunciamento, não se aplica AVP para saldos credores de ICMS, que estão disponíveis para compensação imediata.

Por outro lado, os saldos de impostos a compensar ou recuperar, como todos os ativos, estão sujeitos à aplicação do teste de recuperabilidade, nos termos do Pronunciamento Técnico CPC 01.

Por fim, importante observar as situações de parcelamentos de ICMS como forma de incentivos fiscais, concedidos por diversos Estados, em que o saldo do ICMS a pagar é diferido para pagamento a longo prazo, sem a incidência de juros ou atualização monetária, ou com juros bem aquém das condições normais de mercado.

Esses incentivos têm, normalmente o objetivo de atrair entidades para determinadas localidades, em que a menor eficiência ou o maior custo ou as dificuldades de logística seriam compensados pelo incentivo.

É necessário determinar os desembolsos efetivos de caixa e ajustá-los a valor presente mediante taxa de juros que reflita as condições normais de mercado, a fim de permitir que o custo tributário seja apresentado de forma ajustada pelo ganho financeiro gerado pelo incentivo fiscal e que seja devidamente registrada a subvenção pelo regime de competência. O objetivo dessa prática é também permitir que a transação seja registrada considerando-se sua essência. Nesse caso, a contrapartida do AVP, na data da transação, deve ser registrada a crédito na mesma linha no resultado em que a dedução da despesa com ICMS foi registrada.

Exemplo: saldo de ICMS a pagar no montante de $ 10.000, com prazo para pagamento incentivado de cinco anos, sem atualização monetária e com juros de 3% ao ano, pagável em uma única parcela ao fim de 60 meses. Assumindo que a taxa de juros, de acordo com as condições atuais de mercado, seja de 15% ao ano, o seguinte cálculo devem ser praticado na data da transação:

$ 10.000 * (1,03^5) = $ 11.593 (saldo a ser pago após cinco anos); $ 11.593 / (1,15^5) = $ 5.764 (valor que reflete o montante, na data da transação, a ser registrado como dedução de vendas e ICMS a pagar).

Pela fluência do prazo, o saldo devedor (apurado conforme demonstrado no parágrafo anterior) será atualizado monetariamente, com base na taxa de juros definida e aplicável na data da transação, tendo como contrapartida despesa financeira. Decorrido um ano, o saldo de ICMS a pagar será $ 6.629, e o montante de $ 865 será registrado como despesa financeira e assim sucessivamente, até atingir o valor futuro ao fim de 60 meses ($ 11.593).

(No caso de esse incentivo estar vinculado a investimento e puder ser caracterizado como subvenção fiscal para investimento, deve-se observar o determinado no Pronunciamento Técnico CPC 07 – *Subvenção e Assistência Governamentais*. Nesse caso, ao invés de crédito à conta de ICMS no resultado no início da transação, o crédito seria no passivo para apropriação ao resultado quando cumpridas as condições necessárias para o efetivo ganho da subvenção).

8.2. Tributos federais:

Introdução: os principais tributos são imposto de renda, contribuição social, PIS, COFINS e IPI. Esses tributos geram diversos reflexos contábeis considerando que podem existir tanto em saldos a recuperar decorrentes de antecipações, pagamentos a maior ou outros créditos quanto em saldos a pagar decorrentes da apuração de impostos devidos ou parcelamentos.

Os saldos a recuperar e a pagar podem estar sujeitos a atualizações monetárias e juros (a depender de cada situação) e, também, é comum observarmos saldos significativos relacionados com programas de parcelamento de débitos federais, por exemplo, REFIS.

A seguir, estão listados alguns dos principais cenários em relação a saldos de tributos federais:

(a) Créditos de impostos (por exemplo, IRRF – Imposto de Renda Retido na Fonte) ou outros tributos parcelados que são atualizados monetariamente com base na taxa Selic:

Considerando que os valores são registrados originalmente a valor presente e atualizados monetariamente pela taxa Selic (juros pós-fixados), bem como que essa taxa (Selic) se aproxima da taxa de juros de mercado para transações dessa natureza, entende-se que esses valores já devem estar registrados por valores equivalentes a seu valor presente.

(b) Créditos de imposto de renda a serem utilizados em pedidos de compensação ou restituição:

Para esses casos, a situação aqui tratada parte do pressuposto de que a entidade tem histórico recente de sucesso em seus pedidos de compensação ou restituição, e aplicou o CPC 01 que trata de recuperação de ativos de forma adequada. Seguindo a regra geral explicada na Questão 7 e acima referenciada para a situação de ICMS de entidades que acumulam créditos, a orientação é para que não se aplique o AVP.

Não se deve desprezar, por outro lado, as situações em que não há incidência de juros sobre o valor do crédito a recuperar (ou estão abaixo do mercado para transações dessa natureza) e a administração consegue estimar com razoável precisão as datas de realização desses créditos. Nessas situações, devido à essa possibilidade de estimar com razoável precisão as datas de realização, deve ser efetuado o reconhecimento contábil do AVP.

(c) REFIS e outros parcelamentos:

Em relação a esse tema, já existe Instrução da CVM (Instrução nº 346/00) que trata de caso específico relacionado a situações em que a dívida consolidada esteja sujeita à liquidação com base em percentual da receita bruta.

De acordo com a nota explicativa da Instrução CVM nº 346/00, as incertezas dos montantes do faturamento futuro e os riscos de inadimplência e de não-cumprimento das condições e restrições impostas no programa do REFIS indicam que não é prudente o reconhecimento imediato de um possível ganho pela redução da dívida a seu valor presente determinado com base em taxas de juros de mercado aplicáveis para empréstimos no mercado financeiro. Em lugar disso, a entidade deve efetuar adequada divulgação das circunstâncias em notas explicativas.

Acima de tudo, relembre-se que o Pronunciamento Técnico Conceitual do CPC, que dispõe sobre a Estrutura Conceitual para a Elaboração e Apresentação das Demonstrações Contábeis, reafirma a Prudência como uma das características qualitativas que deve estar presente quando da preparação das demonstrações contábeis, reforçando, dessa forma, os termos trazidos na Instrução CVM nº 346/00.

Deve-se observar que, na data da adesão ao REFIS, o saldo devedor já está a valor presente, com base nas condições de juros previstas para esse tipo de transação e que referido saldo é sujeito a juros (aqueles previstos para o REFIS), pela fluência do prazo. Assim, desde que contabilizado adequadamente, de acordo com as condições aplicáveis a esse tipo de refinanciamento, o saldo devedor já deve estar registrado pelo valor presente na data de cada balanço. A questão que surge é que o montante dos desembolsos de caixa previstos, ajustados a valor presente com base em uma taxa de juros normal de mercado, resultaria em um montante inferior ao saldo devedor em determinada data-base; essa é uma informação para ser divulgada em nota explicativa, não sendo requerido nenhum ajuste contábil, já que o inciso III do art. 184 da Lei das Sociedades por Ações (com a nova redação) define o ajuste a valor presente e não o ajuste a valor justo do passivo.

Para os demais casos em que o pagamento do parcelamento não tem relação com o percentual da receita bruta, há outras restrições que constam do programa do REFIS, discutidas na referida norma da CVM. Por exemplo, caso a única exigência seja o pagamento em dia das parcelas, a entidade será capaz de demonstrar essa capacidade no momento do registro inicial do parcelamento, mas, por outro lado, as taxas do parcelamento refletem taxas de mercado; por exemplo, no caso das atuais taxas Selic, não cabe AVP – essa taxa aproxima-se da taxa de juros de mercado para transações dessa natureza e, assim, os correspondentes valores já se encontram registrados por valores equivalentes a seu valor presente.

9. Valores a receber e a pagar, sujeitos à atualização monetária com base em índices de preços ou inflacionários, sem juros, devem ser objetivo de AVP?

Resposta - Sim. Índice de preços ou inflacionários podem ser alguns componentes de uma taxa de encargos, mas não podem ser confundidos com taxas reais de juros. Obviamente, para cálculo e determinação do valor presente para os ativos e os passivos indexados somente a índices inflacionários, a taxa de juros a ser considerada deve ser a taxa real (expurgados então, da taxa nominal, os efeitos dessas variações de preços), levando em consideração instrumentos semelhantes, prazos e riscos, conforme discutido na Questão 3.

10. No caso de empréstimos, financiamentos e mútuos com encargos financeiros diferentes das atuais taxas de juros praticadas pelo mercado, deve ser feito o AVP?

(a) Financiamentos do BNDES, contratados com taxas de juros diferentes das taxas praticadas pelo mercado em geral para outras modalidades de empréstimos, estão sujeitos ao AVP?

Resposta - Não. Esses financiamentos reúnem características próprias e as condições definidas nos contratos de financiamento do BNDES, entre partes independentes, e refletem as condições para aqueles tipos de financiamentos. Em alguns casos, os encargos financeiros são inferiores às taxas de juros aplicáveis para empréstimos em geral e/ou para capital de giro, mas deve-se levar em consideração que o BNDES financia projetos, com características próprias, em geral aplicando taxas que seriam aplicáveis a qualquer entidade, ajustadas apenas pelo risco específico de crédito das entidades e projetos envolvidos.

No Brasil, não há um mercado consolidado de dívidas de longo prazo com as características dos financiamentos do BNDES, com o que a oferta de crédito às entidades em geral, com essa característica de longo prazo, normalmente está limitada ao BNDES.

Esse tratamento está alinhado às normas internacionais, mais especificamente os IAS 20 e 37 e com este Pronunciamento.

(b) Mútuos entre partes relacionadas contratados sem encargos financeiros ou com juros diferentes das condições normais de mercado estão sujeitos a AVP?

Resposta - Muitos dos contratos de mútuos entre partes relacionadas não possuem data prevista para vencimento, o que impossibilita o cálculo do AVP. Por exemplo, uma entidade pode ter mútuo a receber de uma investida cuja liquidação não está planejada nem há probabilidade de ocorrer no futuro previsível ou, ainda, o mútuo apresenta movimentações e o vencimento é considerado a qualquer momento (*on demand*), isto é, considera-se que o vencimento é a vista, a critério do credor.

Em outros casos, porém, quando o contrato de mútuo possui data definida de vencimento, a entidade deve, em princípio, ajustar a transação a valor presente. Todavia, surge uma questão a ser considerada, que é o que fazer com a diferença entre o valor presente na data inicial (*fair value*) e o caixa transferido/recebido. Não é adequado que a entidade que concedeu o caixa tenha perda imediata nem que a entidade que tenha recebido o caixa tenha um ganho imediato.

O registro imediato do ganho/perda, discutido nas normas internacionais - IAS 39 (AG 74 a AG 79), apenas deveria ser feito, no reconhecimento inicial da operação, se o valor justo pudesse ser diretamente observável no mercado, em instrumentos similares, ou se a técnica de avaliação utilizada pela entidade utilizasse variáveis que incluíssem somente informações observáveis no mercado, a partir de transações recentes em condições usuais de mercado e entre contrapartes independentes, que conheçam e desejem efetuar a transação.

Portanto, os mútuos entre partes relacionadas contratados sem encargos financeiros ou com juros diferentes das condições normais de mercado não estão sujeitos ao AVP, mas todas as condições devem ser divulgadas em notas explicativas com detalhamento necessário (prazos, juros e demais condições), em atendimento ao Pronunciamento Técnico CPC 05 Divulgação sobre Partes Relacionadas, a fim de fornecer ao leitor das demonstrações contábeis os elementos informativos suficientes para compreender a magnitude, as características e os efeitos desses tipos de transações sobre a situação financeira e sobre os resultados da entidade. Entretanto, quando uma prática contábil diferente dessa for editada a respeito de ajustes sobre instrumentos financeiros decorrentes de atividades com partes relacionadas, aquela nova prática contábil deve prevalecer.

11. Considerando que o AVP é uma mudança de prática contábil, é necessário efetuar os ajustes de forma retrospectiva para os períodos apresentados?

Resposta - Sim. O reconhecimento do AVP caracteriza-se como uma mudança de prática contábil. Assim, as mudanças de prática contábil deveriam ser consideradas de forma retrospectiva para todos os períodos apresentados, e os ajustes contabilizados na conta de lucros (ou prejuízos) acumulados, líquidos dos efeitos tributários, bem como demonstrados como se tivessem sido contabilizados no início do período mais antigo, o qual está sendo apresentado.

Todavia, há que se considerar, no caso do exercício social iniciado a partir de 1º de janeiro de 2008, o disposto no Pronunciamento Técnico CPC 13 – Adoção Inicial da Lei nº 11.638/07 e da Medida Provisória nº 449/08.

12. Como se contabilizam a compra e venda de bens a prazo cuja contrapartida requeira o ajuste a valor presente?

No caso de venda, por exemplo, de imóvel a prazo, por valor nominal, sem especificação de juros, após os procedimentos de determinação do ajuste a valor presente deve esse ajuste retificar o ativo realizável e a receita de venda, podendo o ajuste ao ativo realizável ser feito em conta retificadora. Conta essa que deverá ser apropriada como receita financeira até o vencimento.

No comprador o ajuste retifica o custo do ativo imobilizado que deve ser registrado pelo seu valor presente e a retificação do passivo pode também contar com conta redutora a gerar despesa financeira até o vencimento.

Por exemplo, suponha-se uma venda de imóvel por $ 10.000.000, pago com entrada de $ 4.000.000 em dinheiro e 3 (três) notas promissórias anuais de $ 2.000.000 cada uma, sem juros, efetuada num momento em que a taxa de juros, para o tipo de vendedor e comprador, seja, para ambos, de 18% ao ano (essas taxas podem ser diferentes para eles).

O vendedor, na transação, registra:

	Débito	Crédito
D – Caixa	$ 4.000.000	
D – Notas Promissórias a Receber	$ 6.000.000	
C – Juros a Apropriar		$ 1.651.454
C – Receita de Venda de Imóveis		$ 8.348.546

O comprador:

	Débito	Crédito
D – Imóveis	$ 8.348.546	
D – Juros a Apropriar	$ 1.651.454	
C – Caixa		$ 4.000.000
C – Notas Promissórias a Pagar		$ 6.000.000

Em ambas as Notas Promissórias aparecerão (em uma no seu ativo; na outra, no seu passivo) pelo seu saldo líquido constituído do valor nominal diminuído dos Juros a Apropriar, e esse saldo irá crescendo pela apropriação dos juros ao resultado, até que no vencimento essas contas retificadoras zerem.

QUESTÕES DE CONCURSOS

01. I.C.M.S. – RJ – 2009 (FGV)

A *Cia. Esmeralda* apresenta os seguintes saldos referentes ao ano de 2008:

Vendas brutas:	$ 90.000
Impostos sobre operações financeiras:	$ 10.000
Imposto predial da fábrica:	$ 5.000
Comissão de vendas:	$ 4.000
Devolução de vendas:	$ 2.000
Devolução de compras:	$ 6.000
IPI nas compras:	$ 20.000
ICMS sobre vendas:	$ 20.000
Ajuste a valor presente das Duplicatas a Receber de Clientes:	$ 8.000
Ajuste a valor presente de Contas a Pagar	$ 1.000

Considerando que a *Cia. Esmeralda* não é contribuinte do IPI, mas é contribuinte dos impostos estaduais e municipais, e considerando que a *Cia. Esmeralda* adota o CPC 12, aprovado pelo CFC, assinale a alternativa que indique *o valor da Receita Líquida* apurada em 2008.

a) $ 70.000.
b) $ 56.000.
c) $ 68.000.
d) $ 64.000.
e) $ 60.000.

02. I.C.M.S. – SP – 2009 (FCC)

Uma empresa tem inscrito um saldo relevante em seus ativos, na conta valores a receber. Nesse caso, a empresa deverá

a) ajustar os recebíveis a valor presente, lançando os ajustes a valor presente em conta de despesa financeira.
b) provisionar o ajuste a valor presente, criando uma retificadora da conta que originou a operação inicial.
c) ajustar os recebíveis pela taxa Selic, lançando o valor do ajuste em conta de Patrimônio Líquido.
d) calcular proporcionalmente o valor do desconto a valor presente mediante aplicação de taxa média anual praticada pela empresa e creditar direto no saldo de recebíveis.
e) ajustar os recebíveis, calculando seu valor presente e registrando-o em conta de receita financeira.

03. PETROBRAS – 2010 (CESGRANRIO)

A Deliberação CVM 564/08 aprova o Pronunciamento Técnico - CPC 12 do Comitê de Pronunciamentos Contábeis – sobre o Ajuste a Valor Presente (AVP). Sob o enfoque técnico acima, admita que uma empresa faça a venda de um bem por R$ 200.000,00, sendo R$ 80.000,00 em dinheiro e R$ 120.000,00 representados por 3 promissórias anuais de R$ 40.000,00 cada uma, e que, na data da operação, a taxa de juros seja de 18% ao ano. Feito o AVP dos fluxos futuros, foi apurado o valor arredondado de R$ 86.970,00. O registro contábil a ser realizado pelo vendedor, nos termos da orientação do anexo da Deliberação CVM 564/08, na data da operação, em reais, é

a)	D – Caixa	80.000,00	
	D – Notas Promissórias a Receber	120.000,00	
	C – Juros a Apropriar		33.030,00
	C – Receita de Venda do Bem		166.970,00
b)	D – Caixa	80.000,00	
	D – Notas Promissórias a Receber	120.000,00	
	C – Receita de Venda do Bem		200.000,00
c)	D – Caixa	80.000,00	
	D – Juros a Valor Presente	6.970,00	
	C – Receita de Venda do Bem		86.970,00
d)	D – Caixa	80.000,00	
	D – Notas Promissórias a Receber	86.970,00	
	C – Receita de Venda do Bem		166.970,00
e)	D – Caixa	80.000,00	
	D – Notas Promissórias a Receber	86.970,00	
	D – Desconto a Valor Presente	33.030,00	
	C – Receita de Venda do Bem		200.000,00

04. I.C.M.S. – RJ – 2008 (FGV)

Em consonância à Resolução CFC 921/01, determine o valor do Passivo Circulante da Cia. Arrendatária a ser apurado logo após o reconhecimento contábil do contrato de arrendamento mercantil firmado entre ela e a entidade arrendadora, segundo o qual a arrendatária se obriga a pagar 5 prestações anuais e iguais no valor unitário de R$ 8.500,00, mais o valor da opção de compra no montante de R$ 190,76 ao final do quinto ano, juntamente com a última prestação anual; e a arrendadora se obriga a entregar, nesse ato, o bem arrendado (um veículo que será utilizado para arrendatária em suas atividades operacionais normais). Sabe-se que:

- o contrato foi firmado em 31/12/2008;
- a primeira prestação vence em 31/12/2009 e todas as demais prestações vencem no dia 31 de dezembro dos anos subsequentes;
- o valor de mercado do bem arrendado, a vista, é R$ 30.000,00;
- a taxa de juros implícita no contrato é 13% ao ano.
- o Balanço Patrimonial da Cia. Arrendatária apurado em 31/12/2008 imediatamente antes de o contrato em tela ter sido reconhecido contabilmente é o seguinte:

Ativo Circulante	20.000,00	Passivo Circulante	15.000,00
Realizável a Longo Prazo	30.000,00	Ex./Longo Prazo	25.000,00
Ativo Imobilizado	50.000,00	Patr. Líquido	60.000,00

a) R$ 3.900,00
b) R$ 8.500,00
c) R$ 15.000,00
d) R$ 19.600,00
e) R$ 23.500,00

05. PETROBRAS – 2010 (CESGRANRIO)

A Comercial de Máquinas Pesadas S.A. vendeu uma máquina nas seguintes condições: entrada R$ 500.000,00 e mais duas parcelas anuais iguais e sucessivas no valor de R$ 968.000,00 cada uma. Admita a inexistência de impostos e que a taxa de juros para a empresa, na data da venda, seja de 10% ao ano. O valor da receita de venda da máquina a ser contabilizado no ato da venda, em reais, é

a) 500.000,00
b) 1.468.000,00
c) 2.180.000,00
d) 2.268.000,00
e) 2.436.000,00

06. PETROBRAS - 2010 (CESGRANRIO)

A Lei nº 6.404/76, das Sociedades Anônimas, com as alterações das Leis nºs 11.638/07 e 11.941/09 determina que os elementos do passivo que devem ser avaliados a valor presente no balanço são as(os)

a) obrigações em moeda estrangeira, com cláusula de paridade cambial.
b) obrigações, os encargos e os riscos classificados no passivo não circulante.
c) obrigações, os encargos e os riscos conhecidos e calculáveis, inclusive o imposto sobre a renda a pagar.
d) reversões de reservas e o lucro líquido do exercício.
e) ajustes de exercícios anteriores e a correção monetária do saldo inicial.

07. CODESP – CIA DOCAS DO EST. S.PAULO - CONTADOR – 2011 (VUNESP)

O artigo 184 da Lei n.º 6.404/76, alterada pela Lei n.º 11.638/07, preconiza que "as obrigações, encargos e riscos, conhecidos ou calculáveis, inclusive Imposto sobre a Renda a pagar com base no resultado do exercício, serão computados pelo valor atualizado até a data do balanço". As obrigações, os encargos e os riscos classificados no passivo exigível a longo prazo serão ajustados ao seu valor

a) convertido pela taxa de câmbio de abertura.
b) presente.
c) futuro.
d) descontado à taxa de referência.
e) nominal.

08. I.C.M.S. - AP - 2010 (FGV)

As regras contábeis e societárias vigentes determinam que os elementos do ativo decorrentes de operações de longo prazo serão:

a) ajustados a valor custo.
b) ajustados a valor futuro.
c) ajustados aos parâmetros da moeda.
d) ajustados a juros de mercado.
e) ajustados a valor presente.

09. COMPANHIA DE GÁS - BA. 2010 (FCC)

Segundo o artigo 184 da Lei nº 6.404/76, recentemente alterada pela Lei nº 11.638/07, "as obrigações, encargos e riscos, conhecidos ou calculáveis, inclusive Imposto sobre a Renda a pagar com base no resultado do exercício, serão computados pelo valor atualizado até a data do balanço ..." as obrigações, encargos e riscos classificados no passivo exigível a longo prazo serão ajustados ao seu valor

a) nominal.
b) futuro.
c) presente.
d) descontado à taxa SELIC.
e) convertido pela taxa de câmbio de fechamento.

10. BADESC - SC - CONTADOR – 2010 (FGV)

Assinale a alternativa que apresente o critério que é adotado para avaliação dos elementos do passivo no balanço patrimonial.

a) As obrigações, encargos e riscos, conhecidos ou calculáveis, inclusive Imposto sobre a Renda a pagar com base no resultado do exercício, serão computados pelo valor atualizado até a data do balanço.
b) As obrigações em moeda estrangeira, com cláusula de paridade cambial, serão convertidas em moeda nacional à taxa de câmbio em vigor na data da realização da operação.
c) As obrigações, os encargos e os riscos classificados no passivo circulante serão ajustados ao seu valor presente, sendo os demais ajustados quando houver efeito relevante.
d) As obrigações, encargos e riscos classificados no passivo exigível a longo prazo serão ajustados ao seu valor de operação, sendo os demais ajustados quando houver efeito material.
e) As obrigações, encargos e riscos trabalhistas e fiscais classificados no passivo não-circulante serão ajustados ao seu valor na data da operação.

Gabarito

01. E	**02. A**	**03. A**	**04. D**	**05. C**
06. B	**07. B**	**08. E**	**09. C**	**10. A**

2. Análise sobre a Recuperação de Ativos

1. Conceito
2. Testes de Recuperabilidade (*Impairment*)
3. Definições
4. Reconhecimento e Mensuração de Perda por Desvalorização
5. Ativo Intangível
6. Reversão de uma Perda por Desvalorização
7. Reversão de uma Perda por Desvalorização para um Ativo Individual
8. Divulgação

1. Conceito

É um procedimento contábil no qual a entidade deverá realizar periodicamente a avaliação de seus ativos, ou seja, no mínimo ao fim de cada exercício social, deverá verificar se há alguma indicação de que um ativo (predominantemente itens do imobilizado e intangível) possa ter sofrido uma deterioração do seu valor.

2. Teste de Recuperabilidade (*Impairment*)

2.1 Base Legal

Lei nº 6.404/76, após as alterações introduzidas pela Lei nº 11.638/07 e Lei nº 11.941/09.

Art. 183. No balanço, os elementos do ativo serão avaliados segundo os seguintes critérios:

......

§ 3º A companhia deverá efetuar, periodicamente, análise sobre a recuperação dos valores registrados no imobilizado, e no intangível, a fim de que sejam: (Redação dada pela Lei nº 11.638, de 2007)

I – registradas as perdas de valor do capital aplicado quando houver decisão de interromper os empreendimentos ou atividades a que se destinavam ou quando comprovado que não poderão produzir resultados suficientes para recuperação desse valor; ou (Incluído pela Lei nº 11.638, de 2007)

II – revisados e ajustados os critérios utilizados para determinação da vida útil econômica estimada e para cálculo da depreciação, exaustão e amortização. (Incluído pela Lei nº 11.638, de 2007)

3. Definições

Os procedimentos técnicos a serem seguidos para atendimento do dispositivo legal acima descrito estão detalhados no Pronunciamento Técnico Contábil CPC 01/R1, o qual tornou-se obrigatório conforme Resolução do Conselho Federal de Contabilidade (CFC) nº 1.292/10 e Deliberação da Comissão de Valores Mobiliários (CVM) nº 639/10 para as companhias abertas.

Os seguintes termos são usados neste Pronunciamento com os significados específicos que se seguem:

· ***Mercado ativo*** é um mercado no qual todas as seguintes condições existem:

- os itens transacionados no mercado são homogêneos;
- vendedores e compradores com disposição para negociar podem ser encontrados a qualquer momento para efetuar a transação; e
- os preços estão disponíveis para o público.

Valor contábil é o montante pelo qual o ativo está reconhecido no balanço depois da dedução de toda respectiva depreciação, amortização ou exaustão acumulada e ajuste para perdas.

Unidade geradora de caixa é o menor grupo identificável de ativos que gera entradas de caixa, entradas essas que são em grande parte independentes das entradas de caixa de outros ativos ou outros grupos de ativos.

Ativos corporativos são ativos, exceto ágio por expectativa de rentabilidade futura (goodwill), que contribuem, mesmo que indiretamente, para os fluxos de caixa futuros tanto da unidade geradora de caixa sob revisão quanto de outras unidades geradoras de caixa.

Despesas de venda ou de baixa são despesas incrementais diretamente atribuíveis à venda ou à baixa de um ativo ou de uma unidade geradora de caixa, excluindo as despesas financeiras e de impostos sobre o resultado gerado.

Valor depreciável, amortizável e exaurível é o custo de um ativo, ou outra base que substitua o custo nas demonstrações contábeis, menos seu valor residual.

Depreciação, amortização e exaustão é a alocação sistemática do valor depreciável, amortizável e exaurível de ativos durante sua vida útil.

Valor justo líquido de despesa de venda é o montante a ser obtido pela venda de um ativo ou de unidade geradora de caixa em transações em bases comutativas, entre partes conhecedoras e interessadas, menos as despesas estimadas de venda.

Perda por desvalorização é o montante pelo qual o valor contábil de um ativo ou de unidade geradora de caixa excede seu valor recuperável.

Valor recuperável de um ativo ou de unidade geradora de caixa é o maior montante entre o seu valor justo líquido de despesa de venda e o seu valor em uso.

Vida útil é:

- período de tempo durante o qual a entidade espera utilizar um ativo; ou
- o número de unidades de produção ou de unidades semelhantes que a entidade espera obter do ativo.

Valor em uso é o valor presente de fluxos de caixa futuros esperados que devem advir de um ativo ou de unidade geradora de caixa.

Valor residual é o valor estimado que a entidade obteria com a venda do ativo, após deduzir as despesas estimadas de venda, caso o ativo já tivesse a idade e a condição esperadas para o fim de sua vida útil.

Pelo mesmo Pronunciamento Técnico Contábil – CPC nº 01(R 1), aprovado pela Resolução do Conselho Federal de Contabilidade (CFC) nº 1.292/10 e pela Deliberação CVM nº 639/10, as empresas deverão realizar periodicamente avaliação da recuperabilidade de todos os seus ativos sem exceção, ou seja, a companhia deverá avaliar, no mínimo ao fim de cada exercício social, o grau de recuperabilidade de seus valores contábeis, e verificar se há alguma indicação de que um ativo possa ter sofrido uma desvalorização.

Algumas dessas avaliações já eram expressamente exigidas anteriormente, como perdas prováveis para créditos de liquidação duvidosa, aplicação da regra de custo ou mercado - dos dois o menor para os estoques, provisão para perdas em investimentos etc.

A Lei nº 11.638/07 introduziu uma maior abrangência dessa análise, (teste sobre a recuperabilidade - *impairment*), passando a incluir os subgrupos não mencionados explicitamente até então. Para os ativos destinados à venda ou realização direta em dinheiro, a recuperabilidade se dá pela comparação dos valores contábeis com os valores de venda ou de provável recebimento; já para os ativos destinados ao uso, para verificação da recuperabilidade considera-se o **maior** valor entre o valor justo líquido de despesas de venda de um ativo ou de unidade geradora de caixa e o seu valor em uso, definido este último como o valor presente dos fluxos de caixa futuros estimados, prevalecendo dos dois o **maior**, para comparação com o valor contábil.

O Pronunciamento Técnico Contábil – CPC nº 01(R 1), aprovado pela Resolução do Conselho Federal de Contabilidade (CFC) nº 1.292/10 e pela Deliberação CVM nº 639/10, assim se pronunciou sobre os termos grifados acima descritos:

Valor justo líquido de despesa de venda

A melhor evidência do valor justo líquido de despesas de venda de um ativo é o preço de contrato de venda firme em transação em bases comutativas, entre partes conhecedoras e interessadas, ajustado por despesas adicionais que seriam diretamente atribuíveis à venda do ativo.

Se não houver contrato de venda firme, mas se o ativo for negociado em mercado ativo, o valor justo líquido de despesas de venda é o preço de mercado do ativo menos as despesas com a baixa. O preço de mercado apropriado é normalmente a oferta de compra corrente (*bid price*). Quando as ofertas de compra não estiverem disponíveis, o preço da transação mais recente pode oferecer base a partir da qual se possa estimar o valor justo líquido de despesas de venda, contanto que não tenha havido mudança significativa nas circunstâncias econômicas entre a data da transação e a data na qual a estimativa é feita.

Se não houver contrato de venda firme ou mercado ativo para um ativo, o valor justo líquido de despesas de venda deve ser baseado na melhor informação disponível para refletir o valor que a entidade pode obter, ao término do período de reporte, para a baixa do ativo em transação em bases comutativas, entre partes conhecedoras e interessadas, após deduzir as despesas com a baixa. Ao determinar esse valor, a entidade deve considerar o resultado de transações recentes para ativos semelhantes, dentro do mesmo setor industrial. O valor justo líquido de despesas de venda não deve refletir uma venda forçada, a menos que a administração seja compelida a vender imediatamente.

As despesas com a baixa, exceto as que já foram reconhecidas como passivo, devem ser deduzidas ao se determinar o valor justo líquido de despesas de venda. Exemplos desses tipos de despesas são as despesas legais, tributos, despesas com a remoção do ativo e gastos diretos incrementais para deixar o ativo em condição de venda. Entretanto, as despesas com demissão de empregados e as associadas à redução ou reorganização de um negócio em seguida à baixa de um ativo não são despesas incrementais para baixa do ativo.

Valor em uso

Os seguintes elementos devem ser refletidos no cálculo do valor em uso do ativo:

- estimativa dos fluxos de caixa futuros que a entidade espera obter com esse ativo;
- expectativas acerca de possíveis variações no montante ou no período de ocorrência desses fluxos de caixa futuros;
- valor do dinheiro no tempo, representado pela atual taxa de juros livre de risco;
- preço pela assunção da incerteza inerente ao ativo (prêmio); e
- outros fatores, tais como falta de liquidez, que participantes do mercado iriam considerar ao precificar os fluxos de caixa futuros esperados da entidade, advindos do ativo.

A estimativa do valor em uso de um ativo envolve os seguintes passos:

- estimar futuras entradas e saídas de caixa derivadas do uso contínuo do ativo e de sua baixa final; e
- aplicar a taxa de desconto apropriada a esses fluxos de caixa futuros.

Os elementos identificados nos itens acima, podem estar refletidos como ajustes dos fluxos de caixa futuros ou como ajustes da taxa de desconto. Qualquer que seja a abordagem que a entidade adote para refletir expectativas acerca de possíveis variações no montante ou no período de ocorrência de fluxos de caixa futuros, o resultado deve refletir o valor presente esperado dos fluxos de caixa futuros, ou seja, a média ponderada de todos os resultados possíveis.

4. Reconhecimento e mensuração de perda por desvalorização

Os itens abaixo descritos estabelecem as exigências para reconhecer e mensurar perdas por desvalorização para um ativo individual com exceção do ágio por expectativa de rentabilidade futura (*goodwill*).

- Se, e somente se, o valor recuperável de um ativo for inferior ao seu valor contábil, o valor contábil do ativo deve ser reduzido ao seu valor recuperável. Essa redução representa uma perda por desvalorização do ativo.
- A perda por desvalorização do ativo deve ser reconhecida imediatamente na demonstração do resultado, a menos que o ativo tenha sido reavaliado. Qualquer desvalorização de ativo reavaliado deve ser tratada como diminuição do saldo da reavaliação.
- Depois do reconhecimento da perda por desvalorização, a despesa de depreciação, amortização ou exaustão do ativo deve ser ajustada em períodos futuros para alocar o valor contábil revisado do ativo, menos seu valor residual (se houver), em base sistemática ao longo de sua vida útil remanescente.

Para se verificar se há alguma evidência clara de que um ativo possa ter sofrido desvalorização, a empresa deverá considerar no mínimo, as seguintes indicações:

(Pronunciamento Técnico Contábil – CPC nº 01(R 1), aprovado pela Resolução do Conselho Federal de Contabilidade (CFC) nº 1.292/10 e pela Deliberação CVM nº 639/10)

- <u>**Fontes externas de informação**</u>

- durante o período, o valor de mercado de um ativo diminuiu sensivelmente, mais do que seria de se esperar como resultado da passagem do tempo ou do uso normal;
- mudanças significativas com efeito adverso sobre a entidade ocorreram durante o período, ou ocorrerão em futuro próximo, no ambiente tecnológico, de mercado, econômico ou legal, no qual a entidade opera ou no mercado para o qual o ativo é utilizado;

- as taxas de juros de mercado ou outras taxas de mercado de retorno sobre investimentos aumentaram durante o período, e esses aumentos provavelmente afetarão a taxa de desconto usada no cálculo do valor em uso de um ativo em uso e diminuirão significativamente o valor recuperável do ativo;
- o valor contábil do patrimônio líquido da entidade é maior do que o valor de suas ações no mercado;

- **Fontes internas de informação**

- evidência disponível de obsolescência ou de dano físico de um ativo;
- mudanças significativas, com efeito adverso sobre a entidade, ocorreram durante o período, ou devem ocorrer em futuro próximo, na medida ou maneira em que um ativo é ou será usado. Essas mudanças incluem o ativo que se torna inativo, planos para descontinuidade ou reestruturação da operação à qual um ativo pertence, planos para baixa de um ativo antes da data anteriormente esperada e reavaliação da vida útil de um ativo como finita ao invés de indefinida; e
- evidência disponível, proveniente de relatório interno, que indique que o desempenho econômico de um ativo é ou será pior que o esperado.

A relação constante acima não é exaustiva. Uma entidade pode identificar outras indicações ou fontes de que um ativo pode ter se desvalorizado, exigindo que a entidade determine o seu valor recuperável.

Constatada qualquer perda do valor recuperável desse ativo, deve-se reconhecê-la imediatamente no resultado ou como redução da reserva de reavaliação, se aplicável, que poderá ser revertida se e quando desaparecerem as razões que levaram à sua constituição, com exceção da perda na recuperabilidade (*impairment*) do ágio pago por expectativa de rentabilidade futura (*goodwill*), que não poderá ser revertida.

Portanto, como se pode observar, caso existam evidências claras de que a empresa possua ativos registrados por valor superior àquele passível de ser recuperado no decorrer do tempo, seja pelo uso ou em eventual venda, deverá imediatamente constituir uma estimativa para perdas por desvalorização, ou seja, a diferença existente entre o valor contábil e o valor recuperável deverá ser ajustada pela constituição de uma estimativa para perdas (conta redutora dos ativos), tendo como contrapartida a conta de resultado do período, a menos que o ativo tenha sido reavaliado. Nesse caso, o valor a ser reduzido deve ser feito junto à conta de Reserva de Reavaliação (Patrimônio Líquido). Caso o saldo dessa reserva seja insuficiente, o excesso deverá ser registrado no resultado do período.

Atente-se para o fato de que simplesmente não é mais compatível com as práticas contábeis adotadas no Brasil a existência de qualquer ativo, por valor superior ao que ele é capaz de produzir de caixa líquido para a entidade, pela sua venda ou pela sua utilização, ou seja, em nenhuma hipótese, o valor contábil de um ativo poderá estar contabilizado no balanço patrimonial, por valor superior ao seu valor recuperável.

Os testes de recuperabilidade (*impairment*) só poderão ser registrados, no caso de redução do valor contábil do ativo. Caso os testes efetuados mostrarem que houve um aumento, ou seja, o valor passível de ser recuperado é maior que o valor contábil, este não poderá ser aumentado.

Exemplo: (Lançamento Contábil - *Impairment*)

D Conta de Resultado		
Perdas com ativos	xxxxx	
C Ativo Não Circulante		
Imobilizado		
Perdas estimadas por valor não recuperável		xxxxx

5. Ativo Intangível

Quando uma empresa possuir um ativo intangível, com vida útil indefinida, ou ainda não disponível para uso, esta deverá testar o respectivo ativo em relação à redução do seu valor recuperável, pelo menos uma vez ao ano.

6. Reversão de uma Perda por Desvalorização

A empresa ao encerrar o seu balanço patrimonial, deverá avaliar se existe alguma indicação de que uma perda reconhecida em períodos anteriores deve ser reduzida ou eliminada. Em caso positivo, a estimativa para perdas constituída anteriormente, deverá ser revertida parcialmente ou na sua totalidade, a crédito da conta de resultado do período, desde que anteriormente a ela debitada. Pode ocorrer em alguns casos, que a redução anteriormente efetuada tenha ocorrido a débito da conta reserva de reavaliação. Nesse caso, a conta de reserva de reavaliação deverá ser recomposta.

O Pronunciamento Técnico Contábil – CPC nº 01(R 1), aprovado pela Resolução do Conselho Federal de Contabilidade (CFC) nº 1.292/10 e pela Deliberação CVM nº 639/10), assim definiu os procedimentos contábeis quando da reversão de uma perda por desvalorização:

Ao avaliar se há alguma indicação de que perda por desvalorização reconhecida em períodos anteriores para um ativo, exceto o ágio por expectativa de rentabilidade futura (*goodwill*), possa ter diminuído ou possa não mais existir, a entidade deve considerar, no mínimo, as seguintes indicações:

• **Fontes externas de informação**

- o valor de mercado do ativo tenha aumentado significativamente durante o período;
- mudanças significativas, com efeito favorável sobre a entidade, tenham ocorrido durante o período, ou ocorrerão em futuro próximo, no ambiente tecnológico, de mercado, econômico ou legal no qual ela opera ou no mercado para o qual o ativo é destinado;
- as taxas de juros de mercado ou outras taxas de mercado de retorno sobre investimentos tenham diminuído durante o período, e essas diminuições possivelmente tenham afetado a taxa de desconto utilizada no cálculo do valor em uso do ativo e aumentado seu valor recuperável materialmente;

• **Fontes internas de informação**

- mudanças significativas, com efeito favorável sobre a entidade, tenham ocorrido durante o período, ou se espera que ocorram em futuro próximo, na extensão ou na maneira por meio da qual o ativo é utilizado ou se espera que seja utilizado. Essas mudanças incluem custos incorridos durante o período para melhorar ou aprimorar o desempenho do ativo ou para reestruturar a operação à qual o ativo pertence;

- há evidência disponível advinda dos relatórios internos que indica que o desempenho econômico do ativo é ou será melhor do que o esperado.

Se houver indicação de que a perda por desvalorização reconhecida para um ativo, exceto o ágio por expectativa de rentabilidade futura (*goodwill*), pode vir a não mais existir ou tenha diminuído, isso pode ser uma evidência de que a vida útil remanescente, o método de depreciação, amortização ou exaustão ou o valor residual necessitem ser revisados ou ajustados.

Uma perda por desvalorização reconhecida em períodos anteriores para um ativo, exceto o ágio por expectativa de rentabilidade futura (*goodwill*), deve ser revertida se, e somente se, tiver havido mudança nas estimativas utilizadas para determinar o valor recuperável do ativo desde a última perda por desvalorização que foi reconhecida. Se esse for o caso, o valor contábil do ativo deve ser aumentado, para seu valor recuperável. Esse aumento ocorre pela reversão da perda por desvalorização.

A reversão de perda por desvalorização reflete um aumento no potencial de serviços estimados de um ativo, ou pelo uso ou pela venda, desde a data em que a entidade reconheceu pela última vez uma perda por desvalorização para o ativo.

Exemplos de mudanças nas estimativas incluem:

- mudança na base do valor recuperável (exemplo, se o valor recuperável é baseado no valor justo líquido de despesas de venda ou no valor em uso);
- se o valor recuperável foi baseado no valor em uso, mudança no montante ou no período previsto de ocorrência de fluxos de caixa futuros estimados ou na taxa de desconto; ou

- se o valor recuperável foi baseado no valor justo líquido de despesas de venda, mudança na estimativa dos componentes do valor justo líquido de despesas de venda.

O valor em uso de um ativo pode se tornar maior do que seu valor contábil simplesmente porque o valor presente de futuras entradas de caixa aumenta na medida em que essas entradas se tornam mais próximas da data atual. Entretanto, o potencial de serviços do ativo não aumentou. Portanto, a perda por desvalorização não deve ser revertida simplesmente por causa da passagem do tempo (algumas vezes reconhecida pelo termo "fluência" do desconto – *unwinding of discount*), mesmo que o valor recuperável do ativo se torne maior do que seu valor contábil.

7. Reversão de uma Perda por Desvalorização para um Ativo Individual

• O aumento do valor contábil de um ativo, exceto o ágio pago por expectativa de resultado futuro (*goodwill*), atribuível à reversão de perda por desvalorização, não deve exceder o valor contábil que teria sido determinado, líquido de depreciação, amortização ou exaustão, caso nenhuma desvalorização tivesse sido reconhecida em anos anteriores.

• Qualquer aumento no valor contábil de um ativo, exceto o ágio (*goodwill*), acima do seu valor contábil que seria determinado, líquido de depreciação, amortização ou exaustão, caso não tivesse sido reconhecida, em anos anteriores, a perda por sua desvalorização, é considerado uma reavaliação.

• A reversão da perda por desvalorização de um ativo, exceto o ágio pago por expectativa de resultado futuro (*goodwill*), deve ser reconhecida imediatamente no resultado do período, a menos que o ativo esteja registrado por valor reavaliado de acordo com outro Pronunciamento. Qualquer reversão de uma perda por desvalorização sobre um ativo reavaliado deve ser tratado como aumento de reavaliação.

• A reversão da perda por desvalorização sobre um ativo reavaliado deve ser creditada diretamente ao patrimônio líquido sob o título de reserva de reavaliação. Entretanto, na medida em que uma desvalorização no mesmo ativo reavaliado foi anteriormente reconhecida no resultado do período, a reversão dessa desvalorização deve ser também reconhecida no resultado do período.

• Depois que a reversão da perda por desvalorização é reconhecida, a despesa de depreciação, amortização ou exaustão para o ativo deve ser ajustada em períodos futuros para alocar o valor contábil revisado do ativo menos, se aplicável, seu valor residual, em base sistemática sobre sua vida útil remanescente.

8. Divulgação

A entidade deve divulgar as seguintes informações para cada classe de ativos:

- o montante das perdas por desvalorização reconhecido no resultado do período e a linha da demonstração do resultado na qual essas perdas por desvalorização foram incluídas;

- o montante das reversões de perdas por desvalorização reconhecido no resultado do período e a linha da demonstração do resultado na qual essas reversões foram incluídas;

- o montante de perdas por desvalorização de ativos reavaliados reconhecido em outros resultados abrangentes durante o período; e

- o montante das reversões das perdas por desvalorização de ativos reavaliados reconhecido em outros resultados abrangentes durante o período.

Questões de Concursos

01. I.C.M.S. - SC - 2010 (UFSC)

De acordo com o CPC-01 – Redução ao Valor Recuperável de Ativos, Vida Útil é definida como:

a) apenas o período de tempo no qual a entidade espera usar um ativo, independentemente do número de unidades de produção que a entidade espera obter ou produzir com esse ativo.
b) o período de tempo, não superior ao ciclo operacional da entidade, no qual a entidade espera usar um ativo.
c) o período de tempo no qual a entidade espera usar um ativo ou o número de unidades de produção ou de unidades semelhantes que a entidade espera obter do ativo.
d) o período de tempo no qual a entidade espera usar um ativo com objetivo de gerar benefícios presentes e futuros, respeitando o ciclo operacional específico da atividade da entidade.
e) o período de tempo no qual a entidade espera usar um ativo com objetivo de gerar benefícios presentes e futuros, respeitando sua vida remanescente além do ciclo operacional específico da atividade.

02. I.C.M.S. - SC - 2010 (UFSC)

Em relação ao teste no valor recuperável de ativos (*impairment test*), assinale a alternativa correta.

a) O valor recuperável consiste no menor valor entre o valor líquido de venda e o valor em uso.
b) O valor recuperável consiste no maior valor entre o valor líquido de venda e o valor em uso.
c) O valor líquido de venda é aquele formalizado por uma operação compulsória, sem dedução das despesas de venda.
d) O cálculo do valor recuperável dos ativos, sem exceções, deve ser efetuado somente quando existirem evidências de possíveis perdas.
e) O cálculo do valor recuperável dos ativos, sem exceções, deve ser efetuado somente quando existirem evidências de possíveis perdas. Essas perdas são lançadas diretamente no patrimônio líquido.

03 a 05. I.C.M.S. – SP – 2009 (FCC)

Considere os dados a seguir. A Cia. Alvorecer, ao analisar um determinado ativo, identifica as seguintes características:

Valor Líquido de Venda	R$	5.100.000,00
Valor em Uso	R$	5.000.000,00
Valor Contábil Bruto	R$	8.000.000,00
Depreciações Acumuladas	R$	2.000.000,00
Provisões para Perdas Registradas	R$	600.000,00

03. O valor recuperável desse ativo é, em R$

a) 5.000.000,00
b) 5.100.000,00
c) 5.400.000,00
d) 5.600.000,00
e) 6.000.000,00

04. O valor líquido contábil é, em R$,

a) 6.000.000,00
b) 5.600.000,00
c) 5.400.000,00
d) 5.100.000,00
e) 5.000.000,00

05. **A perda por redução ao valor recuperável é, em R$,**

a) 3.000.000,00
b) 2.600.000,00
c) 1.000.000,00
d) 600.000,00
e) 300.000,00

06. **(AUDITOR – TCM – RJ – 2008 (FGV)**
Segundo a Resolução CFC 1.110/07, assinale o valor da variação que deverá sofrer o patrimônio da Empresa Industrial X ao efetuar, adequadamente, o lançamento contábil relativo ao teste de recuperabilidade do equipamento Y, sabendo-se que:

1. **o valor de registro original do equipamento Y é $100.000,00;**
2. **a depreciação acumulada do equipamento Y, até a data do teste, é $40.000,00;**
3. **o valor de mercado do equipamento Y, na data do teste, é $62.000,00;**
4. **caso a Empresa X vendesse o equipamento Y, na data do teste, incorreria em gastos associados a tal transação no montante de $13.000,00;**
5. **caso a Empresa X não vendesse o equipamento Y e o continuasse utilizando no processo produtivo, seria capaz de produzir 10.000 unidades do produto Z por ano pelos próximos 3 anos;**
6. **o preço de venda do produto Z é $10,00 por unidade;**
7. **os gastos médios incorridos na produção e venda de uma unidade de produto Z é $8,00;**
8. **o custo de capital da Empresa X é 10% ao ano;**
9. **a Empresa X é sediada num paraíso fiscal; portanto, ignore qualquer tributo.**

a) entre $ –15.000,00 e $ –10.801,00
b) entre $ –10.800,00 e $ –5.001,00
c) entre $ –5.000,00 e $ –1,00
d) zero
e) entre $ 1,00 e $ 2.000,00

07. **PETROBRAS – 2010 (CESGRANRIO)**
A redução ao valor recuperável de ativos visa a assegurar que esses mesmos ativos não estejam registrados contabilmente por um valor superior ao de sua possível recuperação por uso ou por venda. Sob o enfoque da redução ao valor recuperável do ativo, o valor presente dos fluxos de caixa futuros estimados, resultantes do uso de um ativo, indica o seu valor

a) de uso.
b) contábil.
c) residual.
d) recuperável.
e) líquido de venda.

08. **ANALISTA - SEFAZ – SP - 2010 (FCC)**
A empresa LP possuía, em 1/1/X5, em seu ativo imobilizado um equipamento com as seguintes características:

Valor contábil	R$	100.000,00
Depreciação Acumulada	R$	36.000,00
Vida útil econômica		10 anos
Data de Aquisição		1/1/X1
Valor residual	R$	10.000,00
Método de depreciação		cotas constantes

Em 31/12/X5, antes de contabilizar a depreciação do equipamento referente a X5, a empresa realizou o teste de recuperabilidade de seu ativo imobilizado. Após os testes, foram obtidas as seguintes informações a respeito do equipamento:

Valor em uso	R$ 50.000,00
Valor presente do fluxo de caixa	R$ 80.000,00
Vida útil econômica	8 anos (inclusive X5)
Valor residual	R$ 0,00 (zero)
Método de depreciação	cotas constantes

Com base nessas informações, o valor líquido contábil do equipamento apresentado no ativo da empresa, em 31/12/X5, era, em reais,

a) 50.000,00
b) 51.500,00
c) 56.000,00
d) 64.000,00
e) 80.000,00

09. I.C.M.S. – RJ – 2009 (FGV)
Em 01.04.2009, a *Cia. Platina* adquiriu um equipamento para ser utilizado em sua fábrica no valor de $ 113.000.
Os seguintes custos adicionais são diretamente relacionados ao ativo:

Frete:	$ 5.000;
Seguro do transporte:	$ 2.000;
Seguro anual:	$ 12.000.

O equipamento tem vida útil estimada em 12 anos. Após esse período, o valor residual é estimado em zero. Para atendimento do CPC 01, aprovado pelo CFC, deve ser efetuada em 31.12.2009 a avaliação do valor recuperável do ativo.

As informações obtidas nesta data são as seguintes:

Valor líquido de venda:	$ 90.000;
Valor presente dos benefícios futuros em uso:	$140.000.

Em 31.12.2009, o *valor líquido do equipamento* que deve ser apresentado no Balanço Patrimonial da *Cia. Platina* será:

a) $ 120.063.
b) $ 112.500.
c) $ 111.500.
d) $ 140.000.
e) $ 90.000.

10. I.C.M.S. - RJ - 2011 (FGV)

"Recentemente, foi instituída uma obrigação acessória a ser observada por 100% das empresas, chamada "teste de impairment", ou recuperabilidade dos ativos. Essa obrigação surge em um contexto de mudança de paradigma no setor contábil. Nossa contabilidade, que, em alguns aspectos, acompanhava a escola americana, passou a observar os pronunciamentos internacionais, os chamados IFRS (International Financial Reporting Standards). Isso permitirá, entre outros aspectos, que as demonstrações contábeis de empresas brasileiras sejam inteligíveis aos investidores europeus. Com a contabilidade uniformizada, nossas empresas gozarão de maior confiança, o que poderá resultar em maiores investimentos, contribuindo para alavancar o crescimento de nosso país. Essas alterações têm demandado muitos estudos por parte dos contadores, para adaptar as empresas a essa nova realidade. Em termos práticos, já fazem parte da nossa realidade a nota fiscal eletrônica, o SPED (Sistema Público de Escrituração Digital), etc. O impairment faz parte dessa nova realidade." (Carvalho, Jornal do CRC-SC) A respeito do impairment, consoante o disposto na Res. 1.292/10, é correto afirmar que

a) a recuperabilidade dos investimentos feitos nos estoques deve ser apurada por meio do valor de uso.
b) a recuperabilidade de ativos advindos de planos de benefícios a empregados deve ser apurada por meio do valor de uso.
c) a recuperabilidade de ativos financeiros que estejam dentro do alcance das normas do CFC que disciplinam instrumentos financeiros será apurada por meio do valor de uso.
d) a recuperabilidade do intangível será apurada por meio exclusivamente do valor de venda, não sendo permitida sua alocação em uma unidade geradora de caixa.
e) a recuperabilidade do imobilizado será feita por meio do valor de uso ou de venda.

11. I.C.M.S. - RJ - 2011 (FGV)

A respeito do impairment, consoante o disposto na Resolução CFC 1.292/10, é INCORRETO afirmar que

a) o prazo para o teste de recuperabilidade dos ativos sugerido pelo CFC é de, no mínimo, 10 anos.
b) unidade geradora de caixa é o menor grupo identificável de ativos que gera entradas de caixa, que são em grande parte independentes das entradas de caixa de outros ativos ou outros grupos de ativos.
c) ativos corporativos são ativos, exceto ágio por expectativa de rentabilidade futura (goodwill), que contribuem, mesmo que indiretamente, para os fluxos de caixa futuros tanto da unidade geradora de caixa sob revisão quanto de outras unidades geradoras de caixa.
d) independentemente de existir, ou não, qualquer indicação de redução ao valor recuperável, a entidade deve testar, no mínimo anualmente, a redução ao valor recuperável de um ativo intangível com vida útil indefinida ou de um ativo intangível ainda não disponível para uso, comparando o seu valor contábil com seu valor recuperável. Esse teste de redução ao valor recuperável pode ser executado a qualquer momento no período de um ano, desde que seja executado, todo ano, no mesmo período. Ativos intangíveis diferentes podem ter o valor recuperável testado em períodos diferentes. Entretanto, se tais ativos intangíveis foram inicialmente reconhecidos durante o ano corrente, devem ter a redução ao valor recuperável testada antes do fim do ano corrente.
e) a capacidade de um ativo intangível gerar benefícios econômicos futuros suficientes para recuperar seu valor contábil é usualmente sujeita a maior incerteza na fase em que o ativo ainda não está disponível para uso do que na fase em que ele já se encontra disponível para uso.

12. ASSEMBLEIA LEGISLATIVA DO EST. SÃO PAULO – 2010 (FCC)

A empresa Lâmbda S.A. realizou o teste de recuperabilidade de ativos e constatou perda de valor em um ativo reavaliado, em montante inferior ao saldo da Reserva de Reavaliação. Essa empresa deve

a) manter o valor do bem, uma vez que o mesmo apresenta o valor reavaliado.
b) lançar a perda a débito da conta de resultado, pelo valor total, realizando o valor da reserva de reavaliação.
c) reverter a reserva de reavaliação do Patrimônio Líquido contra a conta de reserva de reavaliação no Ativo.
d) lançar a perda a crédito da conta de ajuste especial no Patrimônio Líquido.
e) registrar contra a conta de reavaliação no Patrimônio Líquido, até o montante do valor da perda.

13. SEC. FAZENDA - ANALISTA DE CONTR. INTERNO – RJ – 2011 (FGV)

Em 31 de dezembro de 2010, a Cia. J tinha como únicos ativos imobilizados um computador no valor de R$ 1.000 e uma moto, no valor de R$ 15.000. A empresa efetuou uma análise para definir a capacidade de recuperação de seus ativos imobilizados. Ela verificou que o computador poderia ser vendido por R$ 1.200, enquanto, pelo fluxo de caixa descontado, verificou que o uso do ativo poderá gerar benefícios no valor de R$ 1.700. Já a moto poderia ser vendida por R$ 23.000. Pelo fluxo de caixa descontado, o uso desse ativo poderá gerar benefícios no valor de R$ 19.000. Qual deve ser o valor do ativo imobilizado da Cia. J em 31 de dezembro de 2010, considerando-se que ele é composto somente pelo computador e pela moto?

a) R$ 16.000.
b) R$ 24.700.
c) R$ 20.700.
d) R$ 24.200.
e) R$ 20.200.

14. T.R.F. - ANALISTA JUDICIÁRIO - 2010 (FCC)

A Cia. Delfim Verde, em obediência às normas brasileiras de contabilidade, fez, em 31/12/2009, o teste de recuperabilidade (*impairment test*) do valor de uma máquina utilizada na fabricação de seus produtos. Os dados abaixo foram levantados pelo departamento de contabilidade da empresa (em R$):

Valor em uso da máquina	620.000,00
Valor líquido de venda	610.000,00
Custo de aquisição	710.000,00
Depreciação Acumulada	70.000,00

A companhia deve registrar uma perda no valor do ativo de R$

a) 100.000,00.
b) 90.000,00.
c) 10.000,00.
d) 30.000,00.
e) 20.000,00.

15. CIA DOCAS - BA - CONTADOR - 2010 (FGV)

Em 01 de janeiro de 2010, a Cia. Q tem como únicos ativos imobilizados dois terrenos, um no Rio de Janeiro, no valor de R$12.000, e um em Minas Gerais, no valor de R$20.000. No final do ano, a empresa efetuou uma análise para definir a capacidade de recuperação de seus ativos imobilizados. Ela verificou que o terreno do Rio de Janeiro poderia ser vendido por R$15.000, enquanto pelo fluxo de caixa descontado o uso do ativo poderia gerar benefícios no valor de R$10.000. Já o terreno de Minas Gerais poderia ser vendido por R$18.000 e, pelo fluxo de caixa descontado, o uso desse ativo poderia gerar benefícios no valor de R$16.000. Qual deve ser o valor do ativo imobilizado da Cia. Q em 31 de dezembro de 2010, considerando-se que ele é composto somente pelos dois terrenos?

a) R$ 26.000.
b) R$ 30.000.
c) R$ 33.000.
d) R$ 35.000.
e) R$ 32.000.

16. **AFRFB – 2012 (ESAF)**

Dos registros da Cia. Galáctica, relativos à operação de alienação de Investimentos, foram extraídos os seguintes dados:

Dados da negociação	Valor em R$
Valor Recebido pela venda	9.500
Valor patrimonial da conta Investimento – Custo	9.000
Valor do Ágio já amortizado	1.500
Saldo da Conta Investimento - Ágio (valor ainda não amortizado)	800
Estimativas de Perdas c/ Investimento registradas	400

Com base nos dados fornecidos, pode-se afirmar que esse evento gerou

a) um lançamento de crédito na conta de Investimento - Valor de Custo no valor de R$ 9.500,00.
b) o reconhecimento de um desembolso na aquisição do investimento no valor de R$ 9.000,00.
c) um Ganho com Alienação de investimentos no valor de R$ 100,00.
d) o registro de um débito na conta de Investimentos - Ágio no valor total de R$ 800,00.
e) uma Perda com a Alienação de Investimentos no valor de R$ 700,00.

17. **AFRFB – 2012 (ESAF)**

A empresa Highlith S.A. implantou nova unidade no norte do país. Os investimentos na unidade foram de R$ 1.000.000,00, registrados no ativo imobilizado. No primeiro ano, a empresa contabilizou um ajuste de perda de valor recuperável de R$ 15.000,00. No segundo ano, o valor da unidade, caso interessado na aquisição, seria de R$ 950.000,00. Ao analisar o valor do fluxo de caixa descontado da unidade, apurou-se um valor de R$ 980.000,00. Dessa forma, deve o contador da empresa

a) manter o valor do investimento, visto não haver perda de valor recuperável.
b) reconhecer um complemento de perda de valor recuperável de R$ 5.000,00.
c) reverter parte da perda de valor recuperável no valor de R$ 25.000,00.
d) registrar um complemento de perda de valor recuperável de R$ 15.000,00.
e) estornar o total da perda de valor recuperável de R$ 50.000,00.

18. **AFRFB – 2012 (ESAF)**

A Cia. Gráfica Firmamento adquire uma máquina copiadora, em 02/01/2008, pelo valor de R$ 1,2 milhões, com vida útil estimada na capacidade total de reprodução de 5 milhões de cópias. A expectativa é de que, após o uso total da máquina, a empresa obtenha por este bem o valor de R$ 200.000,00, estabelecendo um prazo máximo de até 5 anos para atingir a utilização integral da máquina. No período de 2008/2009, a empresa executou a reprodução de 2.500.000 das cópias esperadas e no decorrer de 2010 foram reproduzidas mais 1.300.000 cópias. Ao final de 2010, o Departamento de Gestão Patrimonial da empresa determina como valor recuperável desse ativo R$ 440.000,00. Com base nos dados fornecidos, é possível afirmar que

a) o valor depreciável dessa máquina é de R$ 1.000.000,00.
b) o saldo da depreciação acumulado em 2010 é de R$ 720.000,00.
c) em 2010 a empresa deve registrar como despesa de depreciação o valor de R$ 640.000,00.
d) o valor líquido dessa máquina ao final de 2010 é R$ 240.000,00.
e) ao final de 2010 a empresa deve reconhecer uma perda estimada de R$ 200.000,00.

Gabarito

01. C	02. B	03. B	04. C	05. E
06. B	07. A	08. C	09. B	10. E
11. A	12. E	13. A	14. E	15. B
16. C	17. B	18. A		

3. Ativo não Circulante

1. Arrendamento Mercantil

1. Arrendamento Mercantil

1.1. Conceito

É um acordo pelo qual o arrendador transmite ao arrendatário em troca de um pagamento ou série de pagamentos o direito de usar um ativo por um período de tempo acordado.

1.2. Base Legal

Lei nº 6.404/76, após as alterações introduzidas pela Lei nº 11.638/07 e Lei nº 11.941/09.

Art. 179

......

Inc. IV – no ativo imobilizado: os direitos que tenham por objeto bens corpóreos destinados à manutenção das atividades da companhia ou da empresa ou exercidos com essa finalidade, inclusive os decorrentes de operações que transfiram à companhia os benefícios, riscos e controle desses bens; (Redação dada pela Lei nº 11.638, de 2007)

Com a entrada em vigor da nova Lei, deverão ser excluídos do ativo imobilizado os bens não corpóreos (direitos autorais, marcas e patentes, concessões, fundo de comércio, etc.) que passam agora a fazer parte do Ativo Não Circulante: Intangíveis.

Por outro lado, os direitos que tenham por objeto bens destinados à manutenção das atividades da entidade, ou exercidos com essa finalidade, inclusive os decorrentes de operações que transfiram à entidade os benefícios, os riscos e o controle desses bens, (arrendamento mercantil financeiro), passam a integrar o Ativo Imobilizado, ou seja, esse item (imobilizado) incorporou inclusive os bens que não são de propriedade da entidade, mas cujos controles, riscos e benefícios são por ela exercidos. Dessa forma a informação contábil fica mais completa, pois as empresas estarão evidenciando em seus demonstrativos contábeis (Ativo) todos os bens sobre os quais detenham benefícios, riscos e controle, e no Passivo as dívidas assumidas.

1.3. Arrendamento Mercantil

Os procedimentos técnicos a serem seguidos para atendimento do dispositivo legal acima descrito, estão detalhados no Pronunciamento Técnico Contábil CPC 06/R1 – Operações de Arrendamento Mercantil, o qual tornou-se obrigatório conforme Resolução do Conselho Federal de Contabilidade (CFC) nº 1.304/10 e Deliberação da Comissão de Valores Mobiliários (CVM) nº 645/10 para as companhias abertas.

Definições

Arrendamento Mercantil Financeiro: é aquele em que há transferência substancial de todos os riscos e benefícios inerentes à propriedade de um ativo do arrendador para o arrendatário. O título de propriedade pode ou não vir a ser transferido.

Arrendamento Mercantil Operacional: é aquele em que não há transferência substancial de todos os riscos e benefícios inerentes à propriedade de um ativo do arrendador para o arrendatário. É um arrendamento mercantil diferente de um arrendamento mercantil financeiro.

Arrendamento mercantil não cancelável: é um arrendamento mercantil que é cancelável apenas:

(a) após a ocorrência de alguma contingência remota;
(b) com a permissão do arrendador;
(c) se o arrendatário contratar um novo arrendamento mercantil para o mesmo ativo ou para um ativo equivalente com o mesmo arrendador; ou
(d) após o pagamento pelo arrendatário de uma quantia adicional tal que, no início do arrendamento mercantil, a continuação do arrendamento mercantil seja razoavelmente certa.

Início do arrendamento mercantil: é a mais antiga entre a data do acordo de arrendamento mercantil e a data de um compromisso assumido pelas partes quanto às principais disposições do arrendamento mercantil. Nessa data:

(a) um arrendamento mercantil é classificado como arrendamento mercantil financeiro ou arrendamento mercantil operacional; e
(b) no caso de arrendamento mercantil financeiro, as quantias a reconhecer no começo do prazo do arrendamento mercantil são determinadas.

Começo do prazo do arrendamento mercantil: é a data a partir da qual o arrendatário passa a poder exercer o seu direito de usar o ativo arrendado. É a data do reconhecimento inicial do arrendamento mercantil.

Prazo do arrendamento mercantil: é o período não cancelável pelo qual o arrendatário contratou o arrendamento mercantil do ativo juntamente com quaisquer prazos adicionais pelos quais o arrendatário tem a opção de continuar a arrendar o ativo, com ou sem pagamento adicional, quando no início do arrendamento mercantil for razoavelmente certo que o arrendatário exercerá a opção.

Pagamentos mínimos do arrendamento mercantil: são os pagamentos durante o prazo do arrendamento mercantil que o arrendatário está ou possa vir a ser obrigado a fazer, excluindo pagamento contingente, custos relativos a serviços e impostos a serem pagos pelo arrendador e a ele serem reembolsados, juntamente com:

(a) para o arrendatário, quaisquer quantias garantidas pelo arrendatário ou por parte relacionada a ele; ou
(b) para o arrendador, qualquer valor residual garantido ao arrendador:
(i) pelo arrendatário;
(ii) por parte relacionada com o arrendatário; ou
(iii) por terceiro não relacionado com o arrendador que seja financeiramente capaz de dar cumprimento às obrigações segundo a garantia.

Contudo, se o arrendatário tiver a opção de comprar o ativo por um preço que se espera seja suficientemente mais baixo do que o valor justo na data em que a opção se torne exercível, para que, no início do arrendamento mercantil, seja razoavelmente certo que a opção será exercida, os pagamentos mínimos do arrendamento mercantil compreendem os pagamentos mínimos a serem feitos durante o prazo do arrendamento mercantil até a data esperada do exercício dessa opção de compra e o pagamento necessário para exercê-la.

Valor justo: é o valor pelo qual um ativo pode ser negociado, ou um passivo liquidado, entre partes interessadas, conhecedoras do negócio e independentes entre si, com a ausência de fatores que pressionem para a liquidação da transação ou que caracterizem transação compulsória.

Vida econômica é:

(a) o período durante o qual se espera que um ativo seja economicamente utilizável por um ou mais usuários; ou
(b) o número de unidades de produção ou de unidades semelhantes que um ou mais usuários esperam obter do ativo.

Vida útil é o período remanescente estimado, a partir do começo do prazo do arrendamento mercantil, sem limitação pelo prazo do arrendamento mercantil, durante o qual se espera que os benefícios econômicos incorporados no ativo sejam consumidos pela entidade.

Valor residual garantido é:

(a) para um arrendatário, a parte do valor residual que seja garantida por ele ou por parte a ele relacionada (sendo o valor da garantia o valor máximo que possa, em qualquer caso, tornar-se pagável); e
(b) para um arrendador, a parte do valor residual que seja garantida pelo arrendatário ou por terceiro não relacionado com o arrendador que seja financeiramente capaz de satisfazer as obrigações cobertas pela garantia.

Valor residual não garantido: é a parte do valor residual do ativo arrendado, cuja realização pelo arrendador não esteja assegurada ou esteja unicamente garantida por uma parte relacionada com o arrendador.

Custos diretos iniciais: são custos incrementais que são diretamente atribuíveis à negociação e estruturação de um arrendamento mercantil, exceto os custos incorridos pelos arrendadores fabricantes ou comerciantes.

Investimento bruto no arrendamento mercantil é a soma:

(a) dos pagamentos mínimos do arrendamento mercantil a receber pelo arrendador segundo um arrendamento mercantil financeiro; e
(b) de qualquer valor residual não garantido atribuído ao arrendador.

Investimento líquido no arrendamento mercantil: é o investimento bruto no arrendamento mercantil descontado à taxa de juros implícita no arrendamento mercantil.

Receita financeira não realizada: é a diferença entre:

(a) o investimento bruto no arrendamento mercantil; e
(b) o investimento líquido no arrendamento mercantil.

Taxa de juros implícita no arrendamento mercantil: é a taxa de desconto que, no início do arrendamento mercantil, faz com que o valor presente agregado:

a) dos pagamentos mínimos do arrendamento mercantil; e

b) do valor residual não garantido seja igual à soma (i) do valor justo do ativo arrendado e (ii) de quaisquer custos diretos iniciais do arrendador.

Taxa de juros incremental de financiamento do arrendatário: é a taxa de juros que o arrendatário teria de pagar num arrendamento mercantil semelhante ou, se isso não for determinável, a taxa em que, no início do arrendamento mercantil, o arrendatário incorreria ao pedir emprestado por prazo semelhante, e com segurança semelhante, os fundos necessários para comprar o ativo.

Pagamento contingente: é a parcela dos pagamentos do arrendamento mercantil que não seja de quantia fixada, e sim baseada na quantia futura de um fator que se altera sem ser pela passagem do tempo (por exemplo, percentual de vendas futuras, quantidade de uso futuro, índices de preços futuros, taxas futuras de juros do mercado).

1.4. Classificação do Arrendamento Mercantil

O Pronunciamento Técnico Contábil CPC 06/R1 – Operações de Arrendamento Mercantil, o qual tornou-se obrigatório conforme Resolução do Conselho Federal de Contabilidade (CFC) nº 1.304/10 e Deliberação da Comissão de Valores Mobiliários (CVM) nº 645/10 para as companhias abertas, assim classificou os arrendamentos mercantis:

- **Arrendamento Mercantil Financeiro**
- **Arrendamento Mercantil Operacional**

A classificação de arrendamentos mercantis baseia-se na extensão em que os riscos e benefícios inerentes à propriedade de ativo arrendado permanecem no arrendador ou no arrendatário. Os riscos incluem as possibilidades de perdas devidas à capacidade ociosa ou obsolescência tecnológica e de variações no retorno em função de alterações nas condições econômicas. Os benefícios podem ser representados pela expectativa de operações lucrativas durante a vida econômica do ativo e de ganhos derivados de aumentos de valor ou de realização do valor residual.

Arrendamento Mercantil Financeiro

Um arrendamento mercantil deve ser classificado como financeiro se ele transferir substancialmente todos os riscos e benefícios inerentes à propriedade.

Arrendamento Mercantil Operacional

Um arrendamento mercantil deve ser classificado como operacional se ele não transferir substancialmente todos os riscos e benefícios inerentes à propriedade.

A classificação de um arrendamento mercantil como arrendamento mercantil financeiro ou arrendamento mercantil operacional depende da essência da transação e não da forma do contrato.

Exemplos de situações que individualmente ou em conjunto levariam normalmente a que um arrendamento mercantil fosse classificado como arrendamento mercantil financeiro são:

- o arrendamento mercantil transfere a propriedade do ativo para o arrendatário no fim do prazo do arrendamento mercantil;
- o arrendatário tem a opção de comprar o ativo por um preço que se espera seja suficientemente mais baixo do que o valor justo à data em que a opção se torne exercível de forma que, no início do arrendamento mercantil, seja razoavelmente certo que a opção será exercida;
- o prazo do arrendamento mercantil refere-se à maior parte da vida econômica do ativo mesmo que a propriedade não seja transferida;
- no início do arrendamento mercantil, o valor presente dos pagamentos mínimos do arrendamento mercantil totaliza pelo menos substancialmente todo o valor justo do ativo arrendado; e
- os ativos arrendados são de natureza especializada de tal forma que apenas o arrendatário pode usá-los sem grandes modificações.

Os indicadores de situações que individualmente ou em combinação também podem levar a que um arrendamento mercantil seja classificado como arrendamento mercantil financeiro são:

- se o arrendatário puder cancelar o arrendamento mercantil, as perdas do arrendador associadas ao cancelamento são suportadas pelo arrendatário;
- os ganhos ou as perdas da flutuação no valor justo do valor residual são atribuídos ao arrendatário (por exemplo, na forma de abatimento que equalize a maior parte do valor da venda no fim do arrendamento mercantil); e
- o arrendatário tem a capacidade de continuar o arrendamento mercantil por um período adicional com pagamentos que sejam substancialmente inferiores ao valor de mercado.

Os exemplos e indicadores enunciados acima, nem sempre são conclusivos. Se for claro com base em outras características que o arrendamento mercantil não transfere substancialmente todos os riscos e benefícios inerentes à propriedade, o arrendamento mercantil deve ser classificado como operacional. Isso pode acontecer se, por exemplo, a propriedade do ativo se transferir ao final do arrendamento mercantil mediante um pagamento variável igual ao valor justo no momento, ou se há pagamentos contingentes, como resultado dos quais o arrendatário não tem substancialmente todos os riscos e benefícios.

A classificação do arrendamento mercantil deve ser feita no início do arrendamento mercantil. Se em qualquer momento o arrendatário e o arrendador concordarem em modificar as disposições do arrendamento mercantil, exceto por renovação do contrato, de tal maneira que resulte numa classificação diferente do arrendamento mercantil segundo os critérios citados acima, o acordo revisto é considerado como um novo acordo durante o seu prazo. Contudo, as alterações nas estimativas (por exemplo, alterações nas estimativas relativas à vida econômica ou ao valor residual da propriedade arrendada) ou as alterações nas circunstâncias (por exemplo, inadimplência por parte do arrendatário) não originam uma nova classificação de um arrendamento mercantil para fins contábeis.

Quando o arrendamento mercantil contempla tanto terreno quanto edifícios, a entidade deve avaliar individualmente cada elemento objeto do contrato de arrendamento para fins de classificação e enquadramento como arrendamento operacional ou financeiro. Ao julgar se um dos elementos objeto do contrato é um arrendamento operacional ou financeiro, um aspecto importante a ser considerado é o fato de que o terreno, via de regra, apresenta uma vida útil econômica indefinida.

Para classificar e contabilizar um arrendamento mercantil de terreno e edifícios, os pagamentos mínimos do arrendamento mercantil (incluindo qualquer pagamento inicial, antecipado), sempre que for necessário, devem ser alocados no início do período do arrendamento mercantil entre os elementos terreno e edifícios na proporção dos valores justos relativos das participações no terreno e nas edificações objeto do arrendamento no início do arrendamento mercantil. Se os pagamentos do arrendamento mercantil não puderem ser alocados com confiabilidade entre esses dois elementos, a totalidade do arrendamento mercantil deve ser classificada como arrendamento mercantil financeiro, a não ser que esteja claro que ambos os elementos são arrendamentos mercantis operacionais, em cujo caso a totalidade do arrendamento mercantil deve ser classificada como arrendamento mercantil operacional.

NOTA

O Pronunciamento Contábil (CPC 06-R1) - Operações de Arrendamento Mercantil, o qual tornou-se obrigatório conforme Resolução do Conselho Federal de Contabilidade (CFC) nº 1.304/10 e Deliberação da Comissão de Valores Mobiliários (CVM) nº 645/10 para as companhias abertas, deve ser aplicado na contabilização de todas as operações de arrendamento mercantil (*leasing*) que não sejam:

- arrendamentos mercantis para explorar ou usar minério, petróleo, gás natural e recursos similares não regeneráveis; e
- acordos de licenciamento para itens tais como fitas cinematográficas, registros de vídeo, peças de teatro, manuscritos, patentes e direitos autorais (*copyrights*).

Entretanto, não deve ser aplicado como base de mensuração para:

- propriedade detida por arrendatário que seja contabilizada como propriedade de investimento;
- propriedade de investimento fornecida pelos arrendadores sob a forma de arrendamentos mercantis operacionais;
- ativos biológicos detidos por arrendatários sob a forma de arrendamentos mercantis financeiros; ou
- ativos biológicos fornecidos por arrendadores sob a forma de arrendamentos mercantis operacionais.

1.5. Contabilização do Arrendamento Mercantil Financeiro

• Operações de arrendamento mercantil financeiro no arrendatário

Reconhecimento Inicial

No começo do prazo de arrendamento mercantil, os arrendatários devem reconhecer, em contas específicas, os arrendamentos mercantis financeiros como ativos e passivos nos seus balanços por quantias iguais ao valor justo da propriedade arrendada ou, se inferior, ao valor presente dos pagamentos mínimos do arrendamento mercantil, cada um determinado no início do arrendamento mercantil. A taxa de desconto a ser utilizada no cálculo do valor presente dos pagamentos mínimos do arrendamento mercantil é a taxa de juros implícita no arrendamento mercantil, se for praticável determinar essa taxa; se não for, deve ser usada a taxa incremental de financiamento do arrendatário. Quaisquer custos diretos iniciais do arrendatário são adicionados à quantia reconhecida como ativo.

As transações e outros eventos são contabilizados e apresentados de acordo com a sua essência e realidade financeira e não meramente com a sua forma legal. Embora a forma legal de um acordo de arrendamento mercantil seja a de que o arrendatário possa não adquirir a propriedade legal do ativo arrendado, no caso dos arrendamentos mercantis financeiros, a essência e a realidade financeira são tais que o arrendatário adquire os benefícios econômicos do uso do ativo arrendado durante a maior parte da sua vida econômica em troca da obrigação de pagar por tal direito uma quantia que se aproxima, no início do arrendamento mercantil, do valor justo do ativo e do respectivo encargo financeiro.

Se tais transações de arrendamento mercantil não estiverem refletidas no balanço do arrendatário, os recursos econômicos e o nível de obrigações de uma entidade estarão registrados a menor, distorcendo dessa forma os índices financeiros. Portanto, é apropriado que um arrendamento mercantil financeiro seja reconhecido no balanço do arrendatário não só como ativo, mas também como obrigação de efetuar futuros pagamentos do arrendamento mercantil. No começo do prazo do arrendamento mercantil, o ativo e o passivo dos futuros pagamentos do arrendamento mercantil são reconhecidos no balanço pelas mesmas quantias, exceto no caso de quaisquer custos diretos iniciais do arrendatário que sejam adicionados à quantia reconhecida como ativo.

Os pagamentos mínimos do arrendamento mercantil devem ser segregados entre encargo financeiro e redução do passivo em aberto. O encargo financeiro deve ser apropriado a cada período durante o prazo do arrendamento mercantil de forma a produzir uma taxa de juros periódica constante sobre o saldo remanescente do passivo. Os pagamentos contingentes devem ser contabilizados como despesa nos períodos em que são incorridos.

Para determinar se um ativo arrendado está desvalorizado, a entidade deve aplicar a Redução ao Valor Recuperável de Ativos (Teste de Recuperabilidade – *Impairment*)

1.5.1. Depreciação:

Um arrendamento mercantil financeiro dá origem a uma despesa de depreciação (amortização) relativa a ativos depreciáveis (amortizáveis), assim como uma despesa financeira para cada período contábil. A política de depreciação (amortização) para os ativos arrendados depreciáveis (amortizáveis) deve ser consistente com a política dos demais ativos depreciáveis (amortizáveis) sobre os quais se detenha a propriedade e a depreciação reconhecida - Ativo Imobilizado, ou Amortizado – Ativo Intangível.

O valor depreciável de ativo arrendado é alocado a cada período contábil durante o período de uso esperado em base sistemática consistente com a política de depreciação que o arrendatário adote para os ativos depreciáveis de que seja proprietário.

Se houver certeza razoável de que o arrendatário virá a obter a propriedade do bem no fim do prazo do arrendamento mercantil, o ativo deve ser depreciado pela sua vida útil.

Se não houver certeza razoável de que o arrendatário virá a obter a propriedade do bem no fim do prazo do arrendamento mercantil, o ativo deve ser totalmente depreciado durante o prazo do arrendamento mercantil ou da sua vida útil, o que for menor.

A soma da despesa de depreciação do ativo e da despesa financeira do período é raramente igual ao pagamento da prestação do arrendamento mercantil durante o período, sendo, por isso, inadequado simplesmente reconhecer os pagamentos da prestação do arrendamento mercantil como despesa. Por conseguinte, é improvável que o ativo e o passivo relacionado sejam de valor igual após o começo do prazo do arrendamento mercantil.

Portanto, do exposto, infere-se que as operações de Arrendamento Mercantil Financeiro no arrendatário, passarão a ser contabilizadas como operações de compra, com registro no ativo imobilizado, pelo valor original da transação, e ser depreciado pela sua vida útil aplicáveis aos ativos depreciáveis de que seja proprietário.

Esse fato se deve em razão de serem transferidos à entidade a totalidade dos benefícios, controle e riscos derivados da propriedade, ainda que juridicamente estes bens não sejam de propriedade da entidade. A contrapartida do lançamento contábil será o registro no passivo, sendo as prestações pagas, registradas como simples liquidações do passivo. Os juros da dívida serão apropriados (creditados) ao passivo e posteriormente alocados como despesas financeiras na demonstração de resultado, obedecendo ao princípio da competência.

Exemplo:

A empresa "A" efetua em 02/Jan/20x0, um arrendamento mercantil financeiro da empresa "B" de uma máquina.

Dados do arrendamento mercantil financeiro no Arrendatário

Contrato de *leasing* - Valor presente da máquina:	R$ 50.000,00
Prazo do *leasing*:	48 meses
Vida útil econômica	60 meses
Taxa de Juros:	1.0% a.m.
Valor da prestação:	R$ 1.316,69
Valor total do contrato de *leasing*: (R$ 1.316,69 x 48 meses)	R$ 63.201,21

Passivo Circulante: (12 parcelas x R$ 1.316,69)	R$ 15.800,30
Passivo Exigível a Longo Prazo: (36 parcelas x R$ 1.316,69)	R$ 47.400,91
Total a pagar	R$ 63.201,21

Juros a apropriar:	
Valor total do arrendamento	R$ 63.201,21
(-) Valor presente da máquina arrendada	R$ 50.000,00
(=) Juros a apropriar	R$ 13.201,21

Juros a apropriar (Passivo Circulante)*	R$ 5.442,61
Juros a apropriar (Passivo Exigível a Longo Prazo)*	R$ 7.758,60
Total dos juros a apropriar	R$ 13.201,21

(*) Vide demonstrativo do cálculo dos juros anexo.

Notas explicativas sobre a Tabela Price.

- Prestações constantes
- Principal = Prest. x Fator(n;i)
- 50.000 = Prest. x Fator (48 prest.; 1%)
- Prestação = R$1.316,69

A TABELA PRICE é um sistema de pagamentos:

1. Finito (pois tem número finito de prestações)
2. Constante (pois todas prestações são idênticas)
3. Periódicas (pois os pagamentos são mensais)
4. Imediatas (não há carência)
5. Postecipadas (pois firmado o contrato hoje, data zero, a primeira prestação somente será quitada daqui a um mês).

Prezado aluno, os cálculos envolvidos nesta seção serão estudados na disciplina de "Matemática Financeira". Neste cálculo exemplo, utilizamos 7 casas decimais para o valor da prestação, que foi de R$ 1.316,6917716. Por esta razão, teremos um saldo devedor Zero ao final do 48º mês, conforme queríamos.

MÊS	SALDO DEVEDOR	AMORTIZAÇÃO	JUROS	PRESTAÇÃO
0	50.000,00	-	-	-
1	49.183,31	816,69	500,00	1.316,69
2	48.358,45	824,86	491,83	1.316,69
3	47.525,34	833,11	483,58	1.316,69
4	46.683,90	841,44	475,25	1.316,69
5	45.834,05	849,85	466,84	1.316,69
6	44.975,70	858,35	458,34	1.316,69
7	44.108,77	866,93	449,76	1.316,69
8	43.233,16	875,60	441,09	1.316,69
9	42.348,80	884,36	432,33	1.316,69
10	41.455,60	893,20	423,49	1.316,69
11	40.553,46	902,14	414,56	1.316,69
12	39.642,30	911,16	405,53	1.316,69
Subtotal		**10.357,70**	**5.442,61**	**15.800,30**
13	38.722,04	920,27	396,42	1.316,69
14	37.792,56	929,47	387,22	1.316,69
15	36.853,80	938,77	377,93	1.316,69
16	35.905,64	948,15	368,54	1.316,69
17	34.948,01	957,64	359,06	1.316,69
18	33.980,80	967,21	349,48	1.316,69
19	33.003,91	976,88	339,81	1.316,69
20	32.017,26	986,65	330,04	1.316,69
21	31.020,74	996,52	320,17	1.316,69
22	30.014,26	1.006,48	310,21	1.316,69
23	28.997,71	1.016,55	300,14	1.316,69
24	27.970,99	1.026,71	289,98	1.316,69
25	26.934,01	1.036,98	279,71	1.316,69
26	25.886,66	1.047,35	269,34	1.316,69
27	24.828,83	1.057,83	258,87	1.316,69
28	23.760,43	1.068,40	248,29	1.316,69
29	22.681,34	1.079,09	237,60	1.316,69
30	21.591,47	1.089,88	226,81	1.316,69
31	20.490,69	1.100,78	215,91	1.316,69
32	19.378,90	1.111,78	204,91	1.316,69
33	18.256,00	1.122,90	193,79	1.316,69
34	17.121,87	1.134,13	182,56	1.316,69
35	15.976,40	1.145,47	171,22	1.316,69
36	14.819,47	1.156,93	159,76	1.316,69
37	13.650,97	1.168,50	148,19	1.316,69
38	12.470,79	1.180,18	136,51	1.316,69
39	11.278,80	1.191,98	124,71	1.316,69
40	10.074,90	1.203,90	112,79	1.316,69
41	8.858,96	1.215,94	100,75	1.316,69
42	7.630,86	1.228,10	88,59	1.316,69
43	6.390,47	1.240,38	76,31	1.316,69
44	5.137,69	1.252,79	63,90	1.316,69
45	3.872,37	1.265,31	51,38	1.316,69
46	2.594,40	1.277,97	38,72	1.316,69
47	1.303,66	1.290,75	25,94	1.316,69
48	(0,00)	1.303,66	13,04	1.316,69
Subtotal		**39.642,30**	**7.758,60**	**47.400,90**
Total		**50.000,00**	**13.201,21**	**63.201,21**

LANÇAMENTOS CONTÁBEIS NO ARRENDATÁRIO

01 – Contrato de arrendamento mercantil financeiro

D Ativo Não Circulante
Imobilizado
Máquina R$ 50.000,00
D Passivo Circulante
Arrendamento mercantil financeiro
Juros a apropriar R$ 5.442,61
D Passivo Não Circulante
Passivo Exigível a Longo Prazo
Arrendamento mercantil financeiro
Juros a apropriar R$ 7.758,60
C Passivo Circulante
Arrendamento mercantil financeiro R$ 15.800,30
C Passivo Não Circulante
Exigível a Longo Prazo
Arrendamento mercantil financeiro R$ 47.400,91

BALANÇO PATRIMONIAL - ARRENDATÁRIO			
ATIVO		**PASSIVO + PATRIMÔNIO LÍQUIDO**	
Ativo Circulante		**Passivo Circulante**	
		Financ. Arrend. Mercantil	**15.800,30**
		(-) juros a apropriar	(5.442,61)
Ativo Não Circulante		**Passivo Não Circulante**	
Imobilizado		Passivo Exig. a Longo Prazo	
Máquina	50.000,00	Financ. Arrend. Mercantil	47.400,91
		(-) juros a apropriar	(7.758,60)
Soma	**50.000,00**	**Soma**	**50.000,00**

02 – Depreciação da máquina

O arrendatário pretende obter a propriedade do bem, no fim do prazo do arrendamento mercantil financeiro. (Utilizar para cálculo da depreciação o prazo de vida útil econômica do bem).

Valor da máquina R$ 50.000,00

Cálculo da depreciação – Método linear: R$ 50.000,00 ÷ 60 meses = R$ 833,33 por mês

03 - Despesas financeiras/amortização

Sendo a taxa de juros de 1% a.m., e o valor da dívida inicial de R$ 50.000,00, a despesa financeira (juros) no primeiro mês será de R$ 500,00 (vide planilha na página 55). Nos meses subsequentes, as despesas financeiras (juros) irão diminuir, já que a taxa de juros incide sobre o saldo devedor, enquanto que a amortização da dívida irá aumentar. A despesa de depreciação será sempre igual no valor de R$ 833,33 (método linear).

Lançamentos Contábeis:

Despesa de depreciação

		Débito	Crédito
D	Conta de Resultado		
	Despesa de depreciação	R$ 833,33	
C	Ativo Não Circulante		
	Imobilizado		
	Depreciação Acumulada		R$ 833,33

04 - Pagamento da 1ª parcela do arrendamento mercantil financeiro

		Débito	Crédito
D	Passivo Circulante		
	Arrendamento mercantil financeiro	R$ 1.316,69	
C	Ativo Circulante		
	Bancos conta movimento		R$ 1.316,69

05 - Apropriação das despesas financeiras

		Débito	Crédito
D	Conta de Resultado		
	Despesas financeiras (juros)	R$ 500,00	
C	Passivo Circulante		
	Juros a apropriar		R$ 500,00

Razonetes:

Máquina	
50.000,00	
50.000,00	

P.C. - Arrend. Mercant.	
1.316,69	15.800,30
	14.483,61

P.E.L.P. - Arrend. Mercant.	
	47.400,91
	47.400,91

P.C. - Juros a Apropriar	
5.442,61	500,00
4.942,61	

P.E.L.P. - Juros a Apropriar	
7.758,60	
7.758,60	

Desp. Depreciação	
833,33	
833,33	

Depr. Acumulada	
	833,33
	833,33

Desp. Financeiras	
500,00	
500,00	

Bancos C/ Movim.	
xxxxxx	1.316,69

Nota

O Conselho Federal de Contabilidade (CFC), através da Resolução nº 1.157/09 emitiu o seguinte esclarecimento:

Quando o arrendamento for classificado como financeiro, o bem será tratado como vendido pela arrendadora ou um terceiro diretamente à arrendatária, que o ativará e reconhecerá sua dívida perante a arrendadora, e esta classificará o desembolso como um recebível. O valor dessa transação será o valor presente dos fluxos de pagamento negociados, ou o valor justo do bem se este for menor. Assim, se houver uma contratação de arrendamento mercantil financeiro por uma taxa que seja visivelmente abaixo da do mercado considerando a transação, a garantia e o risco do devedor, o valor presente das prestações produzirá um valor diferente do que o valor normalmente praticado para venda a vista do bem. Nesse caso o arrendatário ativará o bem pelo valor presente calculado, já que esse representará melhor seu efetivo custo de aquisição. E, com o decorrer do tempo, a diferença entre esse valor e o valor total pago será registrado como despesa financeira, evidenciando uma taxa de juros consentânea com o mercado na data da transação, e não uma taxa de juros irrealista colocada de forma implícita no contrato. Se o arrendador for o próprio vendedor, reconhecerá também uma receita de venda pelo valor presente, diferente do que o praticado para venda a vista, evidenciando uma negociação por um preço especial.

Os pagamentos das prestações do arrendamento mercantil financeiro não caracterizam uma despesa e, dessa forma serão registradas: parte como amortização parcial do saldo devedor da dívida e parte como pagamento de encargos financeiros. O ativo deve ser depreciado pela sua vida útil, e não pelo prazo do contrato. Ao longo do tempo, o total das despesas numa forma ou na outra é o mesmo, mas sua distribuição temporal pela adoção da nova prática contábil fica economicamente mais apropriada e, além disso, o balanço patrimonial da arrendatária apresentará em seu ativo imobilizado os ativos que usa e que estão sob seu controle (assumindo os riscos e benefícios) para produzir seus bens e serviços, bem como apresentará sua dívida decorrente dos compromissos assumidos.

Desta forma, e tomando-se por base o exemplo acima, as despesas financeiras (juros) decrescerão mês a mês, em função da redução do saldo devedor.

Quando decorrer 48 meses, o arrendatário não mais terá dívidas em seu passivo, mas em seu Ativo Imobilizado, constará ainda valor a ser depreciado, conforme abaixo demonstrado:

Imobilizado	R$ 50.000,00
(-) Depreciação acumulada (48 x R$ 833,00)	R$ 40.000,00

- **Operações de arrendamento mercantil financeiro no arrendador**

Reconhecimento inicial

Ao efetuar esse tipo de operação, os arrendadores devem reconhecer os ativos mantidos por um arrendamento mercantil financeiro nos seus balanços e apresentá-los como uma conta a receber por um valor igual ao investimento substancialmente todos os riscos e benefícios inerentes à propriedade legal são assumidos pelo arrendatário, os pagamentos do arrendamento mercantil a serem recebidos pelo arrendador são tratados como reembolso (amortização) de capital e receita financeira para reembolsar e recompensar o arrendador pelo seu investimento e serviços.

Os custos diretos iniciais são muitas vezes incorridos por parte dos arrendadores e incluem valores como comissões, honorários legais e custos internos que sejam incrementais e diretamente atribuíveis à negociação e estruturação do arrendamento mercantil. Esses custos excluem gastos gerais como aqueles que são incorridos por equipe de vendas e marketing. Para arrendamentos mercantis financeiros que não sejam os que envolvem arrendadores fabricantes ou comerciantes (quando isso for permitido legalmente), os custos diretos iniciais devem ser incluídos na mensuração inicial da conta a receber de arrendamento mercantil financeiro e reduzem o valor da receita reconhecida durante o prazo do arrendamento mercantil. A taxa de juros implícita no arrendamento mercantil deve ser definida de tal forma que os custos diretos iniciais sejam automaticamente incluidos na conta a receber de arrendamento mercantil financeiro e não haja necessidade de adicioná-los separadamente. Os custos incorridos pelos arrendadores fabricantes ou comerciantes relacionados com a negociação e a estruturação de um arrendamento mercantil estão excluídos da definição de custos diretos iniciais. Como resultado, os referidos custos devem ser excluídos do investimento líquido no arrendamento mercantil e devem ser reconhecidos como despesa quando o lucro da venda for reconhecido. Normalmente, em um arrendamento mercantil financeiro, esse lucro é reconhecido no começo do prazo do arrendamento mercantil.

A receita de vendas a ser reconhecida no início do prazo do arrendamento mercantil por arrendador fabricante ou comerciante é o valor justo do ativo, ou, se inferior, o valor presente dos pagamentos mínimos do arrendamento mercantil devidos ao arrendador, calculado a uma taxa de juros do mercado. O custo de venda reconhecido no começo do prazo do arrendamento mercantil é o custo, ou o valor contábil se diferente, da propriedade arrendada menos o valor presente do valor residual não garantido. A diferença entre a receita da venda e o custo de venda é o lucro bruto ou prejuízo da venda, que é reconhecido de acordo com a política seguida pela entidade para as vendas definitivas. Se forem fixadas taxas de juros artificialmente baixas, o lucro de venda deve ser restrito ao que se aplicaria se a taxa de juros do mercado fosse utilizada.

Os fabricantes ou comerciantes, quando legalmente permitido, oferecem muitas vezes a clientes a escolha entre comprar ou arrendar um ativo. Um arrendamento mercantil financeiro de ativo por arrendador fabricante ou comerciante para fins de elaboração de suas demonstrações contábeis, dá origem a:

(a) lucro ou prejuízo equivalente ao lucro ou prejuízo resultante de uma venda definitiva do ativo objeto do arrendamento mercantil a preços de venda normais praticados, refletindo quaisquer descontos aplicáveis por quantidade ou por motivos comerciais; e
(b) receita financeira durante o prazo do arrendamento mercantil.

Exemplo:

Dados do Arrendamento Mercantil Financeiro no Arrendador:

Valor contábil do bem a ser arrendado	R$ 50.000,00
Contrato de *leasing* - Valor da máquina:	R$ 50.000,00
Prazo do *leasing*:	48 meses
Taxa de Juros:	1.0% a.m.
Valor da prestação:	R$ 1.316,69
Arrendamento mercantil a receber (12 parcelas x R$ 1.316,69)	R$ 15.800,30
Arrendamento mercantil a receber (36 parcelas x R$ 1.316,69)	R$ 47.400,91
Total do arrendamento a receber	R$ 63.201,21
Juros a apropriar:	
Valor total do arrendamento	R$ 63.201,21
(-) Valor justo da máquina arrendada	R$ 50.000,00
(=) Juros a apropriar	R$ 13.201,21
Juros a apropriar (Ativo Circulante)*	R$ 5.442,61
Juros a apropriar (Ativo Realizável a Longo Prazo)*	R$ 7.758,60
Total	R$ 13.201,21

* (vide demonstr. do cálculo dos juros constante da p. 55)

Lançamentos Contábeis no Arrendador: Arrendamento Mercantil Financeiro:

Conta	Débito	Crédito
D Ativo Circulante		
Arrendamento Mercantil a Receber	R$ 15.800,30	
D Ativo Não Circulante		
Ativo Realizável a Longo Prazo		
Arrendamento Mercantil a Receber	R$ 47.400,91	
C Ativo Não Circulante		
Imobilizado		
Arrendamento Mercantil Financeiro		R$ 50.000,00
C Ativo Circulante		
Juros a Apropriar		R$ 5.442,61
C Ativo Não Circulante		
Ativo Realizável a Longo Prazo		
Juros a Apropriar		R$ 7.758,60

Recebimento da 1ª parcela do arrendamento mercantil financeiro

Conta	Débito	Crédito
D Ativo Circulante		
Bancos conta movimento	R$ 1.316,69	
C Ativo Circulante		
Arrendamento mercantil a receber		R$ 1.316,69

Baixa da receita financeira a apropriar

Conta	Débito	Crédito
D Ativo Circulante		
Juros a apropriar	R$ 500,00	
C Conta de Resultado		
Receita financeira		R$ 500,00

Obs.: As receitas financeiras serão apropriadas ao resultado do exercício no arrendador (regime de competência) de acordo com o demonstrativo do cálculo de juros constante da página 55).

RAZONETES:

Máquina	
* 50.000,00	50.000,00

A/C. - Arrend. Mercant.	
15.800,30	1.316,69
14.483,61	

A.R.L.P. - Arrend. Mercant.	
47.400,91	
47.400,91	

A/C - Juros a Apropriar	
500,00	5.442,61
	4.942,61

A.R.L.P. - Juros a Apropriar	
	7.758,60
	7.758,60

A/C. - Bcos. C/. Movim.	
1.316,69	
1.316,69	

Receitas Financeiras	
	500,00
	500,00

(*) Saldo Anterior

1.5.2. Contabilização do Arrendamento Mercantil Operacional

- **Operações de arrendamento mercantil operacional no arrendatário**

Os pagamentos da prestação do arrendamento mercantil operacional (excluindo os custos de serviços tais como seguro e manutenção) **são reconhecidos como despesa na base da linha reta,** salvo se outra base sistemática for representativa do padrão temporal do benefício do usuário, mesmo que tais pagamentos não sejam feitos nessa base.

Exemplo:

Pagamento do arrendamento mercantil operacional efetuado pelo arrendatário.

D	Conta de Resultado		
	Despesa com arrendamento mercantil operacional	xxxxx	
C	Ativo Circulante		
	Bancos conta movimento		xxxxx

- **Operações de arrendamento mercantil operacional no arrendador**

Os arrendadores devem apresentar os ativos sujeitos a arrendamentos mercantis operacionais nos seus balanços de acordo com a natureza do ativo.

A receita de arrendamento mercantil proveniente de arrendamentos mercantis operacionais **deve ser reconhecida no resultado na base da linha reta** durante o prazo do arrendamento mercantil, a menos que outra base sistemática seja mais representativa do padrão temporal em que o benefício do uso do ativo arrendado é diminuído.

Os custos, incluindo a depreciação, incorridos na obtenção da receita de arrendamento mercantil são reconhecidos como despesa. A receita de arrendamento mercantil (excluindo recebimentos de serviços proporcionados tais como seguro e manutenção) é reconhecida na base da linha reta durante o prazo do arrendamento mercantil mesmo se os recebimentos não forem em tal base, a menos que outra base sistemática seja mais representativa do padrão temporal em que o benefício de uso do ativo arrendado é diminuído.

Os custos diretos iniciais incorridos pelos arrendadores quando da negociação e estruturação de um arrendamento mercantil operacional devem ser adicionados ao valor contábil do ativo arrendado e devem ser reconhecidos como despesa durante o prazo do arrendamento mercantil na mesma base da receita do arrendamento mercantil.

A política de depreciação (amortização) para ativos arrendados depreciáveis (amortizáveis) deve ser consistente com a política de depreciação (amortização) normal do arrendador para ativos semelhantes.

Para determinar se o ativo arrendado está sujeito a uma redução ao seu valor recuperável, a entidade deve aplicar o Pronunciamento Técnico CPC 01.

O arrendador fabricante ou o comerciante não devem reconhecer qualquer lucro da venda ao celebrar um arrendamento mercantil operacional porque não é equivalente a uma venda.

Exemplos:

Recebimento do arrendamento mercantil operacional efetuado pelo arrendador

D	Ativo Circulante		
	Bancos conta movimento	xxxxx	
C	Conta de Resultado		
	Receita de arrendamento mercantil operacional		xxxxx

Despesa com a depreciação do bem

D	Conta de Resultado		
	Despesa com depreciação	xxxxx	
C	Ativo Não Circulante		
	Imobilizado		
	Depreciação Acumulada		xxxxx

1.6 Transação de venda e *leaseback*

Uma transação de venda e *leaseback* (retroarrendamento pelo vendedor junto ao comprador) envolve a venda de um ativo e o concomitante arrendamento mercantil do mesmo ativo pelo comprador ao vendedor. O pagamento do arrendamento mercantil e o preço de venda são geralmente interdependentes por serem negociados como um pacote. O tratamento contábil de uma transação de venda e *leaseback* depende do tipo de arrendamento mercantil envolvido.

Se uma transação de venda e *leaseback* resultar em arrendamento mercantil financeiro, qualquer excesso de receita de venda obtido acima do valor contábil não deve ser imediatamente reconhecido como receita por um vendedor-arrendatário. Em vez disso, tal valor deve ser diferido e amortizado durante o prazo do arrendamento mercantil. Nesse caso, a transação é um meio pelo qual o arrendador financia o arrendatário, com o ativo como garantia. Por essa razão, não é apropriado considerar como receita um excesso de vendas obtido sobre o valor contábil. Tal excesso é diferido e amortizado durante o prazo do arrendamento mercantil.

Se uma transação de venda e *leaseback* resultar em arrendamento mercantil operacional, e se for claro que a transação é estabelecida pelo valor justo, qualquer lucro ou prejuízo deve ser imediatamente reconhecido. Se o preço de venda estiver abaixo do valor justo, qualquer lucro ou prejuízo deve ser imediatamente reconhecido, exceto se o prejuízo for compensado por futuros pagamentos do arrendamento mercantil a preço inferior ao de mercado, situação em que ela deve ser diferida e amortizada proporcionalmente aos pagamentos do arrendamento mercantil durante o período pelo qual se espera que o ativo seja usado. Se o preço de venda estiver acima do valor justo, o excesso sobre o valor justo deve ser diferido e amortizado durante o período pelo qual se espera que o ativo seja usado. Se os pagamentos do arrendamento mercantil e o preço de venda estiverem estabelecidos pelo valor justo, ocorreu na verdade uma transação de venda normal, e qualquer lucro ou prejuízo é imediatamente reconhecido. Se o valor justo no momento de transação de venda e *leaseback* for menor do que o valor contábil do ativo, uma perda igual ao valor da diferença entre o valor contábil e o valor justo deve ser imediatamente reconhecida.

Para arrendamentos mercantis financeiros, tal ajuste não é necessário salvo se tiver ocorrido uma redução do valor recuperável, caso em que o valor contábil é reduzido ao valor recuperável.

Os requisitos de divulgação para arrendatários e arrendadores aplicam-se igualmente a transações de venda e *leaseback*. A descrição exigida dos acordos de arrendamento relevantes leva à divulgação de disposições únicas ou incomuns do acordo ou dos termos das transações de venda e *leaseback*.

As transações de venda e *leaseback* podem acarretar critérios de divulgação separados, conforme as regras aplicáveis à Apresentação de Demonstrações Contábeis.

Questões de Concursos

01. AUDITOR – TCM – RJ – 2008 (FGV)

Segundo a Resolução CFC 921/01, se determinada empresa mercantil firmar contrato de arrendamento mercantil, na qualidade de arrendatária, com a característica de valor residual significativamente inferior ao valor de mercado do bem na data da opção, o bem arrendado deverá ficar avaliado e evidenciado em seu patrimônio:

a) pelo valor do bem, no ativo não circulante imobilizado.
b) pelo valor das contraprestações mais o valor residual, no ativo circulante ou realizável a longo prazo.
c) como zero, pois não deve ser reconhecido como patrimônio da arrendatária.
d) pelo valor das contraprestações, no passivo circulante ou exigível a longo prazo.
e) pelo valor residual, como conta redutora do passivo circulante ou exigível a longo prazo.

02. PETROBRAS – 2010 (CESGRANRIO)

A Regulamentação das operações com arrendamento mercantil (*Leasing*) foi determinada pelo Pronunciamento Técnico CPC 06 que, por sua vez, originou a Deliberação CVM 554 de 12/11/2008 e a Resolução CFC 1.141 que aprovou a NBC 10.2. Na Resolução CFC 1.141, que aprovou a NBC 10.2, o item 20 determina a forma de reconhecer os arrendamentos mercantis financeiros no início das operações. Assim, o registro inicial de uma operação de arrendamento mercantil financeiro deve ser efetuado pelo

a) valor residual garantido do bem ou pelo valor justo futuro dos pagamentos mínimos do arrendamento mercantil.
b) valor de transferência de propriedade do bem, no final da operação de arrendamento.
c) valor presente dos benefícios de caixa esperados, deduzidos do valor residual garantido do arrendamento mercantil.
d) valor justo da propriedade arrendada ou, se inferior, ao valor presente dos pagamentos mínimos do arrendamento mercantil.
e) montante das saídas de caixa futuras deduzido do valor residual esperado ou pelo valor justo, caso o primeiro seja menor.

03. I.C.M.S. - SC - 2010 (UFSC)

Quanto ao leaseback (retroarrendamento pelo vendedor junto ao comprador), pode-se afirmar:

a) Uma transação de venda e leaseback envolve a venda de um ativo e o concomitante arrendamento mercantil do mesmo ativo pelo comprador ao vendedor. O pagamento do arrendamento mercantil e o preço de venda são geralmente interdependentes, por serem negociados como um pacote. O tratamento contábil de uma transação de venda e leaseback independe do tipo de arrendamento mercantil envolvido.
b) Se uma transação de venda e leaseback resultar em arrendamento mercantil financeiro, qualquer excesso de receita de venda obtido acima do valor contábil deve ser imediatamente reconhecido como receita, por um vendedor-arrendatário. Tal valor não deve ser diferido e amortizado durante o prazo do arrendamento mercantil.
c) Uma transação de venda e leaseback (retroarrendamento pelo vendedor junto ao comprador) envolve a venda de um ativo e o concomitante arrendamento mercantil do mesmo ativo pelo comprador ao vendedor. O pagamento do arrendamento mercantil e o preço de venda são geralmente interdependentes por serem negociados como um pacote. O tratamento contábil de uma transação de venda e leaseback depende do tipo de arrendamento mercantil envolvido.
d) Se o leaseback for um arrendamento mercantil financeiro, a transação é um meio pelo qual o arrendador financia o arrendatário, com o ativo como garantia. Por essa razão, é apropriado considerar como receita um excesso de vendas obtido sobre o valor contábil. Contudo, esse excesso não é diferido e amortizado durante o prazo do arrendamento mercantil.
e) Se uma transação de venda e leaseback resultar em arrendamento mercantil operacional ou financeiro, e se a transação for estabelecida pelo valor justo, qualquer lucro ou prejuízo advindo dessa operação não pode ser imediatamente reconhecido.

04. ANALISTA JUDICIÁRIO – CONTADORIA - 2011 (FCC)
Uma operação de arrendamento mercantil efetuada no prazo de cinco anos, na qual identifica-se a transferência substancial dos riscos e benefícios inerentes ao bem objeto do contrato, cuja propriedade será transferida ao arrendatário no final do contrato, deverá ser registrada
a) no Realizável de Longo Prazo.
b) em conta de Ajustes Patrimoniais.
c) como item do Ativo Diferido.
d) em conta do Imobilizado.
e) como uma Despesa Diferida.

05. METRO - SP - 2010 (FCC)
É uma condição que pode caracterizar a operação de arrendamento mercantil como operacional:
a) o arrendamento mercantil transfere a propriedade do ativo para o arrendatário no fim do prazo do arrendamento mercantil.
b) o arrendatário tem a opção de comprar o ativo por um preço que se espera seja suficientemente mais baixo do que o valor justo à data em que a opção se torne exercível de forma que, no início do arrendamento mercantil, seja razoavelmente certo que a opção será exercida.
c) o prazo do arrendamento mercantil refere-se à maior parte da vida econômica do ativo, mesmo que a propriedade não seja transferida.
d) no início do arrendamento mercantil, o valor presente dos pagamentos mínimos do arrendamento mercantil totaliza menos de 60% do valor justo do ativo arrendado.
e) os ativos arrendados são de natureza especializada, de tal forma que apenas o arrendatário pode usá-los sem grandes modificações.

06. INFRAERO – ANALISTA II – PREV. COMPLEMENTAR - 2011 (FCC)
Em relação às operações de arrendamento mercantil, é correto afirmar, de acordo com as novas Normas Brasileiras de Contabilidade:
a) Um arrendamento mercantil é classificado como financeiro se ele não transferir substancialmente todos os riscos e benefícios inerentes à propriedade.
b) No começo do prazo do contrato de arrendamento mercantil operacional, os arrendatários devem reconhecer os arrendamentos mercantis operacionais como ativos e passivos nos seus balanços por quantias iguais ao valor justo da propriedade arrendada ou, se inferior, ao valor presente dos pagamentos mínimos do arrendamento mercantil.
c) Os arrendadores devem reconhecer nos seus balanços patrimoniais os ativos mantidos por um arrendamento mercantil financeiro e apresentá-los como uma conta a receber por um valor igual ao investimento líquido no arrendamento mercantil.
d) Os pagamentos do arrendamento mercantil financeiro devem ser reconhecidos como despesa pelo arrendatário numa base de linha reta durante o prazo do arrendamento mercantil, a não ser que outra base sistemática seja mais representativa do modelo temporal do benefício do usuário.
e) Um arrendamento mercantil é classificado como operacional se ele transferir substancialmente todos os riscos e benefícios inerentes à propriedade.

07. INFRAERO – ANALISTA SUPERIOR II – AUDITOR - 2011 (FCC)
É correto afirmar:
a) Arrendamento mercantil financeiro é aquele em que não há transferência substancial dos riscos e benefícios inerentes à propriedade de um ativo.
b) Arrendamento mercantil operacional é aquele em que há transferência substancial dos riscos e benefícios inerentes à propriedade de um ativo.
c) Uma transação de venda e *leaseback* é aquela em que ocorre a venda de um ativo e o concomitante arrendamento mercantil do mesmo ativo pelo comprador ao vendedor.
d) Investimento bruto no arrendamento mercantil é a soma dos pagamentos mínimos do arrendamento mercantil a receber pelo arrendador segundo um arrendamento mercantil operacional.
e) O arrendamento mercantil que transfere contratualmente a propriedade do ativo para o arrendatário no fim do prazo estabelecido deve ser contabilizado como um arrendamento mercantil operacional.

08 a 09. ABIN – OFICIAL TÉCNICO CONTÁBIL - 2011 (CESPE)

Julgue os itens a seguir, relativos ao reconhecimento e à mensuração de contas patrimoniais.

08. Quando um financiamento por arrendamento financeiro apresenta o valor presente das prestações mínimas, menor do que o valor justo do bem, a empresa arrendatária credita o passivo pelo valor da soma dos pagamentos mínimos e debita conta redutora no valor calculado dos juros efetivos, ao passo que debita o ativo pelo valor presente das prestações mínimas.

( ) CERTO ( ) ERRADO

09. A determinação do custo inicial do direito de uso de uma propriedade, para investimento obtido por meio de um arrendamento financeiro, deve ser feita pelo menor entre o valor justo do direito de uso sobre a propriedade e o valor dos pagamentos mínimos do arrendamento.

( ) CERTO ( ) ERRADO

10. I.C.M.S. - RO - 2010 (FCC)

Uma empresa adquiriu um veículo por arrendamento mercantil financeiro que será pago em 48 prestações mensais de R$ 1.000,00 cada. O valor presente das prestações é de R$ 30.673,00 e a taxa de juros compostos implícita no arrendamento mercantil é de 2% ao mês. No momento da aquisição, a empresa deve reconhecer, em reais,

a) um ativo de 30.673,00.
b) um passivo de 48.000,00.
c) um ativo de 48.000,00 e uma receita financeira de 17.327,00.
d) um ativo de 30.673,00 e uma despesa financeira de 17.327,00.
e) um ativo de 30.673,00 e uma despesa financeira de 613,46.

11. AFRFB – 2012 (ESAF)

A empresa Biogás S.A. foi contratada pela empresa Aves S.A. para fornecer gás para sua fábrica de processamento de carnes. A Biogás S.A. produz gás a partir de biodigestores que transformam resíduos animais em gás. Como a contratante fica em região sem estrutura, a única fonte de fornecimento de gás é esta. O produtor de gás não tem interesse em fornecer para outras empresas, sendo exclusivo o fornecimento para empresa Aves S.A, por 10 anos. A manutenção, reparos e outros é de responsabilidade da empresa fornecedora do gás. Nesse caso, pode-se afirmar que esse contrato representa

a) uma compra de imobilizado, devendo ser reconhecido.
b) uma prestação de serviços, devendo ser reconhecido como despesa.
c) um gasto, podendo ser contabilizado como passivo ou despesas.
d) um acordo que contém um arrendamento.
e) um contrato de imobilizações em andamento, devendo ser reconhecido no ativo imobilizado.

Gabarito

01. A	**02. D**	**03. C**	**04. D**	**05. D**	**06. C**	**07. C**
08. CERTO		**09. ERRADO**		**10. A**	**11. D**	

4. Intangível

1. Base Legal

1. Base Legal

Lei nº 6.404/76, após as alterações introduzidas pela Lei nº 11.638/07 e Lei nº 11.941/09

Art. 179

......

Inc. V – no intangível: os direitos que tenham por objeto bens incorpóreos destinados à manutenção da companhia ou exercidos com essa finalidade, inclusive o fundo de comércio adquirido. (Incluído pela Lei nº 11.638, de 2007)

Art. 183. No balanço, os elementos do ativo serão avaliados segundo os seguintes critérios:

......

VII – os direitos classificados no intangível, pelo custo incorrido na aquisição deduzido do saldo da respectiva conta de amortização; (Incluído pela Lei nº 11.638, de 2007)

......

§ 2º A diminuição do valor dos elementos dos ativos imobilizado e intangível será registrada periodicamente nas contas de: (Redação dada pela Lei nº 11.638, de 2007)

......

b) amortização, quando corresponder à perda do valor do capital aplicado na aquisição de direitos da propriedade industrial ou comercial e quaisquer outros com existência ou exercício de duração limitada, ou cujo objeto sejam bens de utilização por prazo legal ou contratualmente limitado;

§ 3º A companhia deverá efetuar, periodicamente, análise sobre a recuperação dos valores registrados no imobilizado e no intangível, a fim de que sejam: (Redação dada pela Lei nº 11.638, de 2007)
I – registradas as perdas de valor do capital aplicado quando houver decisão de interromper os empreendimentos ou atividades a que se destinavam ou quando comprovado que não poderão produzir resultados suficientes para recuperação desse valor; ou (Incluído pela Lei nº 11.638, de 2007)
II – revisados e ajustados os critérios utilizados para determinação da vida útil econômica estimada e para cálculo da depreciação, exaustão e amortização. (Incluído pela Lei nº 11.638, de 2007)

Os procedimentos técnicos a serem seguidos para atendimento do dispositivo legal acima descrito, estão detalhados no Pronunciamento Técnico Contábil CPC 04 (R1) – Ativos Intangíveis, o qual tornou-se obrigatório conforme Resolução do Conselho Federal de Contabilidade (CFC) nº 1.303/10 e Deliberação da Comissão de Valores Mobiliários (CVM) nº 644/10 para as companhias abertas.

1.1. Definições

- Mercado ativo é um mercado no qual se verificam as seguintes condições:
  - os itens transacionados no mercado são homogêneos;
  - compradores e vendedores dispostos a negociar podem ser encontrados a qualquer momento; e
  - os preços estão disponíveis para o público.
- Combinação de negócios é o resultado de transações ou outros eventos em que um adquirente obtém o controle de uma ou mais atividades empresariais diferentes. A obtenção do controle pode ser alcançada de diversas formas.
- Data de aquisição de uma combinação de negócios é a data em que a adquirente obtém efetivamente o controle sobre a adquirida.
- Amortização é a alocação sistemática do valor amortizável de ativo intangível ao longo da sua vida útil.
- Ativo é um recurso:
  - controlado por uma entidade como resultado de eventos passados; e
  - do qual se espera que resultem benefícios econômicos futuros para a entidade.
- Valor contábil é o valor pelo qual um ativo é reconhecido no balanço patrimonial após a dedução da amortização acumulada e da perda por desvalorização.
- Custo é o montante de caixa ou equivalente de caixa pago ou o valor justo de qualquer outra remuneração dada para adquirir um ativo na data da sua aquisição ou construção, ou ainda, se for o caso, o valor atribuído ao ativo quando inicial-

mente reconhecido de acordo com as disposições específicas de outro Pronunciamento.

- Valor amortizável é o custo de um ativo ou outro valor que substitua o custo, menos o seu valor residual.

- Desenvolvimento é a aplicação dos resultados da pesquisa ou de outros conhecimentos em um plano ou projeto visando à produção de materiais, dispositivos, produtos, processos, sistemas ou serviços novos ou substancialmente aprimorados, antes do início da sua produção comercial ou do seu uso.

- Valor específico para a entidade é o valor presente dos fluxos de caixa que uma entidade espera obter com o uso contínuo de um ativo e com a alienação ao final da sua vida útil ou incorrer para a liquidação de um passivo.

- Valor justo de um ativo é o valor pelo qual um ativo pode ser negociado entre partes interessadas, conhecedoras do negócio e independentes entre si, com ausência de fatores que pressionem para a liquidação da transação ou que caracterizem uma transação compulsória.

- Perda por desvalorização é o valor pelo qual o valor contábil de um ativo ou de uma unidade geradora de caixa excede seu valor recuperável.

- Ativo intangível é um ativo não monetário identificável sem substância física.

- Ativo monetário é aquele representado por dinheiro ou por direitos a serem recebidos em dinheiro.

- Pesquisa é a investigação original e planejada realizada com a expectativa de adquirir novo conhecimento e entendimento científico ou técnico.

- Valor residual de um ativo intangível é o valor estimado que uma entidade obteria com a venda do ativo, após deduzir as despesas estimadas de venda, caso o ativo já tivesse a idade e a condição esperadas para o fim de sua vida útil.

- Vida útil é:
  - o período de tempo no qual a entidade espera utilizar um ativo;
  - o número de unidades de produção ou de unidades semelhantes que a entidade espera obter pela utilização do ativo.

De acordo com o mesmo pronunciamento, um ativo intangível é um ativo não monetário identificável sem substância física. Alguns ativos intangíveis podem estar contidos em elementos que possuem substância física, como um disco (caso do *software*), documentação jurídica (caso de uma licença ou patente) ou em um filme. Para saber se um ativo que contém elementos intangíveis e tangíveis deve ser tratado como um ativo imobilizado ou como ativo intangível, a entidade avalia qual elemento é mais significativo. Por exemplo, um *software* de uma máquina-ferramenta controlada por computador que não funciona sem esse software específico é parte integrante do referido equipamento, devendo ser tratado como ativo imobilizado. O mesmo se aplica ao sistema operacional de um computador. Quando o *software* não é parte integrante do respectivo *hardware*, ele deve ser tratado como ativo intangível.

1.2. Classificação

Para identificar se um ativo pode ser classificado como ativo intangível, é necessário que o mesmo esteja de acordo com a definição de ativo intangível e satisfaça o critério de identificação, ou seja:

(a) **for separável,** ou seja, puder ser separado da entidade e vendido, transferido, licenciado, alugado ou trocado, individualmente ou junto com um contrato, ativo ou passivo relacionado, independente da intenção de uso pela entidade; ou

(b) **resultar de direitos contratuais ou outros direitos legais,** independentemente de tais direitos serem transferíveis ou separáveis da entidade ou de outros direitos e obrigações.

1.3. Reconhecimento e mensuração

O reconhecimento de um item como ativo intangível exige que a entidade demonstre que ele atende:

(a) a definição de ativo intangível; e

(b) os critérios de reconhecimento.

Um ativo intangível deve ser reconhecido apenas se:

(a) for provável que os benefícios econômicos futuros esperados atribuíveis ao ativo serão gerados em favor da entidade; e

(b) o custo do ativo possa ser mensurado com confiabilidade.

Dessa forma, a entidade deve avaliar a probabilidade de geração dos benefícios econômicos futuros utilizando premissas razoáveis e comprováveis que representem a melhor estimativa da administração em relação ao conjunto de condições econômicas que existirão durante a vida útil do ativo. Nesse sentido, os benefícios econômicos futuros gerados por um ativo intangível podem incluir a receita da venda de produtos ou serviços, redução de custos ou outros benefícios resultantes do uso do ativo pela entidade. Por exemplo, o uso da propriedade intelectual em um processo de produção pode reduzir os custos de produção futuros em vez de aumentar as receitas futuras.

Caso qualquer um dos critérios acima não sejam atendidos, a norma contábil deixa claro que o gasto incorrido na sua aquisição ou geração interna deve ser reconhecido como despesa.

Em outras palavras, um bem, para ser registrado no Ativo Não Circulante, no subgrupo do Intangível, é necessário que esse ativo, além de incorpóreo, seja separável, isto é, capaz de ser separado ou dividido da entidade e vendido, transferido, licenciado, alugado ou trocado, seja individualmente ou em conjunto com um contrato, ativo ou passivo relacionado; ou então resulte de direitos contratuais ou de outros direitos legais, quer esses direitos sejam transferíveis quer sejam separáveis da entidade ou de outros direitos e obrigações.

Nesse sentido, para avaliar o grau de certeza relacionado ao fluxo de benefícios econômicos futuros atribuíveis ao uso do ativo, a entidade utilizará dados com base nas evidências disponíveis no momento do reconhecimento inicial, dando maior peso às evidências externas.

Aquisição separada de Ativo Intangível

Normalmente, o preço que a entidade paga para adquirir separadamente um ativo intangível reflete sua expectativa sobre a probabilidade de os benefícios econômicos futuros esperados, incorporados no ativo, serem gerados a seu favor. Em outras palavras, a entidade espera que haverá benefícios econômicos a seu favor, mesmo que haja incerteza em relação à época e ao valor desses benefícios econômicos.

Além disso, o custo de ativo intangível adquirido em separado pode normalmente ser mensurado com segurança, sobretudo quando o valor é pago em dinheiro ou com outros ativos monetários, ou seja, o registro contábil dos ativos intangíveis (incluindo o *goodwill*) continua a ser feito pelo seu custo de aquisição, se esse custo puder ser mensurado com segurança, e não por expectativa de valor no mercado, sendo vedada completamente no Brasil sua reavaliação (Lei das S/A).

O custo de ativo intangível adquirido separadamente inclui:

- seu preço de compra, acrescido de impostos de importação e impostos não recuperáveis sobre a compra, após deduzidos os descontos comerciais e abatimentos; e
- qualquer custo diretamente atribuível à preparação do ativo para a finalidade proposta.

- Exemplos de custos diretamente atribuíveis são:
  - Custos de benefícios aos empregados incorridos diretamente para que o ativo fique em condições operacionais (de uso ou funcionamento);
  - honorários profissionais diretamente relacionados para que o ativo fique em condições operacionais; e
  - custos com testes para verificar se o ativo está funcionando adequadamente.

- Exemplos de gastos que não fazem parte do custo de ativo intangível:
  - custos incorridos na introdução de novo produto ou serviço (incluindo propaganda e atividades promocionais);
  - custos da transferência das atividades para novo local ou para nova categoria de clientes (incluindo custos de treinamento); e
  - custos administrativos e outros custos indiretos.

O reconhecimento dos custos no valor contábil de ativo intangível cessa quando esse ativo está nas condições operacionais pretendidas pela administração. Portanto, os custos incorridos no uso ou na transferência ou reinstalação de ativo intangível não são incluídos no seu valor contábil, como, por exemplo, os seguintes custos:

- custos incorridos durante o período em que um ativo capaz de operar nas condições operacionais pretendidas pela administração não é utilizado;
- prejuízos operacionais iniciais, tais como os incorridos enquanto a demanda pelos produtos do ativo é estabelecida.

1.4. Ativos Intangíveis Gerados Internamente

Por vezes é difícil avaliar se um ativo intangível gerado internamente se qualifica para o reconhecimento, devido a dificuldades para:

- identificar se, e quando, existe um ativo identificável que gerará os benefícios econômicos futuros esperados; e
- determinar com segurança o custo do ativo. Em alguns casos não é possível separar o custo incorrido com a geração interna de um ativo intangível do custo da manutenção ou melhoria do ágio (*goodwill*) gerado internamente ou com as operações regulares da entidade.

Para avaliar se um ativo intangível gerado internamente cumpre os critérios de reconhecimento, a entidade deve classificar a geração do ativo:

- na fase de pesquisa; e
- na fase de desenvolvimento.

1.4.1. Fase de Pesquisa

Nenhum ativo intangível resultante de pesquisa (ou da fase de pesquisa de um projeto interno) deve ser reconhecido. Os gastos com pesquisa (ou da fase de pesquisa de um projeto interno) devem ser reconhecidos como despesa quando incorridos.

Durante a fase de pesquisa de um projeto interno, a entidade não pode demonstrar a existência de um ativo intangível que gerará benefícios econômicos futuros prováveis. Portanto, tais gastos são reconhecidos como despesa quando incorridos.

- São exemplos de atividades de pesquisa:
  - atividades destinadas à obtenção de novo conhecimento;
  - busca, avaliação e seleção final das aplicações dos resultados de pesquisa ou outros conhecimentos;
  - busca de alternativas para materiais, dispositivos, produtos, processos, sistemas ou serviços alternativos; e
  - formulação, projeto, avaliação e seleção final de alternativas possíveis para materiais, dispositivos, produtos, processos, sistemas ou serviços novos ou aperfeiçoados.

Contabilização:

D	Conta de Resultado		
	Despesas com pesquisas	XXXXX	
C	Ativo Circulante		
	Bancos conta Movimento		XXXXX

1.4.2. Fase de Desenvolvimento

Um ativo intangível resultante de desenvolvimento (ou da fase de desenvolvimento de um projeto interno) deverá ser reconhecido somente se a entidade puder demonstrar todos os aspectos a seguir enumerados:

- a viabilidade técnica para completar o ativo intangível de forma que ele seja disponibilizado para uso ou venda;
- sua intenção de completar o ativo intangível e de usá-lo ou vendê-lo;
- sua capacidade para usar ou vender o ativo intangível;
- a forma como o ativo intangível deverá gerar benefícios econômicos futuros.
- a disponibilidade de recursos técnicos, financeiros e outros recursos adequados para concluir seu desenvolvimento e usar ou vender o ativo intangível; e
- sua capacidade de mensurar com segurança os gastos atribuíveis ao ativo intangível durante seu desenvolvimento.

Na fase de desenvolvimento de um projeto interno, a entidade pode, em alguns casos, identificar um ativo intangível e demonstrar que este gerará benefícios econômicos futuros prováveis, visto que a fase de desenvolvimento de um projeto é mais avançada do que a fase de pesquisa.

- São exemplos de atividades de desenvolvimento:
  - projeto, construção e teste de protótipos e modelos pré-produção ou pré-utilização;
  - projeto de ferramentas, gabaritos, moldes e matrizes que envolvam nova tecnologia;
  - projeto, construção e operação de uma fábrica-piloto, desde que já não esteja em escala economicamente viável para produção comercial; e
  - projeto, construção e teste da alternativa escolhida de materiais, dispositivos, produtos, processos, sistemas e serviços novos e aperfeiçoados.

A disponibilidade de recursos para concluir, usar e obter os benefícios gerados por um ativo intangível pode ser evidenciada, por exemplo, por um plano de negócios que demonstre os recursos técnicos, financeiros e outros recursos necessários, e a capacidade da entidade de garantir esses recursos. Em alguns casos, a entidade demonstra a disponibilidade de recursos externos ao conseguir junto a um financiador indicação de que ele está disposto a financiar o plano.

Os sistemas de custeio de uma entidade podem muitas vezes mensurar com segurança o custo da geração interna de ativo intangível e outros gastos incorridos para obter direitos autorais, licenças ou para desenvolver *software* de computadores.

Marcas, títulos de publicações, listas de clientes e outros itens similares, gerados internamente, não devem ser reconhecidos como ativos intangíveis. Os gastos incorridos com marcas, títulos de publicações, listas de clientes e outros itens similares não podem ser separados dos custos relacionados ao desenvolvimento do negócio como um todo. Dessa forma, esses itens não são reconhecidos como ativos intangíveis.

1.5. Custo de ativo intangível gerado internamente

O custo de ativo intangível gerado internamente que se qualifica para o reconhecimento contábil, se restringe à soma dos gastos incorridos a partir da data em que o ativo intangível atende os critérios de reconhecimento.

O custo de ativo intangível gerado internamente inclui todos os gastos diretamente atribuíveis, necessários à criação, produção e preparação do ativo para ser capaz de funcionar da forma pretendida pela administração. Exemplos de custos diretamente atribuíveis:

- gastos com materiais e serviços consumidos ou utilizados na geração do ativo intangível;
- custos de benefícios a empregados relacionados à geração do ativo intangível;
- taxas de registro de direito legal; e
- amortização de patentes e licenças utilizadas na geração do ativo intangível.

Os seguintes itens não são componentes do custo de ativo intangível gerado internamente:

- gastos com vendas, administrativos e outros gastos indiretos, exceto se tais gastos puderem ser atribuídos diretamente à preparação do ativo para uso;
- ineficiências identificadas e prejuízos operacionais iniciais incorridos antes do ativo atingir o desempenho planejado; e
- gastos com o treinamento de pessoal para operar o ativo.

Exemplo de Ativo Intangível gerado internamente (Deliberação CVM nº 553/08)

- Uma entidade está desenvolvendo novo processo de produção. No exercício de 20X5, os gastos incorridos foram de $ 1.000, dos quais $ 900 foram incorridos antes de 1º de dezembro de 20X5 e $ 100 entre essa data e 31 de dezembro de 20X5. A entidade está apta a demonstrar que em 1º de dezembro de 20X5 o processo de produção atendia aos critérios para reconhecimento como ativo intangível. O valor recuperável do *know-how* incorporado no processo (inclusive futuras saídas de caixa para concluí-lo e deixá-lo pronto para uso) está estimado em $ 500. Ao final de 20X5, o processo de produção está reconhecido como ativo intangível ao custo de $ 100 (gasto incorrido desde a data em que os critérios de reconhecimento foram atendidos, ou seja, 1º de dezembro de 20X5). Os gastos de $ 900 incorridos antes de 1º de dezembro de 20X5 são reconhecidos como despesa porque os critérios de reconhecimento só foram atendidos nessa data, não sendo incluídos no custo do processo de produção reconhecido na data do balanço. No exercício de 20X6, os gastos incorridos são de $ 2.000. Ao final de 20X6, o valor recuperável do *know-how* incorporado no processo (inclusive futuras saídas de caixa para concluí-lo e deixá-lo pronto para uso) está estimado em $ 1.900. Ao final de 20X6, o custo do processo de produção é de $ 2.100 (gastos de $ 100 reconhecidos no final de 20X5 mais $ 2.000 reconhecidos em 20X6). A entidade deve reconhecer uma perda de valor de $ 200 para ajustar o valor contábil do processo antes dessa perda de valor ($ 2.100) ao seu valor recuperável ($ 1.900). Essa perda de valor deve ser provisionada para o caso de, em um período posterior, os requerimentos de reversão de perda de valor, previstos no Pronunciamento Técnico CPC 01 - Redução ao Valor Recuperável de Ativos, serem atendidos.

1.6. Reconhecimento de despesa

Os gastos com um item intangível devem ser reconhecidos como despesa quando incorridos, exceto:

- se fizerem parte do custo de ativo intangível que atenda aos critérios de reconhecimento, ou
- se o item é adquirido em uma combinação de negócios e não possa ser reconhecido como ativo intangível. Nesse caso, esse gasto (incluído no custo da combinação de negócios) deve fazer parte do valor atribuível ao ágio derivado da expectativa de rentabilidade futura (*goodwill*) na data de aquisição.

- Exemplos de outros gastos a serem reconhecidos como despesa quando incorridos:
  - gastos com atividades pré-operacionais destinadas a constituir a empresa (ou seja, custo do início das operações), exceto se estiverem incluídas no custo de um item do Ativo Imobilizado. O custo do início das operações pode incluir custos de estabelecimento, tais como custos jurídicos e de secretaria, incorridos para constituir a pessoa jurídica, gastos para abrir novas instalações ou negócio (ou seja, custos pré-abertura) ou gastos com o início de novas unidades operacionais ou o lançamento de novos produtos ou processos;
  - gastos com treinamento;
  - gastos com publicidade e atividades promocionais (incluindo envio de catálogos); e
  - gastos com remanejamento ou reorganização, total ou parcial, da entidade.

1.7. Despesas anteriores não reconhecidas como ativo

Gastos com um item intangível reconhecidos inicialmente como despesa não devem ser reconhecidos como parte do custo de ativo intangível em data subsequente.

1.8. Vida Útil

A entidade deve avaliar se a vida útil de ativo intangível é definida ou indefinida e, no primeiro caso, a duração ou o volume de produção ou unidades semelhantes que formam essa vida útil. A entidade deve atribuir vida útil indefinida a um ativo intangível quando, com base na análise de todos os fatores relevantes, não exista um limite previsível para o período durante o qual o ativo deverá gerar fluxos de caixa líquidos positivos para a entidade. O termo "indefinida" não significa "infinita".

A contabilização de ativo intangível baseia-se na sua vida útil. Um ativo intangível com vida útil definida deve ser amortizado, enquanto a de um ativo intangível com vida útil indefinida não deve ser amortizado.

A amortização de ativo intangível com vida útil definida não termina quando ele deixa de ser utilizado, a não ser que esteja completamente amortizado ou classificado como mantido para venda.

Muitos fatores são considerados na determinação da vida útil de ativo intangível, inclusive:

- a utilização prevista de um ativo pela entidade e se o ativo pode ser gerenciado eficientemente por outra equipe de administração;
- os ciclos de vida típicos dos produtos do ativo e as informações públicas sobre estimativas de vida útil de ativos semelhantes, utilizados de maneira semelhante;
- obsolescência técnica, tecnológica, comercial ou de outro tipo;
- a estabilidade do setor em que o ativo opera e as mudanças na demanda de mercado para produtos ou serviços gerados pelo ativo;
- medidas esperadas da concorrência ou de potenciais concorrentes;
- o nível dos gastos de manutenção requerido para obter os benefícios econômicos futuros do ativo e a capacidade e intenção da entidade para atingir tal nível;
- o período de controle sobre o ativo e os limites legais ou similares para a sua utilização, tais como datas de vencimento dos arrendamentos/locações relacionados; e
- se a vida útil do ativo depende da vida útil de outros ativos da entidade.

1.9. Critérios de Amortização

1.9.1. Ativo Intangível com vida útil definida

O valor amortizável de ativo intangível com vida útil definida deve ser apropriado de forma sistemática ao longo da sua vida útil estimada. A amortização deve ser iniciada a partir do momento em que o ativo estiver disponível para uso, ou seja, quando se encontrar no local e nas condições necessários para que possa funcionar da maneira pretendida pela administração. A amortização deve cessar na data em que o ativo é classificado como mantido para venda ou incluído em um grupo de ativos classificado como mantido para venda ou, ainda, na data em que ele é baixado, o que ocorrer primeiro. O método de amortização utilizado reflete o padrão de consumo pela entidade dos benefícios econômicos futuros. Se não for possível determinar esse padrão com segurança, deve ser utilizado o método linear. A despesa de amortização para cada período deve ser reconhecida no resultado, a não ser que outra norma ou pronunciamento contábil permita ou exija a sua inclusão no valor contábil de outro ativo.

O período e o método de amortização de ativo intangível com vida útil definida devem ser revisados pelo menos ao final de cada exercício. Caso a vida útil prevista do ativo seja diferente de estimativas anteriores, o prazo de amortização deve ser devidamente alterado. Se houver alteração no padrão de consumo previsto, o método de amortização deve ser alterado para refletir essa mudança. Tais mudanças devem ser registradas como mudanças nas estimativas contábeis, de acordo com as normas em vigor sobre Práticas Contábeis, Mudanças nas Estimativas Contábeis e Correção de Erros.

Ao longo da vida de ativo intangível, pode ficar evidente que a estimativa de sua vida útil é inadequada. Por exemplo, o reconhecimento de prejuízo por perda de valor pode indicar que o prazo de amortização deve ser alterado.

Com o decorrer do tempo, o padrão dos benefícios econômicos futuros gerados pelo ativo intangível que se espera ingressem na entidade pode mudar. Por exemplo, pode ficar evidente que o método dos saldos decrescentes é mais adequado que o método linear. Outro exemplo é o caso da utilização de direitos de licença que depende de medidas pendentes em relação a outros componentes do plano de negócios. Nesse caso, os benefícios econômicos gerados pelo ativo talvez só sejam auferidos em períodos posteriores.

Valor residual

Deve-se presumir que o valor residual de ativo intangível com vida útil definida é zero, a não ser que:

- haja compromisso de terceiros para comprar o ativo ao final da sua vida útil; ou
- exista mercado ativo para ele e:
- o valor residual possa ser determinado em relação a esse mercado; e
- seja provável que esse mercado continuará a existir ao final da vida útil do ativo.

1.9.2. Ativo Intangível com vida útil indefinida:

Ativo intangível com vida útil indefinida não deve ser amortizado.

De acordo com o Pronunciamento Técnico CPC 01 – Redução ao Valor Recuperável de Ativos, a entidade deve testar a perda de valor dos ativos intangíveis com vida útil indefinida comparando o seu valor recuperável com o seu valor contábil, ou seja, a empresa deve efetuar o teste de recuperabilidade (*impairment*):

- anualmente;
- sempre que existam indícios de que o ativo intangível possa ter perdido valor.

A vida útil de ativo intangível que não é amortizado deve ser revisada periodicamente para determinar se eventos e circunstâncias continuam a consubstanciar a avaliação de vida útil indefinida. Caso contrário, a mudança na avaliação de vida útil de indefinida para definida deve ser contabilizada como mudança de estimativa contábil.

De acordo com o Pronunciamento Técnico CPC 01 – Redução ao Valor Recuperável de Ativos, a revisão da vida útil de ativo intangível de indefinida para definida é um indicador de que o ativo pode já não ter valor. Assim, a entidade deve testar a perda de valor do ativo em relação ao seu valor recuperável, de acordo com o referido Pronunciamento, reconhecendo a eventual desvalorização como perda.

1.10 Baixa e alienação de Ativo Intangível

O ativo intangível deve ser baixado:

- por ocasião de sua alienação; ou
- quando não há expectativa de benefícios econômicos futuros com a sua utilização ou alienação.

Os ganhos ou perdas decorrentes da baixa de ativo intangível devem ser determinados pela diferença entre o valor líquido da alienação, se houver, e o valor contábil do ativo. Esses ganhos ou perdas devem ser reconhecidos no resultado quando o ativo é baixado (exceto se critério específico estiver previsto em outro pronunciamento contábil), mas os ganhos não devem ser classificados como receitas de venda.

Existem várias formas de alienação de ativo intangível (p. ex. venda, arrendamento financeiro ou doação). Para determinar a data da alienação de ativo, a entidade deve aplicar os mesmos critérios de reconhecimento de receitas de venda de produtos, exceto se critério específico estiver previsto em outro pronunciamento contábil.

1.11. Divulgação

A entidade deve divulgar as seguintes informações para cada classe de ativos intangíveis, fazendo a distinção entre ativos intangíveis gerados internamente e outros ativos intangíveis:

- com vida útil indefinida ou definida e, se definida, os prazos de vida útil ou as taxas de amortização utilizados;
- os métodos de amortização utilizados para ativos intangíveis com vida útil definida;
- o valor contábil bruto e eventual amortização acumulada (mais as perdas acumuladas no valor recuperável) no início e no final do período;
- a rubrica da demonstração do resultado em que qualquer amortização de ativo intangível for incluída;
- a conciliação do valor contábil no início e no final do período, demonstrando:
  - adições, indicando separadamente as que foram geradas por desenvolvimento interno e as adquiridas, bem como as adquiridas por meio de uma combinação de negócios;
  - ativos classificados como mantidos para venda ou incluídos em grupo de ativos classificados como mantidos para venda;
  - aumentos ou reduções durante o período, decorrentes de reavaliações e perda por desvalorização de ativos reconhecida ou revertida diretamente no patrimônio líquido;
  - provisões para perdas de ativos, reconhecidas no resultado do período;
  - reversão de perda por desvalorização de ativos, apropriada ao resultado do período;
  - qualquer amortização reconhecida no período;
  - variações cambiais líquidas geradas pela conversão das demonstrações contábeis para a moeda de apresentação e de operações no exterior para a moeda de apresentação da entidade; e
  - outras alterações no valor contábil durante o período.

Questões de Concursos

01. I.C.M.S. – SP - 2009 (FCC)

São características necessárias para a identificação de um ativo Intangível

a) apresentar a possibilidade concreta de reconhecimento futuro e ser indivisível.
b) permitir a utilização de base confiável de controle, mesmo que a mensuração de seu custo não possa ser feita em bases fidedignas, e ter indivisibilidade patrimonial.
c) ser identificável, controlado e gerar benefícios econômicos futuros.
d) ter indivisibilidade patrimonial e financeira e utilização econômica limitada.
e) ter indivisibilidade patrimonial e não resultar de direitos contratuais.

02. TERMOAÇU – 2008 (CESGRANRIO)

A Deliberação CVM n° 488 trouxe algumas modificações na estrutura das demonstrações financeiras das companhias abertas. Foi criado um grupo, no "Ativo Não-Circulante", para registro de itens como marcas, patentes, pesquisa e desenvolvimento, ágio por rentabilidade futura e direitos autorais, denominado

a) Resultado de Exercícios Futuros.
b) Investimentos Temporários.
c) Direitos Temporários.
d) Intangível.
e) *Goodwill.*

03. I.C.M.S. - SC - 2010 (UFSC)

Assinale a alternativa que apresenta algumas contas pertencentes/registradas no sub-grupo "Ativos Intangíveis".

a) Patentes, terrenos, prédios, franquias, direitos autorais.
b) Software, direitos autorais, veículos, licenças, marcas.
c) Licenças, patentes, marcas, direitos autorais, arrendamento mercantil financeiro.
d) Marcas, pesquisa e desenvolvimento (quando ativáveis), patente, direitos autorais.
e) Terrenos, prédios, veículos, instalações, máquinas.

04. I.C.M.S. - SC - 2010 (UFSC)

Um ativo intangível deve ser reconhecido no Balanço Patrimonial, se e apenas se:

a) for provável que os benefícios econômicos futuros esperados atribuíveis ao ativo sejam gerados em favor da entidade; e o custo do ativo puder ser mensurado com segurança.
b) for provável que os benefícios econômicos futuros esperados atribuíveis ao ativo sejam gerados em favor da entidade; e for identificável e separável, ou seja, puder ser separado da entidade e vendido, transferido, licenciado, alugado ou trocado, seja individualmente ou em conjunto com um contrato ativo ou passivo relacionado.
c) o custo do ativo puder ser mensurado com segurança; e for identificável e separável, ou seja, puder ser separado da entidade e vendido, transferido, licenciado, alugado ou trocado, seja individualmente ou em conjunto com um contrato ativo ou passivo relacionado.
d) apenas se o ativo for identificável e separável, ou seja, puder ser separado da entidade e vendido, transferido, licenciado, alugado ou trocado, seja individualmente ou em conjunto com um contrato ativo ou passivo relacionado.
e) for provável que os benefícios econômicos futuros esperados atribuíveis ao ativo sejam gerados em favor da entidade; o custo do ativo puder ser mensurado com segurança; e for identificável e separável, ou seja, puder ser separado da entidade e vendido, transferido, licenciado, alugado ou trocado, seja individualmente ou em conjunto com um contrato ativo ou passivo relacionado.

05. PETROBRAS - 2010 (CESGRANRIO)

Segundo a Lei das Sociedades por Ações (consolidada até dez/2009), serão classificados no ativo intangível os direitos que tenham por objeto bens incorpóreos destinados à manutenção da companhia ou exercidos com essa finalidade, incluindo

a) ágio na compra de ações.
b) deságio na venda de ações.
c) capital intelectual.
d) fundo de comércio adquirido.
e) benfeitorias em propriedades arrendadas.

06. TRANSPETRO - CONTADOR JÚNIOR - 2011 (CESGRANRIO)

A redação atual da Lei Societária estabelece que o Ativo, no Balanço Patrimonial, terá as contas dispostas em ordem decrescente de grau de liquidez dos elementos nelas registrados no grupo do Ativo Circulante e do Ativo Não Circulante. Estabelece, ainda, a composição do Ativo Não Circulante por Ativo Realizável a Longo Prazo, Investimentos, Imobilizado e Intangível. Os novos dizeres da Lei, ratificados definitivamente a partir de maio de 2009, provocaram a eliminação do Ativo, do Grupo do Ativo Permanente e das despesas diferidas, bem como promoveram o desdobramento do Imobilizado em Imobilizado e Intangível. Essas alterações, acompanhando a tendência contábil internacional, passaram a exigir maiores cuidados para a classificação dos Intangíveis, principalmente para os gerados internamente. Considerando-se os Intangíveis gerados internamente, os gastos incorridos na fase de pesquisa devem ser classificados como

a) Ativo Intangível.
b) Ativo Imobilizado.
c) Ativo Investimento.
d) despesa antecipada a apropriar em exercício seguinte ou futuro.
e) despesa reconhecida no resultado do exercício em que o gasto ocorreu.

07. I.C.M.S. – RO – 2010 (FCC)

Sobre os ativos intangíveis gerados internamente pode-se afirmar que

a) os gastos da empresa, tanto na fase de pesquisa quanto na fase de desenvolvimento, devem ser reconhecidos no ativo da entidade.
b) as atividades destinadas à obtenção de novos conhecimentos devem ser reconhecidas no ativo pelo valor do custo.
c) os gastos com o projeto devem ser considerados como incorridos apenas na fase de desenvolvimento, quando a entidade não conseguir diferenciar a fase de pesquisa da fase de desenvolvimento,
d) os gastos na fase de desenvolvimento, em qualquer situação, devem ser reconhecidos no resultado.
e) a entidade pode, durante a fase de desenvolvimento e em alguns casos, identificar um ativo intangível e demonstrar que o mesmo gerará prováveis benefícios econômicos futuros.

08. INFRAERO – ANALISTA II – PREV. COMPL. 2011 (FCC)

São classificados no Ativo Intangível de uma sociedade, desde que atendam aos critérios estabelecidos de reconhecimento e mensuração para esse tipo de ativo pelas Normas Brasileiras de Contabilidade:

a) marcas adquiridas no contexto de uma combinação de negócios.
b) despesas pré-operacionais.
c) benfeitorias em imóveis de terceiros.
d) gastos com desenvolvimento de produtos.
e) gastos com publicidade e atividades promocionais.

09. ABIN – OFICIAL TÉCNICO CONTÁBIL - 2011 (CESPE)

Julgue o item a seguir, relativo ao reconhecimento e à mensuração de contas patrimoniais.

A contabilização do ativo intangível baseia-se na sua vida útil e, consequentemente, um intangível com vida útil definida deve ser amortizado periodicamente, o que não se aplica nos casos de intangíveis com vida útil indefinida, que não chegam a ser reconhecidos no balanço patrimonial.

( ) CERTO ( ) ERRADO

10. T.C. – GO – 2010 (FCC)

De acordo com a Lei nº 11.638/07, um ativo intangível com vida útil econômica indefinida, após o reconhecimento inicial,

a) deve ser amortizado.
b) deve ser depreciado.
c) deve ser exaurido.
d) deve ser trazido a valor presente.
e) está sujeito ao teste de recuperabilidade.

11. AFRFB – 2012 (ESAF)

A Cia. Mercúrio inicia em janeiro de 2009 uma pesquisa para desenvolvimento de um protótipo de captação de energia solar. Quando concluído, será patenteado pela empresa. Até junho de 2009, a empresa já havia efetuado diversos gastos com pesquisa no valor de R$ 200.000,00. Após essa data, com o avanço do processo de pesquisa, foi possível definir um critério confiável de controle, acumulação, identificação e registro do Ativo Intangível. No final de 2009, os gastos da empresa com pesquisas totalizaram R$ 280.000,00 e o valor recuperável do intangível incorporado foi de R$ 100.000,00. Com base nas informações fornecidas, o registro contábil desse evento é:

		Débito	Crédito
a)	Ativo Intangível	280.000	
	a Disponibilidades		280.000
b)	Despesas	280.000	
	a Disponibilidades		280.000
c)	Ativo Intangível	80.000	
	Despesas	200.000	
	a Disponibilidades		280.000
d)	Despesas	80.000	
	Ativo Intangível	200.000	
	a Disponibilidades		280.000
e)	Despesas	80.000	
	Ativo Intangível	100.000	
	Perda por Imparidade	100.000	
	a Disponibilidades		280.000

Gabarito

01. C	**02. D**	**03. D**	**04. E**	**05. D**	**06. E**
07. E	**08. A**	**09. ERRADO**		**10. E**	**11. C**

5. Ativo Diferido

A Lei nº 11.638/07 restringiu o lançamento de gastos no ativo diferido, e, com a edição da Lei nº 11.941/09, foi eliminado do grupo de contas do Ativo Não Circulante a referência ao Ativo Diferido.

No que se refere às empresas que possuem saldo no grupo de contas do Ativo Diferido e que pela sua natureza não puderem alocá-lo em outro grupo de contas, a Lei nº 11.941/09, que alterou a Lei nº 6.404/76, acresceu o artigo 299-A.

Art. 299-A. O saldo existente em 31 de dezembro de 2008 no ativo diferido que, pela sua natureza, não puder ser alocado a outro grupo de contas, poderá permanecer no ativo sob essa classificação até sua completa amortização, sujeito à análise sobre a recuperação de que trata o § 3º do art. 183.

O Comitê de Pronunciamentos Contábeis, através da Orientação OCPC 02, assim se pronunciou sobre o desaparecimento do Ativo Diferido:

- Desapareceu como grupamento de contas do balanço patrimonial esse subgrupo do ativo. Seu saldo precisa ser reanalisado e, quando cabível, reclassificado. Os que não puderem ser reclassificados para outras contas de ativo, como gastos pré-operacionais administrativos, de reorganização, gastos com pesquisa etc. deverão ser baixados já no balanço de abertura de 2008 contra Lucros ou Prejuízos Acumulados. Alternativamente, é também admitida legalmente a possibilidade de esses saldos permanecerem nesse subgrupo até seu total desaparecimento, lembrando que a Lei das S/A impedia amortização desses valores em prazo superior a dez anos.

Questão de Concurso

01. AFRFB – 2012 (ESAF)

De conformidade com a legislação societária atualizada, os saldos existentes em 31.12.2008, no Ativo Diferido, poderiam ser

a) integralmente baixados para as contas de Despesas Não Operacionais, quando não apresentassem condições de recuperação e realocados a outros ativos, quando fosse o caso.

b) realocados de acordo com a sua natureza e finalidade a outro grupo do ativo e reclassificados como Ajustes de Exercícios Anteriores, caso não fosse possível realizar esta realocação em bases confiáveis.

c) reclassificados para uma conta transitória de Ajustes de Conversão, para aqueles que pudessem ser identificados em bases confiáveis e o excedente, se fosse o caso, estornados contra a conta de Ganhos/ Perdas de itens Descontinuados.

d) alocados a outro grupo de contas, de acordo com a sua natureza, ou permanecer no ativo sob esta classificação até a completa amortização, desde que sujeito à análise de imparidade.

e) transferidos integralmente para a conta de Ajustes de Avaliação Patrimonial, deduzido da avaliação do valor recuperável.

Gabarito

01. D

6. Investimentos

1. Conceito

São aplicações de recursos efetuadas por uma sociedade (denominada de investidora) na aquisição de ações ou quotas do capital de outra sociedade (denominada investida).

2. Classificação Contábil dos Investimentos

O que irá orientar a correta classificação contábil dos investimentos efetuados em outras sociedades, a título de participação societária, é a intenção da investidora ou ainda do prazo previsto para a permanência na posse de tais ativos.

Classificação: Investimentos Temporários
Investimentos Permanentes

2.1. Investimentos Temporários

São aplicações em ativos financeiros, efetuadas com a intenção de revenda e tendo, geralmente, caráter especulativo.

A empresa investidora, ao adquiri-los, não tem a intenção de permanecer com tais investimentos por prazo muito longo (caráter especulativo), criando uma política de resgate em relação às suas necessidades imediatas, normalmente no curto prazo. As aplicações em investimentos temporários mais comuns são: Mercado de Ações, CDB, RDB, Aplicações temporárias em ouro, Fundo de Renda Fixa e Renda Variável, Letras de Câmbio etc.

Classificação Contábil

Pode ser classificado, dependendo do tipo de investimento, da intenção da empresa investidora ou ainda do prazo de resgate, em:

Ativo Circulante (como Disponível ou outro subgrupo do Ativo Circulante como, por exemplo: Investimentos Temporários) e ainda como:

Ativo Não Circulante

Ativo realizável a longo prazo (como investimentos temporários), caso o resgate seja em prazo superior ao término do exercício seguinte à data do balanço.

2.2. Investimentos Permanentes

São investimentos efetuados em ativos financeiros de outras empresas com a intenção de não negociação, representando, portanto, uma extensão da atividade econômica da investidora. É como se fosse uma atividade adicional, criada pela empresa que adquiriu os referidos investimentos.

Tais investimentos permanentes têm natureza diferente dos temporários, visto que nesses, há a intenção de aplicação não de forma temporária ou especulativa, mas com o efetivo propósito da investidora de usufruir dos rendimentos proporcionados por esses investimentos.

Classificação Contábil

Os referidos investimentos estão classificados no **Ativo Não Circulante** (subgrupo - Investimentos).

3. Métodos de Avaliação (Contabilização) dos Investimentos Permanentes

- Método do custo de aquisição
- Método da equivalência patrimonial

3.1. Método do custo de aquisição:

Lei n° 6.404/76, após as alterações introduzidas pela Lei nº 11.638/07 e Lei nº 11.941/09

Art. 183. No balanço, os elementos do ativo serão avaliados segundo os seguintes critérios:

. . . . . .

III - os investimentos em participação no capital social de outras sociedades, ressalvado o disposto nos artigos 248 a 250, pelo custo de aquisição, deduzido de provisão para perdas prováveis na realização do seu valor, quando essa perda estiver comprovada como permanente, e que não será modificado em razão do recebimento, sem custo para a companhia, de ações ou quotas bonificadas;

Art. 248. *No balanço patrimonial da companhia, os investimentos em coligadas ou em controladas e em outras sociedades que façam parte de um mesmo grupo ou estejam sob controle comum serão avaliados pelo método da* ***equivalência patrimonial.***

Nos termos dos dispositivos legais acima citados, a empresa adota o método do custo de aquisição para a avaliação e contabilização dos investimentos societários adquiridos (valor efetivamente desembolsado), quando efetuados:

- em caráter "permanente", mas em investidas que não sejam controladas ou coligadas sobre cuja administração não tenha influência.

3.1.1. Aspectos Gerais do Método do Custo

Este método de contabilização é adotado por empresas que não justifiquem nos termos legais, a aplicação do método da equivalência patrimonial. Ao adotar o método do custo para contabilizar os ativos financeiros adquiridos de outras empresas, a investidora não reconhece em seus demonstrativos contábeis, os lucros e reservas gerados e não distribuídos pela investida, ou seja, não altera o valor contábil do seu investimento em função de variações ocorridas no patrimônio líquido da investida, decorrentes de lucros, reservas ou ajustes de exercícios anteriores.

3.1.2. Dividendos distribuídos pela Investida

Ao adotar o método do custo, a investidora somente reconhece em seus demonstrativos contábeis, os ganhos ocorridos na investida (lucro), quando ocorre a sua distribuição através dos dividendos, ou seja, os dividendos distribuídos pela investida são contabilizados na investidora como receita operacional, em subgrupo a parte, com o título de **Receita de Dividendos.**

Desta forma, no método de custo não importa a geração efetiva dos lucros ou reservas ocorridos na investida, mas sim, as datas e os atos formais de sua distribuição. Assim, deixa-se de reconhecer na empresa investidora os lucros e reservas gerados e não distribuídos pela investida.

3.1.3. Perdas comprovadas como permanentes na sociedade investida

As perdas comprovadas como permanentes são aquelas impossíveis ou de difícil recuperação. (falência, recuperação judicial, prejuízos substanciais não coberto por seguro etc.)

Com relação às perdas reconhecidas como permanentes na investida, a investidora, por ocasião do encerramento de suas demonstrações contábeis, em decorrência de participação societária avaliado pelo custo de aquisição, se necessário, deverá constituir (contabilizar) uma estimativa para perdas prováveis de realização do seu valor. Tal procedimento contábil deve ser observado para atender ao Princípio de Contabilidade da Prudência (Custo com Base de Valor ajustado ao valor de mercado quando este for menor).

Exemplos de contabilização de participação societária avaliada pelo custo de aquisição

01) Em 02/Jan/x1, a investidora M.A.C. S.A. adquiriu, 7% das ações preferenciais da Empresa M.C.L.C. S.A., desembolsando R$ 1.000,00. A intenção da investidora é não especular ou revender, a curto ou longo prazo, tal investimento, e não tem influência na administração da investida. A classificação correta, portanto, é no Ativo Não Circulante, no grupo de contas Investimentos em outras empresas.

Capital Social da empresa M.C.L.C. -	R$ 14.285,00
Participação da Investidora no Capital da investida	7 %
Valor desembolsado pela Investidora	R$ 1.000,00

Lançamento contábil na empresa Investidora:

D	Ativo Não Circulante		
	Investimentos		
	Part. Societária (MCLC)	R$ 1.000,00	
C	Ativo Circulante		
	Disponibilidades		
	Bancos Conta movimento		R$ 1.000,00

02) Em 31/Dez/x1, a investida obteve um lucro de: R$ 2.000,00.

Lançamento contábil na empresa Investidora:

Nenhum registro contábil deve ser efetuado.

03) Em Fev/x2, a investida declarou dividendos no valor de R$ 500,00.

A investida distribuiu R$ 500,00 de dividendos aos seus acionistas. Como a investidora possui 7% de participação, recebeu dividendos no valor de R$ 35,00 (7% x R$ 500,00)

Lançamento contábil na empresa Investidora:

Direitos a Receber:

D	Ativo Circulante		
	Dividendos a receber	R$ 35,00	
C	Conta de Resultado		
	Outras receitas operacionais		
	Receitas de Dividendos		R$ 35,00

Contabilização do recebimento dos dividendos pela Investidora:

D	Ativo Circulante		
	Disponibilidades		
	Bancos Conta movimento	R$ 35,00	
C	Ativo Circulante		
	Dividendos a Receber		R$ 35,00

04) Em 31/Dez/xy, a investida teve um prejuízo de R$ 6.000,00. (Perdas consideradas Permanentes)

Constituição da expectativa para perdas permanentes, por ocasião do encerramento do exercício.

Em 31/12/xy, o valor do Patrimônio Líquido da investida é de R$ 9.000,00. (Redução por prejuízo). A investidora possui 7% deste patrimônio. (R$ 9.000,00 x 7% = R$ 630,00)

Como o ativo da investidora está registrado pelo custo de aquisição, que foi de R$ 1.000,00, há necessidade de constituir uma expectativa para perdas de R$ 370,00, que é a diferença entre o custo de R$ 1.000,00, e o valor R$ 630,00.

Lançamento contábil na empresa Investidora:		
D	Conta de Resultado	
	Perdas com investimento	R$ 370,00
C	Ativo Não Circulante	
	Investimento	
	(-) Perdas estimadas com investimento	R$ 370,00

Demonstração do Balanço Patrimonial da Investidora no dia 31/Dez/xy	
Ativo Não Circulante	
Investimento	R$1.000,00
(-) Perdas estimadas com investimento	(R$ 370,00)
(=) Valor líquido do investimento	R$ 630,00

3.2. Método da Equivalência Patrimonial – MEP

Método de Equivalência Patrimonial (MEP) é um método de contabilização dos investimentos permanentes efetuados em outras empresas, devendo ser adotado, obrigatoriamente, por entidades investidoras que se enquadrem no artigo 248 da Lei Societária.

O Comitê de Pronunciamentos Contábeis, por meio de seu Pronunciamento Técnico CPC 18 (R1), aprovado pela Resolução do Conselho Federal de Contabilidade (CFC) nº 1.241/09, com as alterações efetuadas pela Resolução nº 1.408/12 e pela Deliberação nº 688/12 da Comissão de Valores Mobiliários (CVM), assim se manifestou sobre os procedimentos contábeis a serem observados em relação à avaliação dos investimentos permanentes efetuados em participações societárias pelo Método de Equivalência Patrimonial.

O Método da Equivalência Patrimonial é o método de contabilização por intermédio do qual um investimento efetuado é inicialmente reconhecido na investidora pelo custo, e o seu valor contábil será posteriormente aumentado ou reduzido pelo reconhecimento da participação do investidor nos lucros ou prejuízos do período, gerados pela investida.

Este método fundamenta-se no fato de que o Patrimônio Líquido representa a riqueza real de uma entidade avaliada de acordo com os princípios contábeis. Logo, se uma empresa possui 40% das ações de outra empresa, caberá a ela, por direito, 40% do Patrimônio Líquido dessa empresa.

Ao adotar este método de contabilização, o saldo contábil constante da empresa investidora (Investimento) deverá refletir um valor equivalente ao que ela representa no Patrimônio Líquido da investida, isto é, o Método da Equivalência Patrimonial consiste basicamente em: ocorrendo qualquer variação no Patrimônio Líquido da empresa investida, o seu resultado deverá ser imediatamente reconhecido na empresa investidora, independentemente de serem ou não distribuídos por esta, proporcionalmente à sua participação no capital social da investida.

É a alteração do valor contábil dos investimentos registrados no Ativo Não Circulante - Investimentos, da investidora, conforme o aumento ou redução do Patrimônio Líquido (PL) da investida.

Neste sentido, o conceito de equivalência patrimonial é baseado no fato de que os resultados e quaisquer variações patrimoniais ocorridas no patrimônio líquido da investida, devem ser reconhecidos (contabilizados) na investidora no momento de sua geração, independentemente de serem ou não distribuídos.

Portanto, o valor de aquisição de investimentos avaliado pelo método de equivalência patrimonial é ajustado pelos lucros ou prejuízos apurados pela sociedade investida, em contrapartida com receita ou despesa (operacional) no resultado da sociedade investidora.

Do exposto, conclui-se que, ao utilizar este método, o valor contábil do investimento efetuado pela empresa investidora na investida será sempre equivalente ao valor contábil do Patrimônio Líquido na proporção de sua participação acionária.

3.2.1. Adoção do critério da equivalência patrimonial

O artigo 248 da Lei n° 6.404/76 estabelece para as S.A. a obrigatoriedade da adoção do método da equivalência patrimonial de avaliação dos investimentos.

Art. 248. *No balanço patrimonial da companhia, os investimentos em coligadas ou em controladas e em outras sociedades que façam parte de um mesmo grupo ou estejam sob controle comum serão avaliados pelo método da equivalência patrimonial, de acordo com as seguintes normas:*
I - o valor do patrimônio líquido da coligada ou da controlada será determinado com base em balanço patrimonial ou balancete de verificação levantado, com observância das normas desta Lei, na mesma data, ou até 60 (sessenta) dias, no máximo, antes da data do balanço da companhia; no valor de patrimônio líquido não serão computados os resultados não realizados decorrentes de negócios com a companhia, ou com outras sociedades coligadas à companhia, ou por ela controladas;
II - o valor do investimento será determinado mediante a aplicação, sobre o valor de patrimônio líquido referido no número anterior, da porcentagem de participação no capital da coligada ou controlada;
III - a diferença entre o valor do investimento, de acordo com o número II, e o custo de aquisição corrigido monetariamente; somente será registrada como resultado do exercício:
a) se decorrer de lucro ou prejuízo apurado na coligada ou controlada;
b) se corresponder, comprovadamente, a ganhos ou perdas efetivos;
c) no caso de companhia aberta, com observância das normas expedidas pela Comissão de Valores Mobiliários.
§ 1º ...
§ 2º A sociedade coligada, sempre que solicitada pela companhia, deverá elaborar e fornecer o balanço ou balancete de verificação previsto no número I.

3.2.2. Conceito de Sociedades Coligadas e Controladas

Lei n° 6.404/76, após as alterações introduzidas pela Lei nº 11.638/07 e Lei nº 11.941/09

Artigo 243

....

§ 1º São coligadas as sociedades nas quais a investidora tenha influência significativa.

§ 2º Considera-se controlada a sociedade na qual a controladora, diretamente ou através de outras controladas, é titular de direitos de sócio que lhe assegurem, de modo permanente, preponderância nas deliberações sociais e o poder de eleger a maioria dos administradores.

§ 4º Considera-se que há influência significativa quando a investidora detém ou exerce o poder de participar nas decisões das políticas financeira ou operacional investida, sem controlá-la.

§ 5º É presumida influência significativa quando a investidora for titular de vinte por cento ou mais do capital votante da investida, sem controlá-la."

Notas:

- Cabe ressaltar, que a lei ao definir coligada, não faz qualquer menção quanto ao tipo de sociedade (sociedade por ações, limitada ou qualquer outra), o tipo de título patrimonial ou a proporção de participação da investidora no capital social da investida.

- A adoção do método da equivalência patrimonial deverá ser feito para os investimentos em todas as empresas controladas e em sociedades em que a administração tenha influência significativa, ou nas quais participe com 20% ou mais do capital votante, ou que façam parte de um mesmo grupo ou estejam sob controle comum.

Exemplos de contabilização da equivalência patrimonial

a) A Cia. "MCLC" S.A. adquiriu, em 13/01/20x1, R$ 1.680,00 em ações ordinárias da empresa "MAC" Indústria e Comércio S.A., cujo capital social é de R$ 3.000,00, representando a referida aquisição, 56% do capital social.

Lançamento contábil na empresa Investidora:			
D	Ativo Não Circulante		
	Investimentos		
	Part. Societária (MAC)	R$ 1.680,00	
C	Ativo Circulante		
	Disponibilidades		
	Bancos c/ Mov.		R$ 1.680,00

b) Ao término do exercício social do ano de 20x1, a empresa "MAC" Ind. Com. S.A., apresentou um Patrimônio Líquido no valor de R$ 4.000,00. (aumento por lucro)

Ajuste contábil na empresa investidora		
P. Líq. Mac. – R$ 4.000,00 x 56%		R$ 2.240,00
	(-) Valor de Investimento	(R$ 1.680,00)
	(=) Ajuste	R$ 560,00
Lançamento contábil:		
D	Ativo Não Circulante	
	Investimentos	
	Part. Societária (MAC)	R$ 560,00
C	Conta de Resultado	
	Receita de Equivalência Patrimonial	R$ 560,00

c) Em 02/20x2, a investida distribuiu R$ 500,00 de dividendos aos seus acionistas.

Como a investidora possui 56% de participação, receberá dividendos no valor de R$ 280,00 (56% x R$ 500,00).

Ajuste contábil na empresa investidora:

P. Líq. - MAC - R$ 3.500,00 x 56%	R$ 1.960,00
(-) Valor Investimento – MCLC	(R$ 2.240,00)
(=) Ajuste	R$ 280,00

Distribuição de dividendos pela investida

Ao distribuir dividendos, a investida reduz o valor de seu patrimônio líquido, ocasionando na investidora uma redução do valor de seu investimento (proporcional à sua participação no capital social da investida).

Contabilização dos dividendos (direitos a receber) na Investidora:

Lançamento contábil:

D	Ativo Circulante		
	Dividendos a receber	R$ 280,00	
C	Ativo Não Circulante		
	Investimentos		
	Part. Societária - MAC		R$ 280,00

Contabilização do recebimento dos dividendos pela Investidora:

Lançamento contábil:

D	Ativo Circulante		
	Disponibilidades		
	Bancos Conta movimento	R$ 280,00	
C	Ativo Circulante		
	Dividendos a receber		R$ 280,00

d) Caso a empresa investida ao término do ano de 20x2 apresente uma diminuição em seu patrimônio líquido, (redução por prejuízo) no valor de R$ 200,00, a investidora fará o seguinte ajuste contábil:

Ajuste contábil na empresa investidora:

Patrimônio Líquido - MAC - R$ 3.300,00 x 56%	R$ 1.848,00
(-) Valor Investimento – MCLC	(R$ 1.960,00)
(=) Ajuste	R$ 112,00

Lançamento contábil:

D	Conta de Resultado		
	Despesa equivalência patrimonial	R$ 112,00	
C	Ativo Não Circulante		
	Investimentos		
	Participação societária MAC		R$ 112,00

3.2.3. Controle Direto e Indireto

Exemplo de controle direto

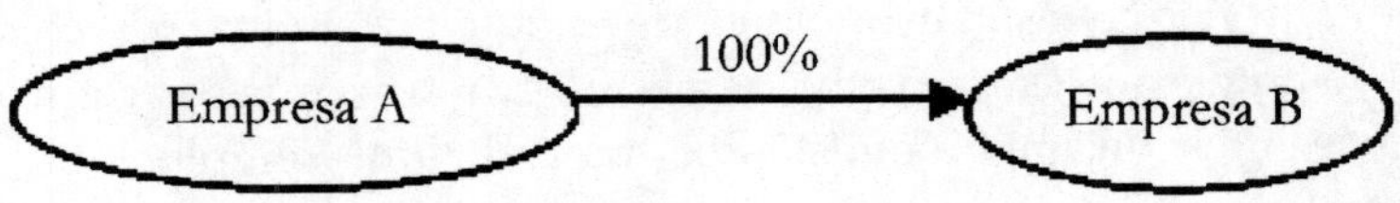

A controla B diretamente.

Exemplo de controle indireto

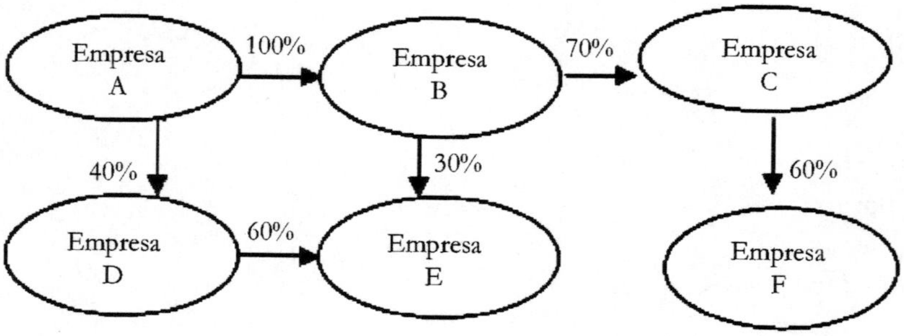

Notas:

1. A empresa **B** é controlada direta de **A**;
2. A empresa **F** é controlada direta de **C** que é controlada direta de **B**;
3. A empresa **A** detém uma participação indireta de 54% da propriedade de **E**, sendo 24% por intermédio de **D** (40% de 60%) e 30% (100% de 30%) por intermédio da empresa **B**, no entanto a empresa **E** não é controlada de **A**; **D** controla **E** e **A** é coligada de **D**.
4. A empresa **A** detém 42% da propriedade de **F** (100% x 70% x 60%), no entanto, a empresa **F** é sua controlada indireta.

Investimentos em outras sociedades que façam parte do mesmo grupo ou estejam sob controle comum

Quando ocorrer essa situação, esses investimentos também deverão ser avaliados pelo método da equivalência patrimonial, mesmo que não atinjam o percentual mínimo para classificá-los como coligadas.

Exemplo:

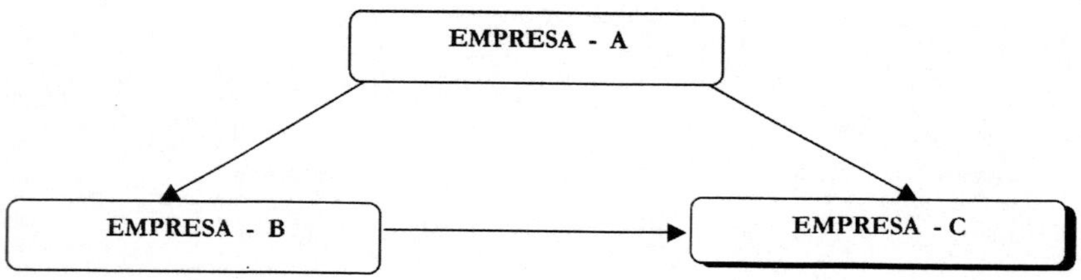

Empresa "A" – possui 55% do capital votante da empresa "B".
Empresa "A" – possui 65% do capital votante da empresa "C".
Empresa "B" – possui 3% do capital (votante ou preferencial) da empresa "C".

Como as companhias "B" e "C" tem um controlador comum que é a empresa "A", que pode ser uma pessoa jurídica ou física, ou conjunto de pessoas físicas, a Companhia "B" deverá avaliar pelo Método da Equivalência Patrimonial seus investimentos na Companhia "C", mesmo não possuindo qualquer relação de controle, coligação ou equiparação.

Quanto à necessidade de se avaliar pelo método da equivalência patrimonial o investimento em outras sociedades que façam parte de um mesmo grupo ou estejam sob controle comum, a CVM, através de Nota Explicativa referente à Instrução CVM Nº 469, de 02 de Maio de 2008, assim se manifestou:

A figura do "controle comum" está diretamente relacionada à essência econômica da entidade contábil e, como tal, deve ser entendida. A dimensão econômica da entidade é delimitada como o conjunto de entes, ainda que juridicamente distintos, que estejam em um mesmo grupo ou que seu controle seja exercido por um mesmo ente ou conjunto de entes. Vejamos a questão por meio de um exemplo:

1. a companhia **XYZ** controla as companhias **A**, **B** e **C**;
2. a companhia **A** é uma companhia aberta e participa com 10% do capital votante das companhias **B** e **C**;
3. assim, a companhia **A** avaliará os investimentos em **B** e **C** pelo método da equivalência patrimonial, já que todas estão sob o controle comum de **XYZ**.

3.3. Equiparação às Coligadas

Instrução CVM - 247/96

Art. 2º- Consideram-se coligadas as sociedades quando uma participa com 10% (dez por cento) ou mais do capital social da outra, sem controlá-la.

Parágrafo Único. Equiparam-se às coligadas, para os fins desta Instrução:

a) as sociedades quando uma participa indiretamente com 10% (dez por cento) ou mais do capital votante da outra, sem controlá-la;

b) as sociedades quando uma participa diretamente com 10% (dez por cento) ou mais do capital votante da outra, sem controlá-la, independentemente do percentual da participação no capital total.

Art. 3º - Considera-se controlada, para os fins desta Instrução:

I - sociedade na qual a investidora, diretamente ou indiretamente, seja titular de direitos de sócio que lhe assegurem, de modo permanente:

a) preponderância nas deliberações sociais; e

b) o poder de eleger ou destituir a maioria dos administradores.

II - filial, agência, sucursal, dependência ou escritório de representação no exterior, sempre que os respectivos ativos e passivos não estejam incluídos na contabilidade da investidora, por força de normatização específica; e

III - sociedade na qual os direitos permanentes de sócio, previstos nas alíneas "a" e "b" do inciso I deste artigo estejam sob controle comum ou sejam exercidos mediante a existência de acordo de votos, independentemente do seu percentual de participação no capital votante.

Parágrafo Único. Considera-se, ainda, controlada a subsidiária integral, tendo a investidora como única acionista.

Equiparação às coligadas – exemplo:

1. Com participação indireta em 10% ou mais do capital votante da outra sem controlá-la.

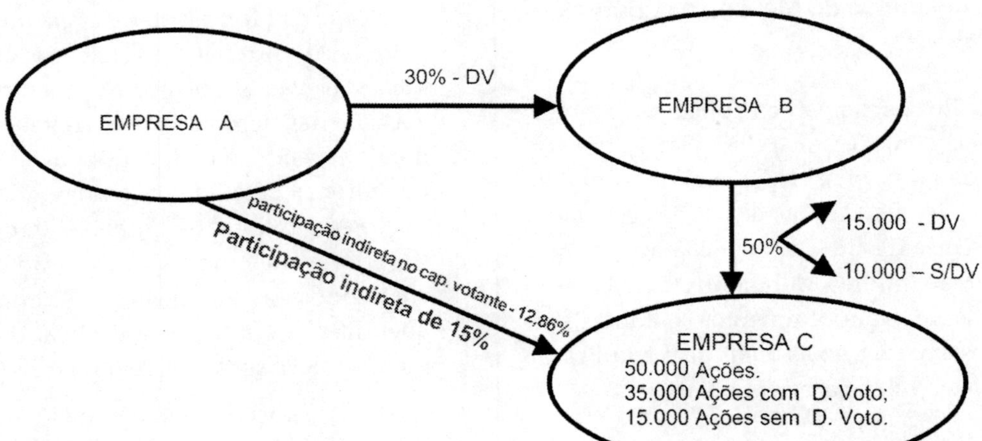

Participação de A em B	- 30,00% do Capital votante
Participação de B em C	- 50,00% do total e 15.000 ações com direito a voto (hipótese)
Participação indireta no capital votante	- 12,86% = 30% de 42,86% (15.000 ações / 35.000 ações)
DV = direito a voto	S/DV = Sem direito a voto

No exemplo anterior, a empresa C é equiparada à coligada de A, pois a empresa A possui indiretamente, mais que 10% (12,86% - vide acima) do seu capital votante.

Nota:

O artigo 15 da Lei nº 6.404/76 diz que: *"o número de ações preferenciais sem direito a voto ou sujeitas à restrição no exercício desse direito, não pode ultrapassar 50% (cinquenta por cento) do total das ações emitidas".*

2. Com participação direta em 10% ou mais do capital votante da outra sem controlá-la.

Dados:

A participação é de 9,00% de R$ 1.000.000 = R$ 90.000, porém do total de R$ 90.000, somente R$ 85.000 dá direito a voto.

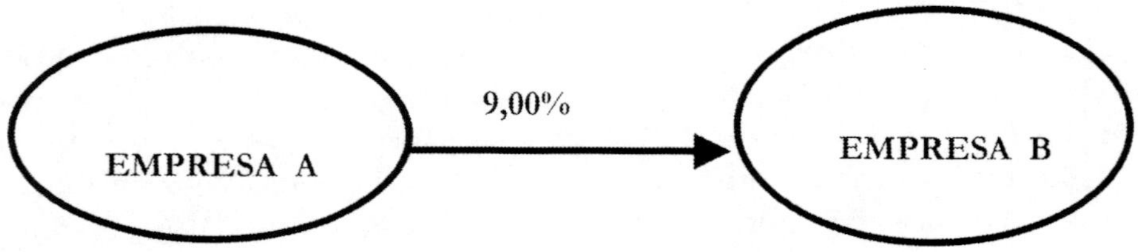

Descrição	Valor $	Cálculo
Capital social de **B**	1.000.000	-o-
Capital votante	800.000	Participação de **A** em **B** de 9,00%
Participação direta de **A**	90.000	9,00% x 1.000.000
Capital votante de **A**	85.000	10,625% = (85.000/800.00) x 100

A empresa **B** é considerada equiparada à coligada da empresa **A**. Apesar de a participação de **A** ser inferior a 10% do capital total, é maior que 10% (85.000 / 800.000 x 100 = 10,625%) do capital votante da empresa **B**.

3.4. Datas de encerramento das Demonstrações Contábeis na Aplicação do Método da Equivalência Patrimonial

O Comitê de Pronunciamentos Contábeis, por meio de seu Pronunciamento Técnico CPC 18 (R1), aprovado pela Resolução do Conselho Federal de Contabilidade (CFC) nº 1.241/09, com as alterações efetuadas pela Resolução nº 1.408/12 e pela Deliberação nº 688/12 da Comissão de Valores Mobiliários (CVM) assim se manifestou sobre os procedimentos contábeis a serem observados em relação às datas para a aplicação do método da equivalência patrimonial.

- Na aplicação do método de equivalência patrimonial nos investimentos permanentes em outras empresas, a empresa investidora deve utilizar a demonstração contábil mais recente da coligada e da controlada.
- Quando o término do exercício social do investidor for diferente daquele da investida, esta deve elaborar, para utilização por parte do investidor, demonstrações contábeis na mesma data das demonstrações do investidor, a menos que isso seja impraticável.
- Quando as demonstrações contábeis da investida utilizadas para aplicação do método de equivalência patrimonial forem de data diferente daquelas do investidor, ajustes pertinentes devem ser feitos em decorrência dos efeitos de eventos e transações relevantes que ocorrerem entre aquela data e a data das demonstrações contábeis do investidor. Independentemente disso, a defasagem máxima entre as datas de encerramento das demonstrações da investida e do investidor não deve ser superior a dois meses. A duração dos períodos abrangidos nas demonstrações contábeis e qualquer diferença entre as respectivas datas de encerramento deve ser igual de um período para outro.
- As demonstrações contábeis do investidor devem ser elaboradas utilizando políticas contábeis uniformes para eventos e transações de mesma natureza em circunstâncias semelhantes.
- Se a investida utilizar políticas contábeis diferentes daquelas empregadas pelo investidor em eventos e transações de mesma natureza em circunstâncias semelhantes, são necessários ajustes para adequar as demonstrações contábeis da investida às políticas contábeis do investidor quando da utilização destas para aplicação do método de equivalência patrimonial.

3.5. Exceção à aplicação do Método de Equivalência Patrimonial e Perdas por redução ao valor recuperável (impairment)

O Comitê de Pronunciamentos Contábeis, por meio de seu Pronunciamento Técnico CPC 18 (R1), aprovado pela Resolução do Conselho Federal de Contabilidade (CFC) nº 1.241/09, com as alterações efetuadas pela Resolução nº 1.408/12 e pela Deliberação nº 688/12 da Comissão de Valores Mobiliários (CVM) assim se manifestou sobre os procedimentos contábeis a serem observados em relação às exceções à aplicação do método da equivalência patrimonial.

Exceção

De acordo com o Pronunciamento acima, o investimento em coligada e em controlada (neste caso, no balanço individual) deve ser contabilizado pelo método de equivalência patrimonial, exceto quando, e se permitido legalmente:

(a) o investimento for classificado como mantido para venda;

(b) controladora que também tenha participação em entidade controlada conjuntamente não apresente demonstrações contábeis consolidadas; ou

(c) todas as condições a seguir forem aplicáveis, respeitada a legislação vigente:

  (i) o investidor é ele próprio uma controlada (integral ou parcial) de outra entidade, a qual, em conjunto com os demais acionistas ou sócios, incluindo aqueles sem direito a voto, foram consultados e não fizeram objeção quanto à não aplicação do método de equivalência patrimonial pelo investidor;

  (ii) os instrumentos de dívida ou patrimoniais do investidor não são negociados em mercado aberto (bolsas de valores domésticas ou estrangeiras ou mercado de balcão – mercado descentralizado de títulos não listados em bolsa de valores ou cujas negociações ocorrem diretamente entre as partes, incluindo mercados locais e regionais);

  (iii) o investidor não registrou e não está em processo de registro de suas demonstrações contábeis na Comissão de Valores Mobiliários ou outro órgão regulador, visando à emissão de qualquer tipo ou classe de instrumento no mercado aberto; e

  (iv) a controladora final (ou intermediária) do investidor disponibiliza ao público suas demonstrações contábeis consolidadas em conformidade com os Pronunciamentos Técnicos do CPC – Comitê de Pronunciamentos Contábeis.

Perdas por redução ao valor recuperável (*impairment*)

A investidora, após a aplicação do método de equivalência patrimonial, incluindo o reconhecimento dos prejuízos da coligada, deve determinar a necessidade de reconhecer alguma perda adicional por redução ao valor recuperável do investimento líquido total desse investidor na coligada, ou seja, a investidora deve verificar se ocorreu alguma perda adicional por redução ao valor recuperável (*impairment*) em itens que não fazem parte do investimento líquido nessa coligada e o valor dessa perda.

No caso do balanço individual da controladora, o reconhecimento de perdas por redução ao valor recuperável (*impairment*) de investimento em controlada deve ser observada a prática contábil que produzir o mesmo resultado líquido e o mesmo patrimônio líquido para a controladora que são obtidos a partir das demonstrações contábeis consolidadas do grupo econômico para atendimento ao requerido quanto aos atributos de relevância, representação adequada e primazia da essência sobre a forma.

3.6. Perda da equivalência Patrimonial e Investida com Passivo a Descoberto

O Comitê de Pronunciamentos Contábeis, por meio de seu Pronunciamento Técnico CPC 18 (R1), aprovado pela Resolução do Conselho Federal de Contabilidade (CFC) nº 1.241/09, com as alterações efetuadas pela Resolução nº 1.408/12 e pela Deliberação nº 688/12 da Comissão de Valores Mobiliários (CVM) assim se manifestou sobre os procedimentos contábeis a serem observados quando a investida apresentar passivo a descoberto.

3.6.1. Perda da equivalência Patrimonial

O investidor deve descontinuar o uso do método da equivalência patrimonial a partir da data em que deixar de ter influência significativa sobre a coligada e deixar de ter controle sobre a até então controlada (exceto, no balanço individual, se a investida passar de controlada para coligada), e deve, a partir desse momento, contabilizar o investimento como instrumento financeiro. Se a coligada passar a ser sua controlada ou então um empreendimento sob controle conjunto, deve permanecer o uso do método da equivalência patrimonial nas demonstrações individuais. Quando da perda de influência e do controle, o investidor deve mensurar ao valor justo qualquer investimento remanescente que mantenha na ex-coligada ou ex-controlada. O investidor deve reconhecer no resultado do período qualquer diferença entre:

(a) o valor justo do investimento remanescente, se houver, e qualquer montante proveniente da alienação parcial de sua participação na coligada e na controlada; e

(b) o valor contábil do investimento na data em que foi perdida a influência significativa ou foi perdido o controle.

Na data em que a investida deixar de ser uma coligada ou controlada e passar o investimento a ser contabilizado como instrumento financeiro, o valor justo desse investimento será considerado no seu reconhecimento inicial como ativo financeiro.

Se o investidor perder a influência significativa sobre a coligada, ou se perder o controle sobre a controlada (sem que passe para a categoria de coligada), ele deve contabilizar todos os valores reconhecidos de forma reflexa em seu patrimônio líquido provenientes de resultados diretamente reconhecidos no patrimônio líquido da coligada e da controlada (em outros resultados abrangentes), nas mesmas bases que seriam requeridas se a investida tivesse alienado os ativos e passivos que lhes deram origem. Portanto, tal como um ganho ou perda reconhecido pela investida diretamente em seu patrimônio líquido (em outros resultados abrangentes) é reclassificado para o resultado do período pela alienação dos ativos ou passivos correspondentes, quando o investidor perde a influência significativa sobre essa coligada ou o controle sobre a controlada (sem que passe para a categoria de coligada), o investidor deve reclassificar o respectivo ganho ou perda de seu patrimônio líquido para o resultado do período (como ajuste de reclassificação). Por exemplo, se a coligada possuir ativos financeiros disponíveis para venda e o investidor perder a influência significativa sobre a coligada, o investidor deve reclassificar para o resultado do período os ganhos e perdas reconhecidos de forma reflexa previamente em seu patrimônio líquido como outros resultados abrangentes. Se a participação relativa do investidor na coligada ou na controlada for reduzida, porém o investimento continuar sendo uma coligada ou controlada, os ganhos e as perdas previamente reconhecidos de forma reflexa no patrimônio líquido do investidor como outros resultados abrangentes devem ser reclassificados para o resultado do período de forma proporcional.

3.6.2. Investida com Passivo a Descoberto

Quando a parte do investidor nos prejuízos do período da coligada se igualar ou exceder o saldo contábil de sua participação na coligada, o investidor suspende o reconhecimento de sua parte em perdas futuras. A participação na coligada é o valor contábil do investimento nessa coligada, avaliado pelo método de equivalência patrimonial, juntamente com alguma participação de longo prazo que, em essência, constitui parte do investimento líquido total do investidor na coligada. Por exemplo, um componente cuja liquidação não está planejada ou nem é provável que ocorra no futuro previsível é, em essência, uma extensão do investimento da entidade naquela coligada.

Após reduzir a zero o saldo contábil da participação do investidor, perdas adicionais são consideradas, e um passivo é reconhecido somente na extensão em que o investidor tenha incorrido em obrigações legais ou construtivas (não formalizadas) de fazer pagamentos por conta da coligada. Se a coligada subsequentemente apurar lucros, o investidor retoma o reconhecimento de sua parte nesses lucros somente após o ponto em que a parte que lhe cabe nesses lucros posteriores se igualar à sua parte nas perdas não reconhecidas.

O disposto nos itens acima não se aplica a investimento em controlada no balanço individual da controladora, devendo ser observada a prática contábil que produzir o mesmo resultado líquido e o mesmo patrimônio líquido para a controladora que são obtidos a partir das demonstrações contábeis consolidadas do grupo econômico para atendimento ao requerido quanto aos atributos de relevância, representação adequada, primazia da essência sobre a forma e outros.

Em outras palavras, caso a sociedade investida venha apresentar um patrimônio líquido negativo, a prática mais adequada na investidora é a de não efetuar registro de investimento negativo. O ideal é ir reduzindo o investimento até zerá-lo. O artigo 12 e o parágrafo único do artigo 16 da Instrução nº 247 da CVM assim dispõe sobre o assunto.

Art. 12 – A investidora deverá constituir provisão para cobertura de:

- Eventos que possam prever perda parcial ou total do valor contábil do investimento ou do montante de créditos contra as coligadas e controladas;
- Responsabilidade formal ou operacional para cobertura de passivo a descoberto;
- Independentemente da responsabilidade formal ou operacional para cobertura de passivo a descoberto, deve ser constituída ainda provisão para perdas, quando existir passivo a descoberto e houver intenção manifesta da investidora em manter o seu apoio financeiro à investida;
- A provisão para perdas deverá ser apresentada no Ativo Não Circulante - Investimentos por dedução e até o limite do valor contábil do investimento a que se referir, sendo o **excedente apresentado em conta específica no Passivo.**

"Art. 16...

Parágrafo único. Não obstante o disposto no art. 12, o resultado negativo de equivalência patrimonial terá como limite o valor contábil do investimento, que compreende o custo de aquisição mais a equivalência patrimonial, o ágio e o deságio não amortizados e a provisão para perdas."

QUESTÕES DE CONCURSOS

01. A.F.T.N. - 1996 (ESAF)

São métodos de avaliação das Participações Societárias:

a) Método de Custo e Custo ou Mercado, dos dois o menor;
b) Método do Valor Presente e Equivalência Patrimonial;
c) Método do Custo e Equivalência Patrimonial;
d) Método do Valor de Realização e Equivalência Patrimonial;
e) Método do Valor de Realização e Valor Presente.

02. A.F.T.N. - 1996 (ESAF)

As ações adquiridas no mercado de balcão poderão ser classificadas como: (Adaptada)

a) Ativo não circulante desde que não ocorra flutuação de preços durante dois exercícios subsequentes;
b) Ativo circulante desde que ocorra flutuação de preços e a intenção seja de tornar-se acionista da entidade;
c) Realizável a longo prazo desde que não ocorra flutuação de preços durante dois exercícios subsequentes;
d) Ativo não circulante - investimento, desde que a aquisição não seja efetuada com a intenção de participar da sociedade;
e) Ativo circulante desde que a aquisição seja efetuada com a intenção de não participar da sociedade.

03. A.F.T.N. - 2000 (ESAF)

O método da Equivalência Patrimonial reconhece, na investidora, as alterações ocorridas nas empresas investidas quando estas afetarem: (Adaptada)

a) O Ativo Circulante das Controladas e Coligadas.
b) O Ativo Não Circulante das empresas Controladas.
c) Os ativos Não Circulantes das companhias Investidas.
d) O Patrimônio Líquido das empresas Investidas.
e) O Passivo Exigível de Longo Prazo das Investidas.

04. A.F.R.F. - 2003 (ESAF)

São atributos necessários para identificar a existência dos ativos Não Circulante Investimento que (Adaptada)

a) constituírem direitos de qualquer natureza, essência ou forma destinados à continuidade da empresa.
b) representarem direitos de qualquer natureza, essência ou forma destinados ao desenvolvimento da atividade principal da empresa.
c) não possuírem a característica de realização e não se destinarem à manutenção da atividade da empresa.
d) serem destinados ao desenvolvimento da atividade principal da empresa e à capacidade de transformação em moeda.
e) somente representarem direitos não destinados à utilização no desenvolvimento da atividade principal da empresa.

05. **A.F.T.N. - 2000 (ESAF)**

Os direitos de qualquer natureza, não classificáveis no Ativo Circulante, e que não se destinem à manutenção da atividade da companhia ou da empresa, segundo o texto da Lei nº 6.404/76, são classificados como: (Adaptada)

a) Disponibilidades.
b) Contas a Receber.
c) Investimentos.
d) Imobilizados.
e) Estoques.

06. **I.C.M.S. - SC - 2010 (UFSC)**

No que tange a investimentos permanentes, podem a ser avaliados pelo MEP (método da equivalência patrimonial) os investimentos:

a) em coligadas sobre cuja administração a investidora tenha influência significativa, ou de que participe com 20% ou mais do capital votante; em controladas; em outras sociedades que façam parte de um mesmo grupo ou estejam sob controle comum.
b) em coligadas sobre cuja administração a investidora tenha influência significativa, ou de que participe com 10% ou mais do capital votante, desde que os investimentos sejam relevantes; em controladas; em outras sociedades que façam parte de um mesmo grupo ou estejam sob controle comum.
c) em coligadas e equiparadas a coligadas desde que os investimentos sejam relevantes e a controladora exerça influência; em controladas; em outras sociedades que façam parte de um mesmo grupo ou estejam sob controle comum.
d) conforme a Lei nº 11.638, em todos os investimentos em controladas, coligadas ou equiparadas a coligadas, desde que haja influência e que esses investimentos sejam relevantes em relação ao capital da investidora.
e) em coligadas ou equiparadas a coligadas sobre cuja administração a investidora tenha influência significativa, ou de que participe com 25% ou mais do capital total sem controlar; em outras sociedades que façam parte de um mesmo grupo ou independentemente e estarem sob controle comum.

07. **B.N.D.E.S. - 2009 (CESGRANRIO)**

A Lei das Sociedades Anônimas, com as alterações introduzidas pelas Leis nº 11.638/07 e nº 11.941/09, classifica uma empresa como coligada quando a

a) empresa participa com 10% ou mais do capital da outra, sem controlá-la.
b) empresa participa com pelo menos 15% no capital de outra.
c) controladora da sociedade, diretamente ou através de outras coligadas, possui mais de 10% de participação no capital de outra.
d) sociedade investidora tem influência significativa na sociedade investida.
e) soma de todas as participações societárias que a empresa possui pode ser classificada como relevante.

08. **PETROBRAS – 2010 (CESGRANRIO)**

A Lei Societária estabelece que a empresa coligada é aquela em que a investidora tem influência significativa. Nos dizeres da referida Lei Societária a influência significativa é presumida quando a investida não for controlada pela investidora e esta

a) detiver 10% do capital social da investida.
b) for titular de 20% ou mais do capital votante da investida.
c) possuir 10% do seu patrimônio líquido aplicado no capital votante da investida.
d) possuir 15% do seu patrimônio líquido investido em participações societárias, no conjunto das investidas.
e) tiver o poder de participar nas decisões das políticas financeira ou operacional da investida.

09. **I.C.M.S. - SC - 2010 (UFSC)**

Assinale a alternativa correta em relação ao conceito do MEP (método da equivalência patrimonial).

a) a equivalência patrimonial é baseada no fato de que apenas lucros e prejuízos devem ser reconhecidos (contabilizados).
b) a equivalência patrimonial é baseada no fato de que os resultados e quaisquer variações patrimoniais de uma controlada ou coligada devem ser reconhecidos (contabilizados) no momento de sua geração, independentemente de serem ou não distribuídos.
c) a equivalência patrimonial é baseada no fato de que apenas os resultados de uma controladora ou coligada devem ser reconhecidos (contabilizados) no momento de sua geração, independentemente de serem ou não distribuídos.
d) a equivalência patrimonial é baseada no fato de que os lucros e outras variações patrimoniais positivas de uma controlada ou coligada devem ser reconhecidos (contabilizados) no momento de sua geração, independentemente de serem ou não distribuídos.
e) a equivalência patrimonial é baseada no fato de que apenas os lucros de uma controlada ou coligada devem ser reconhecidos (contabilizados) no momento de sua geração, independentemente de serem ou não distribuídos.

10. **TERMOAÇU – 2008 (CESGRANRIO)**

A Cia. Beta adquiriu ações da Cia. Alfa em janeiro de 2007, sendo o investimento avaliado pelo método do custo de aquisição. Em março do mesmo ano, a Cia. Beta recebeu dividendos da Cia. Alfa. O crédito registrado na contabilidade da Cia. Beta, considerando as técnicas contábeis, será realizado na conta de(a) (Adaptada)

a) Receita operacional.
b) Participação societária.
c) Receita não operacional.
d) Ágio na aquisição de investimentos.
e) Resultado de equivalência patrimonial.

11. **T.S.T. - 2008 (CESPE)**

Considere a seguinte situação. A sociedade controladora X adquiriu ações da controlada Y, participação avaliada em R$ 300.000,00, que corresponde a 10% do patrimônio líquido de X e a 60% do capital de Y. Ao final do exercício, o patrimônio líquido de Y passou para R$ 600.000,00. Nessa situação, o valor contábil da participação não se alterou, permanecendo inalterada a proporção no capital de Y.

VERDADEIRA ( )   FALSA ( )

12. a 13. A.F.T.N. – 2000 (ESAF)

Quadro de composição acionária das companhias Mauá e Rondon:

	Composição do Capital			
Empresas	**Cia Itararé**	**Cia Caxias**	**Outros Acionistas**	**Total das Ações**
Cia. Mauá	2.000	4.000	4.000	10.000
Cia. Rondon	16.000	2.000	2.000	20.000
Cia. Caxias	35.000	-	15.000	50.000

12. **A Cia. Itararé tem uma participação total nas investidas na seguinte ordem:**

a) 67% na Cia. Rondon, 30% na Cia. Caxias e 40% na Cia. Mauá.
b) 70% na Cia. Rondon, 70% na Cia. Caxias e 38% na Cia. Mauá.
c) 70% na Cia. Rondon, 70% na Cia. Caxias e 20% na Cia. Mauá.
d) 87% na Cia. Rondon, 70% na Cia. Caxias e 48% na Cia. Mauá.
e) 10% na Cia. Rondon, 70% na Cia. Caxias e 40% na Cia. Mauá.

13. **O percentual de participação indireta da Cia. Itararé nas empresas Mauá e Rondon é:**

a) 18% na Cia. Mauá e 77% na Cia. Rondon.
b) 28% na Cia. Mauá e 20% na Cia. Rondon.
c) 28% na Cia. Mauá e 7% na Cia. Rondon.
d) 8% na Cia. Mauá e 28% na Cia. Rondon.
e) 7% na Cia. Mauá e 70% na Cia. Rondon.

14. A.F.P.S. – 2003 (CESPE)

A respeito dos investimentos e participações, à luz da legislação vigente e da doutrina contábil, julgue os itens que se seguem.

01. Sociedade controlada é aquela em que a investidora, diretamente ou por meio de outras controladas, for titular de direitos de sócios que lhes assegurem, de modo permanente, preponderância nas deliberações sociais e o poder de eleger a maioria dos administradores. ( )

02. Todas as participações permanentes em outras sociedades devem ser avaliadas pelo custo de aquisição, exceto quando se enquadrarem nos requisitos legais que tornam obrigatória a avaliação pelo método da equivalência patrimonial. ( )

15. E.P.E. - 2010 (CESGRANRIO)

Considere a operação a seguir. A Cia. Ordem e Progresso, após a apuração do seu resultado, efetuou o pagamento de dividendos no valor de R$ 100.000,00 à sua controladora, a Cia. Cruzeiro do Sul. Ciente de que a Cia. Cruzeiro do Sul avalia a sua participação societária na controlada pelo método da equivalência patrimonial, o lançamento contábil para registro do fato na escrituração da companhia investidora corresponde, em reais, a

a) D: Receita não operacional
C: Disponível 100.000,00

b) D: Disponível
C: Investimentos 100.000,00

c) D: Receita de dividendos
C: Investimentos 100.000,00

d) D: Investimentos
C: Equivalência patrimonial 100.000,00

e) D: Receita operacional
C: Equivalência patrimonial 100.000,00

16. PETROBRAS – 2010 (CESGRANRIO)

A Companhia de capital fechado Alba, por interesses operacionais, detém 80% das ações da Valéria S.A. Em 2009, antes do encerramento do balanço, a Alba apresentou, em reais, as seguintes informações:

Companhia Alba	**Exercício de 2008**
Ativo não Circulante	
Investimentos	400.000,00

Companhia Valéria	**Exercício de 2009**
Lucro Operacional	800.000,00
Imposto de Renda e CSLL	250.000,00
Reserva Legal Constituída	27.500,00
Dividendos	304.950,00
Retenção de Lucro	217.550,00

Considerando-se as informações recebidas e as determinações da legislação pertinente, qual o valor, em reais, do ajuste do investimento, avaliado pelo método da equivalência patrimonial, no balanço de 2009 da Companhia Alba?

a) 193.040,00
b) 240.000,00
c) 283.960,00
d) 440.000,00
e) 527.500,00

17. PETROBRAS - 2010 (CESGRANRIO)

Dados extraídos do Balancete de Verificação da Companhia São Lourenço S.A. em junho de 2009:

Itens	**Valores em R$**
Participação permanente de 51% no capital da Cia. S. Mateus	2.345.678,00
Participação permanente de 66% no capital da Cia. S. Cristóvão	877.886,00
Participação permanente de 9% no capital da Cia. S. Bartolomeu	915.345,00
Terrenos para futuras instalações	268.560,00
Obras de arte	1.212.309,00
Imóveis de renda	766.602,00
Participações permanentes em fundos de investimento	112.670,00

Considerando-se exclusivamente as informações acima, o total dos investimentos, que será avaliado pelo Método do Custo, monta, em reais, a

a) 3.275.486,00
b) 3.162.816,00
c) 2.508.884,00
d) 2.396.214,00
e) 2.360.141,00

18. A.F.T.N. – 1998 (ESAF)

A empresa Dona S/A possui capital social formado por 2 milhões de ações. Nós, a empresa Sócia S/A, possuímos 30% desse capital e avaliamos o nosso investimento pelo método da Equivalência Patrimonial. No fim do exercício social a empresa Dona S/A, tendo apurado lucro líquido de R$ 300.000,00, resolveu contabilizar a distribuição de dividendos calculados em 40% deste lucro. O nosso Contador, ao ser comunicado deste fato, promoveu o seguinte lançamento no Diário da empresa Sócia S/A, para registrar o dividendo a ela distribuído: (Adaptada)

a) Dividendos a Receber a Receitas de Dividendos pelo valor que nos cabe como acionista R$ 36.000,00;
b) Investimentos Não Circulantes Ações da Empresa Dona S/A a Receita da Equivalência Patrimonial pelo valor que nos cabe como acionista R$ 90.000,00;
c) Dividendos a Receber a Receitas de Dividendos pelo valor que nos cabe como acionista R$ 90.000,00;
d) Dividendos a Receber a Investimentos Não Circulante a Ações da Empresa Dona S/A;
e) Pelo valor que nos cabe como acionista R$ 36.000,00.

19. I.S.S. – PI – 2001 (ESAF)

Alfa S/A possui 22% das ações emitidas por Beta S/A. Beta S/A apurou lucro líquido do exercício no valor de R$ 40.000,00 e distribuiu 30% deste lucro para seus acionistas, na forma de dividendos. Sabendo-se que o investimento deve ser avaliado pelo método da equivalência patrimonial, pode-se observar na escrituração contábil, em decorrência desses fatos, um (Adaptada)

a) débito de R$ 12.000,00 no passivo circulante de Beta S/A.
b) crédito de R$ 12.000,00 no patrimônio líquido de Beta S/A.
c) débito de R$ 8.800,00 no ativo circulante de Alfa S/A.
d) débito de R$ 2.640,00 no ativo não circulante de Alfa S/A.
e) crédito de R$ 2.640,00 no ativo não circulante de Alfa S/A.

20. I.S.S. – PI – 2001 (ESAF)

Quando um investimento permanente é avaliado pelo método da equivalência patrimonial e a empresa controlada apura prejuízo líquido no exercício, teremos que contabilizar nos livros da controladora

a) um crédito na conta Perdas em Investimentos.
b) um crédito na conta Ações de Controladas.
c) um crédito na conta Dividendos a Devolver.
d) um débito na conta Ações de Controladas.
e) um débito na conta Perdas em Investimentos

21. I.C.M.S. – MG – 2005 (ESAF)

Duas empresas coligadas avaliam seus investimentos pelo método da equivalência patrimonial. A primeira empresa tem Ativo Não Circulante de R$ 500.000,00 Patrimônio Líquido de R$ 300.000,00 Capital Social de R$ 100.000,00. A segunda empresa tem Ativo Não Circulante de R$ 350.000,00 Patrimônio Líquido de R$ 300.000,00 Capital Social de R$ 150.000,00. A primeira empresa possui 25% do capital social da segunda. A segunda companhia teve lucro de R$ 50.000,00 e distribuiu dividendos no valor de R$ 30.000,00. Em consequência dos resultados e respectiva distribuição, ocorridos na segunda companhia, a primeira empresa deverá contabilizar o aumento de (Adaptada)

a) R$ 7.500,00 em receitas do período.
b) R$ 7.500,00 no ativo circulante.
c) R$ 7.500,00 no ativo não circulante.
d) R$ 12.500,00 no ativo circulante.
e) R$ 12.500,00 no ativo não circulante.

22. I.C.M.S. – AM – 2005 (UFRJ)

A Cia. Tijuana detém 100% do capital social da Cia. Papyto e adota o método de equivalência patrimonial para avaliar seu investimento. Por ocasião do recebimento de dividendos em conta bancária, deverá ser registrada a contrapartida dessa transação pela Cia. Tijuana (lançamento a crédito) na seguinte conta contábil: (Adaptada)

a) Lucros Acumulados;
b) Receita operacional;
c) Investimentos;
d) Bancos;
e) Dividendos Recebidos.

23. I.S.S. – SP – 2007 (FCC)

O recebimento de dividendos de participações societárias avaliados pelo custo deve ser registrado, na escrituração da empresa investidora, a crédito de conta representativa

a) de receita operacional.
b) de receita não-operacional.
c) de resultado da equivalência patrimonial.
d) da própria participação societária.
e) de deságio na aquisição de investimentos.

24. A.F.R.F. – 2002 (ESAF)

A Nossa Firma de Comércio S/A comprou, a vista, por $ 18.000,00, ações equivalentes a 40% do capital social da Cia. Sideral de Indústria. Essa empresa tem um patrimônio líquido formado de:

Capital Social	$ 40.000,00
Reservas de Capital	$ 12.000,00
Reservas de Lucros	$ 8.000,00

O investimento é relevante e deverá ser avaliado pelo método da equivalência patrimonial, para fins de balanço. Por ocasião da operação de compra acima descrita, a empresa investidora deverá efetuar o seguinte lançamento contábil:

a) Ações de Coligadas Cia. Sideral de Indústria
a Diversos
a Bancos Conta Movimento $ 18.000,00
a Deságio – Cia.
Sideral de Indústria $ 6.000,00 $ 24.000,00

b) Ações de Coligadas
Cia. Sideral de Indústria
a Diversos
a Bancos conta Movimento $ 18.000,00
a Ágio – Cia. Sideral
de Indústria $ 6.000,00 $ 24.000,00

c) Diversos
a Bancos conta Movimento
Ações de Coligadas
Cia. Sideral de Indústria $ 16.000,00
Ágio – Cia. Sideral
de Indústria $ 2.000,00 $ 18.000,00

d) Diversos
a Bancos conta Movimento
Ações de Coligadas
Cia. Sideral de Indústria $ 16.000,00
Deságio – Cia.
Sideral de Indústria $ 2.000,00 $ 18.000,00

e) Ações de Coligadas
Cia. Sideral de Indústria
a Bancos conta Movimento $ 18.000,00

25. A.F.T.N. – 2000 (ESAF)

Em circunstâncias que determinem situações que configurem a existência de perdas já previstas mas não contabilizadas pelas coligadas ou controladas, deve ser constituída uma provisão para perdas em Investimentos. Sobre esse assunto a Instrução CVM 247/96, em seu artigo 12 inciso II, estabelece como perdas potenciais:

a) Responsabilidade formal ou operacional para cobertura de passivo a descoberto e tendência de perecimento de investimento.
b) Tendência de perecimento do investimento e elevado risco de paralisação de operações de coligadas e controladas.
c) Eventos que resultarem em perdas não provisionadas pelas coligadas ou controladas em suas demonstrações contábeis.
d) Elevado risco de paralisação de operações de coligadas e controladas e responsabilidade formal ou operacional para cobertura de passivo a descoberto.
e) Perdas decorrentes de sinistros já ocorridos e ainda não registradas contabilmente pela controlada ou coligada.

26. A.F.R.F. – 2002 (ESAF)

As perdas permanentes em investimentos avaliados pelo método da equivalência patrimonial são denominadas de perdas efetivas, segundo a Instrução CVM 247/96, quando provenientes de:

a) Eventos que possam indicar perda total de créditos contra coligadas e controladas.
b) Perdas resultantes do processo de produção industrial de controladas e coligadas não provisionadas.
c) Eventos que possam prever perda parcial ou total do valor contábil do investimento.
d) Eventos que resultarem em perdas não provisionadas pelas coligadas e controladas em suas demonstrações contábeis.
e) Situação de elevado risco de paralisação de operações de coligadas ou controladas.

27. A.F.R.F. – 2002 (ESAF)

De acordo com a Instrução CVM 247/1996 é considerada controlada:

a) Uma empresa que participa indiretamente de outra com até 10% do capital total e o valor contábil do investimento não excede a 5% do patrimônio líquido da investidora.
b) Uma empresa que participa diretamente da outra com até 10% do capital total e o valor contábil do investimento não excede a 5% do patrimônio líquido da investidora.
c) Filial ou escritório no exterior, sempre que os ativos e passivos não estejam incluídos na contabilidade da investidora, por força de legislação específica.
d) Uma empresa que participa indiretamente da outra com até 5% do capital preferencial e o valor contábil do investimento não excede a 8% do patrimônio líquido da investidora.
e) Filial ou agência de investida localizada no país cuja participação societária da investidora seja de até 5% do capital votante e o valor contábil do investimento é inferior a 10% do seu patrimônio líquido.

28. A.F.R.F. – 2002 (ESAF)

Poderá deixar de ser avaliado pelo método da equivalência patrimonial:

a) O investimento em coligada no valor contábil superior a 20% do patrimônio líquido da investidora.
b) O investimento indireto em outra empresa com valor contábil superior a 20% do capital votante da investida.
c) O investimento indireto em empresas, com valor contábil superior a 30% do capital votante da investida que apresente prejuízos em dois períodos subsequentes.
d) O investimento em sociedades controladas ou coligadas que apresentar efetiva e clara evidência de perda de continuidade.
e) O investimento direto em empresas, com valor contábil superior a 30% do capital votante da investida que apresente prejuízos em três períodos subsequentes.

29. A.F.T.N. – 2000 (ESAF)

A empresa Lua S.A. apresentou valores não circulantes ou permanentes, com os seguintes saldos: (Adaptada)

Contas:	Saldos
Ações de Coligadas	$ 2.000,00
Ações de Controladas	$ 5.000,00
Ações em Outras Cias.	$ 1.000,00
Intangível	$ 200,00
Marcas e Patentes	$ 400,00
Móveis e Utensílios	$ 800,00
Provisão para Perdas em Investimentos	$ 100,00
Veículos	$ 1.200,00

Observações:

- não houve nenhuma movimentação no saldo das contas.
- apenas a participação em controladas é avaliada por equivalência patrimonial.
- as participações acionárias são:
  - PA de 40% em controladas;
  - PA de 20% em coligadas; e
  - PA de 10% em outras companhias.
- as controladas apuraram lucro líquido de R$ 1.000,00 e distribuíram dividendos de R$ 200,00;
- as coligadas apuraram lucro líquido de R$ 1.000,00 e distribuíram dividendos de R$ 200,00.

Contabilizando-se os ajustes necessários ao balanço, no fim do exercício, vamos encontrar essa empresa com um Ativo Não Circulante no valor de:

a) R$ 10.860,00;
b) R$ 10.820,00;
c) R$ 10.620,00;
d) R$ 10.900,00;
e) R$ 10.980,00.

30. B.N.D.E.S. – 2008 (CESGRANRIO)

A Cia. Alfa S/A possui diversas coligadas e controladas em várias regiões do Brasil. Por ocasião do levantamento do Balanço Patrimonial, os investimentos relevantes em coligadas e controladas, incluindo *Joint Venture*, deverão ser avaliados pelo método da(o)

a) equivalência patrimonial, ou seja, com base no valor do Patrimônio Líquido da coligada ou controlada proporcionalmente à participação acionária.
b) equivalência harmônica, ou seja, com base na proporção entre o valor do Patrimônio Líquido da coligada e controlada e o valor da cotação dessas ações nas bolsas de valores.
c) EBITDA, isto é, o valor de mercado das ações deduzido da valorização ainda não realizada em função da variação dos índices.
d) Valor Econômico Agregado – VEA, considerando-se a cotação do mercado em comparação com o valor patrimonial das ações.
e) custo de aquisição deduzido de perdas em decorrência de desvalorização dos índices existentes nas bolsas de valores.

31. a 32. A.F.R.F. – 2003 (ESAF)

A Cia. Boreal, empresa agrícola atuante nesse mercado há 22 anos, no início de 1997 participa como acionista na constituição da Cia. Beneficiadora de Cereais, cujo capital social é totalmente integralizado e formado por 1.200.000 ações distribuídas, de acordo com os limites legais, em ações ordinárias e preferenciais com valores nominais de R$ 10,00 cada uma. No início de 2003 a diretoria da Cia. Boreal, obedecendo a seu planejamento estratégico para expansão, decide fazer uma proposta de aquisição para o controle acionário da Cia. Transportadora Carga Pesada que, no momento, passa por problemas de gestão, apesar de ter sido constituída em janeiro de 2002, dentro dos limites máximos de classes de ações permitidos pela legislação da época. Com capital social representado por 900.000 ações ordinárias e preferenciais com valor unitário de R$ 10,00/ação, seus acionistas estão dispostos a negociar a venda do controle acionário pelo valor nominal das ações desde que essa operação seja realizada a vista.

31. **Com base nas informações acima, indique o valor mínimo que a Cia. Boreal deveria pagar para tornar-se a controladora da empresa transportadora.**

a) R$ 4.500.000
b) R$ 3.000.010
c) R$ 3.000.000
d) R$ 2.250.010
e) R$ 1.500.000

32. **Para possuir a preponderância nas deliberações sociais de modo permanente e com segurança na Cia. Beneficiadora de Cereais, a Cia. Boreal deve possuir pelo menos:**

a) 50% do capital total da investida.
b) 40% das ações totais da investida.
c) 33,3% do patrimônio líquido da investida.
d) 25% das ações ordinárias da investida.
e) 16,7% do capital votante da investida.

33. A.F.R.F. – 2003 (ESAF)

A Cia. ABC adquire 2% do total de ações da Cia. Lavandisca. Na ocasião da operação, o preço acordado envolvia o valor das ações e dividendos adquiridos, relativos a saldos, de Reservas e Lucros Acumulados, pré-existentes e ainda não distribuídos. No momento em que ocorrer o efetivo pagamento dos dividendos referentes a esses itens, o tratamento contábil dado a esse evento deverá ser:

a) creditar o valor correspondente a esse dividendo em conta de receita não operacional em contrapartida do registro do ingresso do recurso no caixa.
b) ajustar o resultado do exercício e creditar o valor correspondente a esse dividendo em conta de deságio em aquisição de investimentos permanentes em contrapartida do registro do ingresso do recurso no caixa.
c) lançar o valor correspondente a esse dividendo a crédito da conta participação societária em contrapartida do registro do ingresso do recurso no caixa.
d) registrar os dividendos recebidos como receita operacional em contrapartida ao lançamento de débito na conta caixa.
e) considerar o valor recebido como receita não operacional e debitando em contrapartida da conta ágio em investimentos societários.

34. B.N.D.E.S. – 2008 (CESGRANRIO)

A Companhia Investidora, com Patrimônio Líquido de R$ 2.000.000,00, tendo sobra de disponibilidade, resolveu comprar, com intenção de permanência, por motivos estratégicos, ações de outra sociedade, com Patrimônio Líquido de R$ 1.200.000,00, pagando R$ 96.000,00 pelas aludidas ações. No encerramento do exercício, a Investida apurou um Lucro Líquido de R$ 850.000,00, propondo a distribuição de dividendos de R$ 400.000,00, cabendo à Investidora o dividendo a receber de R$ 32.000,00. Considerando as informações recebidas e todas as alternativas técnicas relativas ao registro e avaliação dos investimentos permanentes, compete à Investidora contabilizar (Adaptada)

a) R$ 32.000,00 dos dividendos, a débito do Investimento, a título de ganho.
b) R$ 32.000,00 dos dividendos como receita operacional, em subgrupo próprio.
c) R$ 32.000,00 dos dividendos como receita financeira, em subgrupo próprio.
d) R$ 64.000,00 a débito do Investimento, a título de ganho no investimento.
e) R$ 68.000,00 a débito do Investimento, a título de ganho no investimento.

35. B.N.D.E.S. – 2008 (CESGRANRIO)

A Cia. Novidades S/A apresentou as seguintes informações de sua única participação societária: (Adaptada)

a) Demonstração do Investimento em 30/12/05, após a avaliação ao MEP, em reais:

ATIVO NÃO CIRCULANTE	
INVESTIMENTOS EM CONTROLADAS	
Antiguidades S/A	1.800.000,00

b) Nota explicativa:
- Ações possuídas da Cia. Antiguidades: 1.290.000 Ações Ordinárias

c) Dados da Cia. Antiguidades, em 31/12/05

c1) Demonstração do Patrimônio Líquido, em 30/12/05, em reais:

PATRIMÔNIO LÍQUIDO	
Capital Social	2.580.000,00
Reservas de Lucros	400.000,00
Reservas de Capital	20.000,00

c2) Notas explicativas:
- a Companhia só emitiu ações ordinárias;
- valor nominal das ações emitidas: R$ 1,20

A Cia. Antiguidades, que no exercício encerrado em 31/12/06 apurou um Lucro Líquido de R$ 600.000,00, fez a proposta de distribuição de dividendos no valor de R$ 500.000,00 e apresentou a seguinte demonstração de seu Patrimônio Líquido, antes do reconhecimento do lucro apurado em 2006 e de sua respectiva distribuição:

PATRIMÔNIO LÍQUIDO	
Capital social	R$ 2.580.000,00
Reservas de Reavaliação	R$ 200.000,00
Reservas de Lucros	R$ 400.000,00
Reservas de Capital	R$ 20.000,00

Considerando, exclusivamente, as informações recebidas e a boa técnica de avaliação do investimento pelo Método da Equivalência Patrimonial (MEP), a receita do investimento, avaliado ao MEP, a ser contabilizada na controladora, Cia. Novidades, em reais, é

a) 60.000,00
b) 100.000,00
c) 180.000,00
d) 360.000,00
e) 480.000,00

36. INEA – 2008 (CESGRANRIO)

Ao auditar o Grupo do Ativo Não Circulante, no Balanço Patrimonial da Companhia BETA S/A encerrado em 31.12.2007, o auditor anotou no seu papel de trabalho (PT) a realização dos seguintes registros contábeis, no Razão da Companhia, na conta Investimentos: (Adaptada)

Anotações feitas e comprovadas pelo auditor, no PT:

Data	Transação	Débito	Crédito	Saldo
01.01.2007. **(1)**	Saldo inicial			1.450.000,00
01.03.2007. **(2)**	Compra de ações	100.000,00		1.550.000,00
15.05.2007. **(3)**	Baixa de ações		450.000,00	1.100.000,00
10.08.2007. **(4)**	Compra de ações	250.000,00		1.350.000,00
01.11.2007. **(5)**	Baixa de ações		140.000,00	1.210.000,00

(1) Saldo da conta Investimentos em 31.12.2006: conferido e conciliado;
(2) Representam 25.000 ações da Cia. MERCÚRIO S/A adquiridas pela Cia. BETA com o objetivo de aplicar sobra de caixa. Essas ações foram alienadas em janeiro de 2008;
(3) Representa a venda de 15.000 ações (compradas a R$ 30,00 cada) da Cia. VÊNUS S/A, vendidas por R$ 580.000,00;
(4) Representa a aquisição de 10.000 ações da Cia. PLUTÃO S/A, que a empresa pretende alienar até dezembro de 2008;
(5) Representam 40.000 ações da Cia. MARTE S/A dadas em garantia de um empréstimo obtido no Banco da Praça S/A, lançadas como despesas de garantia do período.

Desconsiderando a incidência de qualquer tipo de imposto, e considerando apenas as informações acima, feitas no papel de trabalho (PT) do auditor, o saldo do grupo Investimentos da Cia. BETA S/A, apurado em 31.12.2007, montou em reais a

a) 1.000.000,00
b) 1.050.000,00
c) 1.090.000,00
d) 1.100.000,00
e) 1.110.000,00

37. I.C.M.S. – SP 2009 (FCC)

A Cia. Eclipse Supermercados, dando continuidade à sua estratégia de expansão, no início de 2008, participa da constituição da Cia. de Varejo Luna, cujo capital social totalmente subscrito e integralizado, na ocasião, será formado por um total de 2.000.000 de ações, distribuídas de acordo com limites legais, em ações ordinárias e preferenciais, todas com valor nominal unitário de R$ 30,00. É política da empresa manter o controle direto de todas as suas investidas, desembolsando sempre o valor mínimo necessário. Neste caso, de acordo com a legislação societária, para manter o controle da Cia. de Varejo Luna, no mínimo, a empresa deverá integralizar o capital social da investida no valor de

a) R$ 66.000.000,00
b) R$ 60.000.000,00
c) R$ 30.000.030,00
d) R$ 20.000.300,00
e) R$ 15.000.030,00

38. A.F.R.F.B. – 2009 (ESAF)

Em fevereiro de 2008 a empresa Calcedônia Minerais S.A. investiu R$ 350.000,00 em ações de outras companhias, contabilizando a transação em seu Ativo Não Circulante. Desse investimento, R$ 200.000,00 deverão ser avaliados por "Equivalência Patrimonial" e R$ 150.000,00, pelo Método do Custo.
Durante o exercício em questão, as empresas investidas obtiveram lucros que elevaram seus patrimônios líquidos em 4%, tendo elas distribuído dividendos de tal ordem que coube à Calcedônia o montante de R$ 6.000,00, sendo metade para os investimentos avaliados por Equivalência Patrimonial e metade para os investimentos avaliados pelo método do custo.
Com base nessas informações, podemos afirmar que, no balanço patrimonial da empresa Calcedônia Minerais S.A. relativo ao exercício de 2008, deverá constar contabilizado um investimento no valor de (Adaptada)

a) 350.000,00
b) 355.000,00
c) 358.000,00
d) 361.000,00
e) 364.000,00

39. PETROBRAS – 2010 (CESGRANRIO)

A Sociedade Anônima Bastos S.A., que tem uma participação societária na Sociedade Anônima Lemos S.A., avaliou seus investimentos pelo método do custo e prestou as seguintes informações:

Balanço 2008:

ATIVO NÃO CIRCULANTE	
INVESTIMENTOS	
PARTICIPAÇÃO AVALIADA PELO CUSTO	
Lemos S.A.	300.000,00

Exercício/ 2009

Dividendos Recebidos da Lemos S/A	15.000,00
Valor Patrim. das Ações da Lemos S.A. na data do balanço	200.000,00

Considerando exclusivamente as informações acima, o lançamento, sem data e histórico, feito pela companhia Bastos S.A. para reconhecer a perda com seu investimento, foi

a)	Perdas com Investimentos	115.000,00	
	a Participação Avaliada pelo Custo / Lemos S.A.		115.000,00
b)	Perdas com Investimentos	100.000,00	
	a Participação Avaliada pelo Custo / Lemos S.A.		100.000,00
c)	Perdas com Investimentos	115.000,00	
	a Provisão para Perdas / Lemos S.A.		115.000,00
d)	Perdas com Investimentos	100.000,00	
	a Provisão para Perdas / Lemos S.A.		100.000,00
e)	Perdas com Investimentos	85.000,00	
	a Provisão para Perdas / Lemos S.A.		85.000,00

40. **I.C.M.S. - SC - 2010 (UFSC)**

A empresa Santa Catarina é detentora de 60% do total das ações da empresa Blumenau e 70% do total das ações da empresa Joinville. O patrimônio líquido em 31/12/2008 da empresa Santa Catarina era de R$ 650.000,00; da Blumenau era de R$ 220.000,00 e da empresa Joinville, R$ 250.000,00. No balanço de 31/12/2009, a empresa Blumenau obteve um lucro de R$ 85.000,00 e destinou 20% desse lucro como dividendos propostos para serem pagos em 2010. Em 31/12/2009, a empresa Joinville obteve um lucro de R$ 115.000,00 e destinou 90% como dividendos propostos para serem pagos em 2010. Qual o valor total da receita de equivalência patrimonial que foi registrada na contabilidade da empresa Santa Catarina, em 31/12/2009?

a) R$ 30.115,00
b) R$ 48.850,00
c) R$ 91.800,00
d) R$ 114.500,00
e) R$ 131.500,00

41. **BADESC - SC - CONTADOR – 2010 (FGV)**

A respeito da avaliação dos elementos do ativo, assinale a afirmativa incorreta.

a) Os direitos que tiverem por objeto mercadorias e produtos do comércio da companhia, assim como matérias-primas, produtos em fabricação e bens em almoxarifado, são avaliados pelo custo de aquisição ou produção, deduzido de provisão para ajustá-lo ao valor de mercado, quando este for inferior.
b) Os direitos classificados no intangível são avaliados pelo custo incorrido na aquisição deduzido do saldo da respectiva conta de depreciação e os elementos do ativo decorrentes de operações de longo prazo serão ajustados a valor de mercado, sendo os demais ajustados quando houver efeito relevante.
c) As aplicações em instrumentos financeiros, inclusive derivativos, e em direitos e títulos de créditos, classificados no ativo circulante ou no realizável a longo prazo são avaliados pelo seu valor de mercado ou valor equivalente, quando se tratar de aplicações destinadas à negociação ou disponíveis para venda.
d) Os direitos classificados no imobilizado são avaliados pelo custo de aquisição, deduzido do saldo da respectiva conta de depreciação, amortização ou exaustão e o ativo diferido, pelo valor do capital aplicado, deduzido do saldo das contas que registrem a sua amortização.
e) Os investimentos em participação no capital social de outras sociedades, são avaliados pelo custo de aquisição, deduzido de provisão para perdas prováveis na realização do seu valor, quando essa perda estiver comprovada como permanente, e que não será modificado em razão do recebimento, sem custo para a companhia, de ações ou quotas bonificadas, ressalvadas as exceções prevista na lei.

42. **C.V.M. – ANALISTA - 2010 (ESAF)**

A CIA Dascartas é controladora da empresa Quatro Ases, pois possui 56% de seu capital votante. Ao fim do exercício social, Quatro Ases apurou um lucro líquido de R$ 100.000,00, após os tributos, participações, reservas e outros ajustes cabíveis, e, dele, destinou 25% para pagamento de dividendos a seus acionistas. O fato narrado provocou mutações no patrimônio da empresa controladora Dascartas, que mandou promover o competente registro contábil, debitando a conta

a) Caixa a crédito de Receitas de Dividendos.
b) Dividendos a Receber a crédito de Investimentos
c) Dividendos a Receber a crédito de Receitas da Equivalência Patrimonial.
d) Dividendos a Receber a crédito de Receitas de Dividendos.
e) Investimentos a crédito de Dividendos a Receber.

43. PETROBRAS - AUDITOR JÚNIOR - 2011 (CESGRANRIO)

De acordo com a legislação vigente, as Companhias deverão avaliar seus investimentos em sociedades coligadas e controladas e elaborar suas demonstrações financeiras de modo consolidado. Considere os investimentos em:

I. cada controlada direta ou indireta;

II. outras sociedades que façam parte de um mesmo grupo ou estejam sob controle comum;

III. ações de empresas internacionais que atuem no mesmo ramo de operação da Companhia controladora;

IV. ativos financeiros que representem mais de 30% do patrimônio líquido da Companhia controladora, incluindo os investimentos em ações, debêntures, *swaps* e títulos públicos;

V. cada coligada ou sua equiparada, quando a investidora exerça influência significativa na administração ou quando a porcentagem de participação, direta ou indireta, da investidora represente 20% ou mais do capital votante.

Deverão ser avaliados pelo método de equivalência patrimonial APENAS os investimentos realizados em

a) I, II e III.
b) I, II e V.
c) III, IV e V.
d) I, II, III e IV.
e) II, III, IV e V.

44. INFRAERO – ANALISTA SUPERIOR II – CONTADOR - 2011 (FCC)

A Cia. Cruzeiro do Sul é coligada da Cia. Estrela do Norte, da qual detém uma participação de 30% no capital votante. A referida participação não está disponível para venda. O referido investimento é classificado no Ativo Não Circulante e avaliado, na contabilidade da investidora, pelo

a) custo de aquisição.
b) valor líquido de realização.
c) método da equivalência patrimonial.
d) valor justo.
e) valor cotado para a ação na Bolsa de Valores, se a investida for de capital aberto.

45. TRANSPETRO - CONTADOR(A) JÚNIOR – 2011 (CESGRANRIO)

DIVIDENDOS A RECEBER	R$ 5.000,00	
a INVESTIMENTO		
Participações Societárias		R$ 5.000,00

Com base no registro contábil acima, considere as afirmativas a seguir.

I. Referem-se a dividendos propostos pela administração da investida, avaliada ao Método de Equivalência Patrimonial no encerramento do exercício social.

II. Referem-se a dividendos propostos pela administração da investidora, no encerramento do exercício social.

III. Dizem respeito a dividendos pagos pela investida avaliada ao Método de Equivalência Patrimonial, por proposta da administração.

O registro contábil apresentado, sem os elementos data e histórico, indica o que se afirma em

a) I, apenas.
b) II, apenas.
c) III, apenas.
d) I e III, apenas.
e) I, II e III.

46. INFRAERO – ANALISTA SUPERIOR II – CONTADOR - 2011 (FCC)

Segundo o Pronunciamento nº 19 do Comitê de Pronunciamentos Contábeis, em um empreendimento controlado em conjunto (*joint venture*),

a) as participações em entidades controladas em conjunto que forem classificadas como disponíveis para venda devem ser avaliadas pelos empreendedores pelo método da equivalência patrimonial.
b) os empreendedores são encorajados fortemente a reconhecer sua participação em uma entidade controlada em conjunto usando o método da equivalência patrimonial.
c) o pressuposto da existência do controle conjunto de um empreendimento é a existência de um acordo contratual entre os empreendedores por qualquer das formas previstas no referido pronunciamento.
d) o investidor em empreendimento controlado em conjunto é definido como um dos participantes desse empreendimento que compartilha do controle conjunto sobre o empreendimento.
e) cada empreendedor, no caso específico de ativos controlados em conjunto, deve reconhecer sua participação na *joint venture* como investimento e não como ativo imobilizado.

47. TRANSPETRO - CONTADOR JÚNIOR - 2011 (CESGRANRIO)

Em 2 de janeiro de 2008, a Companhia Norte, de capital fechado, comprou, por razões estratégicas e com intenção de permanência, um lote de 240.000 ações de um acionista da Companhia Sul, também de capital fechado. A Cia. Norte pagou R$ 672.500,00 à vista, o que a tornou coligada, por não ter qualquer influência na administração da Cia. Sul. Nas Demonstrações Contábeis da Cia. Sul, elaboradas em 31 de dezembro de 2007, foram apuradas as seguintes informações: Nota Explicativa nº 20 - A Cia. Sul emitiu 1.200.000 ações, todas ordinárias e de uma só classe.

PATRIMÔNIO LÍQUIDO		
Capital Social	R$	3.000.000,00
Reserva Legal	R$	540.000,00
Reserva Estatutária	R$	260.000,00

Com base somente nos dados e nas informações recebidas, bem como na Lei Societária com relação ao assunto, o lançamento correto da operação feito na Cia. Norte, em reais, é

a)

Participação em Coligadas	672.500,00	
a Caixa		672.500,00

b)

Participação em Coligadas	600.000,00	
Ágio em Participações em Coligadas	72.500,00	
a Caixa		672.500,00

c)

Participação em Coligadas	652.000,00	
Ágio em Participações em Coligadas	20.500,00	
a Caixa		672.500,00

d)

Participação em Coligadas	708.000,00	
a Deságio em Participação em Coligadas		35.500,00
a Caixa		672.500,00

e)

Participação em Coligadas	760.000,00	
a Deságio em Participação em Coligadas		87.500,00
a Caixa		672.500,00

48. TRANSPETRO – TEC. DE CONTABILIDADE – 2011 (CESGRANRIO)

Admita que

- **A Investida W S/A, companhia de capital fechado, não controlada por companhia aberta, sem aumentar o capital social nos dois últimos anos, dobrou seu patrimônio líquido com os lucros não distribuídos, permitidos pela legislação societária.**
- **A Investidora Y S/A, também de capital fechado, que manteve sua participação societária na W S/ A nos últimos dois anos, não tem qualquer influência na administração da investida, mas quer continuar com o investimento, que avalia pelo método do custo. Considerando-se exclusivamente as informações recebidas, na Investidora Y NÃO está sendo reconhecido**

a) metade do patrimônio líquido da investida.
b) metade do lucro apurado pela investida nos últimos dois anos.
c) todo o patrimônio líquido da investida.
d) todo o lucro apurado pela investida nos últimos dois anos.
e) o valor da parte que lhe cabe nos dividendos distribuídos pela investida.

49. FINEP – ANALISTA DE CONTABILIDADE – 2011 (CESGRANRIO)

A Companhia P. S/A, de capital fechado, detém 30% do capital social da Companhia A. S/A, também de capital fechado. Essa participação foi classificada no Balanço Patrimonial/2008 no Ativo Não Circulante / Investimentos / Controladas / Avaliadas ao MEP. Em 2009, a Cia. P. recebeu da Cia. A., gratuitamente, 30% das novas ações emitidas pela Cia. A. em decorrência da incorporação das reservas de lucro ao capital social. Esse recebimento de ações pela P. S/A indica que na A. S/A ocorreu

a) bonificação.
b) aumento de capital novo.
c) aumento do patrimônio líquido pela incorporação.
d) nova emissão de ações pelo valor de mercado.
e) desdobramento das ações antigas.

50. FINEP – ANALISTA DE CONTABILIDADE – 2011 (CESGRANRIO)

O artigo 177 da Lei nº 6.404/1976, referente à sociedade por ações, consolidada até 2010, afirma: A escrituração da companhia será mantida em registros permanentes, com obediência aos preceitos da legislação comercial e desta Lei e aos princípios de contabilidade geralmente aceitos, devendo observar métodos ou critérios contábeis uniformes no tempo e registrar as mutações patrimoniais segundo o regime de competência. No parágrafo 3º desse artigo da Lei, é determinado, ainda, que as demonstrações financeiras das companhias abertas deverão observar as normas expedidas pela(o)

a) Comissão Financeira Nacional.
b) Comissão de Valores Mobiliários.
c) Conselho Federal de Contabilidade.
d) Comitê de Pronunciamentos Contábeis.
e) Instituto Brasileiro de Contadores – IBRACON.

51. AFRFB – 2012 (ESAF)

A Empresa Controladora S.A., companhia de capital aberto, apura um resultado negativo de equivalência patrimonial que ultrapassa o valor total de seu investimento na Empresa Adquirida S.A. em R$ 400.000,00. A Empresa Controladora S.A. não pode deixar de aplicar recursos na investida, uma vez que ela é a única fornecedora de matéria-prima estratégica para seu negócio. Dessa forma, deve a investidora registrar o valor da equivalência

a) a crédito do investimento, ainda que o valor ultrapasse o total do investimento efetuado.
b) a crédito de uma provisão no passivo, para reconhecer a perda no investimento.
c) a crédito de uma provisão no ativo, redutora do investimento.
d) a débito do investimento, ainda que o valor ultrapasse o total do investimento efetuado.
e) a débito de uma reserva de capital, gerando uma cobertura para as perdas.

52. AFRFB – 2012 (ESAF)

Observado o exposto no gráfico de Participações Societárias da Cia. Firmamento, a seguir, pode-se afirmar que

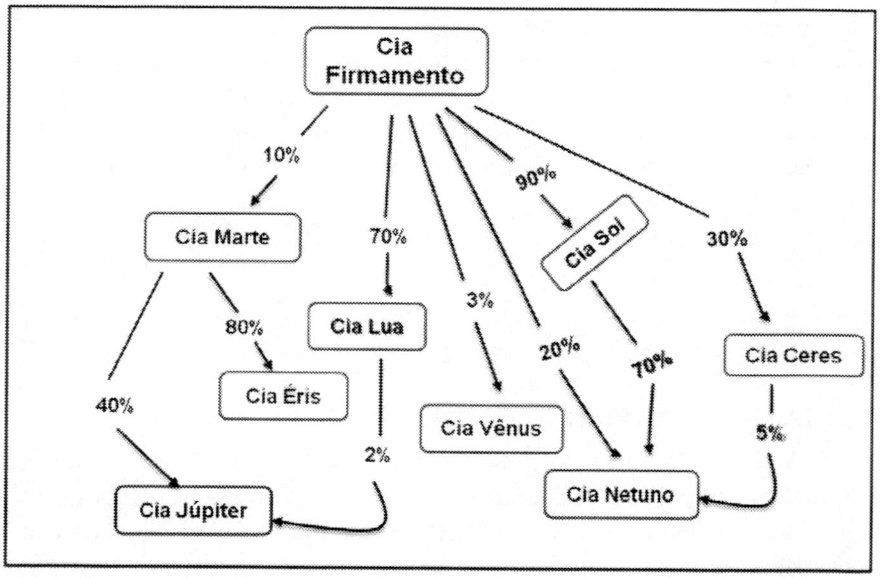

a) a participação dos acionistas não controladores na Cia. Netuno corresponde a 16,5% do capital total.
b) os dividendos distribuídos pela Cia. Vênus devem ser reconhecidos pela investidora como Receitas.
c) os juros sobre o capital próprio, quando calculados e pagos pela Cia. Éris, são registrados pela investidora a débito de Participações Societárias.
d) a Cia. Júpiter é controlada indireta da Cia. Firmamento, mesmo que não se verifique influência significativa da investidora.
e) a investidora, ao registrar a remuneração distribuída aos acionistas pela Cia. Sol, efetua um crédito na conta Resultado de Equivalência Patrimonial.

53. I.S.S – SP - 2012 (FCC)

A empresa Alfa, sociedade anônima de capital aberto, possui 30% de participação no capital social de uma empresa coligada (empresa Gama). Durante o exercício financeiro de X1, a investida obteve Lucro Líquido de R$ 100.000,00, distribuiu Dividendos no valor de R$ 20.000,00 e teve o saldo da conta Ajuste de Avaliação Patrimonial aumentado em R$ 10.000,00. Em decorrência deste investimento, a empresa Alfa, em X1,

a) reconheceu receita de equivalência patrimonial no valor de R$ 30.000,00.
b) manteve o valor do investimento avaliado pelo custo de aquisição.
c) teve uma variação no saldo da conta Investimento em Coligadas referente à empresa Gama de R$ 24.000,00.
d) reconheceu receita de dividendos no valor de R$ 6.000,00.
e) teve seu patrimônio líquido aumentado em R$ 30.000,00.

Gabarito

01. C	**02. E**	**03. D**	**04. C**	**05. C**	**06. A**	**07. D**	**08. B**
09. B	**10. A**	**11.** FALSA		**12. D**	**13. C**	**14.** 1 - VERD. 2 - VERD.	
15. B	**16. D**	**17. A**	**18. D**	**19. E**	**20. B**	**21. B**	**22. C**
23. A	**24. A**	**25. B**	**26. D**	**27. C**	**28. D**	**29. B**	**30. A**
31. D	**32. E**	**33. C**	**34. B**	**35. D**	**36. A**	**37. E**	**38. B**
39. D	**40. E**	**41. B**	**42. B**	**43. B**	**44. C**	**45. A**	**46. D**
47. E	**48. A**	**49. A**	**50. B**	**51. B**	**52. B**	**53. A**	

7. Mais Valia/Ágio por Expectativa de Rentabilidade Futura (*Goodwill*) ou Compra Vantajosa (Deságio) na Aquisição de Investimentos

1. Mais Valia
2. Ágio por Expectativa de Rentabilidade Futura (*Goodwill*)
3. Ganho por Compra Vantajosa - Deságio
4. Mais Valia/Ágio (*Goodwill*) ou Ganho por Compra Vantajosa (Deságio) na Aquisição de Investimentos

1. Mais Valia

Representa a diferença desembolsada a mais pelo investidor entre o valor patrimonial (Patrimônio Líquido) e o valor justo dos ativos líquidos da investida, pago pela investidora na aquisição das ações.

2. Ágio por expectativa de Rentabilidade futura (*Goodwill*)

É o valor desembolsado a mais pela investidora decorrente da diferença entre o valor justo dos ativos líquidos da investida e o valor efetivamente pago pela aquisição das ações da coligada e ou controlada.

3. Ganho por Compra Vantajosa - Deságio

Representa a diferença desembolsada a menos pelo investidor, entre o valor patrimonial (Patrimônio Líquido) da investida e o valor efetivamente pago pela aquisição das ações.

O Comitê de Pronunciamentos Contábeis, por meio de sua Interpretação Técnica (ICPC 09 - R1), aprovada pela Resolução do Conselho Federal de Contabilidade (CFC) nº 1.241/09, com as alterações efetuadas pela Resolução nº 1.408/12 e pela Deliberação nº 687/12 da Comissão de Valores Mobiliários (CVM) assim se manifestou sobre os procedimentos contábeis a serem observados quanto a mais valia ou ágio e o ganho por compra vantajosa.

O valor desembolsado pelo investidor na aquisição de ações de controladas e coligadas deve ser registrado na contabilidade da adquirente de forma segregada, entre o valor do investimento proporcional ao percentual de sua participação sobre o patrimônio líquido da controlada / coligada e o valor efetivamente pago, no grupo de Investimentos do ativo não circulante da seguinte maneira:

(a) o valor representado pela aplicação da percentagem de participação adquirida aplicada sobre o patrimônio líquido da adquirida ajustado pelas práticas contábeis da investidora e com ativos e passivos a seus valores justos (inclusive ativos anteriormente não reconhecidos e passivos contingentes que tenham influenciado no preço da operação). Considerando-se que, como regra, nos registros contábeis originais da entidade adquirida os ativos e passivos permanecem registrados pelos valores contábeis originais da adquirida, sem que sejam refletidos os ajustes pelo valor justo apurados na combinação de negócios, a entidade adquirente deve identificar todos os itens que resultem em diferenças entre os valores contábeis e os valores justos dos ativos e passivos da adquirida para fins de controle de sua realização por amortização, depreciação, exaustão, venda, liquidação, alteração no valor contabilizado, baixa, *impairment* ou qualquer outra mutação nos registros contábeis desses ativos e passivos. Quando realizadas essas diferenças entre valor contábil e valor justo de ativos e passivos da adquirida, deve a entidade adquirente realizar sua parte quando do reconhecimento do resultado de equivalência patrimonial. Afinal, o resultado da adquirida terá sido produzido com base nos valores históricos nela registrados, mas para a adquirente esses ativos e passivos terão sido adquiridos por valores justos da data da obtenção do controle. Esse investimento mensurado pela parte da controladora no valor justo dos ativos líquidos da adquirida, por consequência, deve ser subdividido para fins de controle, na entidade adquirente, em:

(i) parcela relativa à equivalência patrimonial sobre o patrimônio líquido *contábil* da adquirida; e

(ii) parcela relativa à diferença entre o valor obtido no item (i) acima e a parte da adquirente no valor justo dos ativos líquidos da adquirida. Essa parcela representa a mais valia derivada da diferença entre o valor justo e o valor contábil dos ativos líquidos da adquirida.

(b) o ágio pago por expectativa de rentabilidade futura (*goodwill*), representado pela diferença positiva entre o valor pago (ou valores a pagar) e o montante líquido proporcional adquirido do valor justo dos ativos e passivos da entidade adquirida. Notar que esse ágio só é classificado no subgrupo de Intangíveis no balanço consolidado, nunca no balanço individual, onde permanece no subgrupo de Investimentos; afinal, o *goodwill* é da adquirida (a capacidade de geração de rentabilidade futura é da adquirida), pago pela adquirente; para esta, individualmente, representa parte do custo de seu investimento, mesmo que sujeito a *impairment* e, eventualmente, a amortização.

No reconhecimento inicial do investimento, a soma dos valores apresentados em (a)(i), (a)(ii) e (b) no item acima deve corresponder ao valor justo total dos pagamentos efetuados, ativos transferidos, títulos emitidos e obrigações a pagar como consequência da operação de combinação de negócios.

No balanço consolidado, o ágio (*goodwill*) fica registrado no subgrupo do Ativo Intangível por se referir à expectativa de rentabilidade da controlada adquirida, cujos ativos e passivos estão consolidados nos da controladora. Já no balanço individual da controladora, esse ágio fica no seu subgrupo de Investimentos, do mesmo grupo de Ativos Não Circulantes, porque, para a investidora, faz parte do seu investimento na aquisição da controlada, não sendo ativo intangível seu (como dito atrás, a expectativa de rentabilidade futura – o genuíno intangível – é da controlada). O processo de reconhecimento de *impairment*, por outro lado, se aplica tanto à conta de ágio (*goodwill*) no balanço consolidado, como à subconta também de ágio (*goodwill*) no balanço individual.

A conta de Investimento deve ser detalhada em notas explicativas quanto aos seus três componentes (se existirem):

- valor patrimonial da participação da controladora no valor contábil do patrimônio líquido da controlada adquirida;
- valor da mais valia dos ativos líquidos adquiridos atribuída à controladora e,
- ágio por rentabilidade futura (*goodwill*) atribuído à controladora.

4. Mais Valia/Ágio por Expectativa de Rentabilidae Futura(*Goodwill*) ou Ganho por Compra Vantajosa (Deságio) na Aquisição de Investimentos

Na aquisição de investimentos, pode ocorrer a existência da figura da Mais Valia e ou Ágio por Expectativa de Rentabilidade Futura (*goodwill*) ou ganho por compra vantajosa (deságio). Isso porque a participação da sociedade investidora é no capital social da investida, porém a avaliação desse investimento é feita com base no Patrimônio Líquido da investida. Caso o investimento seja feito em empresas que estão iniciando atividades, não surgirá nesse caso a figura da Mais Valia e ou Ágio (*goodwill*) ou ganho por compra vantajosa (deságio), visto que o valor do investimento é igual ao Patrimônio Líquido da empresa investida, porém, caso a investidora venha adquirir ações ou quotas de empresas já existentes, poderá aparecer a figura da Mais Valia e o Ágio (*goodwill*) ou ganho por compra vantajosa (deságio), como analisaremos a seguir:

4.1 Mais Valia/Ágio por Expectativa de Rentabilidade Futura (*goodwill*) na Aquisição do Investimento

Há Mais Valia e ou Ágio (*goodwill*) quando o preço das ações/quotas for maior que seu valor patrimonial. O valor patrimonial da Ação é dado pela fórmula:

$$VPA = \frac{PL}{NA}$$

VPA = Valor Patrimonial da Ação
PL = Patrimônio Líquido
NA = Número de Ações

Exemplo:

A Cia. Ebolus adquiriu ações da Cia. Losil conforme descrito abaixo:

Dados da CIA. EBOLUS - Investidora			Dados da CIA. LOSIL - Investida		
Aquisição: 4.000 ações por........................	R$	5.000,00	Patrimônio Liquido................................	R$	10.000,00
Valor pago por ação	R$	1,25	Quantidade de Ações..............................	R$	10.000
Ágio na aquisição por ação	**R$**	**0,25**	**Valor Patrimonial da ação.......................**	**R$**	**1,00**
Contabilização					
DÉB = Investimentos (ANC)		4.000,00			
DÉB = Ágio na Aquisição de Ações (ANC)		1.000,00			
CRÉD = Caixa (AC)		5.000,00	**Participação da 40% (4.000,00/ 10.000 ações)**		

4.2. Ganho por Compra Vantajosa (deságio) na Aquisição do Investimento

Há ganho por compra vantajosa (deságio) quando o preço das ações/quotas for menor que seu valor patrimonial.

Exemplo:

A Cia. Sujoc adquiriu ações da Cia. Losil conforme descrito abaixo:

Dados da Empresa SUJOC - Investidora			Dados da Empresa LOSIL - Investida		
Aquisição: 4.000 ações por........................	R$	3.000,00	Patrimônio Liquido................................	R$	10.000,00
Valor pago por ação	R$	0,75	Quantidade de Ações..............................	R$	10.000
Ágio na aquisição por ação	**R$**	**0,25**	**Valor Patrimonial da ação.......................**	**R$**	**1,00**
Contabilização					
DÉB = Investimentos (ANC)		4.000,00			
CRÉD = Deságio na Aquisição de Ações (ANC)......		1.000,00			
CRÉD = Caixa (AC)		3.000,00	**Participação da 40% (4.000,00/ 10.000 ações)**		

Determinação da Mais Valia e ou Ágio (goodwill) ou ganho por compra vantajosa (deságio)

Na aquisição de investimentos, há necessidade de efetuar a equivalência patrimonial e para tanto a empresa investida precisa elaborar um balanço patrimonial, na mesma data em que as ações foram adquiridas, para a avaliação do investimento com base no Patrimônio Líquido da investida. A figura da Mais Valia e ou Ágio por Expectativa de Rentabilidade Futura (*goodwill*) ou ganho por compra vantajosa (deságio) aparecerá, comparando o valor pago na aquisição do investimento com o valor do patrimônio líquido da empresa investida, conforme demonstrado anteriormente.

A determinação da Mais Valia e ou Ágio (goodwill) ou ganho por compra vantajosa (deságio) poderá se dar por:

- Valor Justo dos ativos Líquidos da Coligada ou Controlada;
- Valor de Rentabilidade Futura da Coligada ou Controlada;
- Fundo do Comércio, Intangíveis e outras Razões Econômicas;
- Concessão Pública.

Demonstração do Investimento na CIA Investidora:

DESCRIÇÃO	COM ÁGIO	COM DESÁGIO
Ativo Não Circulante		
Investimentos em outras Empresas	4.000,00	4.000,00
Ágio / (Deságio) na aquisição de Investimentos	1.000,00	(1.000,00)
TOTAL DO INVESTIMENTO...................................	5.000,00	3.000,00

Observe que o valor do investimento (**puro investimento**) equivale a quarenta por cento do Patrimônio Líquido da investida (Cia. Losil) e o valor pago na aquisição do investimento a maior ou menor constituirá ágio ou deságio conforme demonstrado acima.

Amortização da mais valia (ágio) ou ganho por compra vantajosa (deságio) – CVM

A Comissão de Valores Mobiliários (CVM), através da Instrução CVM nº 247/96, art. 14 editou procedimentos para a contabilização da amortização do ágio, como segue:

A mais valia computada na ocasião da aquisição ou subscrição do investimento deverá ser contabilizada com indicação do fundamento econômico que a determinou. A parte da mais valia que for decorrente da diferença entre o valor justo de parte ou de todos os bens do ativo da coligada e controlada e o respectivo valor contábil, deverá ser amortizada na proporção em que o ativo for sendo realizado na coligada e controlada, por depreciação, amortização, exaustão ou baixa em decorrência de alienação ou perecimento desses bens ou do investimento.

Outra forma de reconhecer a baixa parcial ou total da mais valia na investidora ocorrerá quando ela alienar o investimento ou reconhecer perdas pela redução do investimento (impairment).

No caso da mais valia ser originada da diferença verificada entre o valor contábil e o valor justo de determinados ativos como terrenos, obras de arte ou intangíveis com vida útil indefinida, a investidora somente poderá baixar esta mais valia quando o respectivo ativo for realizado por alienação ou perda total ou parcial na investida, ou quando a investidora alienar este investimento ou reconhecer perdas por redução no mesmo.

4.3. Ágio pago por expectativa de rentabilidade futura (*Goodwill*)

É o valor que o comprador paga a mais ao vendedor sobre um ativo, em função de um conjunto de fatores, sobre os quais existe uma expectativa de rentabilidade futura. Pode ser em razão do nome, da clientela, reputação, treinamento que a empresa teve com relação à área de vendas ou produção, inovações tecnológicas, localização, capacidade produtiva, etc.

A diferença positiva entre o valor justo e o valor pago ou valores a pagar deverá ser subdividida em:

(a) Valor contábil e o valor justo: mais valia;
(b) Valor justo e o valor efetivamente pago. (*Goodwill*)
(a + b) Valor justo total dos pagamentos efetuados.

Contabilização do Ágio pago por expectativa de rentabilidade futura (*Goodwill*)

4.3.1. Ágio por Expectativa de Rentabilidade Futura (*goodwill*)

O Comitê de Pronunciamentos Contábeis, por meio de seu Pronunciamento Técnico CPC 18 (R1), aprovado pela Resolução do Conselho Federal de Contabilidade (CFC) nº 1.241/09, com as alterações efetuadas pela Resolução nº 1.408/12 e pela Deliberação nº 688/12 da Comissão de Valores Mobiliários (CVM) assim se manifestou sobre os procedimentos contábeis a serem observados quanto ao ágio por rentabilidade futura (goodwill).

4.3.1.1. Ágio por Expectativa de Rentabilidade Futura (*goodwill*) na coligada

O ágio por expectativa de rentabilidade futura (*goodwill*) pertinente a coligada deve ser contabilizado em conta específica na rubrica de Investimento e não deve ser amortizado de forma linear ou constante, mas avaliado (*impairment*) para fins de recuperação, a não ser quando tenha vida útil definida.

A entidade adquirente deve testar a recuperação do valor do investimento, incluindo o valor do ágio pago por expectativa de rentabilidade futura (*goodwill*), tanto com vida útil indefinida quanto com vida útil definida, anualmente ou com mais frequência se os acontecimentos ou as alterações nas circunstâncias indicarem a necessidade de reconhecimento de perda por redução ao valor recuperável, ou seja, o ágio pago por expectativa de rentabilidade futura (*goodwill*) em coligada não é testado por *impairment* de maneira individual, e sim em conjunto com o saldo contábil do investimento como um todo.

4.3.1.2. Ágio por Expectativa de Rentabilidade Futura (*goodwill*) na Controlada

Quanto ao ágio fundamentado em rentabilidade futura (*goodwill*) na controlada, ele também integra o valor contábil do investimento (não é reconhecido separadamente) na apresentação das demonstrações contábeis individuais da controladora. Mas, nesse caso, esse ágio, no balanço individual da controladora, deve receber o mesmo tratamento contábil que é dado a ele nas demonstrações consolidadas, ou seja, no balanço consolidado, o ágio (*goodwill*) fica registrado no subgrupo do Ativo Intangível por se referir à expectativa de rentabilidade da controlada adquirida, cujos ativos e passivos estão consolidados nos da controladora. Já no balanço individual da controladora, esse ágio fica no seu subgrupo de Investimentos, do mesmo grupo de Ativos Não Circulantes, porque, para a investidora, faz parte do seu investimento na aquisição da controlada, não sendo ativo intangível seu (a expectativa de rentabilidade futura – o genuíno intangível – é da controlada). O processo de reconhecimento de *impairment*, por outro lado, se aplica igualmente à conta de ágio (*goodwill*) no balanço consolidado e à subconta também de ágio (*goodwill*) no balanço individual.

4.4. Ágio não justificado pelos fundamentos econômicos

A Comissão de Valores Mobiliários através da Instrução CVM nº 247/96, em seu artigo 14 parágrafo 5, expressamente determinou que o ágio não justificado pelos fundamentos econômicos, deve ser reconhecido imediatamente como perda, no resultado do exercício, esclarecendo-se em nota explicativa as razões da sua existência.

4.5. Ganho por compra vantajosa

Ocasionalmente, um adquirente pode realizar uma compra vantajosa, assim entendida uma combinação de negócios cujo valor líquido, na data da aquisição, os ativos identificáveis adquiridos e dos passivos assumidos, seja maior que a soma dos valores da contraprestação transferida. Nesse caso, o adquirente deve reconhecer o ganho resultante no resultado do período, na data da aquisição. Uma compra vantajosa pode acontecer, por exemplo, em combinação de negócios que resulte de uma venda forçada, na qual o vendedor foi movido por algum tipo de compulsão.

4.6. Ágio com prazo definido de aproveitamento do benefício econômico; direitos de concessão, de exploração e assemelhados

O Comitê de Pronunciamentos Contábeis, através de sua Interpretação Técnica (ICPC 09 - R1), aprovado pela Resolução do Conselho Federal de Contabilidade (CFC) nº 1.241/09, com as alterações efetuadas pela Resolução nº 1.408/12 e pela Deliberação nº 687/12 da Comissão de Valores Mobiliários (CVM) assim se manifestou sobre os procedimentos contábeis a serem observados quanto ao ágio referente a direitos de concessão.

De maneira geral, o ágio pago por expectativa de rentabilidade futura (*goodwill*) é um ativo intangível de vida útil indefinida, razão pela qual não está sujeito a amortização sistemática ao longo do tempo, sendo, por outro lado, submetido ao menos anualmente a teste quanto ao seu valor recuperável.

Todavia, podem existir situações em que o ágio (*goodwill*) tenha seu benefício econômico limitado no tempo (prazo definido). Isso pode ocorrer em situações onde o valor pago excedente ao valor justo dos ativos líquidos adquiridos decorra não só, por exemplo, de um direito de concessão com vida útil definida, mas também de efeitos sinérgicos que se espera venham a produzir aumento de rentabilidade. Normalmente, nessas situações o direito de concessão é obtido a partir do valor descontado da projeção do fluxo de caixa das operações da entidade adquirida, e o *goodwill* surge pela parcela paga relativa às reduções de despesas na investidora e também na investida por efeitos de sinergia entre ambas. Nesse caso, se for possível obter de forma objetiva e confiável a parte do valor do preço pago não alocável aos demais ativos e passivos e nem ao direito de concessão, deve esse ágio (*goodwill*) também ser amortizado pelo prazo remanescente do direito à concessão. Esse ativo, como qualquer outro, também está sujeito à análise periódica quanto ao seu valor recuperável.

O Comitê de Pronunciamentos Contábeis (CPC) entende que não se caracteriza como ágio pago por expectativa de rentabilidade futura (*goodwill*) o valor pago que se refira especificamente a direito de concessão, direito de exploração e assemelhados, inclusive quando adquirido em uma combinação de negócios onde a entidade adquirida seja uma concessionária, cujo direito à concessão tenha um prazo conhecido e definido. O *goodwill* apenas existe na medida em que não haja condição de reconhecimento de ativo intangível específico ou individualizado.

4.7. Aquisição de Investimento com Passivo a Descoberto

Apesar de não determinado qual procedimento adotar pela Lei nº 6.404/76, nem pela Instrução n° 247/96 da CVM, o procedimento mais correto a ser adotado é reconhecer o total da participação como investimento (negativo ou passivo específico) e a diferença ser reconhecida como ágio, conforme exemplo abaixo:

Patrimônio Líquido de B		Valor R$
Capital Social	-	1.000.000
Reservas diversas	-	500.000
Prejuízo Acumulado	-	(1.700.000)
Total	-	(200.000)

A adquire 70% das ações de B por R$ 50.000.

Lançamentos contábeis em A (Investidora)

		Débito	Crédito
D	Ativo Não Circulante		
	Mais Valia e ou Ágio	$ 190.000	
C	Ativo Circulante		
	Bancos Conta Movimento		$ 50.000
C	Ativo Não Circulante		
	Investimento		$ 140.000

O exemplo acima trata de uma **situação especial**, na qual se deu a aquisição de investimento em empresa com passivo a descoberto. Nesse caso, a forma correta é reconhecer o investimento (equivalência patrimonial) pelo valor negativo evidenciado no ativo ou passivo exigível (conta específica de passivo como orienta a CVM).

Questões de Concursos

01. A.F.T.N. – 2000 (ESAF)

O ágio na compra de investimento avaliado pelo método da equivalência patrimonial é determinado pelo valor pago que exceder

a) ao valor do capital da investidora.
b) ao valor de cotação em bolsa.
c) ao valor do capital da investida.
d) ao valor patrimonial da ação.
e) ao valor do capital e reservas de capital da investida.

02. A.F.T.N. – 1998 (ESAF)

Na aquisição de participação societária em coligada e controlada, o custo de aquisição deve ser registrado, desdobradamente, em valor: (Adaptada)

a) Pago dentro do exercício e a pagar no exercício seguinte.
b) Conta de ativo e de patrimônio líquido.
c) De participação societária e de ágio ou deságio na aquisição.
d) De mercado do investimento e de realização futura.
e) De lucros esperados e perdas não-recuperáveis.

03. A.F.T.N. – 1996 (ESAF)

A figura contábil do ágio pode ocorrer por origens e circunstâncias diversas, entre elas a expectativa:

a) De rentabilidade futura da participação adquirida.
b) Das despesas futuras da participação societária adquirida.
c) De o valor do imobilizado líquido da empresa investida tender para zero.
d) De prejuízos futuros da participação societária adquirida.
e) De patrimônio líquido da empresa investida ser negativo.

04. TERMOAÇU – 2008 (CESGRANRIO)

A Cia. X adquiriu ações da Cia. Y com deságio, sendo o mesmo fundamentado em expectativa de resultados futuros. A contabilização do deságio se dará (Adaptada)

a) a crédito da conta receita operacional
b) no grupo Ativo Não Circulante – Intangível
c) no grupo Patrimônio Líquido
d) a débito de conta específica no Ativo Não Circulante – Imobilizado
e) a crédito da conta Receita não Operacional

05. PETROBRAS – 2010 (CESGRANRIO)

A Companhia São Tiago S.A. pagou R$ 80.000.000,00 por 60% do total de ações do capital social da Companhia Tomé S.A., que possuía patrimônio líquido de R$ 140.000.000,00, na mesma data. Considerando que esse investimento deve ser avaliado pelo método de equivalência patrimonial, afirma-se que, nessa operação, ocorreu um

a) ágio de R$ 4.000.000,00.
b) deságio de R$ 4.000.000,00.
c) deságio de R$ 6.000.000,00.
d) registro no investimento de R$ 56.000.000,00.
e) registro no investimento de R$ 60.000.000,00.

06. I.S.S. – RECIFE – 2003 (ESAF)
A empresa Participações S/A. adquiriu 60% do capital da empresa Contrata Ltda., tomando o seu controle com intenção de permanência, pelo valor de R$ 30.000,00, em 02/01/2003:

Contrata Ltda. Balanço de 30 de novembro de 2002	Valores em R$
Capital Social	40.000,00
Reserva de Capital	1.000,00
Reserva Legal	2.000,00
Lucro Líquido do Exercício (janeiro a novembro de 2002)	5.000,00

Com base nos dados da empresa Contrata Ltda., acima, assinale o lançamento que corresponde a este fato contábil.

	Contas	Débito	Crédito
a)	Carteira de Ações (Realizável LP)	30.000,00	
	a Bancos Conta Movimento		30.000,00
b)	Diversos		
	a Bancos Conta Movimento		30.000,00
	Invest. Avaliados pelo PL - Contrata Ltda.	28.800,00	
	Investimentos - Ágio – Contrata Ltda.	1.200,00	
c)	Diversos		
	a Bancos Conta Movimento		30.000,00
	Invest. Avaliados pelo PL - Contrata Ltda.	24.000,00	
	Investimentos - Ágio – Contrata Ltda.	6.000,00	
d)	Investimento em Ações	30.000,00	
	a Bancos Conta Movimento		30.000,00
e)	Bancos Conta Movimento	30.000,00	
	a Diversos		
	a Invest. Avaliados pelo PL - Contrata Ltda.		24.000,00
	a Investimentos - Ágio – Contrata Ltda.		6.000,00

07. I.C.M.S. – RN – 2005 (ESAF)
A empresa Beta S/A, pertencendo ao mesmo ramo de atividade da empresa Alfa S/A, resolveu com ela estabelecer uma coligação acionária. Para isso adquiriu 20% das ações emitidas por Alfa S/A, pagando R$ 3,50 por unidade, com o cheque 850.013 do Banco do Brasil S/A. A empresa Alfa S/A tem capital social no valor de R$ 320.000,00, composto de 100 mil ações, e patrimônio líquido no valor de R$ 340.000,00. Sabendo-se que o investimento de Beta S/A deverá ser avaliado pelo método da Equivalência Patrimonial, podemos dizer que sua contabilidade deverá registrar o fato acima da seguinte forma: (Adaptada)

a) Débito de ativo não circulante: Ações de Coligadas 64.000,00.
Débito de ativo não circulante: Ágio na Aquisição 4.000,00.
Débito de resultado: Perda de Capital – Ágio 2.000,00.
Crédito de ativo circulante: Bancos c/Movimento 70.000,00.

b) Débito de ativo não circulante: Ações de Coligadas 64.000,00.
Débito de ativo não circulante: Ágio na Aquisição 6.000,00.
Crédito de ativo circulante: Bancos c/Movimento 70.000,00.

c) Débito de ativo não circulante: Ações de Coligadas 68.000,00.
Débito de ativo não circulante: Ágio na Aquisição 2.000,00.
Crédito de ativo circulante: Bancos c/Movimento 70.000,00.

d) Débito de ativo não circulante: Ações de Coligadas 68.000,00.
Débito de resultado: Perda de Capital – Ágio 2.000,00.
Crédito de ativo circulante: Bancos c/Movimento 70.000,00.

e) Débito de ativo não circulante: Ações de Coligadas 70.000,00.
Crédito de ativo circulante: Bancos c/Movimento 70.000,00.

08. I.C.M.S. - AM - 2005 (UFRJ)

A Empresa X adquire participação acionária na Investida Y, sendo tal investimento considerado relevante em empresa controlada. Sabendo-se que a Empresa X adquiriu 50% das ações pagando a vista $ 550.000,00 e que o Patrimônio Líquido da Investida Y é de $ 1.000.000,00, o lançamento contábil correto na Empresa X é:

a)

D/C	Descrição	$
D	Investimentos em Controlada	500.000
D	Ágio em investimentos	50.000
C	Caixa	550.000

b)

D/C	Descrição	$
D	Investimentos em Controlada	500.000
D	Despesa de Ágio em Investimentos	50.000
C	Caixa	550.000

c)

D/C	Descrição	$
D	Investimentos	550.000
D	Ágio em Investimentos	25.000
D	Despesa de Ágio em Investimentos	25.000
C	Caixa	550.000

d)

D/C	Descrição	$
D	Investimentos	550.000
C	Caixa	550.000

e)

D/C	Descrição	$
D	Despesas de Aquisição de Invest.	550.000
C	Caixa	550.000

09. PETROBRAS – 2010 (CESGRANRIO)

Com as alterações da Lei nº 11.941/09 na Lei nº 6.404/76, das Sociedades Anônimas, foi criado o grupo do ativo intangível. Em decorrência, diversos itens que eram classificados no diferido, no investimento ou no imobilizado, passarão a ser classificados como intangíveis. Entretanto, alguns itens, apesar de sua semelhança com outros que serão transferidos para o intangível, permanecerão nos seus grupos originais. Deve permanecer no investimento o ágio

a) derivado de correção monetária ativa.
b) resultante da eliminação do grupo resultado de exercícios futuros.
c) oriundo de reserva de lucros a realizar.
d) obtido pela contrapartida da conta ajustes de avaliação patrimonial.
e) obtido por diferença entre valor de mercado e valor Contábil.

10. a 14. A.F.T.N. – 1998 (ESAF)

Em 10 de janeiro de 19x8, a Cia. Alfa pagou R$ 700.000 por 100.000 ações que representavam 30% das ações da Cia. Beta. O ágio pago pela Cia. Alfa será amortizado em 10 anos. Em 31 de dezembro de 19x8, a Cia. Beta apresentou um lucro do exercício 19x8 de R$ 300.000. Em 10 de julho de 19x8, a empresa Beta pagou, em caixa, dividendos de R$ 100.000. A Cia. Alfa exerce significativa influência sobre a Cia. Beta e avalia seus investimentos pelo método da equivalência patrimonial. O valor apurado como Lucros e Prejuízos de Participações em outras Sociedades reportado pela Cia. Alfa foi de R$ 80.000 em 31.12.19x8.

10. **O valor do ágio pago por Alfa, por ocasião da aquisição das ações da Cia. Beta, foi de:**

a) R$ 100.000,00
b) R$ 30.000,00
c) R$ 90.000,00
d) R$ 80.000,00
e) R$ 60.000,00

11. **Ao final do exercício de 19x8, o valor apurado na aplicação da Equivalência Patrimonial foi de:**

a) R$ 30.000,00
b) R$ 60.000,00
c) R$ 100.000,00
d) R$ 80.000,00
e) R$ 90.000,00

12. **O valor registrado na Conta Participações Permanentes em Outras Sociedades pela Cia. Alfa foi de:**

a) R$ 700.000,00
b) R$ 300.000,00
c) R$ 600.000,00
d) R$ 900.000,00
e) R$ 800.000,00

13. **O valor nominal unitário das ações adquiridas da Cia. Beta foi de:**

a) R$ 8,00
b) R$ 9,00
c) R$ 2,00
d) R$ 6,00
e) R$ 3,00

14. O valor do ágio amortizado, ao final do exercício de 19x8, pela Cia. Alfa foi de:

a) R$ 10.000,00
b) R$ 90.000,00
c) R$ 70.000,00
d) R$ 30.000,00
e) R$ 60.000,00

15. AFRFB – 2012 (ESAF)
A empresa Controle S.A. recebeu um laudo de avaliação da empresa adquirida Invest S.A., com os seguintes dados:

Laudo de avaliação Empresa Invest S.A.

		AVALIAÇÃO		CONTÁBIL
Marcas e Patentes	R$	500.000,00	R$	0,00
Carteira de Clientes - direito	R$	150.000,00	R$	0,00
Expectativa de rentabilidade futura	R$	1.200.000,00	R$	0,00
Fórmulas	R$	50.000,00	R$	0,00
Imobilizado	R$	100.000,00	R$	100.000,00
TOTAL	R$	2.000.000,00	R$	100.000,00

Essa operação, de aquisição, gera um lançamento contábil na empresa

a) Invest S.A. na conta de ativo intangível – marcas e patentes de R$ 500.000,00.
b) Controle S.A. na conta de valores a receber de R$ 150.000,00.
c) Invest S.A. na conta de intangível de R$ 650.000,00.
d) Controle S.A. na conta de investimento – ágio de R$ 1.200.000,00.
e) Invest S.A. na conta de imobilizado R$ 2.000.000,00.

Gabarito

01. D	**02. C**	**03. A**	**04. A**	**05. B**	**06. B**
07. C	**08. A**	**09. E**	**10. A**	**11. E**	**12. C**
13. D	**14. A**	**15. D**			

8. Tratamento Contábil das Operações Intercompanhias

1. Base legal

Lei nº 6.404/76, após as alterações introduzidas pela Lei nº 11.638/07 e Lei nº 11.941/09

Artigo 248:

......

I - o valor do patrimônio líquido da coligada ou da controlada será determinado com base em balanço patrimonial ou balancete de verificação levantado, com observância das normas desta Lei, na mesma data, ou até 60 (sessenta) dias, no máximo, antes da data do balanço da companhia; no valor de patrimônio líquido não serão computados os resultados não realizados decorrentes de negócios com a companhia, ou com outras sociedades coligadas à companhia, ou por ela controladas.

A Comissão de Valores Mobiliários (CVM), através da Instrução nº 247, em seu artigo 9º parágrafo 1º definiu lucros não realizados como aqueles decorrentes de negócios com a investidora ou com outras coligadas e controladas, quando:

- O lucro estiver incluído no resultado de uma coligada e controlada e correspondido por inclusão no custo de aquisição de ativos de qualquer natureza no balanço patrimonial da investidora; ou
- O lucro estiver incluído no resultado de uma coligada e controlada e correspondido por inclusão no custo de aquisição de ativos de qualquer natureza no balanço patrimonial de outras coligadas e controladas.

Da leitura dos textos legais acima citados, pode-se verificar que o lucro não realizado, se dá quando ocorre a venda de ativos (mercadorias, imobilizado, investimentos etc.) entre empresas do mesmo grupo (investidora para a investida ou vice-versa), com lucro e, esse ativo ainda não foi vendido para terceiros ou realizados pelo uso ou perda no todo ou em parte.

Para melhor ilustrar, tomamos duas empresas:

Empresa **X** - Investidora
Empresa **Y**- Investida

A investida **Y** vende mercadorias para a empresa **X** com lucro.
Investidora **X** mantém em seus estoques a totalidade das mercadorias adquiridas de **Y**.

Na presente ilustração, a empresa **Y** por ter vendido mercadorias a sua investidora**X** com lucro, contabilizará esse lucro em seus demonstrativos contábeis no momento da venda. Todavia, como a investidora **X** mantém em seus estoques a totalidade das mercadorias adquiridas de **Y**, ou seja, não vendeu as referidas mercadorias a terceiros (empresa fora do grupo), o lucro que a investida **Y** teve, está embutido no custo do estoque de mercadorias da investidora **X**.

Como a investidora **X** terá que contabilizar o registro da equivalência patrimonial, e existe lucro de operações realizadas na venda de mercadorias de **Y** para a **X** e, esta ainda não realizou as referidas mercadorias, considera-se o lucro realizado pela investida **Y** como não realizado em transações com terceiros, para fins de cálculo e registro da equivalência patrimonial na Investidora **X**.

Observe que, se a investidora **X** ao efetuar o cálculo e registro da equivalência patrimonial, reconhecer o lucro que a investida **Y** teve na venda de mercadorias para a investidora **X**, estará reconhecendo um lucro que ainda está em seu próprio estoque, daí a necessidade de a investidora excluir do cálculo da equivalência patrimonial, a parte ou todo lucro de a investida que ainda não foi realizada pela investidora.

Tal posicionamento se dá pelo fato dos lucros decorrentes das vendas efetuadas entre investidor e investida ou vice-versa, não gerarem economicamente lucro em termos de todo o grupo, enquanto estes bens não forem vendidos a terceiros (empresa fora do grupo) ou forem realizados pelo uso ou perda.

2. Exemplos do Cálculo dos Lucros não Realizados e Contabilização da Equivalência Patrimonial

O Comitê de Pronunciamentos Contábeis, através de sua Interpretação Técnica (ICPC – 09 – R1), aprovado pela Resolução do Conselho Federal de Contabilidade (CFC) nº 1.241/09 **com as alterações efetuadas pela Resolução nº 1.408/12** e pela Deliberação nº 687/12 da Comissão de Valores Mobiliários (CVM) assim se manifestou sobre os procedimentos contábeis a serem observados quanto às operações intercompanhias.

2.1. Lucros não Realizados em Operações de Vendas de Ativos da Coligada para Investidora

Os resultados decorrentes de transações ascendentes (*upstream*) entre o investidor (incluindo suas controladas consolidadas) e a coligada devem ser reconhecidos nas demonstrações contábeis do investidor somente na extensão da participação de outros investidores sobre essa coligada que sejam partes independentes do grupo econômico a que pertence a investidora. As transações ascendentes são, por exemplo, vendas de ativos da coligada para o investidor. A participação do investidor nos lucros e prejuízos resultantes dessas transações deve ser eliminada.

Nas operações de venda da coligada para a investidora, os lucros não realizados por operação de ativos ainda em poder da investidora ou de suas controladas são eliminados da seguinte forma: do valor da equivalência patrimonial calculada sobre o lucro líquido da investida é deduzida a integralidade do lucro que for considerado como não realizado pela investidora.

A existência de transações com ativos que gerem prejuízos é, normalmente, evidência de necessidade de reconhecimento de *impairment*– Redução ao Valor Recuperável de Ativos, o que pode levar à não eliminação da figura desse prejuízo. Esse conceito aplica-se também para as operações com controlada e com *joint venture*.

Exemplo 1: (Não considerar os impostos)

Coligada **Y** vende mercadorias para a investidora **X**	R$ 500.000,00
(-) CMV da coligada **Y**	(R$ 300.000,00)
(=) Lucro de **Y** na venda de mercadorias para **X**	R$ 200.000,00

Informações adicionais:

- Lucro total da coligada **Y** — R$ 3.000.000,00
- Participação da investidora **X** no capital da coligada **Y** =➔ 30 %
- A investidora X mantém em seus estoques a totalidade das mercadorias adquiridas da coligada Y

Cálculo da margem de lucro que a coligada Y teve, vendendo mercadorias para a investidora X

Preço de venda das mercadorias de **Y** para **X**	R$ 500.000,00=➔ 100%
Lucro da coligada **Y** na venda de mercad. para **X**	R$ 200.000,00=➔ x %

X (lucro de Y) = 40 %

Cálculo do Lucro Não Realizado (investidora X)

	Valor das compras de mercadorias adquiridas de **Y**	R$	500.000,00
(-)	Venda das referidas mercadorias a terceiros	R$	00,00
(=)	Estoque final das merc. adquiridas de **Y** em poder de **X**	R$	500.000,00
(x)	Margem do lucro de **Y** na venda de merc. para **X**		40 %
(=)	Resultado	R$	200.000,00
(X)	Participação de **X** no capital social de **Y**		30 %
(=)	Lucro não realizado de **Y** contido no saldo de estoque de **X**	R$	60.000,00

Resultado da Equivalência Patrimonial (investidora X)

Lucro da coligada **Y**		R$ 3.000.000,00
(x)	Participação de **X** em **Y**	30 %
(=)	Valor da Equiv. Patr. antes do Lucro não Realizado	R$ 900.000,00
(-)	Lucro de **Y** que ainda não foi realizado em **X**	(R$ 60.000,00)
(=)	Resultado da Equivalência Patrimonial	R$ 840.000,00

Lançamento contábil na investidora X do resultado da equivalência patrimonial:

D Ativo Não Circulante
Investimento
Participação na coligada **Y** R$ 840.000,00
C Conta de Resultado
Resultado da Equivalência Patrimonial R$ 840.000,00

Exemplo 2: (Não considerar os impostos)

Coligada **Y** vende mercadorias para a investidora **X**		R$ 500.000,00
(-)	CMV da coligada **Y**	(R$ 300.000,00)
(=)	Lucro de **Y** na venda de mercadorias para **X**	R$ 200.000,00

Informações adicionais:

- Lucro total da coligada **Y** R$ 3.000.000,00
- Participação da investidora **X** no capital da coligada **Y** ===→ 30 %
- <u>A investidora X vendeu a totalidade das mercadorias adquiridas da coligada Y para terceiros.</u>

Cálculo da margem de lucro que a Coligada Y teve, vendendo mercadorias para a investidora X

Preço de venda das mercadorias de **Y** para **X**	R$ 500.000,00 = 100%
Lucro da coligada **Y** vendendo mercadorias para **X**	R$ 200.000,00 = x %

X(lucro de Y) = 40 %

Cálculo do Lucro Não Realizado (investidora X)

Valor das compras de mercadorias adquiridas de **Y**		R$ 500.000,00
(-)	Venda das referidas mercadorias a terceiros	(R$ 500.000,00)
(=)	Estoque final das merc. adquiridas de **Y** em poder de **X**	R$ 00,00
(x)	Margem do lucro de **Y** na venda de merc. para **X**	40 %
(=)	Resultado	R$ 00,00
(X)	Participação de **X** no capital social de **Y**	30 %
(=)	Lucro não realizado de **Y** contido no saldo de estoque de **X**	R$ 00,00

Resultado da Equivalência Patrimonial (investidora X)

Lucro da coligada **Y**		R$ 3.000.000,00
(x)	Participação de **X** no capital social de **Y**	30 %
(=)	Valor da Equiv. Patr. antes do Lucro não Realizado	R$ 900.000,00
(-)	Lucro de **Y** que ainda não foi realizado em **X**	R$ 0,00
(=)	Resultado da Equivalência Patrimonial	R$ 900.000,00

Lançamento contábil na investidora X do resultado da equivalência patrimonial:

D Ativo Não Circulante
Investimento
Participação na coligada **Y** R$ 900.000,00
C Conta de Resultado
Resultado da Equivalência Patrimonial R$ 900.000,00

Exemplo 3: **(Não considerar os impostos)**

Coligada **Y** vende mercadorias para a investidora **X**		R$ 500.000,00
(-)	CMV da coligada **Y**	(R$ 300.000,00)
(=)	Lucro de **Y** na venda de mercadorias para **X**	R$ 200.000,00

Informações adicionais:

- Lucro total da coligada **Y** R$ 3.000.000,00
- Participação da investidora **X** no capital da coligada **Y** === ➔ 30 %
- <u>A investidora X vendeu a terceiros 40% das mercad. adquiridas da coligada Y</u>

Cálculo da margem de lucro que a coligada Y teve, vendendo mercadorias para a investidora X

Preço de venda das mercadorias de **Y** para **X**	R$	500.000,00 == 100%
Lucro da coligada **Y** na venda de mercadorias para **X**	R$	200.000,00 == x %

X (lucro de Y) = 40 %

Cálculo do Lucro Não Realizado (investidora X)

Valor das compras de mercadorias adquiridas de **Y**		R$ 500.000,00
(-)	Venda das referidas mercadorias a terceiros (40% x R$ 500.000,00)	(R$ 200.000,00)
(=)	Estoque final das merc. adquiridas de **Y** em poder de **X**	R$ 300.000,00
(x)	Margem do lucro de **Y** na venda de merc. para **X**	40 %
(=)	Resultado	R$ 120.000,00
(X)	Participação de **X** no capital social de **Y**	30 %
(=)	Lucro não realizado de **Y** contido no saldo de estoque de **X**	R$ 36.000,00

Resultado da Equivalência Patrimonial (investidora X)

Lucro da coligada **Y**		R$ 3.000.000,00
(x)	Participação de **X** no capital social de **Y**	30 %
(=)	Valor da Equiv. Patr. antes do Lucro não Realizado	R$ 900.000,00
(-)	Lucro de **Y** que ainda não foi realizado em **X**	(R$ 36.000,00)
(=)	Resultado da Equivalência Patrimonial	R$ 864.000,00

Lançamento contábil na Investidora X do resultado da equivalência patrimonial:

D Ativo Não Circulante
Investimento
Participação na coligada **Y** R$ 864.000,00
C Conta de Resultado
Resultado da Equivalência Patrimonial R$ 864.000,00

2.2. Lucros não Realizados em Operações de Vendas de Ativos da Investidora para Coligada

Os resultados decorrentes de transações descendentes (*downstream*) entre o investidor (incluindo suas controladas consolidadas) e a coligada devem ser reconhecidos nas demonstrações contábeis do investidor somente na extensão da participação de outros investidores sobre essa coligada que sejam partes independentes do grupo econômico a que pertence a investidora. As transações descendentes são, por exemplo, vendas de ativos do investidor para a coligada. A participação do investidor nos lucros e prejuízos resultantes dessas transações deve ser eliminada.

Nas operações de vendas de ativos de uma investidora para uma coligada (*downstream*), são considerados lucros não realizados, na proporção da participação da investidora na coligada, aqueles obtidos em operações de ativos que, à época das demonstrações contábeis, ainda permaneçam na coligada. Por definição, essa coligada deve ter um controlador que não seja essa investidora, ou não deve ter controlador, a fim de que sobre a investidora e a coligada possa existir apenas relação de significativa influência e não de controle, e para que ambas não sejam consideradas sob controle comum. Equiparam-se a venda, para fins de lucro não realizado, os aportes de ativos para integralização de capital na investida.

Dessa forma, na venda da investidora para a coligada é considerada realizada, na investidora, a parcela do lucro proporcional à participação dos demais sócios na coligada que sejam partes independentes da investidora ou dos controladores da investidora. Afinal, a operação de venda se dá entre partes independentes, por ter a coligada um controlador diferente do controlador da investidora. Aplicam-se esses procedimentos também para o caso de coligada e ou investidora sem sócio controlador.

O lucro não realizado será reconhecido à medida em que o ativo for vendido para terceiros, ou for depreciado, ou sofrer *impairment* ou sofrer baixa por qualquer outro motivo.

A operação de venda deve ser registrada normalmente pela investidora e o não reconhecimento do lucro não realizado se dá pela eliminação, no resultado individual da investidora (e se for o caso no resultado consolidado), da parcela não realizada, em linha logo após o resultado de equivalência patrimonial, com destaque na própria demonstração do resultado ou em nota explicativa, e pelo seu registro a crédito da conta de investimento, até sua efetiva realização pela baixa do ativo na coligada.

Não devem ser eliminadas na demonstração do resultado da investidora as parcelas de venda, custo da mercadoria ou produto vendido, tributos e outros itens aplicáveis, já que a operação como um todo se dá com genuínos terceiros, ficando como não realizada apenas a parcela devida do lucro.

A existência de transações com ativos que gerem prejuízos é, normalmente, evidência de necessidade de reconhecimento de *impairment*– Redução ao Valor Recuperável de Ativos, o que pode levar à não eliminação da figura desse prejuízo. Esse conceito aplica-se também para as operações com controlada e com *joint venture*.

Exemplo 1: (Não considerar os impostos)

Investidora **X** vende mercadorias para a coligada **Y**		R$	500.000,00
(-)	CMV da investidora **X**	(R$	300.000,00)
(=)	Lucro de **X** na venda de mercadorias para **Y**	R$	200.000,00

Informações adicionais:
- Lucro total da coligada **Y** R$ 3.000.000,00
- Participação da investidora **X** no capital da coligada **Y** ==➔ 30 %
- A coligada **Y** mantém em seus estoques a totalidade das mercadorias adquiridas da investidora **X**

Cálculo da margem de lucro que a investidora X teve, vendendo mercadorias para a coligada Y

Preço de venda das mercadorias de **X** para **Y**	R$	500.000,00= ➔	100%
Lucro da investidora **X** na venda de mercad. para **Y**	R$	200.000,00= ➔	x %

X (lucro de Y) = 40%

Cálculo do Lucro Não Realizado

	Valor das compras de mercadorias adquiridas de **X**	R$	500.000,00
(-)	Venda das referidas mercadorias a terceiros		R$ 00,00
(=)	Estoque final das merc. adquiridas de **X** em poder **Y**	R$	500.000,00
(x)	Margem do lucro de **X** na venda de merc. para **Y**		40 %
(=)	Lucro de **X** contido no estoque **Y**	R$	200.000,00
(x)	Participação de **X** em **Y**		30 %
(=)	Lucro Não Realizado de **X** contido nos estoques de **Y**	R$	60.000,00

Lançamento contábil na investidora X, referente a eliminação do lucro não realizado:

D Conta de Resultado
Lucros não realizados com a coligada **Y** R$ 60.000,00
C Ativo Não Circulante
Investimento
Lucros a apropriar R$ 60.000,00

Resultado da Equivalência Patrimonial (investidora X)

	Lucro da coligada **Y**	R$	3.000.000,00
(x)	Participação de **X** em **Y**		30 %
(=)	Resultado da Equivalência Patrimonial	R$	900.000,00

Lançamento contábil na investidora X do resultado da equivalência patrimonial:

D Ativo Não Circulante
Investimento
Participação na coligada **Y** R$ 900.000,00
C Conta de Resultado
Resultado da Equivalência Patrimonial R$ 900.000,00

Exemplo 2: (Não considerar os impostos)

	Investidora **X** vende mercadorias para a coligada **Y**	R$	500.000,00
(-)	CMV da investidora **X**	(R$	300.000,00)
(=)	Lucro de **X** na venda de mercadorias para **Y**	R$	200.000,00

Informações adicionais:

- Lucro total da coligada **Y** R$ 3.000.000,00
- Participação da investidora **X** no capital da coligada **Y** == ➔ 30 %
- A coligada **Y** vendeu a terceiros 100% das mercad. adquiridas da investidora **X**

Cálculo da margem de lucro que a investidora X teve, vendendo mercadorias para a coligada Y

Preço de venda das mercadorias de **X** para **Y**	R$	500.000,00	=➔	100%
Lucro da investidora **X** na venda de mercad. para **Y**	R$	200.000,00	=➔	x %

X (lucro de Y) = 40 %

Cálculo do Lucro Não Realizado

	Valor das compras de mercadorias adquiridas de **X**	R$	500.000,00
(-)	Venda das referidas mercadorias a terceiros	(R$	500.000,00)
(=)	Estoque final das merc. adquiridas de **X** em poder de **Y**	R$	00,00
(x)	Margem do lucro de **X** na venda de merc. para **Y**		40 %
(=)	Lucro de **X** contido no estoque de **Y**	R$	00,00
(x)	Participação de **X** em **Y**		30 %
(=)	Lucro Não Realizado de **X** contido nos estoques de **Y**	R$	00,00

Lançamento contábil na investidora X, referente a eliminação do lucro não realizado:
Nenhum registro contábil deverá ser efetuado.

Resultado da Equivalência Patrimonial (investidora X)

	Lucro da coligada **Y**	R$	3.000.000,00
(x)	Participação de **X** em **Y**		30 %
(=)	Resultado da Equivalência Patrimonial	R$	900.000,00

Lançamento contábil na investidora X do resultado da equivalência patrimonial:

D Ativo Não Circulante
  Investimento
    Participação na coligada **Y** R$ 900.000,00
C Conta de Resultado
  Resultado da Equivalência Patrimonial R$ 900.000,00

Exemplo 3: (Não considerar os impostos)

	Investidora **X** vende mercadorias para a coligada **Y**	R$	500.000,00
(-)	CMV da investidora **X**	(R$	300.000,00)
(=)	Lucro de **X** na venda de mercadorias para **Y**	R$	200.000,00

Informações adicionais:

- Lucro total da coligada **Y** R$ 3.000.000,00
- Participação da investidora **X** no capital da coligada **Y** ==➔ 30 %
- <u>A coligada **Y** vendeu a terceiros 40% das mercadorias adquiridas da investidora **X**</u>

Cálculo da margem de lucro que a investidora X teve, vendendo mercadorias para a coligada Y

Preço de venda das mercadorias de **X** para **Y**	R$	500.000,00	=➔	100%
Lucro da investidora **X** na venda de mercad. para **Y**	R$	200.000,00	=➔	x %

X (lucro de Y) = 40 %

Cálculo do Lucro Não Realizado

Valor das compras de mercadorias adquiridas de **X**		R$ 500.000,00
(-)	Venda das referidas mercadorias a terceiros (40%)	(R$ 200.000,00)
(=)	Estoque final das merc. adquiridas de **X** em poder de **Y**	R$ 300.000,00
(x)	Margem do lucro de **X** na venda de merc. para **Y**	40 %
(=)	Lucro de **X** contido no estoque de **Y**	R$ 120.000,00
(x)	Participação de **X** em **Y**	30 %
(=)	Lucro Não Realizado de **X** contido nos estoques de **Y**	R$ 36.000,00

Lançamento contábil na investidora X, referente a eliminação do lucro não realizado:

D Conta de Resultado
  Lucros não realizados com a coligada **Y** R$ 36.000,00
C Ativo Não Circulante
  Investimento
    Lucros a apropriar R$ 36.000,00

Resultado da Equivalência Patrimonial (investidora X)

Lucro da coligada **Y**		R$ 3.000.000,00
(x)	Participação de **X** em **Y**	30 %
(=)	Resultado da Equivalência Patrimonial	R$ 900.000,00

Lançamento contábil na investidora X do resultado da equivalência patrimonial:

D Ativo Não Circulante
  Investimento
    Participação na coligada **Y** R$ 900.000,00
C Conta de Resultado
  Resultado da Equivalência Patrimonial R$ 900.000,00

2.3. Lucros não Realizados em Operações de Vendas de Ativos da Controlada para a Controladora

Os resultados decorrentes de transações descendentes (*upstream*) entre a controladora e a controlada não devem ser reconhecidos nas demonstrações contábeis individuais da controladora enquanto os ativos transacionados estiverem no balanço de adquirente pertencente ao mesmo grupo econômico.

Nas operações de venda da controlada para a controladora (*upstream*) ou para outras controladas do mesmo grupo econômico, o lucro será reconhecido na vendedora normalmente como no caso das coligadas e *joint ventures*.

Nas demonstrações individuais da controladora, quando de operações de vendas de ativos da controlada para a controladora ou entre controladas, o cálculo da equivalência patrimonial se faz deduzindo-se, do patrimônio líquido da controlada, cem por cento do lucro contido no ativo ainda em poder do grupo econômico. Com isso, a controladora registra como resultado valor nulo, não tendo, por isso, afetação no seu resultado e no seu patrimônio líquido como decorrência do resultado reconhecido pela controlada.

Exemplo 1: (Não considerar os impostos)

Controlada **Y** vende mercadorias para a controladora **X**		R$ 500.000,00
(-)	CMV da controlada **Y**	(R$ 300.000,00)
(=)	Lucro de **Y** na venda de mercadorias para **X**	R$ 200.000,00

Informações adicionais:

- Participação da controladora **X** no capital da controlada **Y** ==➔ 80 %
- Lucro total da controlada **Y** R$ 3.000.000,00
- A controladora X mantém em seus estoques a totalidade das mercadorias adquiridas da controlada Y

Cálculo da margem de lucro que a controlada Y teve, vendendo mercadorias para a controladora X

Preço de venda das mercadorias de **X** para **Y**	R$	500.000,00 == 100%
Lucro da controlada **Y** vendendo mercadorias para **X**	R$	200.000,00 == x %

X(lucro de Y) = 40 %

Cálculo do Lucro Não Realizado (controladora X)

Valor das compras de mercadorias adquiridas de **Y**		R$	500.000,00
(-)	Venda das referidas mercadorias a terceiros	R$	00,00
(=)	Estoque final das merc. adquiridas de **Y** em poder de **X**	R$	500.000,00
(x)	Margem do Lucro de **Y** na venda de merc. para **X**		40 %
(=)	Lucro não realizado de **Y** contido no saldo de estoque de **X**	R$	200.000,00

Resultado da Equivalência Patrimonial (investidora X)

Lucro da controlada **Y**		R$	3.000.000,00
(-)	Lucro de **Y** que ainda não foi realizado em **X**	(R$	200.000,00)
(=)	Resultado	R$	2.800.000,00
(x)	Participação de **X** em **Y**		80 %
(=)	Resultado da Equivalência Patrimonial	R$	2.240.000,00

Lançamento contábil na controladora X do resultado da equivalência patrimonial:

D Ativo Não Circulante
Investimento
Participação na controlada **Y** R$ 2.240.000,00
C Conta de Resultado
Resultado da Equivalência Patrimonial R$ 2.240.000,00

Obs. São deduzidos 100% dos lucros não realizados.

Exemplo 2: (Não considerar os impostos)

Controlada **Y** vende mercadorias para a controladora **X**		R$	500.000,00
(-)	CMV da controlada **Y**	(R$	300.000,00)
(=)	Lucro de **Y** na venda de mercadorias para **X**	R$	200.000,00

Informações adicionais:

- Participação da controladora **X** no capital da controlada **Y** ==➔ 80 %
- Lucro total da controlada **Y** R$ 3.000.000,00
- A controladora X vendeu a terceiros a totalidade das mercadorias adquiridas da controlada Y

Cálculo da margem de lucro que a controlada Y teve, vendendo mercadorias para a controladora X

Preço de venda das mercadorias de **X** para **Y**	R$	500.000,00 == 100%
Lucro da controlada **Y** vendendo mercadorias para **X**	R$	200.000,00 == x %

X(lucro de Y) = 40 %

Cálculo do Lucro Não Realizado (controladora X)

Valor das compras de mercadorias adquiridas de **Y**		R$	500.000,00
(-)	Venda das referidas mercadorias a terceiros – 100%	(R$	500.000,00)
(=)	Estoque final das merc. adquiridas de **Y** em poder de **X**	R$	00,00
(x)	Margem do Lucro de **Y** na venda de merc. para **X**		40 %
(=)	Lucro não realizado de **Y** contido no saldo de estoque de **X**	R$	00,00

Resultado da Equivalência Patrimonial (investidora X)

Lucro da controlada **Y**		R$	3.000.000,00
(-)	Lucro de **Y** que ainda não foi realizado em **X**	R$	00,00
(=)	Resultado	R$	3.000.000,00
(x)	Participação de **X** em **Y**		80 %
(=)	Resultado da Equivalência Patrimonial	R$	2.400.000,00

Lançamento contábil na controladora X do resultado da equivalência patrimonial, após a exclusão do lucro não realizado:

D Ativo Não Circulante
  Investimento
    Participação na controlada **Y** R$ 2.400.000,00
C Conta de Resultado
  Resultado da Equivalência Patrimonial R$ 2.400.000,00

Exemplo 3: (Não considerar os impostos)

Controlada **Y** vende mercadorias para a controladora **X**		R$	500.000,00
(-)	CMV da controlada **Y**	(R$	300.000,00)
(=)	Lucro de **Y** na venda de mercadorias para **X**	R$	200.000,00

Informações adicionais:

- Participação da controladora **X** no capital da controlada **Y** == ➔ 80 %
- Lucro total da controlada **Y** R$ 3.000.000,00
- A controladora X vendeu a terceiros 40% das mercadorias adquiridas da controlada Y.

Cálculo da margem de lucro que a controlada Y teve, vendendo mercadorias para a controladora X

Preço de venda das mercadorias de **X** para **Y**	R$	500.000,00 == 100%
Lucro da controlada **Y** vendendo mercadorias para **X**	R$	200.000,00 ==x %

X(lucro de Y) = 40 %

Cálculo do Lucro Não Realizado (controladora X)

Valor das compras de mercadorias adquiridas de **Y**		R$	500.000,00
(-)	Venda das referidas mercadorias a terceiros – 40%	(R$	200.000,00)
(=)	Estoque final das merc. adquiridas de **Y** em poder de **X**	R$	300.000,00
(x)	Margem do Lucro de **Y** na venda de merc. para **X**		40 %
(=)	Lucro não realizado de **Y** contido no saldo de estoque de **X**	R$	120.000,00

Resultado da Equivalência Patrimonial (investidora X)

Lucro da controlada **Y**		R$	3.000.000,00
(-)	Lucro de **Y** que ainda não foi realizado em **X**	(R$	120.000,00)
(=)	Resultado	R$	2.880.000,00
(x)	Participação de **X** em **Y**		80 %
(=)	Resultado da Equivalência Patrimonial	R$	2.304.000,00

Obs. São deduzidos 100% dos lucros não realizados.

Lançamento contábil na controladora X do resultado da equivalência patrimonial:

D Ativo Não Circulante
Investimento
Participação na controlada **Y** R$ 2.304.000,00
C Conta de Resultado
Resultado da Equivalência Patrimonial R$ 2.304.000,00

2.4. Lucros não realizados em operações de vendas de Ativos da controladora para a controlada

Os resultados decorrentes de transações descendentes (*downstream*) entre a controladora e a controlada não devem ser reconhecidos nas demonstrações contábeis individuais da controladora enquanto os ativos transacionados estiverem no balanço da adquirente pertencente ao mesmo grupo econômico.

Nas operações com controladas, os lucros não realizados são totalmente eliminados nas operações de venda da controladora para a controlada. São considerados não realizados os lucros contidos no ativo de qualquer entidade pertencente ao mesmo grupo econômico, não necessariamente na controlada para a qual a controladora tenha feito a operação original.

Nas demonstrações individuais, quando de operações de vendas de ativos da controladora para suas controladas (*downstream*), a eliminação do lucro não realizado se faz no resultado individual da controladora, deduzindo-se cem por cento do lucro contido no ativo ainda em poder do grupo econômico, em contrapartida a crédito da conta de investimento (como se fosse uma devolução de parte desse investimento), até sua efetiva realização pela baixa do ativo na(s) controlada(s).

A eliminação de que trata o item acima na demonstração do resultado se dá em linha logo após o resultado de equivalência patrimonial, com destaque na própria demonstração do resultado ou em nota explicativa. Podem ser eliminadas na demonstração do resultado da controladora as parcelas de venda, custo da mercadoria ou produto vendido, tributos e outros itens aplicáveis, já que a operação como um todo não se dá com genuínos terceiros. Se não eliminados, esses valores devem ser evidenciados na própria demonstração do resultado ou em notas explicativas.

Exemplo 1: (Não considerar os impostos)

Controladora **X** vende mercadorias para a controlada **Y**	R$	500.000,00
(-) CMV da controladora **X**	(R$	300.000,00)
(=) Lucro de **X** na venda de mercadorias para **Y**	R$	200.000,00

Informações adicionais:

- Participação da controladora **X** no capital da controlada **Y** ==→ 80 %
- Lucro total da controlada **Y** R$ 3.000.000,00
- A controlada **Y** mantém em seus estoques a totalidade das mercadorias adquiridas da controladora **X**.

Procedimento contábil a ser efetuado pela controladora X

Como a controlada **Y** não vendeu as mercadorias adquiridas da controladora **X** para terceiros, a controladora X deverá eliminar a totalidade do lucro ocorrido na referida transação, mesmo possuindo 80% do capital social da controlada **Y**. A justificativa para a eliminação de 100% do lucro não realizado e não 80% (sua participação no capital social), é que, se a controladora vende mercadorias para sua controlada, está na verdade vendendo mercadorias para ela mesma, razão pela qual deverá eliminar 100% desse resultado.

Lançamento contábil na controladora X referente a eliminação do lucro não realizado:

D	Conta de Resultado				
	Lucros não realizados com a controlada **Y**	R$	200.000,00		
C	Ativo Não Circulante				
	Investimento				
	Lucros a apropriar			R$	200.000,00

Resultado da Equivalência Patrimonial (investidora X)

Lucro da controlada **Y**	R$	3.000.000,00
(x) Participação de **X** em **Y**		80 %
(=) Resultado da Equivalência Patrimonial	R$	2.400.000,00

Lançamento contábil na controladora X do resultado da equivalência patrimonial:

D	Ativo Não Circulante				
	Investimento				
	Participação na controlada **Y**	R$	2.400.000,00		
C	Conta de Resultado				
	Resultado da Equivalência Patrimonial			R$	2.400.000,00

Exemplo 2: (Não considerar os impostos)

Controladora **X** vende mercadorias para a controlada **Y**	R$	500.000,00
(-) CMV da controladora **X**	(R$	300.000,00)
(=) Lucro de **X** na venda de mercadorias para **Y**	R$	200.000,00

Informações adicionais:

- Participação da controladora **X** no capital da controlada **Y** ==→ 80 %
- A controlada **Y** vendeu a terceiros 100% das mercadorias adquiridas da controladora **X**

Cálculo do Lucro Não Realizado (controladora X)

Participação da controladora nos lucros não realizados

Lucro da controladora **X** vendendo mercad. para a controlada **Y**	R$	200.000,00
(-) Lucro da controladora **X** realizado (controlada **Y** vendeu para terceiros 100% das mercadorias adquiridas de **X**)	(R$	200.000,00)
(=) Lucro da controladora **X** contido nos estoques da controlada	R$	00,00

Lançamento contábil na controladora X referente a eliminação do lucro não realizado:
Nenhum registro contábil deverá ser efetuado.

Resultado da Equivalência Patrimonial (investidora X)

Lucro da controlada **Y**	R$	3.000.000,00
(x) Participação de **X** em **Y**		80 %
(=) Resultado da Equivalência Patrimonial	R$	2.400.000,00

Lançamento contábil na controladora X do resultado da equivalência patrimonial:

D Ativo Não Circulante
Investimento
Participação na controlada **Y** R$ 2.400.000,00
C Conta de Resultado
Resultado da Equivalência Patrimonial R$ 2.400.000,00

Exemplo 3: (Não considerar os impostos)

Controladora **X** vende mercadorias para a controlada **Y**	R$	500.000,00
(-) CMV da controladora **X**	(R$	300.000,00)
(=) Lucro de **X** na venda de mercadorias para **Y**	R$	200.000,00

Informações adicionais:
- Participação da controladora **X** no capital da controlada **Y** ==➔ 80 %
- A controlada **Y** vendeu a terceiros 40% das mercad. adquiridas da controladora **X**

Cálculo do Lucro Não Realizado (controladora X)

Participação da controladora nos lucros não realizados

Lucro da controladora **X** vendendo merc. para a controlada **Y**	R$	200.000,00
(-) Parte do lucro da controladora **X** realizado (controlada **Y** vendeu para terceiros 40% das merc. adquiridas de **X** (40% x R$ 200.000,00)	(R$	80.000,00)
(=) Parte do lucro da controladora **X** contido nos estoques da controlada**Y** ainda não foi realizado.	R$	120.000,00

Como a controlada **Y** vendeu parte das mercadorias adquiridas da controladora **X**, para terceiros (40%), permanecendo em seus estoques o restante (60%), a controladora **X** deverá eliminar a totalidade do lucro não realizado, ou seja R$ 120.000,00 no seu Balanço Patrimonial e não 80% de R$ 120.000,00 (sua participação no capital social). Tal fato se deve ao fundamento de que, se a controladora vende mercadorias para sua controlada, está na verdade vendendo mercadorias para ela mesma, razão pela qual deverá eliminar 100% do lucro não realizado.

Lançamento contábil na controladora X referente a eliminação do lucro não realizado:

D Conta de Resultado
Lucros não realizados com a controlada **Y** R$ 120.000,00
C Ativo Não Circulante
Investimento
Lucros a Apropriar R$ 120.000,00

Resultado da Equivalência Patrimonial (investidora X)

Lucro da controlada **Y**		R$ 3.000.000,00
(x)	Participação de **X** em **Y**	80 %
(=)	Resultado da Equivalência Patrimonial	R$ 2.400.000,00

Lançamento contábil na controladora X do resultado da equivalência patrimonial:

D Ativo Não Circulante
Investimento
Participação na controlada **Y** R$ 2.400.000,00
C Conta de Resultado
Resultado da Equivalência Patrimonial R$ 2.400.000,00

3. Lucro na Venda de Investimentos:

Se uma empresa vende para outra do grupo uma participação acionária numa terceira empresa, e há lucro nessa transação, tal resultado deverá ser eliminado, pois não representa um lucro efetivo realizado com terceiros. Todavia, toda a transação deverá ser cuidadosamente analisada, para determinar como fazer a eliminação.

Suponha inicialmente que uma coligada **B** tenha uma participação acionária de 30% na coligada **C**. Os demais 70% das ações da Coligada **C** pertencem a outros acionistas fora do grupo.

Dados para Aplicação do Exemplo

a - A coligada **B** vende para a investidora **A** o investimento na coligada **C** por $ 6.000.000.
b - O investimento registrado na coligada **B** era de $ 4.000.000.
c - Para a avaliação do investimento, ambas adotam o método da Equivalência Patrimonial.

Contabilização na Investidora A

D Investimento na controlada "C"	$ 4.000.000	
D Ágio na Aquisição de Investimentos "C"	$ 2.000.000	
C Bancos C/ Movimento		$ 6.000.000

Contabilização na Coligada B

D Bancos C/Movimento	$ 6.000.000	
C Investimentos na Coligada "C"		$ 4.000.000
C Outras Receitas - Investimentos		$ 2.000.000

Como se nota, o lucro da transação está no ativo da investidora **A** e como receita do ano na coligada **B.** Tal valor deve ser deduzido do resultado da equivalência patrimonial da coligada **B,** para o registro contábil.

No exemplo dado, o valor do lucro na transação é que seria eliminado, pois foi transação do próprio ano, e a conta de ágio nada teve de amortização.

O valor do ajuste se alteraria à medida da amortização do ágio. Se a investidora **A** houvesse registrado o ágio de $ 2.000.000 numa conta de ativo para amortizá-lo num período de cinco anos, o valor da eliminação a cada ano seria diferente, pois, à medida que tal ativo fosse amortizado contra o resultado, o "lucro nos ativos" iria reduzindo-se até chegar a zero, quando não haveria lucros nos ativos a eliminar do resultado da equivalência patrimonial. Tomando esse mesmo exemplo, vamos verificar como seriam os ajustes no resultado da equivalência patrimonial, supondo que a transação de venda ocorreu no final de 2.0x4 e que a investidora **A** passou a amortizar o ágio de $ 2.000.000 em cinco anos, ou seja $ 400.000 por ano a partir de 2.0x5.

Assim um quadro que demonstre tal ativo e sua amortização será:

Ano	Amortização Despesa	Ágio – Dedução Equiv. Patr.
20x4	-o-	2.000.000
20x5	400.000	1.600.000
20x6	400.000	1.200.000
20x7	400.000	800.000
20x8	400.000	400.000
20x9	400.000	-o-
2x10	-o-	-o-

Como se verifica, o lucro da coligada **B** nos ativos da investidora **A** vai se reduzindo até chegar a zero, e em 2x10 não há mais ajustes a fazer.

Em 2.0x9 não há mais lucro no ativo da investidora **A**, logo não há mais ajustes a fazer no resultado da equivalência patrimonial.

4. Lucro na Venda de Imobilizado

Caso haja transação intercompanhias na venda do ativo imobilizado com lucro, sua apuração se tornará mais complexa, em razão da depreciação a que estiver sujeito o imobilizado.
Tomaremos a título de ilustração, o exemplo abaixo:

Dados para Exemplo:

A Coligada Delta vendeu um terreno à Investidora Gama por R$ 80.000

O valor do terreno contabilizado em Delta é de R$ 60.000 (Líquido Contábil)

Com base nesses dados teremos os seguintes registros contábeis:

NA COLIGADA DELTA		NA INVESTIDORA GAMA	
D. Bcos c/ Movimento	80.000	D. Imóveis	80.000
C. Terrenos	60.000	C. Bcos c/ Movimento	80.000
C Lucro – Outras Receitas	20.000		

Como não há depreciação de terreno e admitindo-se que a venda se deu no final do período, se a Investidora Gama tivesse uma participação no capital social da Coligada Delta de 40% e o patrimônio líquido dessa fosse de R$ 200.000,00, teríamos o seguinte ajuste a fazer no resultado da equivalência patrimonial:

DESCRIÇÃO	VALOR R$
Patrimônio Líquido de Delta	200.000
(x) Participação Societária em porcentagem	40%
(=) Equivalência Patrimonial provisória	80.000
(-) Ajuste da Equivalência Patrimonial (lucro não realizado)	(20.000)
(=) Equivalência Patrimonial	**60.000**

Questões de Concursos

01. A.F.T.N. – 1998 (ESAF)

Na determinação da equivalência patrimonial, os lucros não realizados, referentes a negócios entre coligada com a investidora, deverão ser: (Adaptada)

a) Incluídos no PL da investida.
b) Incluídos no PL da investida e investidora.
c) Excluídos do PL da investida.
d) Incluídos no Ativo da investida.
e) Excluídos do Passivo da investidora.

02. A.F.T.N. – 2000 (ESAF)

De acordo com a Instrução CVM 247/96, para determinação do cálculo do valor do Investimento e o respectivo cálculo da equivalência patrimonial não são excluídos:

a) Os prejuízos decorrentes de transações com a investidora, coligadas e controladas.
b) Os resultados obtidos em transações realizadas com controladas indiretas e coligadas equiparadas.
c) Todos os resultados apurados em venda de imobilizados e transferência de realizáveis ocorrida entre controladas, coligadas e a investidora.
d) Os lucros apurados em operações de venda de Imobilizados das empresas coligadas efetivas para a investidora.
e) Quaisquer resultados obtidos em transações efetuadas entre investidora, coligadas e controladas.

03. I.S.S. – SP – 2007 (FCC)

A Cia. Santo Amaro possui 80% das ações com direito a voto de sua controlada, a Cia. Santa Maria, que representam 40% do total do capital social da investida. No exercício de 2005, a Cia. Santa Maria vendeu um lote de mercadorias para a investidora por R$ 400.000,00, auferindo um lucro de R$ 100.000,00 na transação. Sabendo-se que, em 31.12.2005, o Patrimônio Líquido da controlada era de R$ 750.000,00 e que a investidora mantinha integralmente o referido lote de mercadorias em seus estoques, a participação societária, avaliada pelo método da equivalência patrimonial na contabilidade da Cia. Santo Amaro, corresponderá a, em R$: (Adaptada)

a) 175.000,00
b) 200.000,00
c) 260.000,00
d) 400.000,00
e) 520.000,00

04. I.C.M.S. – PA – 2002 (ESAF)

Por decisão interna do grupo de empresas comandado pela Cia. Toda Cor, as operações de venda de produtos, mercadorias ou serviços, quando realizadas entre empresas do conglomerado, são efetuadas com margem bruta de 20%. No exercício de 2001 a Cia. Azul vende a prazo, para a controladora do grupo, estoques de mercadorias no valor de R$ 500.000,00. Sabe-se que ao final do exercício permaneciam, ainda, nos ativos da compradora 40% desses estoques.

O valor do resultado não-realizado identificado nos estoques da investidora é:

a) 160.000
b) 120.000
c) 100.000
d) 80.000
e) 40.000

05. I.S.S. – SP – 2007 (FCC)

A Cia. Vértice vendeu mercadorias à sua controladora no valor de R$ 250.000,00, obtendo um lucro de 25% sobre o preço de custo. No final do exercício, a investidora mantinha em estoque 20% do referido lote, tendo vendido o restante a terceiros obtendo um lucro de R$ 150.000,00. A controladora possui 60% das ações da investida. Na apuração do Balanço Patrimonial, o montante do lucro não-realizado nessas transações, correspondeu a, em R$: (Adaptada)

a) 6.000,00
b) 7.500,00
c) 8.000,00
d) 10.000,00
e) 12.500,00

06. B.N.D.E.S. – RJ – 2005 (CESGRANRIO)

A Cia. Equity possuía um único investimento societário em sociedade controlada e dispunha, em 31/12/X1, das seguintes informações para fins de cálculo da Equivalência Patrimonial:

Patrimônio Líquido Controlada (já incluído o Lucro Líquido do Exercício)	R$ 3.000,00
% Participação no Capital Social da Controlada	80%
Lucro Líquido do Exercício auferido pela controlada	R$ 500,00
Lucros não Realizados integrantes do Lucro Líquido do Exercício da controlada	R$ 200,00
Valor contábil do investimento avaliado pelo método da equivalência patrimonial	R$ 2.000,00

Considerando a Instrução CVM 247/96, o valor a ser registrado pela Controladora como Resultado da Equivalência Patrimonial do exercício de 19X1 é:

a) R$ 240,00
b) R$ 200,00
c) R$ 400,00
d) R$ 100,00
e) R$ 300,00

07. A.F.R.F. – 2003 (ESAF)

Indique a opção que não corresponde a procedimentos exigidos pela Instrução CVM 247/96 para a determinação da base de cálculo da equivalência patrimonial.

a) O resultado positivo incluído no lucro apurado de companhia investidora que corresponda à inclusão no custo de aquisição de ativos imobilizados no balanço patrimonial da controlada.
b) O resultado positivo incluído no lucro apurado de companhia controlada que corresponda à inclusão no custo de aquisição de estoques de matérias-primas no balanço patrimonial da investidora.
c) O lucro não realizado incluído no lucro apurado de companhia controlada que corresponda à inclusão no custo de aquisição de bens não de uso no balanço patrimonial de outra empresa coligada.
d) O resultado positivo incluído no lucro apurado de companhia controlada que corresponda à inclusão no custo de aquisição de ativos imobilizados no balanço patrimonial da investidora.
e) O resultado positivo incluído no lucro apurado de companhia controlada que corresponda à inclusão no custo de aquisição de ativos imobilizados no balanço patrimonial de outra controlada.

08. I.C.M.S. - S.C. - 2010 (UFSC)

A empresa Investidora Paraná é detentora de 85% do total das ações da empresa investida Londrina e 65% do total das ações da empresa investida Maringá. O patrimônio líquido em 31/12/2008 da Paraná era de R$ 800.000,00; da Londrina era de R$ 310.000,00 e da empresa Maringá, R$ 430.000,00. No balanço de 31/12/2009, a empresa Londrina obteve um lucro de R$ 52.000,00 e destinou 30% desse lucro como dividendos propostos para serem pagos em 2010, enquanto a empresa Maringá obteve um lucro de R$ 58.000,00 e destinou 40% desse lucro como dividendos propostos para também serem pagos em 2010. Durante o transcorrer do ano de 2009, a empresa Paraná vendeu, com uma margem de lucro de 30%, R$ 45.500,00 em mercadorias para a empresa Londrina e R$ 31.000,00 para a empresa Maringá. Todas as vendas da Investidora para as Investidas ficaram nos estoques das investidas. A investida Londrina vendeu mercadorias para a investidora durante o ano de 2009 e obteve um lucro de R$ 18.000,00, enquanto a empresa Maringá obteve um lucro de R$ 32.000,00 com vendas para a controladora. Essas vendas (adquiridas das controladas) foram revendidas para terceiros durante o ano de 2009, pela controladora. Sabe-se que a empresa Paraná avalia seus investimentos pelo MEP – Método da Equivalência Patrimonial. Qual o valor total da conta investimentos registrado na contabilidade da empresa Paraná, em 31/12/2009? (Adaptada)

a) R$ 543.000,00
b) R$ 586.100,00
c) R$ 573.610,00
d) R$ 624.900,00
e) R$ 653.240,00

09. I.C.M.S. - SC - 2010 (UFSC)

A empresa Investidora Nordeste é detentora de 80% do total das ações da empresa investida Ceará e 60% do total das ações da empresa investida Bahia. O patrimônio líquido em 31/12/2008 da Nordeste era de R$ 650.000,00; da Ceará era de R$ 450.000,00 e da empresa Bahia, R$ 630.000,00. Durante o ano de 2009, a empresa Nordeste vendeu, com uma margem de lucro de 30%, R$ 25.500,00 em mercadorias para a empresa Ceará e R$ 11.000,00 para a empresa Bahia. Todas as vendas da Investidora para as Investidas ficaram nos estoques das investidas. Também durante 2009, a empresa Ceará vendeu mercadorias para a Investidora e obteve um lucro de R$ 15.000,00 com essas vendas, sendo que 60% dessas mercadorias ficaram em estoques na Investidora. A Bahia vendeu mercadorias para a investidora e obteve um lucro de R$ 28.000,00 com essas vendas, sendo que 30% dessas mercadorias ficaram em estoque na Investidora. O lucro da Ceará, obtido em 31/12/2009, foi de R$ 72.000,00 e da empresa Bahia, foi de R$ 68.000,00. Qual o valor da conta investimentos avaliado pelo método da equivalência patrimonial registrada na contabilidade da empresa Nordeste, em 31/12/2009? (Adaptada)

a) Ceará R$ 9.000,00 e na Bahia R$ 8.400,00
b) Ceará R$ 57.600,00 e na Bahia R$ 40.800,00
c) Ceará R$ 360.000,00 e na Bahia R$ 378.000,00
d) Ceará R$ 402.750,00 e na Bahia R$ 410.460,00
e) Ceará R$ 417.600,00 e na Bahia R$ 418.800,00

Gabarito

01. C **02. A** **03. C** **04. E** **05. D** **06. A** **07. A** **08. C** **09. D**

9. Método Avaliação a Valores Justos

1. Conceito
2. Base Legal e Definições
3. Classificação dos Instrumentos Financeiros

1. Conceito

É o método de contabilização pelo qual os investimentos em instrumentos financeiros são avaliados a valores justos.

2. Base Legal e Definições

Lei n° 6.404/76, após as alterações introduzidas pela Lei nº 11.638/07 e Lei nº 11.941/09

Art. 183. *No balanço, os elementos do ativo serão avaliados segundo os seguintes critérios:*

......

I - As aplicações em instrumentos financeiros, inclusive derivativos, e em direitos e títulos de créditos, classificados no ativo circulante ou no realizável a longo prazo:

a. pelo seu valor justo, quando se tratar de aplicações destinadas à negociação ou disponíveis para venda; e

b. pelo valor de custo de aquisição ou valor de emissão, atualizado conforme disposições legais ou contratuais, ajustado ao valor provável de realização, quando este for inferior, no caso das demais aplicações e os direitos e títulos de crédito;

§ 1º Para efeitos do disposto neste artigo, considera-se valor justo:

a) ...

b) ...

c) ...

d) dos instrumentos financeiros, o valor que pode se obter em um mercado ativo, decorrente de transação não compulsória realizada entre partes independentes; e, na ausência de um mercado ativo para um determinado instrumento financeiro:

1) o valor que se pode obter em um mercado ativo com a negociação de outro instrumento financeiro de natureza, prazo e risco similares;

2) o valor presente líquido dos fluxos de caixa futuros para instrumentos financeiros de natureza, prazo e risco similares; ou

3) o valor obtido por meio de modelos matemático-estatísticos de precificação de instrumentos financeiros.

O Comitê de Pronunciamentos Contábeis, por meio de seu Pronunciamento Técnico CPC 38, aprovado pela Resolução do Conselho Federal de Contabilidade (CFC) nº 1.196/09 e pela Deliberação nº 604/09 da Comissão de Valores Mobiliários (CVM), assim definiu e classificou os Instrumentos Financeiros:

Instrumento financeiro é qualquer contrato que dê origem a um ativo financeiro para a entidade e a um passivo financeiro ou instrumento patrimonial para outra entidade.

Ativo financeiro é qualquer ativo que seja:

(a) caixa;

(b) instrumento patrimonial de outra entidade;

(c) direito contratual:

- (i) de receber caixa ou outro ativo financeiro de outra entidade; ou
- (ii) de troca de ativos financeiros ou passivos financeiros com outra entidade sob condições potencialmente favoráveis para a entidade;

(d) um contrato que seja ou possa vir a ser liquidado por instrumentos patrimoniais da própria entidade.

Passivo financeiro é qualquer passivo que seja:

(a) uma obrigação contratual de:

- (i) entregar caixa ou outro ativo financeiro a uma entidade; ou
- (ii) trocar ativos financeiros ou passivos financeiros com outra entidade sob condições que são potencialmente desfavoráveis para a entidade; ou

(b) contrato que será ou poderá ser liquidado por instrumentos patrimoniais da própria entidade.

Valor justo é o montante pelo qual um ativo poderia ser trocado, ou um passivo liquidado, entre partes independentes com conhecimento do negócio e interesse em realizá-lo, em uma transação em que não há favorecidos.

3. Classificação dos Instrumentos Financeiros

- Investimentos Temporários

Com referência às aplicações em instrumentos financeiros, direitos e títulos de crédito, classificados no ativo circulante ou no realizável a longo prazo, serão avaliados de acordo com a intenção da empresa em negociá-los, com a segregação das aplicações em três categorias:

- **Aplicações financeiras mantidas pela empresa até o vencimento.**
- **Aplicações financeiras disponíveis à negociação imediata.**
- **Aplicações financeiras disponíveis para venda futura.**

3.1. Aplicações Financeiras Mantidas pela Empresa até o Vencimento

São aplicações financeiras representadas geralmente por títulos de renda fixa, os quais a empresa tem a intenção e evidências claras de mantê-los até o data do seu vencimento, ou seja, consegue comprovar que tem capacidade financeira regular e que não precisará negociá-los antes do seu vencimento. Portanto, essas aplicações não estão disponíveis para negociação imediata ou para venda futura.

Essas aplicações são avaliadas pelo valor de custo de aquisição ou valor de emissão, atualizados dos respectivos rendimentos intrínsecos, conforme disposições legais ou contratuais até a data do balanço, **ajustado ao valor provável de realização, quando este for inferior.** Os referidos ganhos ou perdas são lançados diretamente na demonstração de resultados do exercício.

Exemplos:

Determinada empresa fez uma aplicação financeira no valor de R$ 10.000,00 tendo um rendimento financeiro entre a data da aplicação e a data do balanço de R$ 500,00.

Lançamentos contábeis:

Aplicação Financeira:

D	Ativo Circulante		
	Aplicações em Instrumentos Financeiros	R$ 10.000,00	
C	Ativo Circulante		
	Bancos c/ Movimento		R$ 10.000,00

Rendimentos financeiros:

D	Ativo Circulante		
	Aplicações em Instrumentos Financeiros	R$ 500,00	
C	Conta de Resultado		
	Receita Financeira		R$ 500,00

3.2. Aplicações Financeiras Disponíveis à Negociação Imediata

São aquelas aplicações financeiras que a empresa normalmente faz com a intenção de obter ganhos no curto prazo e já estão devidamente autorizadas pelos gestores da empresa a sua negociação imediata. Nesses casos essas aplicações são avaliadas pelo valor de custo de aquisição ou valor de emissão, atualizados dos respectivos rendimentos, conforme disposições legais ou contratuais até a data do balanço. Após, deverão ser **ajustados ao seu Valor Justo**. Os registros dessas oscilações, para cima ou para baixo, ou seja, a valorização ou desvalorização do título serão lançados diretamente na demonstração de resultados do exercício, e na conta do Ativo Circulante – Aplicações Financeiras.

Exemplos:

Determinada empresa fez uma aplicação financeira no valor de R$ 10.000,00 tendo um rendimento financeiro entre a data da aplicação e a data do balanço de R$ 500,00. A referida aplicação financeira possui liquidez e cotação no mercado.

O Valor Justo na data do balanço do referido título era de:

Exemplo - A R$ 10.700,00
Exemplo - B R$ 10.400,00

Exemplo "A": Lançamentos contábeis a Valores Justos: R$ 10.700,00

Aplicação Financeira:

D	Ativo Circulante		
	Aplicações em Instrumentos Financeiros	R$ 10.000,00	
C	Ativo Circulante		
	Bancos c/ Movimento		R$ 10.000,00

Rendimentos financeiros:

D	Ativo Circulante		
	Aplicações em Instrumentos Financeiros	R$ 500,00	
C	Conta de Resultado		
	Receita Financeira		R$ 500,00

Valorização do título a Valor Justo:

D	Ativo Circulante		
	Aplicações em Instrumentos Financeiros	R$ 200,00	
C	Conta de Resultado		
	Receita na valorização de Aplicações Financeiras		R$ 200,00
	(R$ 10.000 + R$ 500 - R$ 10.700)		

Exemplo "B": Lançamentos contábeis a Valores Justos: R$ 10.400,00

Aplicação Financeira:

D	Ativo Circulante		
	Aplicações em Instrumentos Financeiros	R$ 10.000,00	
C	Ativo Circulante		
	Bancos c/ Movimento		R$ 10.000,00

Rendimentos financeiros:

D	Ativo Circulante		
	Aplicações em Instrumentos Financeiros	R$ 500,00	
C	Conta de Resultado		
	Receita Financeira		R$ 500,00

Desvalorização do título a Valor Justo:

D Resultado
Perda na desvalor. de Aplicações Financ. R$ 100,00
C Ativo Circulante
Aplicações em Instrumentos Financeiros R$ 100,00
(R$ 10.000,00 + R$ 500,00 – R$ 10.400,00)

3.3. Aplicações Financeiras Disponíveis para Venda Futura

São aplicações financeiras destinadas para venda futura, mas essa venda ainda não foi autorizada pelos gestores da empresa. Normalmente são aplicações em participações societárias ou em títulos de dívida pública. Nesses casos essas aplicações são avaliadas pelo valor de custo de aquisição ou valor de emissão, atualizados dos respectivos rendimentos, conforme disposições legais ou contratuais até a data do balanço. Após, deverão ser ajustados pelo seu Valor Justo. Os registros dessas oscilações, para cima ou para baixo, ou seja, a valorização ou desvalorização do título serão lançados diretamente na conta do Ativo Circulante - Investimentos e na conta de Patrimônio Líquido - Ajuste de Avaliação Patrimonial, líquidos dos efeitos tributários (Imposto de Renda e Contr. Social sobre o Lucro), sempre que forem tributáveis ou dedutíveis.

A conta de Ajuste de Avaliação Patrimonial não é considerada uma Reserva, mas sim uma conta temporária, sendo os seus valores transferidos para a conta de resultado do período, quando da sua realização, ou seja, quando negociados ou colocados em condição de negociação imediata.

Exemplos:

Determinada empresa fez uma aplicação financeira no valor de R$ 10.000,00 tendo um rendimento financeiro entre a data da aplicação e a data do balanço de R$ 500,00. A referida aplicação financeira possui liquidez e cotação no mercado.

O Valor Justo na data do balanço do referido título era de:
Exemplo - A R$ 10.700,00
Exemplo - B R$ 10.400,00

Exemplo "A": Lançamentos contábeis a Valores Justos: R$ 10.700,00

Aplicação Financeira:

D Ativo Não Circulante
Aplicações em Instrumentos Financeiros R$ 10.000,00
C Ativo Circulante
Bancos c/ Movimento R$ 10.000,00

Rendimentos financeiros:

D Ativo Não Circulante
Aplicações em Instrumentos Financeiros R$ 500,00
C Conta de Resultado
Receita Financeira R$ 500,00

Valorização do título a Valor Justo:

D Ativo Não Circulante		
Aplicações em Instrumentos Financeiros	R$ 200,00	
C Patrimônio Líquido		
Ajuste de Avaliação Patrimonial		R$ 200,00
(R$ 10.000,00 + R$ 500,00 – R$ 10.700,00)		

Exemplo "B": Lançamentos contábeis a Valores Justos: R$ 10.400,00

Aplicação Financeira:

D Ativo Não Circulante		
Aplicações em Instrumentos Financeiros	R$ 10.000,00	
C Ativo Circulante		
Bancos c/ Movimento		R$ 10.000,00

Rendimentos financeiros:

D Ativo Não Circulante		
Aplicações em Instrumentos Financeiros	R$ 500,00	
C Conta de Resultado		
Receita Financeira		R$ 500,00

Desvalorização do título a Valor Justo:

D Patrimônio Líquido		
Ajuste de Avaliação Patrimonial	R$ 100,00	
C Ativo Não Circulante		
Aplicações em Instrumentos Financeiros		R$ 100,00
(R$ 10.000,00 + R$ 500,00 – R$ 10.400,00)		

QUESTÕES DE CONCURSOS

01. PETROBRAS – 2010 (CESGRANRIO)

O Artigo 183 da Lei nº 6.404/76, das Sociedades Anônimas, com a nova redação dada pela Lei nº 11.941/09, determina como os elementos do ativo devem ser avaliados no Balanço Patrimonial. Entre os critérios relacionados, foi introduzido o do valor justo. Esse critério deve ser utilizado

a) nas aplicações em instrumentos financeiros, inclusive derivativos.
b) nas aplicações em direitos e títulos de créditos classificados no ativo circulante ou no realizável a longo prazo.
c) para avaliar os direitos que tiverem por objeto mercadorias e produtos do comércio da Companhia.
d) quando se tratar de aplicações destinadas à negociação ou disponíveis para venda.
e) quando se tratar de investimentos em participação no capital social de outras sociedades.

02. TRENSURB – 2010 (BIORIO)

A legislação societária atual estabelece que: "Serão classificadas, enquanto não computadas no resultado do exercício em obediência ao regime de competência, as contrapartidas de aumentos ou diminuições de valor atribuídos a elementos do ativo e do passivo, em decorrência da sua avaliação a valor justo". A classificação referida é referente a:

a) ações em tesouraria;
b) reserva de incentivos fiscais;
c) investimentos;
d) avaliação patrimonial;
e) ajustes de avaliação patrimonial.

03. T.C.M. – PA – 2010 (CESGRANRIO)

Uma empresa adquiriu em 31/10/X9 um ativo financeiro no valor de R$ 5.000,00, classificado na data de aquisição em "mantido até o vencimento". Este título remunera à taxa de 1% ao mês e o seu valor justo, um mês após a sua aquisição, era de R$ 5.080,00. De acordo com estas informações, em 30/11/X9, a empresa deveria registrar:

a) na Demonstração de Resultado, receita financeira de R$ 80,00.
b) no Patrimônio Líquido, ajuste de avaliação patrimonial de R$ 30,00.
c) na Demonstração de Resultado, receita financeira de R$ 50,00 e no Patrimônio Líquido, ajuste de avaliação patrimonial de R$ 30,00 (saldo credor).
d) na Demonstração de Resultado, receita financeira de R$ 80,00 e no Patrimônio Líquido, ajuste de avaliação patrimonial de R$ 30,00 (saldo devedor).
e) na Demonstração de Resultado, receita financeira de R$ 50,00.

04. INFRAERO – ANALISTA SUPERIOR II – CONTADOR - 2011 (FCC)

A Cia. Paratodos, no presente exercício de 2011, mantém na sua escrituração contábil um ativo financeiro destinado para venda, cuja taxa de rendimento havia sido prefixada em 12% a.a. Se a taxa de juros de mercado para esse tipo de papel diminuir para 10% a.a., a Companhia, em obediência às novas regras de avaliação de ativos e passivos prescritas pelas atuais normas contábeis brasileiras, deve

a) diminuir o valor do ativo em contrapartida a uma conta de ajuste de avaliação patrimonial.
b) aumentar o valor do ativo em contrapartida a uma conta de ajuste de avaliação patrimonial.
c) diminuir o valor do ativo em contrapartida a uma conta de resultado.
d) aumentar o valor do ativo em contrapartida a uma conta de resultado.
e) deixar inalterado o valor contábil do ativo, pois este ainda não foi negociado.

05. T.C. – GO – 2010 (FCC)

Suponha a aquisição, em 30/11/X8, de um ativo financeiro no valor de R$ 1.000,00, classificado na data de aquisição em 'disponível para venda'. Este título remunera à taxa de 2% ao mês e o valor de mercado desse título 30 dias após a sua aquisição é de R$ 1.015,00. De acordo com estas informações, em 30/12/X8, a empresa registrará,

a) na Demonstração de Resultados, receita financeira de R$ 15,00.
b) no Patrimônio Líquido, ajuste de avaliação patrimonial de R$ 15,00.
c) na Demonstração de Resultados, receita financeira de R$ 20,00 e no Patrimônio Líquido, ajuste de avaliação patrimonial de R$ 5,00 (saldo devedor).
d) na Demonstração de Resultados, receita financeira de R$ 15,00 e no Patrimônio Líquido, ajuste de avaliação patrimonial de R$ 20,00 (saldo credor).
e) na Demonstração de Resultados, receita financeira de R$ 15,00 e no Patrimônio Líquido, ajuste de avaliação patrimonial de R$ 5,00 (saldo credor).

06. I.C.M.S. – RO – 2006 (FJPF)

A Cia. Alfa S.A. realizou, no exercício de 2005, os seguintes investimentos:

- **em 10/02, adquiriu 2.000 ações da Cia. BETA, pagando pelo lote R$ 100.000;**
- **em 24/05, adquiriu 20.000 ações da Cia. DELTA por R$ 1.100.000.**

Por decisão da sua administração, o investimento em BETA é temporário e em DELTA é permanente, relevante e avaliado pelo método de equivalência patrimonial. Sabe-se que, no final do exercício, foi constatado que o valor da cotação da ação no mercado acionário era de R$ 40 e que o valor patrimonial por ação apurado de DELTA era de R$ 60. O investimento da Cia. ALFA no balanço de 31/12 indicava o valor contábil de:

a) R$ 1.300.000
b) R$ 1.280.000
c) R$ 1.200.000
d) R$ 1.180.000
e) R$ 1.100.000

07. PREF. PORTO ALEGRE – RS – CONTADOR – 2012 (OBJETIVA)

Em conformidade com a Lei nº 11.638/07, é CORRETO afirmar que, para receber as contrapartidas de aumentos ou diminuições de valor atribuído a elementos do ativo e do passivo em decorrência de sua avaliação a valor justo, foi introduzida no Patrimônio Líquido a conta:

a) Ativo Intangível.
b) Reservas para Contingências.
c) Ajustes de Avaliação Patrimonial.
d) Despesas Antecipadas.

Gabarito

01. D **02. E** **03. E** **04. B** **05. C** **06. B** **07. C**

10. Reavaliação de Ativos Imobilizados

1. Conceito

Entende-se por reavaliação a atribuição de um novo valor aos bens do ativo imobilizado em virtude de avaliação, baseado em laudo elaborado por três peritos ou por empresa especializada, ou seja, a reavaliação é a possibilidade de se avaliarem os ativos de uma empresa pelo seu valor de mercado.

A Lei nº 11.638/07 eliminou a possibilidade de reavaliação espontânea de bens e, consequentemente, da figura da reserva de reavaliação o que inclui as reavaliações periódicas previstas na Deliberação CVM nº 183/95.

A manutenção do saldo da reserva de reavaliação e, consequentemente, do valor reavaliado do ativo, não elimina a obrigatoriedade da verificação periódica do seu valor recuperável, conforme disposto na Deliberação CVM nº 527/07.

Com referência à Reserva de Reavaliação, a CVM, através da Instrução nº 469 de 02/05/2008, assim se manifestou sobre a aplicação da Lei nº 11.638, de 28 de dezembro de 2007.

Art. 4º *Os saldos das reservas de reavaliação constituídas até a vigência da Lei nº 11.638, de 2007, inclusive as reavaliações reflexas decorrentes da aplicação do método da equivalência patrimonial, poderão ser mantidos nessas respectivas contas até a sua efetiva realização ou até serem estornados.*
§ 1º As companhias abertas que optarem pelo estorno deverão realizá-lo até o final do primeiro exercício social iniciado a partir de 1º de janeiro de 2008.
§ 2º Sem prejuízo do disposto na Instrução CVM n° 358, de 3 de janeiro de 2002, as companhias abertas deverão divulgar, até a apresentação da 2ª ITR do exercício iniciado em 2008, sua opção quanto às alternativas previstas no ***caput*** *deste artigo.*
§ 3º No caso de estorno, os efeitos da reversão da reserva de reavaliação e dos ajustes nas respectivas obrigações fiscais diferidas deverão retroagir ao início do exercício social, devendo esses efeitos ser objeto de divulgação em nota explicativa.
§ 4º No caso de manutenção dos saldos da reserva de reavaliação, deverá ser observado o seguinte:
I - a sua realização para a conta de lucros e prejuízos acumulados deverá ser feita nos termos da Deliberação CVM n° 183, de 19 de junho de 1995 e o valor do ativo imobilizado reavaliado existente no início do exercício social deverá ser considerado como o novo valor de custo para fins de mensuração futura e de determinação do valor recuperável; e
II - a obrigatoriedade de realização de reavaliações periódicas, prevista na Deliberação CVM n° 183, de 1995, deixa de ser aplicável.
§ 5º As companhias abertas deverão utilizar a mesma alternativa para as reavaliações próprias e reflexas e determinar a suas controladas a adoção da mesma alternativa, devendo a investidora, no caso de coligadas e equiparadas, ajustar, se necessário, os balanços daquelas companhias para adequá-los à alternativa utilizada.

Em relação à Reserva de Reavaliação, o Comitê de Pronunciamentos Contábeis, através da Orientação OCPC 02, assim esclareceu:

- A Lei nº 11.638/07 eliminou todas as menções à figura da reavaliação espontânea de ativos, ou seja, eliminou a possibilidade de uma empresa de forma espontânea proceder a reavaliação de seu ativo imobilizado (avaliar o seu ativo imobilizado a preço de mercado, quando este for superior ao custo). Assim, prevalecem apenas as menções de que os ativos imobilizados, por exemplo, só podem ser registrados com base no seu efetivo custo de aquisição ou produção.

- Algumas dúvidas têm sido suscitadas quanto à interpretação de que a não menção à reavaliação não impede que ela seja feita espontaneamente. O CPC alerta para o fato de que a reavaliação está sim, impedida, desde o início do exercício social iniciado a partir de 01 de janeiro de 2008, em função da existência dos critérios permitidos de avaliação para os ativos não monetários.

- O fato de ter havido mudança de critério de avaliação para certos instrumentos financeiros, que agora passam, conforme sua classificação, a ser avaliados ao valor justo, nada tem a ver com a reavaliação. Avaliação a valor justo e reavaliação de ativos são institutos e conceitos contábeis diferentes, baseados inclusive em fundamentos distintos (valor justo, por exemplo, é valor de mercado de venda, ou valor esperado de fluxo de caixa futuro, enquanto a reavaliação se faz com base no valor de reposição).

- Outra diferenciação: avaliação a valor justo somente se aplica a ativos destinados a venda, enquanto a reavaliação somente se aplica a ativos destinados a serem utilizados futuramente pela empresa.

- Assim, a partir de 2008 estão vedadas para todas as sociedades brasileiras novas reavaliações espontâneas de ativos.

Em face do acima exposto, a opção das empresas efetuarem a reavaliação de seus ativos tangíveis de forma espontânea desaparece, facultando às empresas a possibilidade de efetuar a baixa completa dos saldos existentes dessas reavaliações diretamente contra a conta dos respectivos ativos imobilizados, desde que este estorno seja efetuado até o final de 2008, devendo os efeitos da reavaliação retroagir ao início do exercício social. No caso de companhia que iniciou o exercício após 1º de janeiro de 2008, o prazo recai sobre as demonstrações financeiras encerradas em 2009. Por exemplo, no caso de empresas cujo exercício social tenha início em 1º de maio de 2008, o estorno poderá ser registrado até 30 de abril de 2009. Ao optar pela manutenção do saldo da Reserva de Reavaliação, o valor do ativo imobilizado reavaliado existente no início do exercício social passa a ser considerado como o novo valor de custo para fins de mensuração futura e determinação do valor recuperável. A reserva de reavaliação, no patrimônio líquido, continuará sendo realizada para a conta de lucros ou prejuízos acumulados, na mesma base que vinha sendo efetuada antes da promulgação da Lei nº 11.638/07.

Ao tomar a decisão em manter ou estornar a reserva de reavaliação, a investidora deve determinar às suas controladas e recomendar às suas coligadas a adoção da mesma alternativa. Caso a coligada adote alternativa diferente daquela recomendada pela investidora, esta deve ajustar as demonstrações contábeis da investida quando da adoção do método de equivalência patrimonial, a fim de manter a uniformidade de procedimentos.

Exemplo:

Pode ocorrer de a investidora deliberar pela manutenção ou estorno de sua Reserva de Reavaliação de ativos próprios, mas a sua coligada deliberar por caminho inverso tomado pela investidora. Sobre esse tema o Boletim IOB – Manual de Procedimentos – Ago/ 2008 – Fascículo 33 (adaptado) assim se pronunciou:

Se a investidora deliberar pela eliminação da Reserva de Reavaliação de ativos próprios, mas se sua coligada não o fizer, a investidora precisará baixar também sua Reserva de Reavaliação de ativos de coligadas para aplicação do seu MEP. Daí para a frente, sempre eliminar, extracontabilmente, os saldos da reavaliação ainda existentes nessas duas investidas. Pode ocorrer de a investidora deliberar pela manutenção de sua Reserva de Reavaliação de ativos próprios, mas uma coligada eliminar a que possua e outra coligada manter a sua. Nesse caso, a investidora precisará, para fins do MEP, manter o mesmo critério para a coligada que houver eliminado sua Reserva de Reavaliação; assim, precisará restabelecer extracontabilmente a Reserva da coligada que a houver eliminado, conforme Deliberação CVM nº 183/95.

2. Procedimentos de Reavaliação

No laudo de avaliação, apresentado por três peritos ou por empresa especializada, deve constar os critérios de avaliação utilizados, os elementos de comparação adotados e deve estar instruído com os documentos relativos aos bens avaliados (art. 8º da Lei nº 6.404/76) e, para a sua aceitação fiscal, deverá haver identificação dos bens reavaliados pela conta em que estão escriturados, a indicação do ano de aquisição e as modificações no seu custo original.

É de se entender também, que um maior valor atribuído a um bem do ativo imobilizado provocará diminuições nos resultados dos períodos em que ocorrerem a sua realização.

A contrapartida do aumento do valor de bens do ativo imobilizado, em virtude de nova avaliação, não será computada no lucro real enquanto mantida em conta de reserva de reavaliação (Patrimônio Líquido).

O contribuinte deve discriminar na reserva de reavaliação os bens reavaliados que a tenham originado, em condições de permitir a determinação do valor realizado em cada período.

O valor da reserva será computado na determinação do lucro real:

a) No período-base em que a reserva for utilizada para aumento de capital social, no montante capitalizado.
b) Em cada período-base, no montante do aumento do valor dos bens reavaliados que tenha sido realizado no período inclusive, mediante:
   I. Alienação sob qualquer forma;
   II. Depreciação, amortização ou exaustão;
   III. Baixa por perecimento;
   IV. Transferência do ativo imobilizado para o ativo circulante ou longo prazo.

O item IV supra foi revogado com base no artigo 88, item IX, da Lei nº 9.430 de 27.12.96. Portanto a partir de 1º de janeiro de 1997, deixa de ser obrigatório o cômputo do valor da reserva de reavaliação de bens do ativo imobilizado na determinação do lucro real, no caso de transferência para o Ativo Circulante ou Ativo Realizável a Longo Prazo.

Para a reavaliação de bens, a Assembleia deverá nomear três peritos (pessoa física) ou uma empresa especializada em reavaliação e estes deverão elaborar o laudo de avaliação com as seguintes informações:

a) Data da reavaliação;
b) Critérios utilizados para a reavaliação do bem e a fundamentação técnica;
c) Descrição detalhada de cada bem reavaliado e respectiva documentação;
d) Identificação contábil do bem reavaliado;
e) Vida útil remanescente do bem reavaliado.

3. Realização de Reserva - Tratamento

A realização do ativo reavaliado poderá se dar por **alienação, depreciação, amortização, exaustão, baixa ou perecimento.** Qualquer uma das razões aqui citadas influenciarão as contas de resultado e na mesma proporção, a conta de Reserva de Reavaliação deverá ser transferida para a conta de "Lucros ou Prejuízos Acumulados" efetuando assim, o ajuste ao lucro para a determinação do lucro real. Caso a Reserva de Reavaliação seja utilizada para aumento de capital ou amortização de prejuízos contábeis, é necessário que se faça a transferência para as respectivas contas, mesmo que o ativo, objeto de reavaliação, não tenha sido realizado. Nesse caso a tributação da respectiva reserva se dá na ocasião da transferência, efetuando o ajuste ao lucro líquido para determinação do lucro real.

4. Reavaliação de Bens Imóveis e de Patentes

O artigo 436 e 437 do RIR/99 abriu oportunidade da simples incorporação ao capital social da reserva de reavaliação constituída por atribuição de novo valor a bens imóveis integrantes do ativo imobilizado, bem como a reavaliação de patentes ou direitos de exploração de patentes, quando decorrentes de pesquisa ou tecnologia desenvolvida em território nacional por pessoa jurídica domiciliada no país, não ser objeto de qualquer ajuste na determinação do lucro real desde que:

a) O valor da reavaliação seja registrado em subconta distinta em que registra o valor original do bem corrigido monetariamente;
b) Sejam obedecidos os critérios de realização ajustando-se o lucro real quando da baixa ou por alienação ou perecimento, registro dos encargos de depreciação, amortização ou exaustão ou que o bem seja transferido para o ativo circulante ou realizável a longo prazo.

5. Reavaliação de Bens na Controlada/Coligada

Se a empresa controlada/coligada efetuar uma reavaliação de bens, contabilizando essa reavaliação como reservas de reavaliação (patrimônio líquido), a investidora deverá agregar ao valor registrado no investimento o montante proporcional à participação do capital social da investida. Assim, admitindo que uma empresa **A** tenha 40% de participação na empresa **B**, e a empresa **B** venha a fazer uma reavaliação de um imobilizado qualquer teremos:

Participação da empresa "A" no capital social da empresa "B": 40% - 31/12/20x4							
EMPRESA INVESTIDORA A				EMPRESA INVESTIDA B			
ATIVO		PASSIVO + PATR. LÍQ.		ATIVO		PASSIVO + PATR. LÍQ.	
Circulante		**Circulante**		**Circulante**		**Circulante**	
Caixa	3.000	Dívidas	6.000	Bancos	2.000	Dp. a Pagar	4.000
Estoque	5.000			Estoque	1.000		
		Não Circulante				**Não Circulante**	
Não Circulante		**Patr. Líquido**		**Não Circulante**		**Patr. Líquido**	
Invest."B"	6.000	Cap+Res	10.000	Máquinas	16.000	Capital	5.000
Veículos	2.000					Res. Capital	7.000
						Res. Lucros	3.000
TOTAL	**16.000**	TOTAL	**16.000**	TOTAL	**19.000**	TOTAL	**19.000**

A empresa B, com base em laudo técnico majorou o valor da máquina em R$ 50.000; com isso, teve uma reserva de reavaliação no valor de R$ 34.000. Após a reavaliação, os balanços das duas empresas ficarão assim demonstrados:

PARTICIPAÇÃO DA EMPRESA "A" EM "B" – 40% – 31/12/20x4							
EMPRESA INVESTIDORA A				EMPRESA INVESTIDA B			
ATIVO		PASSIVO + PATR. LÍQ.		ATIVO		PASSIVO + PATR. LÍQ.	
Circulante		**Circulante**		**Circulante**		**Circulante**	
Caixa	3.000	Dívidas	6.000	Bancos	2.000	Dp. Pagar	4.000
Estoque	5.000			Estoque	1.000		
		Não Circulante				**Não Circulante**	
Não Circulante		**Patr. Líquido**		**Não Circulante**		**Patr. Líquido**	
Invest."B"	19.600	Cap.+Res	10.000	Máquinas	50.000	Cap.+Res+ Lucros	15.000
Veículos	2.000	Reav. Bens Colig.	13.600			Res. Reaval	34.000
TOTAL	**29.600**	TOTAL	**29.600**	TOTAL	**53.000**	TOTAL	**53.000**

6. Tratamento da Reavaliação de Bens em Controlada / Coligada

A contrapartida do ajuste por aumento do valor do patrimônio líquido do investimento em virtude de reavaliação de bens do ativo da coligada ou controlada, por esta utilizada para constituir reserva de reavaliação, deverá ser compensada pela baixa do ágio na aquisição do investimento com fundamento no valor de mercado dos bens reavaliados, observando o seguinte (art. 390 do RIR/99):

O ajuste do valor do patrimônio líquido correspondente à reavaliação de bens diferentes dos que serviram de fundamento ao ágio, ou a reavaliação por valor superior ao que justificou o ágio, deverá ser computado no lucro real do contribuinte, salvo se este registrar a contrapartida do ajuste como reserva de reavaliação.

Exemplo – participação societária de 100%

Cia. ABC	Cia. XPTO	
Investimento 1.000	**Ativo**	**Patr. Líquido**
Ágio 100	Imóveis 1.000	Capital 1.000
Total 1.100	**Total 1.000**	**Total 1.000**

A Cia. XPTO reavaliou o ativo em mais R$ 100. O ágio pago na aquisição das ações da Cia. XPTO tem como fundamento econômico o valor de mercado do imóvel.

Contabilização:

<u>Cia. ABC</u>

			Débito	Crédito
Débito	-	Investimento	100	
Crédito	-	Ágio		100

<u>Cia. XPTO</u>

			Débito	Crédito
Débito	-	Imóveis	100	
Crédito	-	Res. Reavaliação		100

Após a operação os balanços ficarão assim:

<u>Cia. ABC</u>

Investimento	1.100
<u>Ágio.</u>	<u>-o-</u>
Total	**1.100**

<u>Cia. XPTO</u>

<u>**Ativo**</u>		<u>Patr. Líquido</u>	
Imóveis	1.100	Capital	1.000
		<u>R. Reav.</u>	<u>100</u>
Total	1.100	Total	1.100

O valor da reserva constituída conforme descrição acima deverá ser computado na determinação do lucro real do período de apuração em que o contribuinte alienar ou liquidar o investimento, ou em que utilizar a reserva de reavaliação para aumento do seu capital social.

A reserva de reavaliação do contribuinte será baixada mediante compensação com o ajuste do valor do investimento, e não será computada na determinação do lucro real (artigo 390 § 3° do RIR/99):

Nos períodos-base em que a coligada ou controlada computar sua reserva de reavaliação na determinação do lucro real ou;

No período-base em que a coligada ou controlada utilizar sua reserva de reavaliação para absorver prejuízos.

Com base no exposto acima se conclui que a reserva de reavaliação de bens de controlada/coligada somente será tributada na investidora quando a respectiva reserva for capitalizada ou pela baixa do investimento. À medida que a coligada/controlada for transferindo as parcelas realizadas da reserva de reavaliação para lucros ou prejuízos acumulados, a investidora irá também transferindo, proporcionalmente, sua reserva de reavaliação para seus lucros ou prejuízos acumulados.

7. Reavaliação de Participações Avaliadas pelo Patrimônio Líquido

De acordo com o artigo 438 do RIR/99, será computado na determinação do lucro real o aumento de valor resultante de reavaliação de participação societária que o contribuinte avaliar pelo valor de patrimônio líquido, ainda que a contrapartida do aumento do valor do investimento constitua reserva de reavaliação.

Todavia, caso seja feita a reavaliação de investimento avaliado pelo preço de custo, a referida reserva será tributada pela realização do investimento.

Questões de Concursos

01. A.F.T.N. – 1996 (ESAF)

Em 31.12.19x1 a Cia. ABC tinha registrado em seu Ativo Imobilizado um Equipamento no valor de $ 5.000.000 e uma Depreciação Acumulada de $ 2.800.000. Se na mesma data o bem foi reavaliado em $ 6.200.000, o valor inscrito na Reserva de Reavaliação foi de

a) $ 1.200.000
b) $ 4.000.000
c) $ 6.200.000
d) $ 2.800.000
e) $ 9.000.000

02. A.F.T.N. – 1996 (ESAF)

Quando uma empresa controlada faz reavaliação de seus bens, a empresa investidora deve registrar:

a) O fato apenas juridicamente e evidenciá-lo nas Notas Explicativas na ocasião da publicação do seu balanço.
b) Contabilmente a parcela correspondente ao percentual de participação como contrapartida de receita realizada no período.
c) Contabilmente a parcela correspondente ao percentual de participação como contrapartida de receita de exercícios futuros.
d) Contabilmente a parcela correspondente ao percentual de participação como contrapartida de reserva de reavaliação.
e) Contabilmente a parcela correspondente ao percentual de participação como contrapartida de redução do valor do investimento.

03. A.F.T.N. – 1996 (ESAF)

O efeito da reavaliação de bens efetuados nas empresas investidas, quando as participações societárias são avaliadas pelo método de custo: (Adaptada)

a) Não gera nenhum registro contábil na investidora.
b) É também registrado pela investidora imediatamente.
c) É registrado pela investidora no ano subsequente ao fato.
d) Gera reconhecimento de receita não operacional na investidora.
e) Gera um registro contábil de receita operacional na investidora.

04. A.F.T.N. - 1998 (ESAF)

Quando uma sociedade coligada ou controlada proceder à reavaliação, a investidora, que avalia esse investimento pelo método da equivalência patrimonial, deverá efetuar o seguinte lançamento contábil: (Adaptada)

a) Débito de Ativo Não Circulante e crédito de Lucros e Perdas.
b) Crédito de Ativo Não Circulante e débito de Lucros e Perdas.
c) Débito de Ativo Não Circulante e crédito de Patrimônio Líquido.
d) Débito de Ativo Não Circulante e crédito de Exigível a Longo Prazo.
e) Débito de Ativo Não Circulante e crédito de Resultado de Exercícios Futuros.

05. A.F.T.N. - 2000 (ESAF)

Em um investimento avaliado pelo método da equivalência patrimonial, a constituição da Reserva e Reavaliação de Ativo Imobilizado na investida origina o seguinte lançamento na investidora: (Adaptada)

a) Débito de "Ativo Não Circulante - Investimentos", subgrupo "Reserva de Reavaliação de Coligadas e Controladas" e crédito de "Resultado do Exercício", subgrupo "Resultado Apurado na Equivalência Patrimonial".
b) Débito do "Patrimônio Líquido" subgrupo "Reserva de Reavaliação de Coligadas e Controladas" e crédito do "Ativo Não Circulante" subgrupo "Reserva de Reavaliação de Coligadas e Controladas".
c) Débito de "Resultado do Exercício" subgrupo "Resultado da Equivalência Patrimonial" e crédito de "Ativo Não Circulante" subgrupo "Investimentos Avaliados pela Equivalência Patrimonial".
d) Débito de "Ativo Não Circulante – Imobilizado" e crédito do "Patrimônio Líquido" subgrupo "Reserva de Reavaliação de Coligadas e Controladas".
e) Débito de "Ativo Não Circulante - Investimentos" subgrupo "Investimentos Avaliados pela Equivalência Patrimonial" e crédito no "Patrimônio Líquido" subgrupo "Reserva de Reavaliação de Coligadas e Controladas".

06. A.F.R.F. – 2002 (ESAF)

A Cia. Tupinambá efetuou a reavaliação em 1998 de sua unidade fabril, no ano de 2000. Em razão de grande alteração de tecnologia, decide descontinuar e não repor aquela unidade. Em face à verificação da empresa da existência de saldos contábeis relativos à contabilização anteriormente feita, o procedimento contábil indicado é:

a) A baixa do saldo líquido da reserva de reavaliação para a conta de perda com descontinuidade de empreendimentos.
b) A realização do saldo líquido da reserva de reavaliação em contrapartida de uma conta de reversão.
c) O estorno da parcela da reavaliação existente relativa à respectiva reserva e provisões para impostos e contribuição.
d) A baixa de todos os valores contabilizados anteriores relativos a esse procedimento em contrapartida da conta ajustes de exercícios anteriores.
e) A baixa do saldo líquido da reserva de reavaliação para a conta de ganhos e perdas com imobilizados.

07. A.F.R.F. - 2002 (ESAF)

O registro da realização da reserva de reavaliação é efetuado em contrapartida da conta contábil:

a) De receita não-operacional.
b) Do ativo imobilizado.
c) De despesas não-operacionais.
d) De ganhos e perdas com ativos imobilizados.
e) Do patrimônio líquido.

08. A.F.R.F. – 2003 (ESAF)

Indique a opção que legalmente não é permitida em processo de reavaliação de empresa em continuidade operacional.

a) Reconhecer no patrimônio da investidora os efeitos da reavaliação procedida pela investida.
b) Registrar na conta de lucros e prejuízos acumulados o efeito do impacto no resultado quando ocorrer a realização da reserva de reavaliação.
c) Lançar em conta de patrimônio líquido a diferença a maior verificada entre o laudo de avaliação e o custo histórico do bem reavaliado.
d) Reconhecer no patrimônio da controladora os efeitos da reavaliação procedida pela controlada.
e) Lançar o ajuste positivo a valor de mercado dos valores dos estoques de matérias-primas.

09. A.F.R.F. - 2005 (ESAF)

Na ocorrência de descontinuidade operacional de bens reavaliados, uma empresa deve

a) alterar o critério de avaliação para o registro pelo valor original, mantendo as respectivas reservas de reavaliação e a provisão dos tributos incidentes sobre a reavaliação.
b) modificar o critério de avaliação para o registro pelo valor original, estornando-se a parcela da reavaliação incluída no ativo, as respectivas reservas de reavaliação e a provisão dos tributos incidentes sobre a reavaliação.
c) realizar toda a reserva de reavaliação, mantendo o ativo pelo valor original e efetuando o recolhimento dos tributos incidentes sobre a reavaliação.
d) alterar o critério de avaliação para o registro pelo valor original, estornando-se a parcela da reavaliação incluída no ativo, as respectivas reservas de reavaliação e recolhendo os tributos incidentes sobre a reavaliação.
e) manter o critério de reavaliação, estornando-se as respectivas reservas de reavaliação e a provisão dos tributos incidentes sobre a reavaliação.

10. A.F.R. – SP – 2006 (FCC)

Uma empresa controlada ao proceder a reavaliação de seus bens gera como consequência, em sua investidora, (Adaptada)

a) um lançamento de crédito no grupo das receitas não-operacional, de ganhos com ativos não circulantes/ investimentos.
b) o reconhecimento do fato na proporção da sua participação quando do cálculo da equivalência patrimonial.
c) o lançamento do fato a crédito da conta lucros de participações em outras sociedades, quando do encerramento do período.
d) um reconhecimento de ganhos com investimentos na medida em que a investida realizar sua reserva de reavaliação.
e) o registro de um débito em participações societárias e um crédito em Reservas de Reavaliação de ativos de controladas.

11. e 12. PETROBRAS – 2006 (CESGRANRIO)

Considere o enunciado abaixo para responder às questões:

A Alves S/A, Companhia de Capital Fechado, atuando no ramo de derivados de petróleo, possui uma participação no capital da Santos S/A Combustíveis, também de Capital Fechado, representada só por ações preferenciais, e avalia seu investimento pelo Método da Equivalência Patrimonial (MEP). Informações parciais, retiradas das demonstrações contábeis das duas Companhias. (Adaptada)

Alves S/A (Investidora)

Balanço encerrado em 31 de dezembro de 2003

Ativo Não Circulante

Investimentos Avaliados ao MEP

Coligada Santos S/A Combustíveis	48.000,00

Santos S/A Combustíveis (Investida)

Balanço encerrado em 31 de dezembro de 2003

Patrimônio Líquido

Capital Social	100.000,00
Reservas de Lucros	20.000,00
Total	120.000,00

Demonstração do Lucro (Prejuízo) Acumulado: em 31 de dezembro de 2004

Saldo anterior	0,00
Lucro do exercício	100.000,00
Reserva Legal	(5.000,00)
Dividendos	(80.000,00)
Retenção de lucros	(15.000,00)
Saldo atual	0,00

Outras informações da Cia. Santos S/A (Investida):

Em 30 de dezembro de 2004 contabilizou a reavaliação de seu único caminhão-tanque, de acordo com os dados contidos na planilha seguinte:

Ativo Não Circulante Bens reavaliados	Saldo – 21.12.2003 (em reais)	Avaliação 30.12.2004 (em reais)	Reserva de Reavaliação (em reais)	Nova Vida Útil
Caminhão-Tanque	132.000,00	192.000,00	60.000,00	3 anos

- A depreciação do caminhão foi realizada, devidamente contabilizada e incluída na demonstração do resultado de 2004.
- Não cabe, em 2004, a depreciação do bem depois de reavaliado.
- A Companhia emitiu suas ações de acordo com os limites permitidos pela Lei das Sociedades Anônimas, Lei nº 6.404/76, com nova redação dada pela Lei nº 10.303/01.
- Os efeitos tributários na contabilização da reavaliação, em 2004, foram desconsiderados.

11. Qual o valor que a Cia. Investidora (Alves S/A) deverá contabilizar, em reais, no resultado do exercício encerrado em 31 de dezembro de 2004, pela sua participação na coligada, avaliada pelo Método da Equivalência Patrimonial (ganho ao MEP)?

a) 32.000,00
b) 40.000,00
c) 64.000,00
d) 84.800,00
e) 120.000,00

12. Em 2005, a Cia. Santos S/A Combustíveis (Investida) realizou e contabilizou a depreciação do aludido bem, reavaliado em 2004. O reconhecimento dos efeitos provocados na Investidora (Cia. Alves S/A) pelo registro contábil da depreciação do bem reavaliado na Investida (Cia. Santos S/A) será feito pelo seguinte lançamento na Investidora (Cia. Alves S/A):

a) Reserva de Reavaliação — R$
Bens de Coligada
a Lucros (Prejuízos) Acumulados — 8.000,00

b) Reserva de Reavaliação
Bens de Coligada
a Investimento — 8.000,00

c) Reserva de Reavaliação
Bens de Coligada
a Resultado do Exercício — 25.600,00

d) Reserva de Reavaliação
Bens de Coligada
a Investimento — 25.600,00

e) Reserva de Reavaliação
Bens de Coligada
a Lucro (Prejuízos) Acumulados — 25.600,00

Gabarito

01. B	02. D	03. A	04. C	05. E	06. C
07. E	08. E	09. B	10. E	11. B	12. A

11. Consolidação das Demonstrações Financeiras

1. Conceito

Demonstrações consolidadas é uma técnica contábil que consiste em somar as demonstrações contábeis das várias empresas pertencentes a um mesmo grupo econômico, visando apresentar um único relatório financeiro.

2. Objetivos da Consolidação

Os objetivos da consolidação das demonstrações contábeis é apresentar a situação patrimonial de um grupo de sociedades como se fosse uma única entidade. Os lançamentos contábeis da consolidação são feitos extra-contabilmente, não sendo reconhecidos nos lançamentos do livro diário das empresas sujeitas a elaborar a consolidação.

3. Base Legal

Lei n° 6.404/76, após as alterações introduzidas pela Lei nº 11.638/07 e Lei nº 11.941/09

Art. 249. A companhia aberta que tiver mais de 30% (trinta por cento) do valor do seu patrimônio líquido representado por investimentos em sociedades controladas deverá elaborar e divulgar, juntamente com suas demonstrações financeiras, demonstrações consolidadas nos termos do artigo 250.
Parágrafo único. A Comissão de Valores Mobiliários poderá expedir normas sobre as sociedades cujas demonstrações devam ser abrangidas na consolidação, e:
a) determinar a inclusão de sociedades que, embora não controladas, sejam financeira ou administrativamente dependentes da companhia;
b) autorizar, em casos especiais, a exclusão de uma ou mais sociedades controladas.

Art. 275. O grupo de sociedades publicará, além das demonstrações financeiras referentes a cada uma das companhias que o compõem, demonstrações consolidadas, compreendendo todas as sociedades do grupo, elaboradas com observância do disposto no artigo 250.
§ 1º As demonstrações consolidadas do grupo serão publicadas juntamente com as da sociedade de comando.
§ 2º A sociedade de comando deverá publicar demonstrações financeiras nos termos desta Lei, ainda que não tenha a forma de companhia.
§ 3º As companhias filiadas indicarão, em nota às suas demonstrações financeiras publicadas, o órgão que publicou a última demonstração consolidada do grupo a que pertencer.
§ 4º As demonstrações consolidadas de grupo de sociedades que inclua companhia aberta serão obrigatoriamente auditadas por auditores independentes registrados na Comissão de Valores Mobiliários, e observarão as normas expedidas por essa comissão.

A CVM, por meio da Instrução CVM 247/96, em seu artigo 21, ampliou a obrigatoriedade contida no artigo 249 da Lei Societária.

Art. 21. Ao fim de cada exercício social, as demonstrações contábeis consolidadas devem ser elaboradas por:

- Companhia aberta que possuir investimento em sociedades controladas, incluindo as sociedades controladas em conjunto (aquela em que nenhum acionista exerce, individualmente de modo permanente preponderância nas deliberações sociais e o poder de eleger ou destituir a maioria dos administradores);
- sociedade de comando de grupo de sociedades que incluam companhia aberta.

O Comitê de Pronunciamentos Contábeis, por meio de seu Pronunciamento Técnico CPC 36 (R2), aprovado pela Resolução do Conselho Federal de Contabilidade (CFC) nºs 1.240/09, 1.273/10 e 1.351/11 e pela Deliberação nº 668/11 da Comissão de Valores Mobiliários (CVM), assim se manifestou sobre a abrangência das demonstrações contábeis consolidadas.

As demonstrações contábeis consolidadas devem incluir todas as controladas da controladora.

Presume-se que exista controle quando a controladora possui, direta ou indiretamente por meio de suas controladas, mais da metade do poder de voto da entidade, a menos que, em circunstâncias excepcionais, possa ficar claramente demonstrado que tal relação de propriedade não constitui controle. O controle também pode existir no caso de a controladora possuir metade ou menos da metade do poder de voto da entidade, quando houver:

(a) poder sobre mais da metade dos direitos de voto por meio de acordo com outros investidores;
(b) poder para governar as políticas financeiras e operacionais da entidade conforme especificado em estatuto ou acordo;
(c) poder para nomear ou destituir a maioria dos membros da diretoria ou do conselho de administração, ou de órgão de administração equivalente, quando o controle da entidade é exercido por esses órgãos;
(d) poder para mobilizar a maioria dos votos nas reuniões da diretoria ou do conselho de administração, ou de órgão de administração equivalente, quando o controle da entidade é exercido por essa diretoria ou conselho.

A entidade pode possuir valores mobiliários conversíveis em ações com direito a voto, tais como opções de compra de ações não padronizadas (*warrants*), opções de compra de ações, bônus de subscrição de ações, debêntures conversíveis e outros direitos ou instrumentos patrimoniais ou de dívida conversíveis em ações com poder de voto, os quais, se exercidos ou convertidos, conferem à entidade poder de voto adicional ou reduzem o poder de voto de outras partes sobre as políticas financeiras e operacionais de outra entidade (ou seja, constituem-se em potenciais direitos de voto). A existência e o efeito dos potenciais direitos de voto, prontamente exercíveis ou conversíveis, incluindo os potenciais direitos de voto mantidos por outras entidades, devem ser considerados quando da avaliação do poder de uma entidade de governar as políticas financeiras e operacionais de outra entidade. Os potenciais direitos de voto que não forem prontamente exercíveis ou conversíveis no momento dessa avaliação não devem ser considerados. Esse é o caso, por exemplo, quando não puderem ser exercidos ou convertidos até uma data futura ou até a ocorrência de um evento futuro.

Ao avaliar se os potenciais direitos de voto contribuem para o controle, a entidade deve examinar todos os fatos e circunstâncias (incluindo os termos de exercício dos potenciais direitos de voto e qualquer outro acordo contratual, considerados individualmente ou em conjunto) que possam afetar os potenciais direitos de voto, exceto a intenção da administração e a capacidade financeira para exercê-los ou convertê-los.

Uma controlada não deve ser excluída da consolidação simplesmente porque o investidor é uma organização de capital de risco (como fundos de *private equity* e de *venture capital*), fundo mútuo, truste ou entidade similar.

Uma controlada não deve ser excluída da consolidação porque suas atividades de negócio são diferentes daquelas das demais entidades do grupo econômico. Informações relevantes são fornecidas pela consolidação de tais controladas e pela divulgação de informações adicionais nas demonstrações contábeis consolidadas sobre as diferentes atividades de negócio dessas controladas. Por exemplo, a divulgação de Informações por segmento ajuda a explicar a relevância das diferentes atividades de negócio dentro do grupo econômico.

4. Demonstrações Contábeis Consolidadas

As demonstrações contábeis que devem ser consolidadas ao término de cada exercício social são:

- Balanço Patrimonial;
- Demonstração do Resultado do Exercício;
- Demonstração dos Fluxos de Caixa;
- Demonstração do Valor Adicionado; e
- Notas Explicativas.

Nota-se que não há necessidade da consolidação da Demonstração das Mutações do Patrimônio Líquido, em razão do Patrimônio Líquido consolidado ser, normalmente, igual ao Patrimônio Líquido da controladora.

5. Definições

Demonstrações consolidadas são as demonstrações contábeis de um conjunto de entidades (grupo econômico), apresentadas como se fossem as de uma única entidade econômica.

Controle é o poder de governar as políticas financeiras e operacionais da entidade de forma a obter benefício das suas atividades.

Grupo econômico é a controladora e todas as suas controladas.

Participação de Não Controlador é a parte do patrimônio líquido da controlada não atribuível, direta ou indiretamente, à controladora.

Controladora é uma entidade que tem uma ou mais controladas.

Demonstrações separadas são aquelas apresentadas por controladora, investidor em coligada ou empreendedor em entidade controlada em conjunto, nas quais os investimentos são contabilizados com base no valor do interesse direto no patrimônio (*direct equity interest*) das investidas, em vez de nos resultados divulgados e nos valores contábeis dos ativos líquidos das investidas. Não se confundem com as demonstrações individuais.

Controlada é a entidade, incluindo aquela não constituída sob a forma de sociedade tal como uma parceria, na qual a controladora, diretamente ou por meio de outras controladas, é titular de direitos de sócio que lhe assegurem, de modo permanente, preponderância nas deliberações sociais e o poder de eleger a maioria dos administradores.

6. Controladas Excluídas nas Demonstrações Consolidadas

Poderão ser excluídas das demonstrações consolidadas as sociedades que se encontrem nas seguintes condições:

- com efetivas e claras evidências de perda de continuidade e cujo patrimônio seja avaliado, ou não, a valores de liquidação; ou
- cuja venda por parte da investidora, em futuro próximo, tenha efetiva e clara evidência de realização devidamente formalizada.
- a controladora é ela própria uma controlada (integral ou parcial) de outra entidade, a qual, em conjunto com os demais proprietários, incluindo aqueles sem direito a voto, foram consultados e não fizeram objeção quanto a não apresentação das demonstrações contábeis consolidadas pela controladora;
- os instrumentos de dívida ou patrimoniais da controladora não são negociados em mercado aberto (bolsas de valores no País ou no exterior ou mercado de balcão – mercado descentralizado de títulos não listados em bolsa de valores ou cujas negociações ocorrem diretamente entre as partes, incluindo mercados locais e regionais);
- a controladora não registrou e não está em processo de registro de suas demonstrações contábeis na Comissão de Valores Mobiliários ou outro órgão regulador, visando a emissão de algum tipo ou classe de instrumento em mercado aberto; e
- a controladora final (ou intermediária) da controladora disponibiliza ao público suas demonstrações contábeis consolidadas em conformidade com os Pronunciamentos Técnicos do Comitê de Pronunciamentos Contábeis.

7. Procedimentos de Consolidação

Lei n. 6.404/76, após as alterações introduzidas pela Lei nº 11.638/07 e Lei nº 11.941/09

Art. 250. Das demonstrações financeiras consolidadas serão excluídas:
I - As participações de uma sociedade em outra;
II - Os saldos de quaisquer contas entre sociedades;
III - As parcelas dos resultados do exercício, dos lucros ou prejuízos acumulados e do custo de estoques ou do ativo imobilizado que corresponderem a resultados, ainda não realizados, de negócios entre as sociedades.

§ 1º. A participação dos acionistas não controladores no patrimônio líquido e no lucro líquido do exercício será destacada, respectivamente, no balanço patrimonial consolidado e na demonstração do resultado do exercício.

§ 2º. A parcela do custo de aquisição do investimento em controlada, que não for absorvida na consolidação, deverá ser mantida no ativo não circulante - investimento, com dedução da provisão adequada para perdas já comprovadas, e será objeto de nota explicativa.

§ 3º. O valor da participação que exceder do custo de aquisição constituirá parcela destacada no passivo não circulante (receitas diferidas) até que fique comprovada a existência de ganho efetivo.

§ 4º. Para fins de consolidação das demonstrações financeiras, as sociedades controladas, cujo exercício social termine mais de 60 (sessenta) dias antes da data do encerramento do exercício da companhia, elaborarão com observância das normas da Lei nº 6.404/76, demonstrações financeiras extraordinárias em data compreendida nesse prazo.

Nota: Com o advento da Lei nº 7.450/85, as empresas estarão obrigadas a encerrar suas demonstrações financeiras em 31 de dezembro de cada ano-calendário. Caso os demonstrativos contábeis, base de consolidação, sejam encerrados em datas diversas, observar o descrito no parágrafo anterior.

A CVM através da Deliberação nº 608/2009, com as alterações introduzidas pela Deliberação nº 624/2010, assim se pronunciou em relação aos procedimentos de consolidação.

Na elaboração de demonstrações contábeis consolidadas, a entidade controladora combina suas demonstrações contábeis com as de suas controladas, linha a linha, ou seja, somando os saldos de itens de mesma natureza: ativos, passivos, receitas e despesas. Para que as demonstrações contábeis consolidadas apresentem informações sobre o grupo econômico como uma única entidade econômica, os seguintes procedimentos devem ser adotados:

(a) o valor contábil do investimento da controladora em cada controlada e a parte dessa controladora no patrimônio líquido das controladas devem ser eliminados.
(b) identificar a participação dos não controladores no resultado das controladas consolidadas para o período de apresentação das demonstrações contábeis; e
(c) identificar a participação dos não controladores nos ativos líquidos das controladas consolidadas, separadamente da parte pertencente à controladora. A participação dos não controladores nos ativos líquidos é composta:
    (i) do montante da participação dos não controladores na data da combinação inicial;
    (ii) da participação dos não controladores nas variações patrimoniais das controladas consolidadas desde a data da combinação.

Quando existirem potenciais direitos de voto, a parte atribuível à controladora nos resultados e demais variações do patrimônio líquido da controlada é determinada com base na sua atual participação e não deve refletir o possível exercício ou conversão dos potenciais direitos de voto.

Os saldos, transações, receitas e despesas intragrupo (entre as entidades do grupo econômico), devem ser eliminados.

Os saldos de balanços e transações intragrupo, incluindo receitas, despesas e dividendos são eliminados. Os resultados decorrentes das transações intragrupo que estiverem reconhecidos nos ativos, tais como estoque ou ativo imobilizado, devem ser eliminados. As perdas intragrupo podem indicar redução no valor recuperável dos ativos correspondentes que precisa ser reconhecida nas demonstrações contábeis consolidadas. Os impostos e contribuições decorrentes das diferenças temporárias pela eliminação de resultados não realizados nas transações intragrupo devem ser reconhecidos no ativo ou passivo como tributos diferidos.

As demonstrações contábeis da controladora e de suas controladas utilizadas na elaboração das demonstrações contábeis consolidadas devem ser de mesma data. Quando a data de encerramento da controladora for diferente da data da controlada, esta última deve elaborar, para fins de consolidação, demonstração contábil adicional na mesma data das demonstrações da controladora, a menos que isso seja impraticável.

Quando, de acordo com o item acima, as demonstrações contábeis da controlada, utilizadas para fins de consolidação, forem de data diferente da data de encerramento das demonstrações da controladora, devem ser feitos os ajustes necessários em razão dos efeitos de eventos ou transações relevantes que ocorrerem entre aquela data e a data das demonstrações contábeis da controladora. Independentemente disso, a defasagem máxima entre as datas de encerramento das demonstrações da controlada e da controladora é de até dois meses. A duração dos períodos abrangidos nas demonstrações contábeis e qualquer diferença entre as respectivas datas de encerramento deve ser igual de um período para outro.

As demonstrações contábeis consolidadas devem ser elaboradas utilizando políticas contábeis uniformes para transações e outros eventos iguais, em circunstâncias similares.

Se a entidade do grupo econômico utiliza políticas contábeis diferentes daquelas adotadas nas demonstrações contábeis consolidadas para transações e eventos de mesma natureza, em circunstâncias semelhantes, são necessários ajustes para adequar as demonstrações contábeis dessa entidade quando da elaboração das demonstrações contábeis consolidadas.

As receitas e as despesas da controlada são incluídas nas demonstrações contábeis consolidadas a partir da data de aquisição. As receitas e as despesas da controlada devem estar baseadas nos valores dos ativos e passivos reconhecidos na posição consolidada da controladora na data da aquisição. Por exemplo, despesas de depreciação, reconhecidas na demonstração consolidada do resultado do período, devem estar baseadas nos valores justos dos ativos depreciáveis reconhecidos na posição consolidada da data da aquisição. As receitas e as despesas da controlada são incluídas nas demonstrações contábeis consolidadas até a data em que a controladora perder o controle sobre essa controlada. A participação dos não controladores deve ser apresentada no balanço patrimonial consolidado dentro do patrimônio líquido, separadamente do patrimônio líquido dos proprietários da controladora.

A seguir serão apresentados exemplos didáticos de consolidação das Demonstrações Contábeis.

Exemplo 1 - Com Valores a Receber e a Pagar Intercompanhias

A controladora ALFA detém 100% das ações da controlada BETA. Essa transação para efeito de simplificação ocorreu em 31.12.20x4 e o balanço das duas empresas apresentou o seguinte:

DESCRIÇÃO	CIA. ALFA	CIA. BETA
ATIVO		
Circulante		
Disponibilidades	100	30
Duplicatas a receber	1.200	800
Estoques	800	750
Não Circulante		
Investimento-Beta	900	-o-
Investimentos dvs	100	150
Imobilizado	1.000	1.600
(-) Depreciação Acumulada	(250	(400)
TOTAL DO ATIVO	**3.850**	**2.930**
PASSIVO + PATRIMÔNIO LÍQUIDO		
Circulante		
Títulos a pagar	350	350
Fornecedores	700	950
Empréstimos	400	730
Patrimônio Líquido		
Capital Social	1.400	500
Reservas	1.000	400
TOTAL DO PASSIVO + P. LÍQUIDO	**3.850**	**2.930**

Observação:

Na data da transação as empresas eram independentes não possuindo outros ajustes a não ser os saldos dos valores a receber e a pagar inexistindo assim a figura dos itens não realizados.

1º. Passo: Verificar se estão sujeitas a consolidação as demonstrações financeiras:

2º. Passo: Relação Intercompanhias:

Item	Valor R$	Descrição
I	150	Valor a receber da controlada Beta lançado como fornecedores
II	900	Investimento de Alfa que representa o valor do investimento
III	900	Patrimônio Líquido de Beta

Efetuar os ajustes - Lançamentos Contábeis

1 O Patrimônio Líquido de BETA desapareceu, eliminado contra a conta investimentos de ALFA ficando o Patrimônio Líquido consolidado igual ao da Cia. ALFA.

Lançamento Contábil

D	Patrimônio Líquido Beta		
	Capital Social	500	
	Reservas	400	
C	Ativo Não Circulante Alfa		
	Investimentos		
	Participação na controlada Beta		900

2 Duplicatas a receber de ALFA corresponde a fornecedores em BETA. Saldo eliminado.

Lançamento Contábil

D	Passivo Circulante		
	Fornecedores (Beta)	150	
C	Ativo Circulante		
	Duplicatas a Receber (Alfa)		150

DESCRIÇÃO	ALFA	BETA	SOMA	AJUSTES		CONSOLI-DADO
				DÉBITO	CRÉDITO	
ATIVO						
Circulante						
Disponibilidades	100	30	130			130
Dupl. a receber	1.200	800	2.000		❷ (150)	1.850
Estoques	800	750	1.550			1.550
Não Circulante						
Investimento-Beta	900	-0-	900		❶ (900)	-0-
Investimentos dvs	100	150	250			250
Imobilizado	1.000	1.600	2.600			2.600
(-)Dep. Acumulada	(250)	(400)	(650)			(650)
Total do Ativo	**3.850**	**2.930**	**6.780**			**5.730**
PASSIVO + PATR. LÍQUIDO						
Circulante						
Títulos a pagar	350	350	700			700
Fornecedores	700	950	1.650	❷ (150)		1.500
Empréstimos	400	730	1.130			1.130
Circulante	**1.450**	**2.030**	**3.480**			**3.330**
Patrimônio Líquido						
Capital Social	1.400	500	1.900	❶ (500)		1.400
Reservas	1.000	400	1.400	❶ (400)		1.000
Patrimônio Líquido	**2.400**	**900**	**3.300**			**2.400**
Total do Passivo + Patr. Líquido	**3.850**	**2.930**	**6.780**			**5.730**

Exemplo 2 – Com Resultado em Estoque não Realizado

BALANÇO PATRIMONIAL DAS COMPANHIAS "A" E "B" ANTES DAS OPERAÇÕES ABAIXO DESCRITAS

Empresa A		Empresa B	
ATIVO	PASSIVO + PATR. LÍQ.	ATIVO	PASSIVO + PATR. LÍQ.
Circulante Caixa 5.000 **Não Circulante** Invest. "B" 8.000	**Circulante** Dívidas 3.000 **Não Circulante** **Patr. Líquido** Cap. Social 10.000	**Circulante** Caixa 3.000 Estoque 8.000 **Não Circulante** Imobilizado 4.000	**Circulante** Dívidas 7.000 **Não Circulante** **Patr. Líquido** Cap. Social 8.000
Total 13.000	**Total 13.000**	**Total 15.000**	**Total 15.000**

EMPRESA	DESCRIÇÃO	OPERAÇÕES EFETUADAS
A	Investidora	**B** Vende 60% do estoque p/ **A** a prazo por $10.000
B	Investida	**A** não vende o estoque adquirido da controlada **B**

Efetuar os ajustes - Lançamentos Contábeis

1 Excluir da consolidação na demonstração do resultado do exercício as vendas da controlada "**B**" para a controladora "**A**"

D Conta de Resultado **B**
 Receitas de vendas R$ 10.000
C Conta de Resultado
 C.M.V. R$ 4.800
 Lucros Não Realizados R$ 5.200

2 Excluir da consolidação o valor do investimento de "**A**" no Patrimônio de "**B**"

D Patrimônio Líquido de "**B**"
 Capital Social R$ 8.000,00
C Ativo Não Circulante "**A**"
 Investimentos
 Participação societária em "**Y**" R$ 8.000,00

3 Excluir da consolidação o valor que a controladora "**A**" tem que pagar para a controlada "**B**", referente a compra de mercadorias a prazo.

D Passivo Circulante de "**A**"
 Duplicatas a pagar R$ 10.000
C Ativo Circulante "**B**"
 Duplicatas a Receber R$10.000

❹ Excluir da consolidação o valor dos lucros não realizados que a controlada "**B**" obteve na venda das mercadorias para a controladora "**A**", e que ainda estão no estoque da compradora "**A**".

D Patrimônio Líquido "**B**"
Lucros não realizados R$ 5.200
C Ativo Circulante "**A**"
Estoques de Mercadorias R$ 5.200

CONSOLIDAÇÃO DOS DEMONSTRATIVOS

				ELIMINAÇÃO		
DADOS	EMPRESA A	EMPRESA B	SOMA	DÉBITO	CRÉDITO	CONSO-LIDADO
Vendas	-o-	10.000	10.000	❶ 10.000		-o-
(-) CMV	-o-	(4.800)	(4.800)		❶ 4.800	-o-
L. BRUTO	-o-	5.200	5.200			-o-
Lucros não Realizados	-o-		(5.200)		❶ 5.200	
(+) Eq. Patr.	-o-	-o-	-o-			-o-
L.L.EXERC.	**-o-**	**5.200**	**-o-**			**-o-**
ATIVO						
Circulante						
Caixa	5.000	3.000	8.000			8.000
Dp. Receber	-o-	10.000	10.000		❸ 10.000	-o-
Estoque	10.000	3.200	13.200		❹ 5.200	8.000
Não Circulante						
Invest. "B"	8.000	-o-	8.000		❷ 8.000	-o-
Imobilizado	-o-	4.000	4.000			4.000
TOTAL	**23.000**	**20.200**	**43.200**			**20.000**
PASSIVO + PATR. LÍQ.						
Circulante						
Dívidas	3.000	7.000	10.000			10.000
Dp. a Pagar	10.000	-o-	10.000	❸ 10.000		-o-
Patr. Líquido						
Cap. Social	10.000	8.000	18.000	❷ 8.000		10.000
L. Retidos	-o-	5.200	5.200	❹ 5.200		-o-
TOTAL	**23.000**	**20.200**	**43.200**			**20.000**

Exemplo 3 – Com Resultado em Estoque Realizado 100%

BALANÇO PATRIMONIAL DAS COMPANHIAS "A" E "B" ANTES DAS OPERAÇÕES ABAIXO DESCRITAS

Empresa A		Empresa B	
ATIVO	PASSIVO + PATR. LÍQ.	ATIVO	PASSIVO + PATR. LÍQ.
Circulante Caixa 5.000 **Não Circulante** Invest. "B" 8.000	**Circulante** Dívidas 3.000 **Não Circulante** **Patr. Líquido** Cap.Social 10.000	**Circulante** Caixa 3.000 Estoque 8.000 **Não Circulante** Imob. 4.000	**Circulante** Dívidas 7.000 **Não Circulante** **Patr. Líquido** Cap. Social 8.000
Total 13.000	**Total 13.000**	**Total 15.000**	**Total 15.000**

EMPRESA	DESCRIÇÃO	OPERAÇÕES EFETUADAS
A	Investidora	**B** Vende 60% do estoque p/ **A** a prazo por $10.000
B	Investida	**A** vende 100% do estoque adquirido da controlada **B** – $ 20.000

Efetuar os ajustes - Lançamentos Contábeis

1 Excluir da consolidação na demonstração do resultado do exercício as vendas da controlada "**B**" para a controladora "**A**"

		Débito	Crédito
D	Conta de Resultado **B**		
	Receitas de vendas	R$ 10.000	
C	Conta de Resultado		
	C.M.V.		R$ 10.000

2 Excluir da consolidação o valor do investimento de "**A**" no Patrimônio de "**B**"

		Débito	Crédito
D	Patrimônio Líquido de **"B"**		
	Capital Social	R$ 8.000	
	Lucros Retidos	R$ 5.200	
C	Ativo Não Circulante "**A**"		
	Investimentos		
	Participação societária em "**B**"		R$ 13.200

3 Excluir da consolidação o valor que a controladora "**A**" tem que pagar para a controlada "**B**", referente a compra de mercadorias a prazo.

		Débito	Crédito
D	Passivo Circulante de "**A**"		
	Duplicatas a pagar	R$ 10.000	
C	Ativo Circulante "**B**"		
	Duplicatas a Receber		R$10.000

CONSOLIDAÇÃO DOS DEMONSTRATIVOS

DADOS	EMPRESA A	EMPRESA B	SOMA	ELIMINAÇÃO DÉBITO	ELIMINAÇÃO CRÉDITO	CONSOLIDADO
Vendas	20.000	10.000	30.000	❶ 10.000		20.000
(-) CMV	(10.000)	(4.800)	(14.800)		❶ 10.000	(4.800)
L.BRUTO	**10.000**	**5.200**	**15.200**			**15.200**
(+)Eq. Patrimonial	5.200	-o-	5.200	❷ 5.200		-o-
L. LIQ.	**15.200**	**5.200**	**20.400**			**15.200**
ATIVO						
Circulante						
Caixa	5.000	3.000	8.000			8.000
Dupl. a Receber	20.000	10.000	30.000		❸ 10.000	20.000
Estoque	-o-	3.200	3.200			3.200
Não Circulante						
Investimento "B"	13.200	-o-	13.200		❷ 13.200	-o-
Imobilizado	-o-	4.000	4.000			4.000
TOTAL	**38.200**	**20.200**	**58.400**			**35.200**
PASS.+ P. LÍQ.						
Circulante						
Dívidas	3.000	7.000	10.000			10.000
Dupl. a Pagar	10.000	-o-	10.000	❸ 10.000		-o-
Patr. Líquido						
Capital Social	10.000	8.000	18.000	❷ 8.000		10.000
Lucros Retidos	15.200	5.200	20.400	❷ 5.200		15.200
TOTAL	**38.200**	**20.200**	**58.400**			**35.200**

Exemplo 4 – Com Lucro em Estoque não Realizado

BALANÇO PATRIMONIAL DAS COMPANHIAS "A" E "B" ANTES DAS OPERAÇÕES ABAIXO DESCRITAS

Empresa A				Empresa B			
ATIVO		PASSIVO + PATR. LÍQ.		ATIVO		PASSIVO + PATR. LÍQ.	
Circulante		**Circulante**		**Circulante**		**Circulante**	
Caixa	5.000	Dívidas	3.000	Caixa	3.000	Dívidas	7.000
				Estoque	8.000		
		Não Circulante				**Não Circulante**	
Não Circulante				**Não Circulante**			
Invest. "B"	8.000	**Patr. Líquido**		Imob.	4.000	**Patr. Líquido**	
		Cap. Social	10.000			Cap. Soc.	8.000
Total	**13.000**	**Total**	**13.000**	**Total**	**15.000**	**Total**	**15.000**

EMPRESA	DESCRIÇÃO	OPERAÇÕES EFETUADAS
A	Investidora	**B** Vende 100% do estoque p/ **A** a prazo por $10.000
B	Investida	**A** Vende 70% do estoque adquirido da controlada **B** – $ 20.000

Efetuar os ajustes - Lançamentos Contábeis

1 Excluir da consolidação na demonstração do resultado do exercício as vendas da controlada "**B**" para a controladora "**A**"

D Conta de Resultado **B**
Receitas de vendas R$ 10.000
C Conta de Resultado
C.M.V. R$ 9.400
Lucros Não Realizados R$ 600

2 Excluir da consolidação o valor do investimento de "**A**" no Patrimônio de "**B**"

D Patrimônio Líquido de **"B"**
Capital Social R$ 8.000
Lucros Retidos R$ 1.400
C Ativo Não Circulante "**A**"
Investimentos
Participação societária em "**B**" R$ 9.400

3 Excluir da consolidação o valor que a controladora "**A**" tem que pagar para a controlada "**B**", referente a compra de mercadorias a prazo.

D Passivo Circulante de "**A**"
Duplicatas a pagar R$ 10.000
C Ativo Circulante "**B**"
Duplicatas a Receber R$10.000

4 Excluir da consolidação o valor dos lucros não realizados que a controlada "**B**" obteve na venda das mercadorias para a controladora "**A**", e que ainda estão no estoque da compradora "**A**".

D Patrimônio Líquido "**B**"
Lucros não realizados R$ 600
C Ativo Circulante "**A**"
Estoques de Mercadorias R$ 600

CONSOLIDAÇÃO DOS DEMONSTRATIVOS

DADOS	EMPRESA A	EMPRESA B	SOMA	ELIMINAÇÃO DÉBITO	ELIMINAÇÃO CRÉDITO	CONSOLIDADO
Vendas	20.000	10.000	30.000	❶ 10.000		20.000
(-) CMV	(7.000)	(8.000)	(15.000)		❶ 9.400	(5.600)
L.BRUTO	**13.000**	**2.000**	**15.000**			**14.400**
(+) Eq. Patrimonial	1.400		1.400	❷ 1.400		-o-
Lucros não Realizados					❶ 600	
LUCRO LIQ. EXERC.	**14.400**	**2.000**	**16.400**			**14.400**
ATIVO						
Circulante						
Caixa	5.000	3.000	8.000			8.000
Dupl. Receber	20.000	10.000	30.000		❸ 10.000	20.000
Estoque	3.000	-o-	3.000		❹ 600	2.400
Não Circulante						
Investimento "B"	9.400	-o-	9.400		❷ 9.400	-o-
Imobilizado	-o-	4.000	4.000			4.000
TOTAL	**37.400**	**17.000**	**54.400**			**34.400**
PASSIVO + PATR. LÍQ.						
Circulante						
Dívidas	3.000	7.000	10.000			10.000
Dupl. a Pagar	10.000	-o-	10.000	❸ 10.000		-o-
Não Circulante						
Patrimônio Líquido						
Cap. Social	10.000	8.000	18.000	❷ 8.000		10.000
Lucros Retidos	14.400	2.000	16.400	❷ 1.400		14.400
				❹ 600		
TOTAL	**37.400**	**17.000**	**54.400**			**34.400**

Exemplo 5 - Resolver

Com Resultado Realizado Parcialmente na Controladora e Controlada

BALANÇO PATRIMONIAL DAS COMPANHIAS "A" E "B" ANTES DAS OPERAÇÕES ABAIXO DESCRITAS

EMPRESA A				EMPRESA B			
ATIVO		PASSIVO + PATR. LÍQ.		ATIVO		PASSIVO + PATR. LÍQ	
Circulante		Circulante		Circulante		Circulante	
Caixa	3.000	Dívidas	12.000	Caixa	3.000	Dívidas	-o-
Estoque	6.000						
		Não Circulante				Não Circulante	
		Patrimônio Líquido				Patrimônio Líquido	
Não Circulante		Cap. Social	15.000	Não Circulante		Cap. Social	8.000
Invest. "B"	8.000			Imobilizado	5.000		
Imobilizado	10.000						
TOTAL	27.000	TOTAL	27.000	TOTAL	8.000	TOTA	8.000

Dados para Resolução

EMPRESA	DESCRIÇÂO	OPERAÇÔES EFETUADAS
A	Investidora	**B** Vende para B 70% do estoque por R$10.000 a prazo
B	Investida	**A** Vende 60% do estoque a prazo por R$ 12.000,00

CONSOLIDAÇÃO DOS DEMONSTRATIVOS

DADOS	EMPRESA A	EMPRESA B	SOMA	ELIMINAÇÃO DÉBITO	ELIMINAÇÃO CRÉDITO	CONSO-LIDADO
Vendas						
(-) CMV						
L.BRUTO						
L. não realizados						
(+) Eq. Patrim.						
L.L.EXERC.						
ATIVO Circulante						
Caixa						
Estoque						
Dupl. Receb.						
Não Circulante						
Invest. "B" (-) Lucros Não Realizados						
Imobilizado						
TOTAL						
PASSIV. + P.L. Circulante						
Dívidas						
Patr. Líquido						
Cap. Social						
Lucros Retidos						
TOTAL						

GABARITO

Efetuar os ajustes - Lançamentos Contábeis

1 Excluir da consolidação na demonstração do resultado do exercício as vendas da controlada "**A**" para a controladora "**B**"

		Débito	Crédito
D	Conta de Resultado **"A"**		
	Receitas de vendas	R$ 10.000	
C	Conta de Resultado		
	C.M.V.		R$ 7.680
	Lucros Não Realizados		R$ 2.320

2 Excluir da consolidação o valor do investimento de "**A**" no Patrimônio de "**B**"

		Débito	Crédito
D	Patrimônio Líquido de **"B"**		
	Capital Social	R$ 8.000	
	Lucros retidos	R$ 6.000	
C	Ativo Não Circulante "**A**"		
	Investimentos		
	Participação societária em "**B**"		R$ 14.000

3 Excluir da consolidação o valor que a controlada "**B**" tem que pagar para a controladora "**A**", referente a compra de mercadorias a prazo.

		Débito	Crédito
D	Passivo Circulante de "**B**"		
	Duplicatas a pagar	R$` 10.000	
C	Ativo Circulante "**A**"		
	Duplicatas a Receber		R$10.000

4 Excluir da consolidação o valor dos lucros não realizados que a controladora "**A**" obteve na venda das mercadorias para a controlada "**B**", e que ainda estão no estoque da compradora "**B**".

		Débito	Crédito
D	Ativo Não Circulante "**A**"		
	Lucros a Apropriar	R$ 2.320	
C	Ativo Circulante "**A**"		
	Estoques de Mercadorias		R$ 2.320

CONSOLIDAÇÃO DOS DEMONSTRATIVOS

DADOS	EMPRESA A	EMPRESA B	SOMA	ELIMINAÇÃO DÉBITO	ELIMINAÇÃO CRÉDITO	CONSO-LIDADO
Vendas	10.000	12.000	22.000	❶ 10.000		12.000
(-) CMV	(4.200)	(6.000)	(10.200)		❶ 7.680	(2.520)
L.BRUTO	**5.800**	**6.000**	**11.800**			**9.480**
L. não realizados	(2.320)	-o-	(2.320)		❶ 2.320	-o-
(+) Eq. Patrim.	6.000	-o-	6.000	❷ 6.000		-o-
L.L.EXERC.	**9.480**	**6.000**	**15.480**			**9.480**
ATIVO Circulante						
Caixa	3.000	3.000	6.000			6.000
Estoque	1.800	4.000	5.800		❹ 2.320	3.480
Dupl. Receb.	10.000	12.000	22.000		❸ 10.000	12.000
Não Circulante						
Invest. "B"	8.000 6.000		14.000		❷14.000	
(-) Lucros Não Realizados	(2.320)		(2.320)	❹ 2.320		
Imobilizado	10.000	5.000	15.000			15.000
TOTAL	**36.480**	**24.000**	**60.480**			**36.480**
PASSIV. + P.L. Circulante						
Dívidas	12.000	10.000	22.000	❸ 10.000		12.000
Patr. Líquido						
Cap. Social	15.000	8.000	23.000	❷ 8.000		15.000
Lucros Retidos	9.480	6.000	15.480	❷ 6.000		9.480
TOTAL	**36.480**	**24.000**	**60.480**			**36.480**

Exemplo 6 – Com Realização Total dos Lucros – Dados abaixo:

BALANÇO PATRIMONIAL DAS COMPANHIAS "A" E "B" ANTES DAS OPERAÇÕES ABAIXO DESCRITAS

EMPRESA A		EMPRESA B	
ATIVO	PASSIVO + PATR. LÍQ.	ATIVO	PASSIVO + PATR. LÍQ.
<u>Circulante</u> Caixa 7.000 Estoque 10.000 <u>Não Circulante</u> Invest. "B" 8.000	<u>Circulante</u> Dívidas 5.000 <u>Não Circulante</u> <u>Patrimônio Líquido</u> Cap. Social. 20.000	<u>Circulante</u> Caixa 4.000 <u>Não Circulante</u> Imob. 9.000	<u>Circulante</u> Dívidas 3.000 <u>Não Circulante</u> <u>Patrimônio Líquido</u> Cap. Soc. 10.000
TOTAL 25.000	**TOTAL 25.000**	**TOTAL 13.000**	**TOTAL 13.000**

EMPRESA	DESCRIÇÃO	OPERAÇÕES EFETUADAS
A	Investidora	**A** Vende para B 60% do estoque por R$15.000 a vista
B	Investida	**B** Vende para terceiros 100% do estoque a vista por R$ 20.000

- Efetuar os ajustes (lançamentos contábeis)

1 Identificar e separar dentro do Patrimônio Líquido a parcela pertencente ao não controlador (minoritário).

Minoritário - Parcela referente ao capital social

D Patrimônio Líquido "**B**"
  Capital Social R$ 2.000
C Patrimônio Líquido "**B**"
  Part. Minoritário
   Capital Social R$ 2.000
   (20% x R$ 10.000)

2 Identificar e separar dentro do Patrimônio Líquido e da Demonstração do Resultado do Exercício (DRE) a parcela pertencente ao não controlador (minoritário).

Minoritário - Parcela referente aos lucros retidos

D Patrimônio Líquido "**B**"
  Lucros Retidos R$ 1.000
C Patrimônio Líquido "**B**"
  Part. Minoritário
   Lucros Retidos R$ 1.000
   (20% x R$ 5.000)

3 Excluir da consolidação na demonstração do resultado do exercício as vendas da controladora "A" para a controlada "B"

		Débito	Crédito
D	Conta de Resultado **"A"**		
	Receitas de vendas	R$ 15.000	
C	Conta de Resultado		
	C.M.V.		R$ 15.000

4 Excluir da consolidação o valor do investimento de "**A**" no Patrimônio de "**B**"

		Débito	Crédito
D	Patrimônio Líquido de **"B"**		
	Capital Social	R$ 8.000	
	Lucros retidos	R$ 4.000	
C	Ativo Não Circulante "**A**"		
	Investimentos		
	Participação societária em "**B**"		R$ 12.000

5 Excluir da consolidação o valor que a controlada "**B**" tem que pagar para a controladora "**A**", referente a parte da compra de mercadorias a prazo.

		Débito	Crédito
D	Passivo Circulante de "**B**"		
	Duplicatas a pagar	R$ ********	
C	Ativo Circulante "**A**"		
	Duplicatas a Receber		R$ ********

6 Excluir da consolidação o valor dos lucros não realizados que a controladora "**A**" obteve na venda das mercadorias para a controlada "**B**", e que ainda estão no estoque da compradora "**B**".

		Débito	Crédito
D	Ativo Não Circulante "**A**"		
	Lucros a Apropriar	R$ ********	
C	Ativo Circulante "**A**"		
	Estoques de Mercadorias		R$ ********

CONSOLIDAÇÃO DOS DEMONSTRATIVOS

DADOS	EMPRESA A	EMPRESA B	SOMA	ELIMINAÇÃO DÉBITO	ELIMINAÇÃO CRÉDITO	CONSOLIDADO
Vendas	15.000	20.000	35.000	❸ 15.000		20.000
(-) CMV	(6.000)	(15.000)	(21.000)		❸ 15.000	(6.000)
L.BRUTO	**9.000**	**5.000**	**14.000**			**14.000**
(+) Eq. Patrim.	4.000	-o-	4.000	❹ 4.000		-o-
Part. Minorit.	-o-	-o-	-o-	❷ 1.000		(1.000)
L.L.EXERC.	**13.000**	**5.000**	**18.000**			**13.000**
ATIVO						
Circulante						
Caixa	22.000	9.000	31.000			31.000
Estoque	4.000	-o-	4.000			4.000
Não Circul.						
Invest. "B"	12.000	-o-	12.000		❹12.000	-o-
Imobilizado	-o-	9.000	9.000			9.000
TOTAL	38.000	18.000	56.000			44.000
PASSIVO + PATR. LÍQ.						
Circulante	5.000	3.000	8.000			8.000
Dívidas						
Patr. Líquido						
Cap. Social	20.000	10.000	30.000	❶ 2.000		20.000
				❹ 8.000		
L. Retidos	13.000	5.000	18.000	❷ 1.000		13.000
				❹ 4.000		
Part. Minorit						
Cap. Social	-o-	-o-	-o-		❶ 2.000	2.000
L. Retidos					❷ 1.000	1.000
TOTAL	**38.000**	**18.000**	**56.000**			**44.000**

Exemplo 7 – Resolver

Com Lucros no Estoque não Realizados

BALANÇO PATRIMONIAL DAS COMPANHIAS "A" E "B" ANTES DAS OPERAÇÕES ABAIXO DESCRITAS

EMPRESA A		EMPRESA B	
ATIVO	PASSIVO + PATR. LÍQ.	ATIVO	PASSIVO + PATR. LÍQ.
<u>Circulante</u> Caixa 17.000 <u>Não Circulante</u> Invest. "B" 8.000	<u>Circulante</u> Dívidas 5.000 <u>Não Circulante</u> <u>Patrimônio Líquido</u> Cap. Soc. 20.000	<u>Circulante</u> Caixa 4.000 Estoque 10.000 <u>Não Circulante</u> Imob. 9.000	<u>Circulante</u> Dívidas 13.000 <u>Não Circulante</u> <u>Patrimônio Líquido</u> Cap. Soc. 10.000
TOTAL 25.000	**TOTAL 25.000**	**TOTAL 23.000**	**TOTAL 23.000**

Dados para Resolução

EMPRESA	DESCRIÇÃO	OPERAÇÕES EFETUADAS
B	Investida	**B** Vende para **A** 60% do estoque por $ 15.000 a vista
A	Investidora	**A** Vende para terceiros 70% do estoque a vista por R$ 20.000

CONSOLIDAÇÃO DOS DEMONSTRATIVOS

DADOS	EMPRESA A	EMPRESA B	SOMA	ELIMINAÇÃO DÉBITO	ELIMINAÇÃO CRÉDITO	CONSO-LIDADO
Vendas						
(-) CMV						
L.BRUTO						
L. Não Realiz.						
(+) Eq. Patr.						
Part. Minorit.						
L.L.EXERC.						
ATIVO Circulante						
Caixa						
Estoque						
Não Circulante						
Invest. "B"						
Imobilizado						
TOTAL						
PASSIVO + PATR. LÍQ. Circulante						
Dívidas						
Patr. Líquido						
Cap. Social						
L. Retidos						
Part. Minor.						
Cap. Social						
L. Retidos						
TOTAL						

GABARITO

1 Identificar e separar dentro do Patrimônio Líquido a parcela pertencente ao não controlador (minoritário).

Minoritário - Parcela referente ao capital social

D Patrimônio Líquido "**B**"
Capital Social R$ 2.000
C Patrimônio Líquido "**B**"
Part. Minoritário
Capital Social R$ 2.000
(20% x R$ 10.000)

2 Identificar e separar dentro do Patrimônio Líquido e da Demonstração do Resultado do Exercício (DRE) a parcela pertencente ao não controlador (minoritário).

Minoritário - Parcela referente aos lucros retidos

D Patrimônio Líquido "**B**"
Lucros Retidos R$ 1.800
C Patrimônio Líquido "**B**"
Part. Minoritário
Lucros Retidos R$ 1.800
(20% x R$ 9.000)

3 Excluir da consolidação na demonstração do resultado do exercício as vendas da controlada "**B**" para a controladora "**A**"

D Conta de Resultado **B**
Receitas de vendas R$ 15.000
C Conta de Resultado
C.M.V. R$ 12.300
Lucros Não Realizados R$ 2.700

4 Excluir da consolidação o valor do investimento de "**A**" no Patrimônio de "**B**"

D Patrimônio Líquido de "**B**"
Capital Social R$ 8.000
Lucros Retidos R$ 5.040
C Ativo Não Circulante "**A**"
Investimentos
Participação societária em "**B**" R$ 13.040

5 Excluir da consolidação o valor dos lucros não realizados que a controlada "**B**" obteve na venda das mercadorias para a controladora "**A**", e que ainda estão no estoque da compradora "**A**". (80% de R$ 2.700)

D Patrimônio Líquido "**B**"
Lucros não realizados R$ 2.160
C Ativo Circulante "**A**"
Estoques de Mercadorias R$ 2.160

CONSOLIDAÇÃO DOS DEMONSTRATIVOS

DADOS	EMPRESA A	EMPRESA B	SOMA	ELIMINAÇÃO DÉBITO	ELIMINAÇÃO CRÉDITO	CONSO-LIDADO
Vendas	20.000	15.000	35.000	❸15.000		20.000
(-) CMV	(10.500)	(6.000)	(16.500)		❸ 12.300	(4.200)
L.BRUTO	**9.500**	**9.000**	**18.500**			**15.800**
L. Não Realiz.					❸ 2.700	
(+) Eq. Patr.	5.040		5.040	❹ 5.040		
Part. Minorit.				❷ 1.260		(1.260)
L.L.EXERC.	**14.540**	**9.000**	**23.540**			**14.540**
ATIVO Circulante						
Caixa	22.000	19.000	41.000			41.000
Estoque	4.500	4.000	8.500		❺ 2.160	6.340
Não Circulante						
Invest. "B"	8.000 5.040		13.040		❹ 13.040	
Imobilizado		9.000	9.000			9.000
TOTAL	**39.540**	**32.000**	**71.540**			**56.340**
PASSIVO + PATR. LÍQ.						
Circulante						
Dívidas	5.000	13.000	18.000			18.000
Patr. Líquido						
Cap. Social	20.000	10.000	30.000	❶ 2.000 ❹ 8.000		20.000
L. Retidos	14.540	9.000	23.540	❷ 1.800 ❹ 5.040 ❺ 2.160		14.540
Part. Minor.						
Cap. Social					❶ 2.000	2.000
L. Retidos					❷ 1.800	1.800
TOTAL	**39.540**	**32.000**	**71.540**			**56.340**

Questões de Concursos

01. A.F.T.N. - 1996 (ESAF)

Para que os procedimentos de Consolidação das Demonstrações Contábeis dos conglomerados reflitam tecnicamente a relação do grupo para com terceiros, é importante seja mantida a uniformidade

a) De políticas de captação de recursos, de formação dos estoques e mantidos os mesmos credores.
b) De fornecedores, de estocagem de produtos e utilizem os mesmos órgãos financiadores.
c) De políticas de compra e venda de produtos, de estocagem de produtos e mantidos os mesmos credores.
d) Diretiva em todas as empresas do conglomerado com os mesmos diretores nas empresas.
e) De critérios e procedimentos contábeis entre as empresas consolidadas.

02. A.F.T.N. - 1998 (ESAF)

Na consolidação dos Balanços de Controladora e Controlada todos os itens abaixo deverão ser excluídos, <u>exceto:</u>

a) Lucro não realizado nas transações de mercadorias entre controladora e controlada.
b) Lucro na venda de Ativos Imobilizados entre controladora e controlada.
c) Investimento permanente da controladora na controlada.
d) Contas a receber que representam contas a pagar na controlada.
e) Participações societárias de empresas não controladas e não pertencentes ao grupo.

03. PETROBRAS - 2010 (CESGRANRIO)

A consolidação das demonstrações contábeis representa a(o)

a) união de duas ou mais companhias para formar uma nova sociedade.
b) transferência de parcela do patrimônio de uma sociedade para outra.
c) elaboração em conjunto de demonstrações contábeis de sociedade aberta que possui participação relevante em sociedade limitada.
d) total das participações recíprocas entre sociedades com o mesmo comando de grupo.
e) agrupamento de demonstrações contábeis de duas ou mais sociedades.

04. PETROBRAS - 2010 (CESGRANRIO)

Nos termos da legislação societária vigente, estão obrigadas a elaborar e a divulgar demonstrações consolidadas as companhias abertas que tiverem investimentos, em controladas, em mais de 30% do

a) capital das controladas.
b) capital votante das controladas.
c) capital votante da controladora.
d) patrimônio líquido da controlada.
e) patrimônio líquido da controladora.

05. PETROBRAS - 2010 (CESGRANRIO)

Segundo a Comissão de Valores Mobiliários - CVM (Instrução 247/96 e alterações pelas Instruções 269/97, 285/98, 464/08 e 469/08), ao final de cada exercício social, deve elaborar demonstrações contábeis consolidadas a companhia aberta que

a) tiver mais de 30% de seu patrimônio líquido representados por investimentos em controladas e grupos empresariais que se constituírem formalmente em grupos de companhia(s) aberta(s).
b) tiver participação acionária avaliada pelo método de equivalência patrimonial e sociedades que possuírem sistema de governança corporativa aceita pela legislação vigente.
c) tiver participação relevante em outras companhias abertas e grupos de sociedades que detenham controle acionário total de empresas limitadas com patrimônio líquido superior a R$ 2.000.000,00, na data da consolidação.
d) possuir participação superior a 20% de seu patrimônio líquido em sociedades anônimas de capital aberto ou fechado e conjunto de sociedades que se uniram em Joint Venture para comandar outra sociedade.
e) possuir investimento em sociedades controladas, incluindo as sociedades controladas em conjunto e sociedade de comando de grupo de sociedades que inclua companhia aberta.

06. PETROBRAS – 2010 (CESGRANRIO)
A participação dos acionistas minoritários, no patrimônio líquido da(s) controlada(s), deverá ser evidenciada no Balanço Patrimonial consolidado (Adaptada)
a) dentro do grupo de resultados de exercícios futuros.
b) dentro do patrimônio líquido, porém destacado dos demais itens.
c) após o patrimônio líquido.
d) imediatamente antes do patrimônio líquido.
e) entre o passivo circulante e o passivo não circulante.

07. A.F.T.N. – 1998 (ESAF)
Na Consolidação de Demonstrações Financeiras, o ágio oriundo de investimento de controladora em controlada avaliado pelo método da equivalência patrimonial deverá ser:
a) Eliminado na consolidação não aparecendo na demonstração consolidada.
b) Mantido na consolidação e aparecendo na demonstração consolidada.
c) Eliminado proporcionalmente à participação da controladora na controlada.
d) Transferido para conta de receita no resultado da controladora.
e) Transferido ao Lucros e Perdas do Balanço consolidado.

08. A.F.T.N. – 1998 (ESAF)
As participações de acionistas minoritários ou não controladores, quando da consolidação, deverão ser: (Adaptada)
a) Deduzidas do valor do investimento no Ativo Não Circulante.
b) Acrescidas ao valor do investimento no Ativo Não Circulante.
c) Segregadas em conta específica no Ativo Não Circulante.
d) Segregadas em conta específica dentro do Patrimônio Líquido consolidado.
e) Consolidadas sem qualquer referência especial.

09. A.F.T.N. – 2000 (ESAF)
No processo de elaboração da consolidação das demonstrações não são excluídos os(as):
a) Lucros não realizados decorrentes de operações de venda de ativos entre as empresas do grupo.
b) Vendas de qualquer natureza realizadas entre a empresa controlada e sua controladora.
c) Dividendos recebidos por conta de participações societárias avaliadas por equivalência patrimonial.
d) Receitas auferidas por conta de juros cobrados em contrato de mútuo realizado entre empresas do grupo.
e) Vendas de serviços realizadas entre a empresa controladora e suas controladas.

10. A.F.T.N. – 2000 (ESAF)
De acordo com a Instrução CVM 247/96, poderão ser excluídas da obrigatoriedade de Consolidação de Demonstrações Financeiras:
a) Todas as companhias abertas que tiverem mais de 30% do seu patrimônio líquido representado por investimentos em controladas.
b) Sociedades controladas que apresentarem efetivas e claras evidências de perda de continuidade.
c) Sociedades controladas que apresentarem efetivas e claras evidências de manutenção da continuidade.
d) Todas as companhias abertas que tiverem menos de 30% do seu patrimônio líquido representado por investimentos em controladas.
e) Sociedades controladas que não se configurem como parte relacionada e não operem com a controladora.

11. A.F.R.F. – 2002 (ESAF)

Para a elaboração das Demonstrações Contábeis Consolidadas, a investidora deve:

a) Em nenhuma hipótese utilizar períodos contábeis não idênticos, mesmo que este fato represente melhoria na qualidade da informação produzida.

b) Utilizar demonstrações contábeis e do patrimônio líquido das investidas apuradas na mesma data das demonstrações contábeis da investidora.

c) Compensar quaisquer ativos ou passivos pela dedução de outros ativos ou passivos mesmo na inexistência de direito de compensação.

d) Utilizar demonstrações contábeis de coligadas e controladas elaboradas até 90 dias antes da data das demonstrações contábeis da investidora.

e) Eliminar saldos de quaisquer contas de ativos e passivos resultantes de transações das sociedades incluídas na consolidação.

12. a 17. A.F.T.N. – 1996 (ESAF)

A empresa LM era subsidiária integral da Cia. ABC, que também possuía 60% do capital da Cia. XY. Em 31.12.19x1 os balanços patrimoniais da Cia. ABC e de suas controladas eram os seguintes: (Adaptada)

DESCRIÇÃO	Controladora ABC	Controlada LM	Controlada XY
Ativo Circulante			
Disponibilidades	1.000	15.000	22.000
Valores a Receber	25.000	5.000	34.000
Estoques	45.000	-o-	20.000
Ativo Não Circulante			
Part. Societ. Cia. LM	20.000	-o-	-o-
Part. Societ. Cia. XY	60.000	-o-	-o-
Imobilizado	100.000	10.000	54.000
Total do Ativo	251.000	30.000	130.000
Passivo Circulante			
Valores a pagar	16.000	-o-	5.000
Passivo Não Circulante			
Exigível a Longo Prazo			
Emprést. Bancários	35.000	10.000	25.000
Patrimônio Líquido			
Capital Social	200.000	20.000	100.000
Total do Passivo + Patrimônio Líquido	251.000	30.000	130.000

Outras informações:

a) o saldo da conta Valores a Pagar da Cia. XY correspondia a operações de repasses financeiros realizados com a controladora;

b) em 31.12.19x1 a Cia. LM tinha a receber $ 2.000 de sua controladora.

12. **O valor apurado na consolidação dos demonstrativos para as participações minoritárias é:**
a) $ 20.000
b) $ 200.000
c) $ 100.000
d) $ 120.000
e) $ 40.000

13. **Em 31.12.19x1 o grupo tinha a receber de terceiros:**
a) $ 57.000
b) $ 64.000
c) $ 34.000
d) $ 5.000
e) $ 25.000

14. **O valor consolidado do capital social do grupo era:**
a) $ 320.000
b) $ 200.000
c) $ 300.000
d) $ 220.000
e) $ 100.000

15. **Em 31.12.19x1 as obrigações totais do grupo eram:**
a) $ 14.000
b) $ 70.000
c) $ 84.000
d) $ 16.000
e) $ 51.000

16. **O valor do Ativo Não Circulante Consolidado em 31.12.19x1 era:**
a) $ 244.000
b) $ 224.000
c) $ 234.000
d) $ 164.000
e) $ 184.000

17. **O valor do Patrimônio Líquido Consolidado é:**
a) $ 200.000
b) $ 240.000
c) $ 300.000
d) $ 220.000
e) $ 120.000

18. A.F.T.N. – 1996 (ESAF)

Em 10.12.19x2, a Cia. Amazonas vende a vista para a sua subsidiária integral, Cia. Solimões, um imobilizado pelo valor de $ 15.000.000, obtendo um lucro na operação de $ 3.500.000. Em 31.12.19x2, por ocasião da Consolidação das Demonstrações Contábeis, o procedimento de eliminação do lucro não realizado intercompanhias seria: (Adaptada)

a) Terrenos
a Lucros Não Realizados Intercompanhias $ 3.500.000

b) Resultado Operacional
a Terrenos $ 3.500.000

c) Ativo Não Circulante
Investimentos
Lucros a Apropriar
a Imobilizado $ 3.500.000

d) Terrenos
a Lucros na Alienação de Imobilizados $ 3.500.000

e) Terrenos
a Ajustes de Lucros Não-Realizados
Intercompanhias $ 3.500.000

19. A.F.R. – SP – 2002 (FCC)

Determinada companhia investidora, obrigada legalmente a elaborar demonstrações financeiras consolidadas, incorporou uma nova entidade, que passa a ser sua controlada. O valor deste investimento é de R$ 54.000, correspondente a uma participação de 80% na controlada. Indique a representação do registro contábil e o correspondente valor devido aos minoritários no balanço patrimonial consolidado. (Adaptada)

a) O valor de R$ 13.500 deverá ser registrado como "Capital a pagar", conta integrante do patrimônio líquido.
b) O valor de R$ 10.800 deverá ser registrado como "Capital a pagar", conta integrante do patrimônio líquido.
c) O valor de R$ 13.500 deverá ser registrado como "participação de minoritários", conta integrante do patrimônio líquido.
d) O valor de R$ 10.800 deverá ser registrado como "Obrigação com participação de minoritários", conta integrante do passivo.
e) O valor de R$ 12.960 deverá ser registrado como "Devedores por investidores minoritários", conta integrante de resultados de exercícios futuros.

20. a 26. A.F.T.N. – 2000 (ESAF)

Tomando como base unicamente as informações a seguir, responda às questões abaixo (Adaptada)

I - Balanço Patrimonial:

	Controladora A	Controlada B
Ativo		
Circulante		
Disponível	95.000	125.000
Contas a receber de terceiros	120.000	
Contas a receber – Cia. A		140.000
Estoques	70.000	20.000
Não Circulante		
Investimentos na controlada B	125.000	
Imobilizado	350.000	35.000
Total do Ativo	760.000	320.000
Passivo + Patrimônio líquido		
Passivo		
Circulante		
Fornecedores - terceiros	50.000	120.000
Fornecedores – Cia. B	140.000	
Outras contas a pagar	40.000	55.000
Não Circulante		
Patrimônio Líquido		
Capital	500.000	125.000
Lucros Retidos	30.000	20.000
Total Passivo + Patrimônio Líquido	760.000	320.000

II – Demonstrações do Resultado de Exercício:

Demonstração de Resultados	Controladora A	Controlada B
Vendas	80.000	140.000
Custo das Vendas	(70.000)	(100.000)
Lucro Bruto	10.000	40.000
Resultado da equivalência	20.000	
Lucro Líquido	30.000	40.000

III – Outras informações adicionais:

- A controladora A constituiu a controlada B da qual tem 100% do capital.
- A controlada B vendeu para a controladora A, por R$ 140.000,00, mercadorias que lhe custaram R$ 100.000,00.
- A controladora A vendeu metade dos estoques comprados da controlada B pelo preço de R$ 80.000,00.
- No período foram distribuídos dividendos, pela controlada B, na ordem de R$ 20.000,00.

20. O valor do Lucro Bruto Consolidado é de:

a) 30.000.
b) 20.000.
c) 10.000.
d) 40.000.
e) 50.000.

21. O valor do Custo das Vendas Consolidado é de:

a) 30.000.
b) 170.000.
c) 70.000.
d) 100.000.
e) 50.000.

22. O valor das Receitas de Vendas Consolidadas é de:

a) 220.000.
b) 80.000.
c) 120.000.
d) 140.000.
e) 50.000.

23. Após a consolidação dos Balanços, o valor total do Ativo é:

a) 795.000.
b) 815.000.
c) 1.080.000.
d) 720.000.
e) 700.000.

24. Após a consolidação dos Balanços, o valor dos Lucros Retidos é:

a) 80.000.
b) 40.000.
c) 50.000.
d) 30.000.
e) 140.000.

25. Após a consolidação dos Balanços, o valor total das Exigibilidades é:

a) 95.000.
b) 265.000.
c) 255.000.
d) 170.000.
e) 295.000.

26. Após a consolidação dos Balanços, o valor total das Contas a Receber é:

a) 120.000.
b) 140.000.
c) 260.000.
d) 80.000.
e) 20.000.

27. a 29. I.C.M.S. – PA – 2002 (ESAF)

Dados para a resolução das questões abaixo:

Por decisão interna do grupo de empresas comandado pela Cia. Toda Cor, as operações de venda de produtos, mercadorias ou serviços, quando realizadas entre empresas do conglomerado, são efetuadas com margem bruta de 20%. No exercício de 2001 a Cia. Azul vende a prazo, para a controladora do grupo, estoques de mercadorias no valor de R$ 500.000,00. Sabe-se que ao final do exercício permaneciam,ainda, nos ativos da compradora 40% desses estoques.

27. **Nos procedimentos de consolidação, a conta de CMV deve ser ajustada por um lançamento de**

a) débito no valor de 700.000.
b) débito no valor de 460.000.
c) crédito no valor de 300.000.
d) crédito no valor de 460.000.
e) débito no valor de 300.000.

28. **Na Demonstração de Resultado Consolidado, o valor a ajustar na receita de vendas é:**

a) 200.000.
b) 300.000.
c) 500.000.
d) 600.000.
e) 900.000.

29. **Na Demonstração de Resultado Consolidado, o valor do CMV a ser considerado é:**

a) 200.000.
b) 240.000.
c) 300.000.
d) 400.000.
e) 460.000.

30. A.F.T.N. – 2002 (ESAF)

Dos procedimentos listados a seguir, indique aquele que não corresponde ao processo contábil de elaboração das demonstrações consolidadas.

a) Eliminação das despesas e receitas de variação cambial efetuadas com instituições financeiras indicadas pela controladora.
b) Exclusão de saldos de ativos e passivos em aberto de operações realizadas entre controladas e a controladora.
c) Valores de despesas e receitas de prestação de serviços realizados entre empresas do grupo.
d) Valores não realizados existentes nos ativos decorrentes de operações de compra e venda de ativos intercompanhias.
e) Operações de vendas efetuadas entre as empresas do grupo que efetuará a consolidação.

31. A.F.P.S. – 2003 (CESPE)

Com base no que dispõe a Lei das Sociedades Anônimas (Lei n° 6.404/1976), a propósito da consolidação de demonstrações financeiras, julgue os itens seguintes.

01. A consolidação de demonstrações financeiras só é obrigatória para os casos de grupos empresariais que se constituírem formalmente em grupos de sociedades na forma das sociedades anônimas (S.A.), independentemente de serem ou não companhias abertas, e ainda que a sociedade de comando não seja uma S.A. ( )

02. Deve-se excluir das demonstrações consolidadas, sempre com a anuência prévia da Comissão de Valores Mobiliários (CVM), os investimentos cuja inclusão possam provocar distorção na representação patrimonial e financeira do grupo. Nesse caso, o investimento excluído deve ser avaliado pelo método de equivalência patrimonial (MEP) e ser objeto de nota explicativa que explicite as razões que determinaram a exclusão. ( )

32. a 36. I.S.S. / MACEIÓ – 2003 (CESPE)

A respeito da consolidação das demonstrações contábeis, julgue os itens abaixo:

32. Na consolidação dos balanços de controladora e controlada, não será eliminado o lucro de venda, efetuada pela controlada para a controladora, de bem mantido em seu ativo até a época de encerramento do exercício social. ( )

33. As receitas e despesas entre as empresas objeto de consolidação devem ser eliminadas na demonstração consolidada do resultado. ( )

34. É possível que o lucro líquido apresentado na demonstração consolidada do resultado seja igual àquele da demonstração do resultado da controladora, já que o resultado da controlada é normalmente refletido na controladora pelo método da equivalência patrimonial. ( )

35. Sendo o lucro de uma controladora, antes da equivalência patrimonial e após todos os tributos, igual a R$ 200 milhões e o da controlada igual a R$ 550 milhões, e considerando-se que a controladora possua 80% do total das ações dessa controlada, o lucro líquido consolidado será de R$ 750 milhões, caso não haja ajuste a ser reconhecido no processo de consolidação. ( )

36. Na consolidação da demonstração das mutações do patrimônio líquido, o valor total do patrimônio líquido será igual 100% do patrimônio líquido da controladora mais o percentual de participação da controladora aplicado sobre o patrimônio líquido de cada controlada. ( )

37. I.C.M.S. – AM – 2005 (UFRJ)

Nas demonstrações financeiras consolidadas de uma sociedade anônima de capital aberto, as participações de minoritários devem ser: (Adaptada)

a) destacadas do valor dos investimentos no ativo não circulante;
b) segregadas em conta específica dentro do patrimônio líquido consolidado;
c) eliminadas, pois nas demonstrações consolidadas só devem constar os ativos e passivos pertinentes às empresas consolidadas;
d) destacadas em grupo isolado imediatamente antes do patrimônio líquido consolidado;
e) destacadas em conta específica do exigível a longo prazo.

38. I.C.M.S. - AM - 2005 (UFRJ)

A técnica de consolidação das demonstrações financeiras consiste em somar os valores correspondentes aos elementos contábeis semelhantes, existentes nas entidades que serão consolidadas (combinação de balanços), excluindo-se:

a) os saldos de quaisquer contas entre as entidades; as participações de uma entidade em outra; e a conta de participação minoritária;
b) os saldos de quaisquer contas entre as entidades; as parcelas correspondentes aos resultados, ainda que não realizados, de negócios entre as entidades; e a conta de participação minoritária;
c) os saldos de quaisquer contas entre as entidades; as parcelas correspondentes aos resultados cambiais, ainda que não realizados, de negócios entre as entidades; as participações de uma entidade em outra, e a conta de participação minoritária;
d) os saldos de quaisquer contas entre as entidades; as parcelas correspondentes aos resultados, ainda que não realizados, de negócios entre as entidades; e as participações de uma entidade em outra, exceto quando domiciliada no exterior;
e) os saldos de quaisquer contas entre as entidades; as parcelas correspondentes aos resultados, ainda que não realizados, de négócios entre as entidades; e as participações de uma entidade em outra.

39. I.C.M.S. - AM - 2005 (UFRJ)

A Companhia XXX controla 100% da Companhia YYY. Com base nos dados das Companhias levantados no encerramento do exercício, o Ativo Não Circulante consolidado é de: (Adaptada)

Contas	XXX	YYY
Bancos	15	5
Estoques	10	20
Investimento na Companhia YYY	10	==
Imobilizado Líquido	15	5
Intangível	10	15

a) 10
b) 45
c) 75
d) 95
e) 105

40. A.F.R. – SP – 2006 (FCC)

Em relação ao processo de consolidação das demonstrações contábeis considere as seguintes afirmações: (Adaptada)

I. A Consolidação das Demonstrações do Valor Adicionado de um conglomerado é elaborada com base no somatório simples das demonstrações de cada uma das empresas do conjunto consolidado.
II. A controladora deve consolidar as demonstrações contábeis das entidades controladas a partir da data em que assume seu controle, individual ou em conjunto.
III. As demonstrações contábeis das entidades controladas, para fins de consolidação, devem ser obrigatoriamente levantadas na mesma data das demonstrações contábeis da controladora, de modo que reflitam todos os eventos relevantes ocorridos nas empresas consolidadas.
IV. O conjunto das demonstrações contábeis consolidadas compreende o balanço patrimonial, a demonstração do resultado do exercício e a demonstração dos fluxos de caixa, complementado por notas explicativas e outros quadros analíticos necessários ao esclarecimento da situação patrimonial e dos resultados consolidados.

Está correto o que se afirma APENAS em

a) I e II.
b) I e IV.
c) II e III.
d) II e IV.
e) III e IV.

41. a 42. I.C.M.S. – SP – 2009 (FCC)

A Cia. Solar detém 80% das ações da Cia. Crepúsculo. Em dezembro de 2007, foram levantadas as seguintes informações sobre a empresa investida:

Cia. Crepúsculo	
Venda de Estoques para a Controladora em 2007	R$ 10.000.000,00
C.M.V. reconhecido nesse tipo de operação	R$ 6.000.000,00
Patrimônio Líquido final de 2006	R$ 100.000.000,00
Patrimônio Líquido final de 2007	R$ 100.600.000,00

41. Se ao final de 2007, o controle de estoque da Cia. Solar acusa a existência de um saldo de 10% nos estoques adquiridos da investida, no processo de consolidação de balanço deve ser

a) registrado um débito de R$ 400.000,00 em estoques.
b) reconhecido um lucro não realizado nos estoques de R$ 400.000,00.
c) lançado um crédito de R$ 1.000.000,00 em estoques.
d) contabilizado um débito de R$ 1.000.000,00 em conta de PL.
e) contabilizado um crédito de R$ 1.000.000,00 em conta de PL.

42. Se ao final de 2007 a investidora tivesse repassado a terceiros 90% dos estoques pelo valor de R$ 11.000.000,00, na Demonstração de Resultado consolidada deve ser feito um lançamento de

a) débito em Receita de Vendas de R$ 10.000.000,00 e crédito em CMV de R$ 9.600.000,00.
b) crédito em Receita de Vendas de R$ 10.000.000,00 e débito em CMV de R$ 9.600.000,00.
c) crédito em Receita de Vendas de R$ 11.000.000,00 em contrapartida da conta de CMV.
d). débito em Receita de Vendas de R$ 11.000.000,00 em contrapartida da conta de CMV.
e) débito em Receita de Vendas de R$ 11.000.000,00 e crédito em CMV de R$ 5.600.000,00.

43. e 44. PETROBRAS – 2006 (CESGRANRIO)
As questões a seguir, deverão ser respondidas com base no enunciado a seguir.
Balanços das Companhias de Capital Aberto Flor (Controladora) e Bela (Controlada), elaborados, em reais, em 30 de dezembro de 2005. (Adaptada)

	Controladora	Controlada		Controladora	Controlada
	FLOR	BELA		FLOR	BELA
ATIVO			PASSIVO + PATR. LÍQ.		
Circulante	71.250,00	52.500,00	Circulante	70.000,00	13.125,00
Cx.e Bancos	8.750,00	5.375,00	Forneced.	26.250,00	13.125,00
C. Receber	27.500,00		Imp. Rec.	32.500,00	
Clientes		26.250,00	Sal. Pagar	11.250,00	
Mercadorias	35.000,00	20.875,00			
Não Circulante	133.990,00	113.750,00	Não Circulante	30.240,00	72.625,00
Real. Longo Prazo			Exig. Longo Prazo		
Empr. à Controlada	25.000,00		Emprést.	30.240,00	72.625,00
Invest.					
Controladas			P. Líquido	105.000,00	80.500,00
Cia. Bela	63.000,00		C. Social	70.000,00	52.500,00
Imobilizado	45.990,00	113.750,00	L. Retidos	35.000,00	28.000,00
Veículos	11.690,00	26.000,00			
Móveis	7.000,00	10.500,00			
Máquinas	27.300,00	77.250,00			
Totais	205.240,00	166.250,00	Totais	205.240,00	166.250,00

Informações adicionais:

- A Cia. Bela só emitiu ações ordinárias.
- O percentual de participação da Cia. Flor no capital social da Bela é 100%.
- A Cia. Bela só vende sua produção para a Cia. Flor.
- A Cia. Flor só compra da Cia. Bela pagando sempre, pelas mercadorias, 2 (duas) vezes o custo de produção da Cia. Bela.
- A Companhia Flor avalia o investimento pelo método da equivalência patrimonial.

43. O total do Ativo Circulante, no balanço consolidado da Controladora, após a consolidação, em reais, é:

a) 71.250,00
b) 80.000,00
c) 97.500,00
d) 106.250,00
e) 123.750,00

44. O valor total do Ativo, na Cia. Controladora, após a consolidação do balanço da Controladora e da Controlada, em reais, é:

a) 159.740,00
b) 205.240,00
c) 239.740,00
d) 257.240,00
e) 371.490,00

45. B.N.D.E.S. – 2008 (CESGRANRIO)

Em 31/12/06, a Cia. Via, com participação de 60% no capital social da Cia. Ápia, e a Cia. Ápia apresentaram os seguintes balanços: (Adaptada)

ATIVO	Cia. Via	Cia. Ápia
Ativo Circulante	136.000,00	70.000,00
Disponível	26.000,00	12.000,00
Duplicatas a Receber	70.000,00	38.000,00
Estoques	40.000,00	20.000,00
Ativo Não Circulante	84.000,00	15.000,00
Investimentos		
Coligadas e Controladas	34.000,00	0,00
Imobilizado	50.000,00	15.000,00
Total	220.000,00	85.000,00
PASSIVO + PATR. LÍQUIDO		
Passivo Circulante	110.000,00	45.000,00
Duplicatas a Pagar	76.000,00	15.000,00
Empréstimos	34.000,00	30.000,00
Patrimônio Líquido	110.000,00	40.000,00
Capital Social	100.000,00	38.000,00
Reserva Legal	10.000,00	2.000,00
Total	220.000,00	85.000,00

Sabendo-se que as companhias não têm transações comerciais entre si, pode-se afirmar que, no balanço consolidado, o montante do Ativo, em reais, é

a) 206.000,00
b) 271.000,00
c) 281.000,00
d) 295.000,00
e) 305.000,00

46. A.F.T.E. – SC – 2010 (UFSC)

A empresa Amazonas (controladora) detém 75% do capital total da empresa Acre (controlada) e avalia esses investimentos pelo MEP – Método da equivalência patrimonial. O patrimônio líquido da empresa Acre era de R$ 265.000,00 e o da empresa Amazonas era de R$ 365.000,00, em 31/12/2009. A empresa Amazonas havia vendido, durante o ano de 2009, R$ 15.000,00 em mercadorias para a empresa Acre, com uma margem de lucro de 30% sobre o preço de venda. No final de 2009, havia ainda 50% de mercadorias adquiridas da Amazonas, no estoque na empresa Acre. Qual o valor da participação dos acionistas não controladores no balanço consolidado em 31/12/2009?

a) R$ 64.000,00
b) R$ 66.250,00
c) R$ 86.750,00
d) R$ 87.875,00
e) R$ 91.250,00

47. PETROBRAS - AUDITOR JÚNIOR - 2011 (CESGRANRIO)

A consolidação das demonstrações contábeis visa a demonstrar às partes interessadas os resultados das operações e a posição financeira da controladora e de suas controladas. No caso das Companhias abertas, a Comissão de Valores Mobiliários (CVM) obriga a consolidação para as sociedades que tiverem

a) investimento em sociedades controladas, incluindo as sociedades controladas em conjunto.
b) investimentos em outras sociedades de capital aberto, em um montante superior a 10% do seu capital social.
c) menos de 20% de seu capital social investido em empresas do mesmo grupo financeiro.
d) seu patrimônio líquido composto por capital de outras Companhias abertas, que também são obrigadas a divulgar a consolidação.
e) mais de 40% do valor do seu patrimônio líquido representado por investimentos em sociedades controladas.

48. TRANSPETRO - CONTADOR JÚNIOR - 2011 (CESGRANRIO)

Para a elaboração de Demonstrações Consolidadas, as empresas devem atentar para diversos dispositivos legais e normativos. Um desses dispositivos determina que, caso a controlada encerre seu exercício social em data diferente da controladora, os eventos com efeitos relevantes nas Demonstrações Consolidadas devem ser

a) apresentados de forma detalhada em notas explicativas, apenas.
b) considerados na consolidação e esclarecidos em notas explicativas.
c) conciliados nas contas inter sociedades, visando a eliminar transações cruzadas.
d) reconhecidos apenas na Demonstração de Mutações do Patrimônio Líquido da Consolidada.
e) reconhecidos apenas no exercício seguinte, mas informado em notas explicativas do exercício original.

49. FINEP – ANALISTA DE CONTABILIDADE – 2011 (CESGRANRIO)

A consolidação de balanços implica

a) apresentar em um único balanço o conjunto de balanços elaborados por todas as sociedades coligadas.
b) conjugar a situação financeira e econômica de um conjunto de sociedades sob um mesmo controle financeiro.
c) evidenciar a situação financeira de todas as empresas investidas de um mesmo conglomerado financeiro.
d) informar a situação econômica de empresas coligadas e não coligadas como se fosse um balanço único.
e) levantar um balanço único pela soma de todos os balanços individuais específicos das subsidiárias integrais de um mesmo grupo financeiro.

50. SEC. FAZENDA - ANALISTA DE CONTR. INTERNO – RJ – 2011 (FGV)

As alternativas abaixo apresentam casos em que uma empresa controladora pode deixar de apresentar as demonstrações contábeis consolidadas, À EXCEÇÃO DE UMA. Assinale-a.

a) A controladora é ela própria uma controlada (integral ou parcial) de outra entidade, a qual, em conjunto com os demais proprietários, incluindo aqueles sem direito a voto, foram consultados e não fizeram objeção quanto à não apresentação das demonstrações contábeis consolidadas pela controladora.

b) Os instrumentos de dívida ou patrimoniais da controladora não são negociados em mercado aberto (bolsas de valores no País ou no exterior ou mercado de balcão – mercado descentralizado de títulos não listados em bolsa de valores ou cujas negociações ocorrem diretamente entre as partes, incluindo mercados locais e regionais).

c) A controladora não registrou e não está em processo de registro de suas demonstrações contábeis na Comissão de Valores Mobiliários ou outro órgão regulador, visando à emissão de algum tipo ou classe de instrumento em mercado aberto.

d) A controladora final (ou intermediária) da controladora disponibiliza ao público suas demonstrações contábeis consolidadas em conformidade com os Pronunciamentos Técnicos do Comitê de Pronunciamentos Contábeis.

e) Os acionistas minoritários deliberam em reunião oficial não haver necessidade de divulgação.

Gabarito

01. E	**02. E**	**03. E**	**04. E**	**05. E**	**06. B**
07. B	**08. D**	**09. C**	**10. B**	**11. E**	**12. E**
13. A	**14. B**	**15. C**	**16. D**	**17. A**	**18. C**
19. C	**20. A**	**21. E**	**22. B**	**23. A**	**24. D**
25. B	**26. A**	**27. D**	**28. C**	**29. B**	**30. A**
31. 1-FALSA	2-VERD.	**32. FALSA**	**33. VERD.**	**34. VERD.**	**35. FALSA**
36.FALSA	**37. B**	**38. E**	**39. B**	**40. D**	**41. B**
42. A	**43. B**	**44. C**	**45. C**	**46. B**	**47. A**
48. B	**49. B**	**50. E**			

12. Transformação de Negócios (Incorporação, Fusão e Cisão)

1. Base Legal:

Lei nº 6.404/76, após as alterações introduzidas pela Lei nº 11.638/07 e Lei nº 11.941/09

2. Transformação

Art. 220. A transformação é a operação pela qual a sociedade passa, independentemente de dissolução e liquidação, de um tipo para outro.
Parágrafo único. A transformação obedecerá aos preceitos que regulam a constituição e o registro do tipo a ser adotado pela sociedade.

2.1. Dissolução de Sociedades

Art. 206. Dissolve-se a Companhia:

I - de pleno direito:

a) pelo término do prazo de duração;
b) nos casos previstos no estatuto;
c) por deliberação da assembleia geral;
d) pela existência de um único acionista, verificada em assembleia geral ordinária, se o mínimo de dois não for reconstituído até a do ano seguinte (salvo nos casos de constituição de sociedade tendo como único acionista sociedade brasileira. *"art. 251 da Lei n.º 6.404/76"*;
e) pela extinção na forma da lei da autorização para funcionar.

II - por decisão judicial:

a) quando anulada a sua constituição, em ação proposta por qualquer acionista;
b) quando provado que não pode preencher o seu fim, em ação proposta por acionistas que representem 5% ou mais do capital social;
c) em caso de falência na forma prevista na respectiva lei.

III - por decisão de autoridade administrativa competente, nos casos e na forma previstos em lei especial. (art. 206 da Lei nº 6.404/76)

A companhia dissolvida conserva a personalidade jurídica, até a extinção, com o fim de proceder à liquidação. (art. 207 da Lei nº 6.404/76).

2.2. Liquidação de Sociedades

Art. 208. Silenciando o estatuto compete à assembleia geral nos casos de dissolução de pleno direito (art. 206 inciso I - Lei n° 6.404/76), determinar o modo de liquidação e nomear o liquidante e o conselho fiscal que devam funcionar durante o período de liquidação. A companhia que tiver conselho de administração poderá mantê-lo competindo-lhe nomear o liquidante. O funcionamento do conselho fiscal será permanente ou a pedido de acionistas conforme dispuser o estatuto. O liquidante poderá ser destituído a qualquer tempo pelo órgão que o tiver nomeado.

Art. 209. Além dos casos previstos no que tange a dissolução por decisão judicial a liquidação será processada judicialmente:

I - a pedido de qualquer acionista se os administradores ou a maioria de acionistas deixarem de promover a liquidação, ou a ela se opuserem nos casos de dissolução de pleno direito.
II - a requerimento do ministério público à vista de comunicação da autoridade competente se a companhia nos trinta dias subsequentes à dissolução, não iniciar a liquidação ou se após iniciá-la, a interromper por mais de quinze dias no caso do art. 301, e, I.

Na liquidação judicial será observado o disposto na lei processual, devendo o liquidante ser nomeado pelo juiz.

Art. 210. São deveres do liquidante:

I - Arquivar e publicar a ata da assembleia geral, ou certidão de sentença que tiver deliberado ou decidido a liquidação;

II- arrecadar os bens, livros e documentos da companhia, onde quer que estejam;
III- fazer levantar de imediato em prazo não superior ao fixado pela assembleia geral ou pelo juiz o balanço patrimonial da companhia;
IV- ultimar os negócios da companhia, realizar o ativo, pagar o passivo, e partilhar o remanescente aos acionistas;
V- exigir dos acionistas quando o ativo não bastar para a solução do passivo, a integralização de suas ações;
VI- convocar a assembleia geral , nos casos previstos em lei ou quando julgar necessário;
VII - confessar a falência da companhia e pedir concordata nos casos previstos em lei;
VIII - finda a liquidação, submeter à assembleia geral relatório dos atos e operações da liquidação e suas contas finais;
IX - arquivar e publicar a ata de assembleia geral que houver encerrado a liquidação.

Compete ao liquidante representar a companhia e praticar todos os atos necessários à liquidação inclusive alienar bens móveis e imóveis, transigir, receber e dar quitação. Sem expressa autorização da assembleia geral o liquidante não poderá gravar bens ou contrair empréstimos salvo quando indispensáveis ao pagamento de obrigações inadiáveis nem prosseguir ainda que para facilitar a liquidação na atividade social (art. 211 da Lei nº 6.404/76).

Art. 212. Em todos os atos ou operações, o liquidante deverá usar a denominação social seguida das palavras "em liquidação".

Art. 214. Respeitados os direitos dos credores preferenciais o liquidante pagará as dívidas sociais proporcionalmente e sem distinção entre vencidas e vincendas, mas em relação a estas com desconto às taxas bancárias. Se o ativo for superior ao passivo, o liquidante poderá sob sua responsabilidade pessoal pagar integralmente as dívidas vencidas.

Art. 215. A assembleia geral poderá deliberar que antes de ultimada a liquidação, e depois de pagos todos os credores, se façam rateios entre os acionistas à proporção que se forem apurando os haveres sociais. É facultado à assembleia geral aprovar pelo voto de acionistas que representem 90% no mínimo das ações, depois de pagos ou garantidos os credores, condições especiais para a partilha do ativo remanescente, com a atribuição de bens aos sócios, pelo valor contábil ou outros por ela fixado. Provado pelo acionista dissidente que as condições especiais visaram favorecer a maioria, em detrimento da parcela que lhe tocaria, se não existissem tais condições, será a partilha suspensa se não consumada, ou se já consumada os acionistas majoritários indenizarão os minoritários pelos prejuízos apurados.

Art. 216. Pago o passivo e rateado o ativo remanescente, o liquidante convocará a assembleia geral para a prestação final de contas. Aprovadas as contas encerra-se a liquidação e a companhia se extingue. O acionista dissidente terá o prazo de 30 dias, a contar da publicação da ata para promover a ação que lhe couber.

Art. 217. O liquidante terá as mesmas responsabilidades do administrador, e os deveres e responsabilidade dos administradores, fiscais acionistas subsistirão até a extinção da companhia.

Art. 218. Encerrada a liquidação, o credor não satisfeito só terá direito de exigir dos acionistas individualmente o pagamento de seu crédito, até o limite da soma por eles recebida, e de propor contra o liquidante, se for o caso, ação de perdas e danos. O acionista executado terá direito de haver dos demais a parcela que lhes couber no crédito pago.

2.3. Extinção de Sociedades

Art. 219. Extingue-se a companhia:

I - pelo encerramento da liquidação;
II - pela incorporação ou fusão e pela cisão com versão de todo o patrimônio em outras sociedades.

3. Incorporação, Fusão e Cisão

Base Legal: Lei nº 6.404/76, após as alterações introduzidas pela Lei nº 11.638/07 e Lei nº 11.941/09

3.1. Incorporação

Art. 227. A incorporação é a operação pela qual uma ou mais sociedades são absorvidas por outra, que lhes sucede em todos os direitos e obrigações.

A assembleia geral da companhia incorporadora, se aprovar o protocolo de operação deverá autorizar o aumento de capital a ser subscrito e realizado pela incorporada mediante versão de seu patrimônio líquido e nomear os peritos que o avaliarão. A sociedade que houver de ser incorporada se aprovar o protocolo da operação autorizará seus administradores a praticarem os atos necessários à incorporação inclusive a subscrição do aumento de capital da incorporadora. Aprovados pela assembleia geral da incorporadora o laudo de avaliação e a incorporação extingue-se a incorporada competindo à primeira promover o arquivamento e a publicação dos atos da incorporação.

3.2. Fusão

Art. 228. A fusão é a operação pela qual se unem duas ou mais sociedades para formar sociedade nova que lhes suceda em todos os direitos e obrigações.

A assembleia geral de cada companhia, se aprovar o protocolo de fusão, deverá nomear os peritos que avaliarão os patrimônios líquidos das demais sociedades. Apresentados os laudos os administradores convocarão os sócios ou acionistas das sociedades para uma assembleia geral que deles tomará conhecimento e resolverá sobre constituição definitiva da nova sociedade, vedado aos sócios ou acionistas votar o laudo de avaliação do patrimônio líquido da sociedade de que fazem parte. Constituída a companhia incumbirá aos primeiros administradores promover o arquivamento e a publicação dos atos da fusão.

3.3. Cisão

Art. 229. A cisão é a operação pela qual a companhia transfere parcelas de seu patrimônio para uma ou mais sociedades, constituídas para esse fim ou já existentes, extinguindo-se a companhia se houver versão de todo o seu patrimônio ou dividindo-se o seu capital se parcial a versão.

Sem prejuízo aos direitos dos credores na cisão, a sociedade que absorver parcela do patrimônio da companhia cindida sucede a esta nos direitos e obrigações relacionados no ato da cisão. No caso de cisão com extinção, as sociedades que absorverem parcelas do patrimônio da companhia cindida sucederão a esta na proporção dos patrimônios líquidos nos direitos e obrigações não relacionados. Na cisão com versão de parcela do patrimônio em sociedade nova, a operação será deliberada pela assembleia geral da companhia à vista de justificação que incluirá as informações retro mencionadas. A assembleia se a aprovar nomeará os peritos que avaliarão a parcela do patrimônio a ser transferida e funcionará como assembleia de constituição da nova companhia. A cisão com versão de parcela do patrimônio em sociedade já existente obedecerá às disposições sobre incorporação. Efetivada a cisão com extinção da companhia cindida, caberá aos administradores das sociedades que tiverem absorvido parcelas do seu patrimônio promover o arquivamento e publicação dos atos da operação na cisão com versão parcial do patrimônio. Esse dever caberá aos administradores da companhia cindida e da que absorver parcela de seu patrimônio. As ações integralizadas com parcelas de patrimônio da companhia cindida serão atribuídas a seus acionistas em substituição às ações extintas na proporção das que possuíam.

3.4. Competência e Processo

Art. 223. *A incorporação, fusão ou cisão podem ser operadas entre sociedades de tipos iguais ou diferentes e deverão ser deliberadas na forma prevista para a alteração dos respectivos estatutos ou contratos sociais.*

§ 1º Nas operações em que houver criação de sociedade serão observadas as normas reguladoras da constituição das sociedades do seu tipo.

§ 2º Os sócios ou acionistas das sociedades incorporadas, fundidas ou cindidas receberão, diretamente da companhia emissora, as ações que lhes couberem.

§ 3º Se a incorporação, fusão ou cisão envolverem companhia aberta, as sociedades que a sucederem serão também abertas, devendo obter o respectivo registro e, se for o caso, promover a admissão de negociação das novas ações no mercado secundário, no prazo máximo de cento e vinte dias, contados da data da assembleia-geral que aprovou a operação, observando as normas pertinentes baixadas pela Comissão de Valores Mobiliários. (Incluído pela Lei nº 9.457, de 1997)

§ 4º O descumprimento do previsto no parágrafo anterior dará ao acionista direito de retirar-se da companhia, mediante reembolso do valor das suas ações (art. 45), nos trinta dias seguintes ao término do prazo nele referido, observado o disposto nos §§ 1º e 4º do art. 137. (Incluído pela Lei nº 9.457, de 1997)

3.5. Protocolo

Art. 224. As condições da incorporação, fusão ou cisão com incorporação em sociedade existente constarão de protocolo firmado pelos órgãos de administração ou sócios das sociedades interessadas, que incluirá:

I - o número, espécie e classe das ações que serão atribuídas em substituição dos direitos de sócios que se extinguirão e os critérios utilizados para determinar as relações de substituição;

II - os elementos ativos e passivos que formarão cada parcela do patrimônio, no caso de cisão;

III - os critérios de avaliação do patrimônio líquido, a data a que será referida a avaliação, e o tratamento das variações patrimoniais posteriores;

IV - a solução a ser adotada quanto às ações ou quotas do capital de uma das sociedades possuídas por outra;

V - o valor do capital das sociedades a serem criadas ou do aumento ou redução do capital das sociedades que forem parte na operação;
VI - o projeto ou projetos de estatuto, ou de alterações estatutárias, que deverão ser aprovados para efetivar a operação;
VII - todas as demais condições a que estiver sujeita a operação.
Parágrafo único. Os valores sujeitos a determinação serão indicados por estimativa.

3.6. Justificação

Art. 225. As operações de incorporação, fusão e cisão serão submetidas à deliberação da assembleia-geral das companhias interessadas mediante justificação, na qual serão expostos:
I - os motivos ou fins da operação, e o interesse da companhia na sua realização;
II - as ações que os acionistas preferenciais receberão e as razões para a modificação dos seus direitos, se prevista;
III - a composição, após a operação, segundo espécies e classes das ações, do capital das companhias que deverão emitir ações em substituição às que se deverão extinguir;
IV - o valor de reembolso das ações a que terão direito os acionistas dissidentes.

3.7. Direito de Retirada: Acionista

Art. 230. O acionista dissidente da deliberação que aprovar a incorporação da companhia em outra sociedade ou sua fusão ou cisão, tem direito de retirar-se da companhia mediante o reembolso do valor de suas ações. O prazo para o exercício desse direito é de 30 dias e será contado da publicação da ata da assembleia que aprovar o protocolo ou justificação da operação, (art. 137 IV - Lei n° 6.404/76) mas o pagamento de preço de reembolso somente será devido se a operação vier a efetivar-se.

3.8. Direitos dos Debenturistas

Art. 231. A incorporação, fusão ou cisão da companhia emissora de debêntures em circulação dependerá da prévia aprovação dos debenturistas unidos em assembleia especialmente convocada com esse fim. Será dispensada a aprovação pela assembleia se for assegurado aos debenturistas que o desejarem, durante o prazo mínimo de 6 meses a contar da data da publicação das atas das assembleias relativas a operação, o resgate das debêntures de que forem titulares. A sociedade cindida e as sociedades que absorverem parcelas de seu patrimônio responderão solidariamente pelo resgate das debêntures.

3.9. Direitos dos Credores na Incorporação ou Fusão

Art. 232. Até 60 dias depois de publicados os atos relativos à incorporação ou à fusão, o credor anterior por ela prejudicado poderá pleitear judicialmente a anulação da operação findo o prazo decairá do direito o credor que não o tiver exercido. A consignação da importância em pagamento prejudicará a anulação pleiteada. Sendo ilíquida a dívida a sociedade poderá garantir-lhe a execução, suspendendo-se o processo de anulação. Ocorrendo no prazo retro citado a falência da sociedade incorporadora ou da sociedade nova, qualquer credor anterior terá o direito de pedir a separação dos patrimônios para o fim de serem os créditos pagos pelos bens nas respectivas massas.

3.10. Direitos dos Credores na Cisão

Art. 233. Na cisão com extinção da companhia cindida, as sociedades que absorverem parcelas do seu patrimônio responderão solidariamente pelas obrigações da companhia extinta. A companhia cindida que subsistir e as que absorverem parcelas do seu patrimônio responderão solidariamente pelas obrigações da primeira anteriores à cisão. O ato de cisão parcial poderá estipular que as sociedades que absorverem parcelas do patrimônio da companhia cindida serão responsáveis apenas pelas obrigações que lhes forem transferidas sem solidariedade entre si ou com a companhia cindida, mas nesse caso qualquer credor anterior poderá se opor a estipulação, em relação ao seu crédito, desde que notifique a sociedade no prazo de 90 dias a contar da data da publicação dos atos da cisão.

3.11. Combinação ou Concentração de Negócios (Transformação, Incorporação, Fusão ou Cisão)

Art. 226. As operações de incorporação, fusão e cisão somente poderão ser efetivadas nas condições aprovadas se os peritos nomeados determinarem que o valor do patrimônio ou patrimônios líquidos a serem vertidos para a formação de capital social é, ao menos, igual ao montante do capital a realizar.
§ 1º As ações ou quotas do capital da sociedade a ser incorporada que forem de propriedade da companhia incorporadora poderão, conforme dispuser o protocolo de incorporação, ser extintas, ou substituídas por ações em tesouraria da incorporadora, até o limite dos lucros acumulados e reservas, exceto a legal.
§ 2º O disposto no § 1º aplicar-se-á aos casos de fusão, quando uma das sociedades fundidas for pro-

prietária de ações ou quotas de outra, e de cisão com incorporação, quando a companhia que incorporar parcela do patrimônio da cindida for proprietária de ações ou quotas do capital desta.

De acordo com o Comitê de Pronunciamentos Contábeis – CPC 15, a combinação (ou concentração) de negócios compreende a aquisição de participações societárias, aquisição de negócios, fusão, incorporação, incorporação de ações, cisão e alteração de controle.

O mesmo Pronunciamento definiu os termos abaixo descritos:

- **Uma combinação (ou concentração) de negócios** é o resultado de transações ou outros eventos em que a adquirente obtém o controle de um ou mais negócios. A obtenção do controle pode ser alcançada de diversas formas. Pode envolver a aquisição do capital de outra entidade, diretamente ou por meio de subscrição de capital; a compra de todos ou parte dos seus ativos com assunção ou não de parte ou do todo de seus passivos; a incorporação das ações de uma entidade; a incorporação de uma entidade; a fusão; o uso da cisão para as hipóteses descritas ou, ainda, a aquisição, por qualquer outra forma, de alguns dos ativos líquidos que, em conjunto, formem um ou mais negócios. A combinação de negócios pode tornar-se efetiva por meio de emissão de títulos representativos do capital próprio (emissão de ações como forma de pagamento) para entrega aos acionistas ou cotistas da entidade adquirida, pela transferência de ativos (caixa, equivalentes de caixa ou outros ativos líquidos) e por meio de operações de cisão, fusão, incorporação ou incorporação de ações, pela simples aquisição de participação societária mediante o pagamento em caixa ou assunção de obrigações e, ainda, uma combinação dessas ou outras alternativas.

- **A data de aquisição de uma combinação de negócios** é a data em que a adquirente obtém o controle da adquirida ou dos negócios.

- **Adquirente** é a entidade que obtém o controle da adquirida.

- **Adquirida** é o negócio ou são os negócios sobre o(s) qual(is) a adquirente obtém controle em uma combinação de negócios.

- **Controle** é o poder de definir unilateralmente as políticas financeiras e operacionais de uma entidade, ou negócio, a fim de se obter benefícios econômicos de suas atividades.

- **O ágio** (pago por expectativa de rentabilidade futura (ou *goodwill*) reconhecido em uma combinação de negócios é a diferença entre o valor pago ou compromissos por pagar (ou valores a pagar, podendo ser também a aquisição por meio de emissão de ações da adquirente) e o montante líquido do valor justo dos ativos e passivos da entidade e/ou negócios adquiridos. Representa um pagamento realizado entre partes independentes vinculado à efetiva alteração de controle e corresponde, em sua essência, a uma antecipação dos benefícios econômicos futuros a serem gerados por ativos, por fatores que não podem ser identificados individualmente e reconhecidos separadamente. Tais benefícios podem advir da sinergia entre os ativos identificáveis adquiridos ou de ativos que, individualmente, não se qualificam para reconhecimento em separado nas demonstrações contábeis, mas pelos quais a adquirente efetuou um pagamento (em caixa ou por meio de emissão de instrumentos patrimoniais ou de dívida) por ocasião da combinação de negócios.

- **O deságio** (ou *goodwill* "negativo") reconhecido em uma combinação de negócios é representado pela diferença negativa entre o valor pago (ou valores a pagar) e o montante líquido do valor justo dos ativos e passivos adquiridos.

- **Amortização** é a alocação sistemática do valor amortizável de um ativo intangível ao longo da sua vida útil.

- **Valor contábil** é o valor pelo qual um ativo é reconhecido no balanço patrimonial após a dedução da amortização acumulada e da provisão para perda por redução no valor recuperável.

- **Custo** é o montante de caixa ou equivalentes de caixa pago, ou a pagar, ou o valor justo de qualquer outra contraprestação dada para a aquisição de um ativo no momento de sua aquisição ou construção, ou, quando aplicável, o valor atribuído a esse ativo quando inicialmente reconhecido de acordo com as exigências específicas de outro pronunciamento.

- **Valor amortizável** é o custo de um ativo ou outro valor que substitua o custo, menos o seu valor residual.

- **Compra vantajosa é**, para fins deste Pronunciamento, uma aquisição de oportunidade onde o valor global de aquisição suplanta a soma algébrica dos valores justos dos ativos líquidos adquiridos. Por ser uma transação em condições de venda forçada ou outra razão, mesmo que a transação se dê entre partes interessadas, conhecedoras do negócio e independentes entre si, com ausência de fatores que pressionem a liquidação da transação ou que caracterizem uma transação compulsória.

- **Valor justo de um ativo** é o valor pelo qual um ativo pode ser negociado entre partes interessadas, conhecedoras do negócio e independentes entre si, com ausência de fatores que pressionem a liquidação da transação ou que caracterizem uma transação compulsória.

- **Negócio** é o conjunto integrado de atividades e ativos que seja passível de ser conduzido e administrado com a finalidade de fornecer diretamente, para investidores e/ou outros proprietários, acionistas ou participantes, retorno sob a forma de dividendos, redução de custos ou outros benefícios econômicos.

- **Perda por redução ao valor recuperável** é o montante pelo qual o valor contábil de um ativo ou ativo líquido excede seu valor recuperável.

- **Ativo intangível** é um ativo não monetário identificável sem substância física.

- **Valor residual** é o valor estimado que uma entidade obteria com a venda do ativo, após deduzir as despesas estimadas de venda, caso o ativo já tivesse a idade e a condição esperadas quando do fim de sua vida útil.

- **Vida útil é:**
  a) o período de tempo no qual a entidade espera usar um ativo; ou
  b) o número de unidades de produção ou de unidades semelhantes que a entidade espera obter pela utilização do ativo.

Segundo a Comissão de Valores Mobiliários – CVM, são regulados pelas disposições da Instrução 319/99, relativamente às operações de incorporação, fusão e cisão envolvendo companhia aberta:

- A divulgação de informações;
- O aproveitamento econômico e o tratamento contábil do ágio e do deságio;
- A relação de substituição das ações dos acionistas não controladores, nas operações de incorporação;
- A obrigatoriedade de auditoria independente das demonstrações financeiras;
- O conteúdo do relatório da administração;
- Hipótese de exercício abusivo do poder de controle;
- O fluxo de dividendos dos acionistas não controladores;

As condições de incorporação, fusão ou cisão envolvendo companhia aberta deverão ser comunicadas pela companhia, até quinze dias antes da data de realização da assembleia geral que irá deliberar sobre o respectivo protocolo e justificativa, à CVM e às bolsas de valores ou entidades do mercado de balcão organizado nas quais os valores mobiliários de emissão da companhia estejam admitidos à negociação, assim como divulgadas na imprensa, mediante publicação nos jornais utilizados habitualmente pela companhia.

A comunicação e divulgação acima deverão conter no mínimo os motivos ou fins da operação, e o interesse da companhia na sua realização.

Exemplo 1: Incorporação entre partes Independentes

A empresa **"A"** incorpora a empresa **"B"**. Como resultado da incorporação, **"A"** emitiu ações para os acionistas de **"B"**. O valor justo das operações na empresa **"B"** foi determinado em R$ 1.550,00.

	Valores Contábeis: 31/12/2.0x4	
Discriminação	**Empresa "A"**	**Empresa "B"**
Ativo		
Circulante		
Disponibilidades	400,00	150,00
Duplicatas a Receber	1.500,00	400,00
Estoques	1.100,00	350,00
Não Circulante		
Imobilizado	2.000,00	600,00
Total do Ativo	**5.000,00**	**1.500,00**
Passivo + Patrimônio Líquido		
Circulante		
Dívidas a Pagar	1.500,00	400,00
Patrimônio Líquido		
Capital Social	3.000,00	1.000,00
Reservas de Lucros	500,00	100,00
Total do Patrimônio Líquido	3.500,00	1.100,00
Total do Passivo (+) Patrimônio Líquido	**5.000,00**	**1.500,00**

Empresa "B" a Valor Justo

	Valor Justo
Discriminação	Empresa "B"
Ativo	
Ativo Circulante	
Disponibilidades	150,00
Duplicatas a Receber	400,00
Estoques (R$ 350,00 + R$ 80,00)	430,00
Ativo Não Circulante	
Imobilizado (R$ 600,00 + R$ 260,00)	860,00
Total do Ativo	1.840,00
Passivo + Patrimônio Líquido	
Circulante	
Dívidas a Pagar	400,00
Imp. Renda / Contr. Social Diferido	85,00
Patrimônio Líquido	
Capital Social	1.000,00
Reservas de Lucros	100,00
Ajuste de Avaliação Patrimonial	255,00
Total do Patrimônio Líquido	1.355,00
Total do Passivo (+) Patrimônio Líquido	**1.840,00**

Dados:

- Valor justo dos estoques de **"B"** na data da incorporação: R$ 430,00
- Valor justo dos imobilizados de **"B"** na data da incorporação: R$ 860,00
- Imp. Renda (+) Contr. Social (taxa hipotética) 25%

Obs.:

Como na data da incorporação a empresa **"A"** não possuía participação na empresa **"B"**, (partes independentes), os ativos e passivos identificáveis de **"B"** devem ser ajustados a valor justo na data da incorporação. A diferença verificada entre os valores contábeis de **"B"**, e os valores justos, devem ser registrados no Patrimônio Líquido de **"B"**, na rubrica "Ajustes de avaliação patrimonial".

Total do Ativo: empresa **"B"** – Valor Contábil	R$ 1.500,00
(-) Total do Passivo; empresa **"B"** – Valor Contábil	(R$ 400,00)
(=) Patrimônio Líquido: empresa **"B"** – Valor Contábil	R$ 1.100,00

Valor Justo: empresa **"B"**	R$ 1.550,00
(-) P. Líq. Empresa **"B"**	(R$ 1.100,00)
(=) Mais valia / Ágio pago	R$ 450,00

Discriminação da Mais valia / ágio pago:

Mais valia / Ágio pago	R$ 450,00	
Mais Valia – Mercadorias	R$ 80,00	
Mais Valia – Imobilizado	R$ 260,00	R$ 340,00
(-) IR/CSLL	(R$ 85,00)	(R$ 255,00) (*)
(=) Ágio pago por expectativa de resultado futuro (*Goodwill*)		R$ 195,00 (**)

(*) Valor registrado no Patrimônio Líquido: Ajuste de Avaliação Patrimonial
(**) Valor registrado no Patrimônio Líquido: Capital Social

Valor Justo da empresa "B"

Valores contábeis dos ativos líquidos adquiridos (P. Líq.)	R$ 1.100,00
Ajuste ao valor justo do estoque de mercadorias	R$ 80,00
Ajuste ao valor justo do imobilizado	R$ 260,00
(-) Imposto de Renda e Contr. Social	(R$ 85,00)
Ágio pago por expectativa de resultado futuro (*Goodwill*)	R$ 195,00
Valor Justo	R$ 1.550,00

Nota:
Apenas os ativos e passivos da empresa **"B"** devem ser ajustados pelo seu valor justo, tendo em vista que a transferência do controle (incorporação) ocorreu da empresa **"B"** para a empresa **"A"**.

Lançamentos contábeis na empresa "B" na incorporação a Valores Justos:

- **Registro do valor do estoque e do imobilizado a valor justo**

D Ativo		
Estoque de Mercadorias	R$ 80,00	
Imobilizado	R$ 260,00	
C Passivo		
IR / CSLL Diferido (25% x $ 340,00)		R$ 85,00
C Patrimônio Líquido		
Ajuste de Avaliação Patrimonial		R$ 255,00

- **Registro da transferência do Ativo:**

D Conta de Incorporação	R$ 1.840,00	
C Ativo		
Disponível		R$ 150,00
Duplicatas a Receber		R$ 400,00
Estoques		R$ 430,00
Imobilizado		R$ 860,00

- **Registro da transferência do Passivo:**

		Débito	Crédito
D	Passivo		
	Dívidas a pagar	R$ 400,00	
	IR / Contr. Social Diferido	R$ 85,00	
C	Conta de Incorporação		R$ 485,00

- **Registro da transferência do Patrimônio Líquido:**

		Débito	Crédito
D	Patrimônio Líquido		
	Capital Social	R$ 1.000,00	
	Res. de lucros	R$ 100,00	
	Ajuste de Avaliação Patrimonial	R$ 255,00	
C	Conta de Incorporação		R$ 1.355,00

Lançamentos contábeis na empresa "A"

- **Registro da transferência do Ativo:**

		Débito	Crédito
D	Ativos		
	Disponível	R$ 150,00	
	Duplicatas a Receber	R$ 400,00	
	Estoques	R$ 430,00	
	Imobilizado	R$ 860,00	
C	Conta de Incorporação		R$ 1.840,00

- **Registro da transferência do Passivo:**

		Débito	Crédito
D	Conta de Incorporação	R$ 485,00	
C	Passivo		
	Dívidas a pagar		R$ 400,00
	Imp. Renda / Contr. Social		R$ 85,00

- **Registro do aumento do capital decorrente da incorporação a favor dos acionistas da empresa "B":**

		Débito	Crédito
D	Conta de Incorporação	R$ 1.355,00	
C	Patrimônio Líquido		
	Capital Social		R$ 1.000,00
	Reserva de lucros		R$ 100,00
	Ajuste de Avaliação Patrimonial		R$ 255,00

		Débito	Crédito
D	Patrimônio Líquido		
	Reserva de Lucros	R$ 100,00	
C	Patrimônio Líquido		
	Capital Social		R$ 100,00

- **Registro do *Goodwill* decorrente da incorporação**

D Ativo Não Circulante
Investimento
Ágio – *Goodwill* R$ 195,00
C Patrimônio Líquido
Capital Social R$ 195,00

Balanço Patrimonial da empresa "A" após a Incorporação em 31/12/2.0x4

Discriminação	Empr. A (custo)	Empr. B Valor Justo	Ajuste	Empresa A + B
Ativo				
Ativo Circulante				
Disponibilidades	400,00	150,00		550,00
Duplicatas a Receber	1.500,00	400,00		1.900,00
Estoques	1.100,00	430,00		1.530,00
Ativo Não Circulante				
Imobilizado	2.000,00	860,00		2.860,00
Investimento (Ágio – *Goodwill*)			195,00	195,00
Total do Ativo	**5.000,00**	**1.840,00**	**195,00**	**7.035,00**
Passivo				
Circulante				
Dívidas a Pagar	1.500,00	400,00		1.900,00
Imp. Renda / Contr. Social Diferido		85,00		85,00
Patrimônio Líquido				
Capital Social	3.000,00	1.000,00	295,00	4.295,00
Reservas de Lucros	500,00	100,00	(100,00)	500,00
Ajuste de Avaliação Patrimonial		255,00		255,00
Total do Patrimônio Líquido	3.500,00	1.355,00	195,00	5.050,00
Total do Passivo (+) Patrimônio Líquido	**5.000,00**	**1.840,00**	**195,00**	**7.035,00**

Obs.: A conta de "Ajuste de Avaliação Patrimonial" (Patrimônio Líquido) será tranferida para a conta de Lucros e Prejuízos Acumulados, à medida que o Ativo (Mercadorias e/ou Imobilizado) incorporado for sendo realizado por alienação, depreciação ou baixa.

Razonetes: Empresa "B"

Disponível	
* 150,00	150,00

Dupl. a Receber	
* 400,00	400,00

Estoques	
* 350,00	430,00
80,00	

Imobilizado	
* 600,00	860,00
260,00	

Contas a Pagar	
400,00	400,00 *

I. R. / Contr. Social	
85,00	85,00

Capital Social	
1.000,00	1.000,00

Ajuste de Av. Patrim.	
255,00	255,00

Incorporação	
1.840,00	485,00
	1.355,00

Res. de Lucros	
100,00	100,00 *

** Valores Contábeis: 31/12/20x4*

Razonetes: Empresa "A"

Disponível	
* 400,00	
150,00	
550,00	

Duplic. a Receber	
* 1.500,00	
400,00	
1.900,00	

Estoques	
* 1.100,00	
430,00	
1.530,00	

Imobilizado	
* 2.000,00	
860,00	
2.860,00	

Investimento - Ágio (*Goodwill*)	
195,00	
195,00	

Dívidas a Pagar	
	1.500,00 *
	400,00
	1.900,00

I. R. / Contr. Social	
	85,00
	85,00

Capital Social	
	3.000,00 *
	1.000,00
	100,00
	195,00
	4.295,00

Reservas de Lucros	
	500,00 *
100,00	100,00
	500,00

Ajuste de Av. Patrim.	
	255,00
	255,00

Incorporação	
485,00	1.840,00
1.355,00	

** Valores Contábeis: 31/12/20x4*

Exemplo 2: Incorporação entre Partes Independentes

A empresa **"A"** em 31/12/20x4, adquire a totalidade das ações da empresa **"B"** e em ato contínuo decide incorporar a empresa **"B"**. O custo total dessa aquisição foi R$ 1.550,00. Para efetuar a referida aquisição, efetua um financiamento de Longo Prazo, junto ao Banco "X" no Valor de R$ 1.500,00.

	Valores Contábeis: 31/12/2.0x4	
Discriminação	**Empresa "A"**	**Empresa "B"**
Ativo		
Circulante		
Disponibilidades	400,00	150,00
Duplicatas a Receber	1.500,00	400,00
Estoques	1.100,00	350,00
Não Circulante		
Imobilizado	2.000,00	600,00
Total do Ativo	**5.000,00**	**1.500,00**
Passivo + Patrimônio Líquido		
Circulante		
Dívidas a Pagar	1.500,00	400,00
Patrimônio Líquido		
Capital Social	3.000,00	1.000,00
Reservas de Lucros	500,00	100,00
Total do Patrimônio Líquido	3.500,00	1.100,00
Total do Passivo (+) Patrimônio Líquido	**5.000,00**	**1.500,00**

Empresa "B" a Valor Justo

	Valor Justo
Discriminação	Empresa "B"
Ativo	
Ativo Circulante	
Disponibilidades	150,00
Duplicatas a Receber	400,00
Estoques (R$ 350,00 + R$ 80,00)	430,00
Ativo Não Circulante	
Imobilizado (R$ 600,00 + R$ 260,00)	860,00
Total do Ativo	**1.840,00**
Passivo + Patrimônio Líquido	
Circulante	
Dívidas a Pagar	400,00
Prov. Imp. Renda / Contr. Social Diferido	85,00
Patrimônio Líquido	
Capital Social	1.000,00
Reservas de Lucros	100,00
Ajuste de Avaliação Patrimonial	255,00
Total do Patrimônio Líquido	1.355,00
Total do Passivo (+) Patrimônio Líquido	**1.840,00**

Dados:

- Valor justo dos estoques de **"B"** na data da incorporação: R$ 430,00
- Valor justo do imobilizado de **"B"** na data da incorporação: R$ 860,00
- Imp. Renda (+) Contr. Social (taxa hipotética) 25%

	Total do Ativo: empresa **"B"** – Valor Contábil	R$ 1.500,00
(-)	Total do Passivo; empresa **"B"** – Valor Contábil	(R$ 400,00)
(=)	Patrimônio Líquido: empresa **"B"** – Valor Contábil	R$ 1.100,00

	Valor Justo: empresa **"B"**	R$ 1.550,00
(-)	P. Líq. Empresa **"B"**	(R$ 1.100,00)
(=)	Mais valia / Ágio pago	R$ 450,00

Discriminação da mais valia / ágio pago:

Mais Valia / Ágio (*goodwill*) pago			R$ 450,00
Mais Valia - Mercadorias	R$ 80,00		
Mais Valia - Imobilizado	R$ 260,00	R$ 340,00	
(-) IR / CSLL		(R$ 85,00)	(R$ 255,00)
(=) Ágio pago por expectativa de resultado futuro (*Goodwill*)			R$ 195,00

Valor Justo da empresa **"B"**

Valores contábeis dos ativos líquidos adquiridos (P. Líq.)	R$ 1.100,00
Ajuste ao valor justo do estoque de mercadorias	R$ 80,00
Ajuste ao valor justo do imobilizado	R$ 260,00
(-) Imposto de Renda e Contr. Social	(R$ 85,00)
Ágio pago por expectativa de resultado futuro	R$ 195,00
Valor Justo	R$ 1.550,00

Nota:

Apenas os ativos e passivos da empresa **"B"** serão avaliados pelo seu valor justo, tendo em vista que a transferência do controle (incorporação) ocorreu da empresa **"B"** para a empresa **"A"**.

Lançamentos contábeis na empresa "B"

No processo de aquisição, os ajustes não são registrados nos livros contábeis da entidade adquirida, mas são considerados no balanço que será objeto da mensuração da aquisição dos negócios, para fins de determinação do ágio, na adquirente.

- **Registro da transferência do Ativo:**

D Conta de Incorporação	R$ 1.500,00	
C Ativo		
Disponível		R$ 150,00
Duplicatas a Receber		R$ 400,00
Estoques		R$ 350,00
Imobilizado		R$ 600,00

- **Registro da transferência do Passivo:**

D Passivo		
Dívidas a pagar	R$ 400,00	
C Conta de Incorporação		R$ 400,00

- **Registro da baixa do Patrimônio Líquido:**

D Patrimônio Líquido		
Capital Social	R$ 1.000,00	
Res. de lucros	R$ 100,00	
C Conta de Incorporação		R$ 1.100,00

Lançamentos contábeis na empresa "A"

- **Financiamento Bancário**

Conta	Débito	Crédito
D Ativo		
Disponível	R$ 1.500,00	
C Passivo Não Circulante		
Exigível a Longo prazo		
Financiamento		R$ 1.500,00

- **Aquisição da totalidade das ações da empresa "B"**

Conta	Débito	Crédito
D Ativo Não Circulante		
Investimentos	R$ 1.355,00	
Ágio – *Goodwill*	R$ 195,00	
C Ativo Circulante		
Bancos C/ Movimento		R$ 1.550,00

- **Registro da transferência do Ativo:**

Conta	Débito	Crédito
D Ativos		
Disponível	R$ 150,00	
Duplicatas a Receber	R$ 400,00	
Estoques	R$ 350,00	
Imobilizado	R$ 600,00	
C Conta de Incorporação		R$ 1.500,00

- **Registro da transferência do Passivo e Patr. Líquido:**

Conta	Débito	Crédito
D Conta de Incorporação	R$ 1.500,00	
C Passivo		
Dívidas a pagar		R$ 400,00
Capital Social		R$ 1.000,00
Reservas de Lucros		R$ 100,00

- **Ajuste da Incorporação:**

Conta	Débito	Crédito
D Ativos		
Estoque	R$ 80,00	
Imobilizado	R$ 260,00	
D Patrimônio Líquido		
Capital Social	R$ 1.000,00	
Reservas de Lucros	R$ 100,00	
C Ativo Não Circulante		
Investimento		R$ 1.355,00
C Passivo Circulante		
Imposto de Renda Diferido		R$ 85,00

Balanço Patrimonial da empresa "A" após a Incorporação em 31/12/2.0x4

Discriminação	Empr. A Vr. Contábil	Empr. B Vr. Contábil	Ajuste	Empresa A + B
Ativo				
Ativo Circulante				
Disponibilidades	35000	150,00		500,00
Duplicatas a Receber	1.500,00	400,00		1.900,00
Estoques	1.100,00	350,00	80,00	1.530,00
Ativo Não Circulante				
Imobilizado	2.000,00	600,00	260,00	2.860,00
Investimento	1.355,00		(1.355,00)	
Investimento (Ágio – *Goodwill*)	195,00			195,00
Total do Ativo	**6.500,00**	**1.500,00**	**(1.015,00)**	**6.985,00**
Passivo				
Circulante				
Dívidas a Pagar	1.500,00	400,00		1.900,00
Imp. Renda Diferido			85,00	85,00
Passivo Não Circulante				
Financiamento	1.500,00			1.500,00
Patrimônio Líquido				
Capital Social	3.000,00	1.000,00	(1.000,00)	3.000,00
Reservas de Lucros	500,00	100,00	(100,00)	500,00
Total do Patrimônio Líquido	3.500,00	1.100,00		3.500,00
Total do Passivo (+) Patrimônio Líquido	**6.500,00**	**1.500,00**	**(1.015,00)**	**6.985,00**

Razonetes: Empresa "B"

	Disponível	
*	150,00	150,00

	Dupl. a Receber	
*	400,00	400,00

	Estoques	
*	350,00	350,00

	Imobilizado	
*	600,00	600,00

Dívidas a Pagar		
400,00	400,00	*

Res. de Lucros		
100,00	100,00	*

Capital Social	
1.000,00	1.000,00

Incorporação	
1.500,00	400,00
	1.100,00

Razonetes: Empresa "A"

	Bcos. C/ Movimento	
*	400,00	1.550,00
	1.500,00	
	150,00	
	500,00	

	Duplic. a Receber	
*	1.500,00	
	400,00	
	1.900,00	

	Estoques	
*	1.100,00	
	350,00	
	80,00	
	1.530,00	

	Imobilizado	
*	2.000,00	
	600,00	
	260,00	
	2.860,00	

Investimento - Ágio - *Goodwill*	
195,00	
195,00	

Investimento	
1.355,00	1.355,00

Financiamento	
	1.500,00
	1.500,00

Dívidas a Pagar	
	1.500,00
	400,00
	1.900,00

Reservas de Lucros		
100,00	500,00	*
	100,00	
	500,00	

I. R. / Contr. Social	
	85,00
	85,00

Capital Social		
	3.000,00	*
1.000,00	1.000,00	
	3.000,00	

Incorporação	
1.500,00	1.500,00

** Valores Contábeis: 31/12/20x4*

Exemplo 3: Incorporação de "B" por "A"

A empresa **"A"** em 31/12/20x4, incorpora a empresa **"B"**. No processo de negociação, os acionistas da empresa **"A"** passam a deter 75% da empresa resultante da combinação.

	Valores Contábeis: 31/12/2.0x4	
Discriminação	**Empresa "A"**	**Empresa "B"**
Ativo		
Circulante		
Disponibilidades	400,00	150,00
Duplicatas a Receber	1.500,00	400,00
Estoque	1.100,00	350,00
Não Circulante		
Imobilizado	2.000,00	600,00
Total do Ativo	**5.000,00**	**1.500,00**
Passivo + Patrimônio Líquido		
Circulante		
Dívidas a Pagar	1.500,00	400,00
Patrimônio Líquido		
Capital Social	3.000,00	1.000,00
Reservas de Lucros	500,00	100,00
Total do Patrimônio Líquido	3.500,00	1.100,00
Total do Passivo (+) Patrimônio Líquido	**5.000,00**	**1.500,00**

Composição do Capital Social das Empresas "A" e "B" para fins de cálculo de substituição de ações das duas companhias.

A empresa **"A"** possui 10.000 ações ordinárias
A empresa **"B"** possui 5.000 ações ordinárias

Valor Justo das empresas "A" e "B" na data da combinação

Discriminação	**Empresa "A"**	**Empresa "B"**
Patr. Líquido	R$ 3.500,00	R$ 1.100,00
mais valia – Estoques	R$ 200,00	R$ 80,00
mais valia – Imobilizado	R$ 500,00	R$ 260,00
Ágio (Goodwill)	R$ 300,00	R$ 60,00
Patr. Líquido Econômico	R$ 4.500,00	R$ 1.500,00

P. Líquido Econômico da empresa **"A"**	R$	4.500,00	==→	75,00%
P. Líquido Econômico da empresa **"B"**	R$	1.500,00	==→	25,00%
Total do P. Líquido a Valor de Mercado	R$	6.000,00	==→	100,00%

CIA	PL. VALOR. ECON.	Nº AÇÕES	VALOR. ECON. P/ AÇÃO
"A"	R$ 4.500,00	10.000	R$ 0,45
"B"	R$ 1.500,00	5.000	R$ 0,30

Relação de troca das ações da empresa **"B"** / **"A"** (+) **"B"**

R$ 0,30 / R$ 0,45 = 0.666667 ações de **"A + B"** por ação de **"B"**

Assim os acionistas da empresa "B" farão jus a 3.333 ações da empresa "A", de modo a não terem a sua riqueza prejudicada, conforme abaixo demonstrado:

Ações de "B"	Relação	Ações de "A"	-	Valor Econ. p/ Ação	P. Líquido "B"
5.000	0.666667	3.333		R$ 0,45	R$ 1.500,00

Lançamentos contábeis na empresa "B"

No processo de aquisição, os ajustes não são registrados nos livros contábeis da entidade adquirida, mas são considerados no balanço que será objeto da mensuração da aquisição dos negócios, para fins de determinação do ágio, na adquirente.

- **Registro da transferência do Ativo:**

		Débito	Crédito
D	Conta de Incorporação	R$ 1.500,00	
C	Ativo		
	Disponível		R$ 150,00
	Duplicatas a Receber		R$ 400,00
	Estoques		R$ 350,00
	Imobilizado		R$ 600,00

- **Registro da transferência do Passivo:**

		Débito	Crédito
D	Passivo		
	Dívidas a pagar	R$ 400,00	
C	Conta de Incorporação		R$ 400,00

- **Registro da baixa do Patrimônio Líquido:**

		Débito	Crédito
D	Capital Social		
	Capital Social	R$ 1.000,00	
	Res. de lucros	R$ 100,00	
C	Conta de Incorporação		R$ 1.100,00

Lançamentos contábeis na empresa "A"

- **Registro da transferência do Ativo:**

D	Ativos		
	Disponível	R$ 150,00	
	Duplicatas a Receber	R$ 400,00	
	Estoques	R$ 350,00	
	Imobilizado	R$ 600,00	
C	Conta de Incorporação		R$ 1.500,00

- **Registro da transferência do Passivo e Patr. Líquido:**

D	Conta de Incorporação	R$ 1.500,00	
C	Passivo		
	Dívidas a pagar		R$ 400,00
	Capital Social		R$ 1.000,00
	Reservas de Lucros		R$ 100,00

- **Ajuste da Incorporação:**

D	Ativos		
	Estoque	R$ 80,00	
	Imobilizado	R$ 260,00	
C	Patrimônio Líquido		
	Ajuste de Avaliação Patrimonial		R$ 340,00
D	Patrimônio Líquido		
	Reserva de Capital	R$ 600,00	
C	Patrimônio Líquido		
	Capital Social		R$ 600,00
D	Ativos		
	Investimento		
	Ágio (Goodwill)	R$ 60,00	
D	Patrimônio Líquido		
	Capital Social		R$ 60,00

BALANÇO PATRIMONIAL DA EMPRESA "A" EM 31/12/ 2.0x4

Discriminação	Empr. A Valor Contábil	Empr. B Valor Contábil	Ajuste (Débito)	Ajuste (Crédito)	Empresa A + B
Ativo					
Ativo Circulante					
Disponibilidades	400,00	150,00			550,00
Duplicatas a Receber	1.500,00	400,00			1.900,00
Estoques	1.100,00	350,00	80,00		1.530,00
Ativo Não Circulante					
Imobilizado	2.000,00	600,00	260,00		2.860,00
Investimento					
Ágio (*Goodwill*)			60,00		60,00
Total do Ativo	**5.000,00**	**1.500,00**			**6.900,00**
Passivo + P. Líquido					
Circulante					
Dívidas a Pagar	1.500,00	400,00			1.900,00
Não Circulante					
Patrimônio Líquido					
Capital Social	3.000,00	1.000,00		600,00	4.660,00
				60,00	
Reservas de Lucros	500,00	100,00	600,00		
Ajuste Aval. Patrimonial				340,00	340,00
Total do Patr. Líquido	**3.500,00**	**1.100,00**			**5.000,00**
Total do Passivo (+) Patrimônio Líquido	**5.000,00**	**1.500,00**	**1.000,00**	**1.000,00**	**6.900,00**

Razonete: Incorporação – Empresa "B"

Disponível	
* 150,00	150,00

Dupl. a Receber	
* 400,00	400,00

Estoques	
* 350,00	350,00

Imobilizado	
* 600,00	600,00

Dívidas a Pagar	
400,00	400,00 *

Res. de Lucros	
100,00	100,00 *

Capital Social	
1.000,00	1.000,00

Incorporação	
1.500,00	400,00
	1.100,00

Razonetes: Incorporação – Empresa "A"

Bcos. C/ Movimento	
* 400,00	
150,00	
Saldo: 550,00	

Duplic. a Receber	
* 1.500,00	
400,00	
Saldo: 1.900,00	

Estoques	
* 1.100,00	
350,00	
80,00	
Saldo: 1.530,00	

Imobilizado	
* 2.000,00	
600,00	
260,00	
Saldo: 2.860,00	

Invest. - Ágio - *Goodwill*	
60,00	
Saldo: 60,00	

Incorporação	
1.500,00	1.500,00

Ajuste Av. Patrimonial	
	340,00
	Saldo: 340,00

Dívidas a Pagar	
	1.500,00
	400,00
	Saldo: 1.900,00

Reservas de Lucros	
600,00	500,00 *
	100,00

Capital Social	
	3.000,00 *
	1.000,00
	600,00
	60,00
	Saldo: 4.660,00

Exemplo de Fusão

Os acionistas da empresa "A" e "B" em ato contínuo decidem que as duas sociedades fariam uma fusão em 31/12/2.0x4, a qual se denominaria empresa "C".

	Valores Contábeis: 31/12/20x4	
Discriminação:	Empresa "A"	Empresa "B"
Total do Ativo	10.000,00	3.000,00
Total do Passivo	3.000,00	900,00
Patrimônio Líquido:		
Capital Social	7.000,00	2.100,00
Totais	10.000,00	3.000,00

Valor Justo das empresas "A" e "B"

Contas	Empresa A	Empresa B
Valor Justo (Patrimônio Líquido)	R$ 9.000,00	R$ 3.100,00
(-) Patrimônio Líquido	(R$ 7.000,00)	(R$ 2.100,00)
(=) Mais Valia	R$ 2.000,00	R$ 1.000,00

Lançamentos Contábeis na empresa "A"

Registro da transferência de Ativos

	Débito	Crédito
D Conta de Fusão	R$ 10.000,00	
C Ativos		R$ 10.000,00

Registro da transferência de Passivos

	Débito	Crédito
D Passivos	R$ 3.000,00	
C Conta de Fusão		R$ 3.000,00

Registro da transferência do Patrimônio Líquido

	Débito	Crédito
D Patrimônio Líquido		
Capital Social	R$ 7.000,00	
C Conta de Fusão		R$ 7.000,00

Lançamentos Contábeis na empresa "B"

Registro da transferência de Ativos

	Débito	Crédito
D Conta de Fusão	R$ 3.000,00	
C Ativos		R$ 3.000,00

Registro da transferência de Passivos

	Débito	Crédito
D Passivos	R$ 900,00	
C Conta de Fusão		R$ 900,00

Registro da transferência do Patrimônio Líquido

D	Patrimônio Líquido		
	Capital social	R$ 2.100,00	
C	Conta de Fusão		R$ 2.100,00

Lançamentos Contábeis na empresa "C"

Registro da transferência de Ativos da empresa "A"

D	Ativos	12.000,00	
C	Conta de Fusão – empresa **"A"**		R$ 10.000,00
C	Patrimônio Líquido		
	Ajuste de avaliação patrimonial		R$ 2.000,00

Registro da transferência de Passivos da empresa "A"

D	Conta de Fusão – empresa **"A"**	R$ 3.000,00	
C	Passivos		R$ 3.000,00

Registro da transferência do Patrimônio Líquido empresa "A"

D	Conta de Fusão – empresa **"A"**	R$ 7.000,00	
C	Patrimônio Líquido		
	Capital social		R$ 7.000,00

Registro da transferência de Ativos da empresa "B"

D	Ativos	R$ 4.000,00	
C	Conta de Fusão – empresa **"B"**		R$ 3.000,00
C	Patrimônio Líquido		
	Ajuste de avaliação patrimonial		R$ 1.000,00

Registro da transferência de Passivos da empresa "B"

D	Conta de Fusão – empresa **"B"**	R$ 900,00	
C	Passivos		R$ 900,00

Registro da transferência do Patrimônio Líquido empresa "B"

D	Conta de Fusão – empresa **"B"**	R$ 2.100,00	
C	Patrimônio Líquido		
	Capital social		R$ 2.100,00

Balanço Patrimonial da empresa "C" após a fusão das empresas "A" e "B" em 31/12/2.0x4

Contas	R$	Contas	R$
Ativo	16.000,00	Passivo	3.900,00
		Patr. Líquido:	
		Capital	9.100,00
		Ajuste Av. Patr.	3.000,00
Totais	16.000,00	Totais	16.000,00

Contas:

Ativo (R$ 12.000,00 + R$ 4.000,00)	R$	16.000,00		
Passivo (R$ 3.000,00 + R$ 900,00)			R$	3.900,00
Capital (R$ 7.000,00 + R$ 2.100,00)			R$	9.100,00
Ajuste de Aval. Patr. (R$ 2.000,00 + R$ 1.000,00)			R$	3.000,00
Totais	R$	16.000,00	R$	16.000,00

Razonetes: Empresa "A"

Ativo	
* 10.000,00	10.000,00

Passivo	
3.000,00	3.000,00 *

Capital Social	
7.000,00	7.000,00 *

Fusão	
10.000,00	3.000,00
	7.000,00

Razonetes: Empresa "B"

Ativo	
* 3.000,00	3.000,00

Passivo	
900,00	900,00 *

Capital Social	
2.100,00	2.100,00 *

Fusão	
3.000,00	900,00
	2.100,00

Razonetes: Empresa "C"

Ativo

Débito	Crédito
* 12.000,00	
4.000,00	
16.000,00	

Passivo

Débito	Crédito
	3.000,00 *
	900,00
	3.900,00

Capital Social

Débito	Crédito
	7.000,00 *
	2.100,00
	9.100,00

P. Líquido - Ajuste de Avaliação Patrimonial

Débito	Crédito
	2.000,00
	1.000,00
	3.000,00

Fusão

Débito	Crédito
3.000,00	10.000,00
7.000,00	3.000,00
900,00	
2.100,00	

** Valores Contábeis: 31/12/20x4*

Exemplo de Cisão

A empresa **"X"** adquire parte das ações do capital social da empresa **"Y"** para a criação de uma nova empresa denominada de **"Z"**, em 31/12/ 2.x04

Demonstrativo contábil da parte cindida

	Valores Contábeis: 31/12/20x4
Discriminação:	Empresa "Y"
Total do Ativo	3.000,00
Total do Passivo	1.200,00
Patrimônio Líquido: Capital Social	1.800,00
Totais	3.000,00

Valor Justo da empresa "Y" (parte cindida)

Valor Justo (Patrimônio Líquido)	R$	2.800,00
(-) Patrimônio Líquido	(R$	1.800,00)
(=) Mais Valia	R$	1.000,00

Lançamentos contábeis na empresa "Y"

Registro da transferência de Ativos

	Débito	Crédito
D Conta de Cisão	R$ 3.000,00	
C Ativos		R$ 3.000,00

Registro da transferência de Passivos

	Débito	Crédito
D Passivos	R$ 1.200,00	
C Conta de Cisão		R$ 1.200,00

Registro da transferência do Patrimônio Líquido

		Débito	Crédito
D	Patrimônio Líquido Capital Social	R$ 1.800,00	
C	Conta de Cisão		R$ 1.800,00

Lançamentos contábeis na empresa "Z"

Registro da transferência de Ativos

		Débito	Crédito
D	Ativos	R$ 4.000,00	
C	Conta de Cisão		R$ 3.000,00
C	Patrimônio Líquido Ajuste de Avaliação Patrimonial		R$ 1.000,00

Registro da transferência de Passivos

		Débito	Crédito
D	Conta de Cisão	R$ 1.200,00	
C	Passivo		R$ 1.200,00

Registro da Integralização do Capital Social

		Débito	Crédito
D	Conta de Cisão	R$ 1.800,00	
C	Patr. Líquido Capital Social		R$ 1.800,00

Balanço Patrimonial da empresa "Z" em 31/12/2.0x4

Contas	R$	Contas	R$
Ativo	4.000,00	Passivo	1.200,00
		Patr. Líquido:	
		Capital	1.800,00
		Ajuste Av. Patr.	1.000,00
Totais	4.000,00	Totais	4.000,00

Razonetes: Empresa – Y

Ativo	
* 3.000,00	3.000,00

Passivo	
1.200,00	1.200,00

Capital Social	
1.800,00	1.800,00

CISÃO	
3.000,00	1.200,00
	1.800,00

Razonetes: Empresa – Z

Ativo	
4.000,00	
4.000,00	

Passivo	
	1.200,00
	1.200,00

Capital Social	
	1.800,00
	1.800,00

CISÃO	
1.200,00	3.000,00
1.800,00	

Ajuste de Aval. Patrimonial	
	1.000,00
	1.000,00

** Valores Contábeis: 31/12/20x4*

Incorporação de sociedade sob controle comum e avaliação patrimonial pelo valor contábil (custo histórico):

Exemplo

Em 31.12. 20x4 a sociedade **A** incorporou a sociedade **B**. As pessoas físicas que detém o capital de **A** detém o de **B**, na mesma proporção.

CIA. "A" BALANÇO PATRIMONIAL - 31.12.20x4

ATIVO		PASSIVO + PATR. LÍQ.	
Circ.	18.000	Circ.	8.000
Não Circulante		**Não Circulante**	
R.L.Prazo	25.000	E.L.P.	5.000
Imob.	37.000		
		P.Liq.	**67.000**
Total	**80.000**	**Total**	**80.000**

CIA. "B" BALANÇO PATRIMONIAL - 31.12.20x4

ATIVO		PASSIVO + PATR. LÍQ.	
Cir.	5.000	Circ.	4.000
Não Circulante		**Não Circulante**	
R.L.P.	7.000	E.L.P.	3.000
Imob.	9.000		
		P.Líq.	**14.000**
Total	**21.000**	**Total**	**21.000**

a) Lançamentos na sociedade "B":

1) Transferência de **Ativos** e **Passivos** da sociedade **"B"** para a sociedade **"A"**:

		Débito		Crédito	
D	Conta de Incorporação	R$	21.000		
C	Ativo Circulante			R$	5.000
C	Realizável a Longo Prazo			R$	7.000
C	Imobilizado			R$	9.000

		Débito		Crédito	
D	Passivo Circulante	R$	4.000		
D	Exigível a Longo Prazo	R$	3.000		
C	Conta de Incorporação			R$	7.000

2) Pela baixa das contas de **Patrimônio Líquido**

		Débito		Crédito	
D	Patrimônio Líquido	R$	14.000		
C	Conta de Incorporação			R$	14.000

b) Lançamentos na sociedade "A"

1) Pelo recebimento dos **ativos e passivos** da "B"

		Débito		Crédito	
D	Ativo Circulante	R$	5.000		
D	Ativo realizável a Longo Prazo	R$	7.000		
D	Ativo Imobilizado	R$	9.000		
C	Conta de Incorporação			R$	21.000

		Débito		Crédito	
D	Conta de Incorporação	R$	7.000		
C	Passivo Circulante			R$	4.000
C	Exigível a Longo Prazo			R$	3.000

2) Pelo **aumento de capital** ocorrido da incorporação a favor dos acionistas da **"B"**

		Débito		Crédito	
D	Conta de Incorporação	R$	14.000		
C	Capital Social			R$	14.000

Balanço após a Incorporação

ATIVO		PASSIVO + PATR. LÍQUIDO	
Circulante	23.000	**Circulante**	12.000
Não Circulante		**Não Circulante**	
Real. Longo Prazo	32.000	Exigível Longo Prazo	8.000
Imobilizado	46.000		
		Patrimônio Líquido	81.000
Total	**101.000**	**Total**	**101.000**

4. Incorporação da Investidora pela Investida

Lembramos que no caso de ágio na incorporação de controladora pela sua controlada *(incorporação às avessas)*, o tratamento contábil do ágio, oriundo das razões a seguir descritas, deverá ser registrado como "Reserva Especial de Ágio", no patrimônio líquido, observado o seguinte:

Art. 1º *da Instrução 349/01 (altera o artigo 6º da Instrução 319/99):*

Art. 1º. *O montante do ágio ou do deságio, conforme o caso, resultante da aquisição do controle da companhia aberta que vier a incorporar sua controladora será contabilizado, na incorporadora, da seguinte forma:*
I . Nas contas representativas dos bens que lhe deram origem – quando o fundamento econômico tiver sido a diferença entre o valor de mercado dos bens e o seu valor contábil;
II. Em conta específica do ativo imobilizado (ágio) – quando o fundamento econômico tiver sido a aquisição do direito de exploração, concessão ou permissão delegadas pelo Poder Público;
III. Em conta específica do ativo diferido (ágio) ou em conta específica de resultado de exercício futuro (deságio) – quando o fundamento econômico tiver sido a expectativa de resultado futuro.
Parágrafo primeiro: O registro do ágio referido no inciso I acima, terá como contrapartida reserva especial de ágio, na incorporação, constante do patrimônio líquido, devendo a companhia observar, relativamente aos registros referidos nos incisos II e III, o seguinte tratamento:
a. Constituir provisão, na incorporadora, no mínimo, no montante da diferença entre o valor do ágio e do benefício fiscal decorrente da sua amortização, que será apresentada como redução da conta em que o ágio foi registrado;
b. Registrar o valor líquido (ágio menos provisão) em contrapartida da conta de reserva referida neste parágrafo;
c. Reverter a provisão referida na letra a acima para o resultado do período, proporcionalmente à amortização do ágio; e
d. Apresentar, para fins de divulgação das demonstrações contábeis, o valor líquido referido na letra a no ativo circulante e/ou realizável a longo prazo, conforme expectativa da sua realização.

Art. 2º da Instrução 349/01 – Adaptação das Demonstrações Contábeis

Art. 2º. *As companhias que já concluíram processo de incorporação poderão adaptar as suas demonstrações contábeis ao disposto nesta Instrução, constituindo a provisão referida no artigo 1º. Em contrapartida e na proporção do saldo da reserva especial de ágio.*

A Instrução 349/01 – CVM orienta ainda, que as companhias abertas poderão optar por ajustar as suas demonstrações contábeis a partir da data do início do exercício social de 2000, devendo apresentar, ao referido órgão e às Bolsas de Valores em que estejam admitidos à negociação os seus valores mobiliários, as suas Informações Trimestrais (ITR) refeitas.

O protocolo de incorporação de controladora por companhia aberta controlada poderá prever que, nos casos em que a companhia vier a auferir benefício fiscal, em decorrência da amortização do ágio relativo a expectativa de resultado futuro, a parcela da reserva especial de ágio na incorporação correspondente a tal benefício poderá ser objeto de capitalização em proveito do acionista controlador. Neste caso, observado o disposto no art. 170 da Lei n° 6.404/76, será sempre assegurado aos demais acionistas o direito de preferência e, se for o caso, as importâncias por eles pagas serão entregues ao controlador.

A capitalização da parcela da Reserva Especial de Ágio, correspondente ao benefício fiscal, somente poderá ser realizada ao término de cada exercício social e na medida em que esse benefício represente uma efetiva diminuição dos tributos pagos pela companhia.

Nas operações de incorporação de companhia aberta por sua controlada, ou desta por companhia aberta controlada, o cálculo da relação de substituição da ações dos acionistas não controladores deverá excluir o saldo do ágio pago na aquisição da controlada e aplica-se também nas operações de fusão de controladora com controlada (art. 9º da Instrução 319/99) e a referida Instrução determina que o ágio amortizado em cada exercício não poderá diminuir os dividendos atribuídos aos acionistas não controladores.

Quadro Sinótico de Concentração e Extinção de Sociedades

Ponto	Descrição
Dissolução de sociedade	**De pleno direito:**
	Pelo término do prazo de duração, nos casos previstos no estatuto, por deliberação da assembleia geral, pela existência de um único acionista, se o mínimo de dois não for reconstituído até o ano seguinte, salvo se tiver como único acionista sociedade brasileira; pela extinção, na forma da lei, da autorização para funcionar. **Por decisão judicial:** Quando anulada a sua constituição, quando provado que não pode preencher o seu fim (ação de acionistas que representem 5% ou mais do capital social), em caso de falência. **Por decisão de autoridade administrativa competente:** Conserva a personalidade jurídica, até a extinção, com o fim de proceder a liquidação.
Liquidação de sociedades	A pedido de qualquer acionista se os administradores ou a maioria de acionistas deixar de promover a liquidação, ou se a ela se opuser nos casos de dissolução de pleno direito; pelo requerimento do ministério público.
Extinção de sociedades	Pelo encerramento da liquidação, pela incorporação ou fusão e pela cisão com versão de todo o patrimônio em outras sociedades.
Incorporação	Operação pela qual uma ou mais sociedades são absorvidas por outra, que lhes sucede em todos os direitos e obrigações.
Fusão	É a operação pela qual se unem duas ou mais sociedades para formar sociedade nova que lhes suceda em todos os direitos e obrigações.
Cisão	É a operação pela qual a companhia transfere parcela de seu patrimônio para uma ou mais sociedades, constituídas para esse fim ou já existentes, extinguindo-se a companhia se houver versão de todo o seu patrimônio ou dividindo-se o seu capital se parcial a versão.
Direitos dos Acionistas e Debenturistas (fusão, cisão e incorporação)	**Acionistas:** têm direito de retirar-se da cia., mediante o reembolso do valor de suas ações. **Debenturistas:** dependem da prévia aprovação dos debenturistas unidos em assembleia especialmente convocada para esse fim.
Direitos dos Credores (fusão, cisão e incorporação)	**Incorporação/fusão:** até 60 dias depois de publicados os atos, o credor poderá pleitear judicialmente a anulação da operação; **Cisão:** sucessora responsável apenas pelas obrigações que lhes forem transferidas. O credor poderá se opor, em relação ao seu crédito, desde que notifique a sociedade no prazo de 90 dias a contar da publicação dos atos da cisão.
Avaliação do patrimônio	Na cisão, fusão ou incorporação deverá ser levantado um balanço específico para esse fim, no qual os bens e direitos serão avaliados pelo valor contábil ou de mercado.
Data do Balanço	Até 30 dias antes do evento (cisão, fusão, incorporação).

QUESTÕES DE CONCURSOS

01. A.F.T.N. - 1996 (ESAF)

A operação pela qual uma ou mais sociedades são absorvidas por outra, que lhes sucede em todos os direitos e obrigações, é chamada de:

a) Fusão.
b) Consórcio.
c) Incorporação.
d) Cisão.
e) Monopólio.

02. A.F.T.N. - 1998 (ESAF)

Nas operações de cisão, podem ocorrer as seguintes situações, exceto:

a) Cisão total com a criação de duas ou mais empresas novas.
b) Cisão total com versão de parte do Patrimônio Líquido para empresa nova e parte para empresa já existente.
c) Cisão parcial com versão de parte do patrimônio para empresas já existentes.
d) Cisão parcial com versão de todo o patrimônio para a mesma sociedade.
e) Cisão total com versão do patrimônio para empresas já existentes.

03. A.F.T.N. - 1998 (ESAF)

Com relação às reorganizações societárias mediante os processos de incorporações, fusões ou cisões, podemos afirmar que todas as opções abaixo são corretas, exceto

a) Uma companhia emissora de debêntures em circulação ficará sempre obrigada à prévia autorização dos debenturistas sob pena de nulidade da incorporação, fusão ou cisão.
b) Incorporação é a operação pela qual uma ou mais sociedades são absorvidas por outra, que a sucede em todos os direitos e obrigações.
c) Cisão é a operação pela qual a companhia transfere parcelas do seu patrimônio para uma ou mais sociedades, constituídas para esse fim, ou já existentes, extinguindo-se a companhia cindida, se houver versão de todo o seu patrimônio, e dividindo-se o seu capital, se parcial a versão.
d) Interesses de natureza societária entre quotistas ou acionistas são fatores importantes a serem contemplados no processo de reorganização.
e) Fusão é a operação pela qual se unem duas ou mais sociedades para formar sociedade nova, que as sucederá em todos os direitos e obrigações.

04. A.F.T.N. - 2000 (ESAF)

De acordo com a Lei nº 6.404/76 - Lei das S/A, incorporação é operação pela qual

a) Se unem duas ou mais sociedades sem formar uma sociedade nova.
b) Se unem duas ou mais sociedades para formar sociedade nova que lhes sucederá em todos os direitos e obrigações.
c) A companhia transfere parcelas do seu patrimônio para uma ou mais sociedades, constituídas para esse fim, ou já existentes, extinguindo-se a companhia cindida, se houver versão de todo o seu patrimônio, e dividindo-se o seu capital, se parcial a versão.
d) Uma ou mais sociedades são absorvidas por outra, que lhes sucede em todos os direitos e obrigações.
e) A companhia transfere parcelas do seu patrimônio para uma ou mais sociedades, sem extinguir a sociedade cindida.

05. B.N.D.E.S. - 2009 (CESGRANRIO)

Analise o conceito a seguir. Operação pela qual se unem duas ou mais sociedades para formar uma sociedade nova, que a elas sucederá em todos os direitos e obrigações. Esse é o conceito de

a) transformação.
b) incorporação.
c) fusão.
d) cisão.
e) apropriação.

06. I.C.M.S. - SC - 2010 (UFSC)

É fundamental a avaliação do acervo líquido na Incorporação, Cisão e Fusão de sociedades. Os peritos ou a empresa de avaliação podem utilizar três critérios de avaliação do patrimônio líquido da empresa objeto de Incorporação, Fusão ou Cisão. São eles:

a) a avaliação a valor contábil ou avaliação a valor econômico, dos dois o maior.
b) a avaliação a valor contábil; avaliação a valor de mercado; avaliação a valor econômico.
c) a avaliação dos fluxos de caixas; avaliação a valor de mercado; avaliação a valor econômico.
d) a avaliação a valor de mercado; avaliação do goodwill adquirido e construído; avaliação a valor contábil.
e) a avaliação a valor econômico; Método CAPM; avaliação financeira; avaliação do goodwill construído.

07. I.C.M.S. - SC - 2010 (UFSC)

Todas as definições abaixo estão corretas, exceto:

a) A incorporação é a operação pela qual uma ou mais sociedades são absorvidas por outra, que a sucede em todos os direitos e obrigações, enquanto a fusão é a operação pela qual se unem duas ou mais sociedades para formar sociedade nova, que as sucederá em todos os direitos e obrigações.
b) A cisão é a operação pela qual a companhia transfere parcelas do seu patrimônio para uma ou mais sociedades constituídas para esse fim, ou já existentes, extinguindo-se a companhia cindida, se houver versão de todo o seu patrimônio, e dividindo-se o seu capital, se parcial a versão.
c) A incorporação é a operação pela qual se unem duas ou mais sociedades para formar sociedade nova, que lhes sucederá em todos os direitos e obrigações, enquanto a fusão é a operação pela qual uma ou mais sociedades são absorvidas por outra, que a sucede em todos os direitos e obrigações.
d) A incorporação é a operação pela qual uma ou mais sociedades são absorvidas por outra, que a sucede em todos os direitos e obrigações, enquanto a cisão é a operação pela qual a companhia transfere parcelas do seu patrimônio para uma ou mais sociedades, constituídas para esse fim, ou já existentes, extinguindo-se a companhia cindida, se houver versão de todo o seu patrimônio, e dividindo-se o seu capital, se parcial a versão.
e) A fusão é a operação pela qual se unem duas ou mais sociedades para formar sociedade nova, que as sucederá em todos os direitos e obrigações.

08. I.N.S.S. – 2000 (CESPE)

Fusão, incorporação e cisão são modalidades de reorganização de sociedades, previstas em lei, que permitem às empresas, a qualquer tempo, promover as reformulações que forem apropriadas, atendendo a diversos objetivos. Acerca desse assunto, julgue os itens abaixo.

1. Um processo de incorporação, fusão ou cisão, antes de se efetivar, requer que os órgãos da administração ou sócios das sociedades interessadas firmem um protocolo, que incluirá os critérios e as principais bases de efetivação da modalidade de reorganização a ser implementada. ( )
2. Até sessenta dias após publicados os atos relativos à incorporação ou fusão, o credor por ela prejudicado poderá pleitear judicialmente a anulação da operação. ( )
3. Incorporação é a operação pela qual se unem duas ou mais sociedades para formar sociedade nova, que lhes sucederá em todos os direitos e obrigações. ( )
4. Fusão é a operação pela qual a companhia transfere parcelas do seu patrimônio para uma ou mais sociedades, constituídas para esse fim, ou já existentes, extinguindo-se a companhia fusionada, se houver versão de todo o seu patrimônio, e dividindo-se o seu capital, se a versão for parcial. ( )
5. Na incorporação, fusão ou cisão, a contabilidade pode adotar o critério de avaliação dos ativos a valores de saída, na base de liquidação forçada, decaindo os princípios de contabilidade, a menos que se trate de companhia aberta, com ações negociadas em bolsa de valores. ( )

09. E.P.E. - 2010 (CESGRANRIO)

Sobre os conceitos de transformações societárias, analise as afirmações a seguir.

I. Fusão é a operação pela qual se unem duas ou mais sociedades para formar sociedade nova, que a elas sucederá em todos os direitos e obrigações.

II. Quando uma ou mais sociedades são absorvidas por outra, que a elas sucede em todos os direitos e obrigações, ocorre a cisão total.

III. A incorporação é a operação pela qual a sociedade passa, independente de dissolução e liquidação, de um tipo para outro.

Está correto o que se afirma em

a) I, apenas.
b) II, apenas.
c) III, apenas.
d) II e III, apenas.
e) I, II e III.

10. A.F.T.N. – 1998 (ESAF)

As empresas A, B e C encerram suas atividades através de uma fusão, transferindo seu Patrimônio Líquido para a formação de uma nova empresa denominada "D". Cada uma das empresas possui dois sócios com igual participação no Capital. O Patrimônio Líquido de cada empresa antes da fusão era:

Patrimônio Líquido	A	B	C
Capital	760	720	2.880
Reservas de Capital	200	0	0
Reserva de Lucro	0	240	0

As empresas A e B aumentaram seu Capital antes da fusão, utilizando os saldos de Reserva de Capital e Reserva de Lucro. A participação, individual, dos sócios da empresa B após a fusão é equivalente a (Adaptada)

a) 10% do total.
b) R$ 380,00 para um e R$ 1.360,00 para outro.
c) 30% do total.
d) 50% do total.
e) R$ 1.440,00 para cada um.

11. PETROBRAS – 2010 (CESGRANRIO)

A Cia. Redentor S.A. realizou uma operação de cisão parcial para constituição de uma nova sociedade denominada Corcovado S.A. Observe os dados dos ativos e passivos cindidos da Cia. Redentor S.A., com valores em reais.

• Depreciação Acumulada	112.000,00
• Disponível	123.000,00
• Fornecedores a Pagar	135.650,00
• Imobilizado	556.700,00
• Salários e Encargos a Pagar	104.890,00

Com base apenas nas informações acima, o valor da redução do patrimônio líquido na Cia. Redentor S.A., após a cisão a valores contábeis, em reais, é

a) 327.160,00
b) 439.160,00
c) 444.700,00
d) 450.160,00
e) 567.700,00

12. PETROBRAS – 2010 (CESGRANRIO)

Os acionistas da Cia. Miramar S.A. e da Cia. Pacífica S.A. decidiram que a primeira incorporaria a segunda em 31/12/2008, considerando ativos e passivos avaliados pelo valor contábil. A Miramar S.A. detém 65% do total de ações do capital social da Cia. Pacífica S.A. e o investimento é avaliado pelo método de equivalência patrimonial. Observe o Balanço Patrimonial da Cia. Pacífica S.A. em 31/12/2008.

	Em reais
ATIVO	2008
ATIVO CIRCULANTE	135.000,00
ATIVO NÃO CIRCULANTE	275.000,00
TOTAL ATIVO	410.000,00
PASSIVO	2008
PASSIVO CIRCULANTE	110.000,00
PASSIVO NÃO CIRCULANTE	50.000,00
PATRIMÔNIO LÍQUIDO	250.000,00
TOTAL PASSIVO	**410.000,00**

Informação adicional: os acionistas minoritários da Cia. Pacífica S.A. também concordaram com a incorporação e a participação no capital da incorporadora. Considerando exclusivamente as informações acima, o valor do aumento do patrimônio líquido da Cia. Miramar S.A. em 31/12/2008, em reais, é

a) 87.500,00
b) 104.000,00
c) 160.000,00
d) 162.500,00
e) 250.000,00

13. A.F.T.N. – 1996 (ESAF)

O procedimento que deve ser observado no processo de fusão de sociedade é:

a) Nomeação dos peritos que avaliarão os patrimônios das sociedades deve ser feita apenas pela Assembleia Geral de Acionistas da companhia fundida.
b) A exigência de entrega pela entidade que será fundida dos Balanços Patrimoniais e das Demonstrações de Resultado de Exercícios dos últimos 5 anos.
c) A nomeação dos peritos que avaliarão os patrimônios das sociedades feita apenas pela Assembleia Geral de Acionistas da companhia adquirente do patrimônio.
d) A exigência de entrega pela entidade que será fundida dos Balanços Patrimoniais e das Demonstrações das Mutações Patrimoniais dos últimos 3 anos.
e) A nomeação dos peritos que avaliarão os patrimônios das sociedades envolvidas deve ser feita pela Assembleia Geral que aprovar o protocolo da operação da fusão.

14. A.F.T.N. – 1998 (ESAF)

No processo de incorporação, uma das preocupações é garantir uma participação justa dos acionistas tanto da incorporadora quanto da incorporada no novo Patrimônio Líquido que surge. As opções abaixo representam procedimentos que garantirão esta justa participação, exceto:

a) Proceder à incorporação pelos valores contábeis originais da data-base.
b) Proceder ao levantamento do Balanço Patrimonial contábil na mesma data-base e com os mesmos critérios contábeis para ambas as empresas.
c) Proceder à contabilização das diferenças oriundas das avaliações.
d) O aumento de capital na incorporadora tomará por base um preço de emissão das ações igual ao valor patrimonial.
e) Proceder, através de peritos, à avaliação patrimonial de ambas as empresas aos seus valores de mercado, com base nos mesmos critérios de avaliação dos Ativos e Passivos.

15. A.F.T.N. – 1998 (ESAF)

Indique, nas opções abaixo, aquela que não guarda relação quanto à dissolução de uma companhia.

a) Pelo término do prazo de duração estabelecido para suas atividades.
b) Quando anulada a sua constituição, em ação proposta por qualquer acionista.
c) Em caso de falência, na forma prevista na respectiva lei.
d) Nos casos previstos no estatuto.
e) Quando provado que não pode preencher o seu fim, em ação proposta por acionistas que representem 1% do capital social.

16. A.F.T.N. – 2000 (ESAF)

Nos processos de fusão, cisão ou incorporação envolvendo companhias abertas a divulgação das condições de negociações deve ser feita:

a) Dando destaque entre outros itens aos benefícios esperados de natureza patrimonial, empresarial, legal e financeira e demais efeitos positivos da operação bem como os eventuais fatores de risco envolvidos.
b) Nos jornais utilizados habitualmente pela companhia e comunicada 10 dias antes da assembleia geral aos acionistas minoritários, ao Ministério da Fazenda e aos principais credores das companhias envolvidas.
c) Apenas aos acionistas minoritários, à Comissão de Valores Mobiliários, aos principais credores e às bolsas de valores 30 dias após a data da realização da assembleia geral que irá deliberar sobre o protocolo.
d) Apenas aos acionistas ordinários, ao Banco Central, aos principais credores e a todas as bolsas de valores, na data da realização da assembleia geral que irá deliberar sobre o protocolo de intenções.
e) Dando destaque apenas aos itens de natureza patrimonial, financeira e legal, no prazo de 30 dias após a realização da assembleia geral e publicando 90 dias após a assembleia.

17. I.N.S.S. – 2000 (CESPE)

Julgue os itens abaixo, relativos a incorporação, cisão e fusão.

1. Na incorporação de uma sociedade anônima por outra já existente, constará de protocolo firmado pelos órgãos de administração ou pelos sócios de sociedade interessada, entre outras coisas, o valor do aumento ou redução do capital social da sociedade incorporadora. ( )

2. Na incorporação de sociedade anônima pela sua controladora, a justificação apresentada à assembleia-geral da controlada deverá conter, além de outras informações, o cálculo das relações de substituição das ações dos acionistas não-controladores da controlada com base no valor do patrimônio líquido das ações da controladora e da controlada. Esses dois patrimônios deverão ser avaliados segundo os mesmos critérios e na mesma data, a preços de mercado. ( )

3. Na incorporação da controladora por sua subsidiária integral, em uma situação em que a controladora seja uma holding que possua em seu ativo apenas os investimentos na companhia incorporadora, a sociedade resultante da incorporação irá possuir, ao final do processo, suas próprias ações registradas no ativo em contrapartida de receita de incorporação do período. ( )

4. Na fusão de duas empresas Alfa e Beta sob controle comum de Celta, sem que haja participação das fusionadas, o acionista controlador de Celta e os seus minoritários com participação preponderante em Alfa ou Beta passam a ser os únicos acionistas da nova empresa, perdendo as suas participações os acionistas minoritários de Alfa ou Beta cujas participações fossem não-preponderantes, extinguindo-se contabilmente a parcela de patrimônio líquido correspondente às ações dos acionistas que perderam suas participações no processo, em contrapartida de lucros ou prejuízos acumulados. ( )

5. Em uma operação de cisão parcial, com a versão de parcelas patrimoniais para múltiplas empresas criadas, é permitido pela Lei das Sociedades Anônimas que os acionistas da empresa cindida sejam mantidos em todas as empresas resultantes do processo, com a mesma participação acionária que detinham na empresa objeto de cisão, com base em patrimônios líquidos de cada sociedade definidos no protocolo e na justificação de cisão. ( )

18. A.F.R.F. – 2002 (ESAF)

De acordo com a Instrução CVM 358/2002 as operações de fusão, cisão ou incorporação, realizadas por companhias abertas, caracterizam-se como:

a) Ato relevante por não influir na decisão do acionista minoritário de comprar, vender ou manter valores imobiliários da empresa.
b) Fato relevante desde que possam influir na decisão dos investidores de comprar, vender ou manter valores mobiliários de emissão das companhias envolvidas na operação.
c) Ato administrativo por não influenciar na tomada de decisão do público para comprar, vender ou manter valores mobiliários emissão das companhias envolvidas na operação.
d) Fato contábil por não ser fator preponderante na decisão do acionista minoritário comprar, vender ou manter esses valores imobiliários da companhia.
e) Ato não relevante por influir na decisão do público de comprar, vender ou manter aqueles valores imobiliários.

19. A.F.R.F. – 2002 (ESAF)

Nas operações de Fusão envolvendo companhias abertas, é(são) regulado(s) pelas disposições da Instrução CVM 319/1999:

a) O tratamento financeiro dado ao ágio, que deve ser comunicado a CVM até 45 dias antes da data da realização da operação.
b) O fluxo de dividendos dos acionistas controladores e a remuneração da diretoria quando se tratar de sociedade limitada.
c) A relação de substituição das ações dos acionistas controladores e o fluxo de dividendos dos minoritários.
d) O conteúdo do relatório da administração, o aproveitamento econômico e o tratamento contábil do ágio e do deságio.
e) O relatório de auditoria independente das demonstrações financeiras, que deverá ser enviado a CVM até 30 dias antes da data da realização da operação.

20. A.F.R.F. – 2002 (ESAF)

De acordo com o disposto na Instrução CVM 319/1999, nas operações de fusão de companhia controladora com controlada, o cálculo da relação de substituição das ações dos acionistas controladores, deverá:

a) Avaliar em qualquer circunstância a cotação das ações preferenciais em bolsa.
b) Incluir o saldo do ágio pago na aquisição da controlada.
c) Eliminar o saldo do ágio pago na aquisição da controlada.
d) Inserir o saldo do ágio pago na aquisição da controladora.
e) Incluir o valor do ágio pago favorecendo diretamente as ações preferenciais.

21. A.F.R.F. – 2002 (ESAF)

De acordo com o disposto na Instrução CVM 319/1999, nas operações de incorporação de companhia aberta por sua controladora, ou desta por companhia aberta controlada, o cálculo da relação de substituição das ações dos acionistas controladores, deverá:

a) Excluir o saldo do ágio pago na aquisição da controlada.
b) Incluir o saldo do ágio pago na aquisição da controlada.
c) Favorecer com a inclusão do ágio pago nas ações de menor valor unitário.
d) Inserir o saldo do ágio pago na aquisição da controladora.
e) Incluir o valor do ágio pago favorecendo diretamente as ações preferenciais.

22. A.F.R.F. – 2002 (ESAF)

De conformidade com o disposto na Instrução CVM 349/2001, o procedimento contábil relativo ao lançamento do montante do ágio resultante da aquisição do controle da companhia aberta que vier a incorporar sua controladora é registrar em: (Adaptada)

a) Conta específica do ativo circulante, quando o fundamento econômico tiver sido a aquisição de concessão ou permissão delegada pelo poder público.
b) Conta específica do ativo não circulante investimento, quando o fundamento econômico tiver sido a expectativa de resultado futuro.
c) Conta específica do ativo imobilizado, quando o fundamento econômico tiver sido a expectativa de resultado futuro.
d) Conta de resultado específica como Ganhos/Perdas, quando o fundamento econômico tiver sido a aquisição de concessão ou permissão delegada pelo poder público.
e) Conta específica do ativo imobilizado, quando o fundamento econômico tiver sido a aquisição de concessão delegada pelo poder público.

23. A.F.R.F. – 2003 (ESAF)

Na verificação de participação recíproca em operações de incorporação, o procedimento exigido pela Lei nº 6.404/76 será:

a) a empresa incorporada deverá alienar, no período de seis meses, a parcela de ações ou quotas que não excederem o valor dos lucros e reservas.
b) somente a empresa incorporadora deverá publicar o fato em jornal de grande circulação no local onde estiver sediada, justificando a natureza e o valor da operação.
c) mencionar o fato nos relatórios e demonstração financeira de ambas as sociedades e eliminar esse tipo de participação, no prazo máximo de um ano.
d) mencionar esse fato apenas no relatório da administração, justificando a necessidade da operação e indicando as classes e valor nominal das ações envolvidas.
e) alienar, no período de seis meses, a parcela de ações ou quotas que não excederem o valor dos lucros acumulados da incorporadora.

24. A.F.R.F. – 2003 (ESAF)

É fator condicional para a efetivação das condições aprovadas, de operação de fusão se os peritos nomeados determinarem que o valor dos patrimônios líquidos vertidos para a formação do novo capital social seja:

a) inferior a 20% do capital preferencial das empresas envolvidas.
b) pelo menos, igual ao montante do capital a realizar.
c) no máximo 50% do capital ordinário anterior de cada uma das empresas.
d) inferior ao total do capital preferencial anterior de cada uma das empresas.
e) totalmente integralizado e superior a 50% do capital ordinário.

25. PETROBRAS – 2010 (CESGRANRIO)

A nova redação da Lei nº 6.404/76, com as alterações das Leis nºs 11.638/07 e 11.941/09, estabelece que as operações de incorporação, fusão e cisão somente poderão ser efetivadas nas condições aprovadas, se os peritos nomeados determinarem que o valor do patrimônio ou dos patrimônios líquidos a serem vertidos para a formação de capital social é

a) igual, pelo menos, ao montante do capital a realizar.
b) obtido, no mínimo, pela soma dos capitais de cada empresa envolvida na operação.
c) calculado pelo valor de mercado das ações negociadas.
d) limitado à soma das ações ordinárias das empresas envolvidas na operação.
e) apurado pela adição do Patrimônio Líquido das empresas envolvidas na operação.

26. A.F.R.F. – 2003 (ESAF)

A Cia. Alternativa emitiu debêntures 1998, que ainda estavam em circulação em 2000, ano em que essa empresa passa por um processo de cisão. Com relação à integridade dos direitos dos debenturistas, pode-se afirmar que:

a) os sócios dissidentes do processo de cisão responderão pelo prazo de 5 anos pelo valor de resgate das debêntures.
b) a responsabilidade pelo resgate das debêntures somente poderá ser repassada aos acionistas ordinários que permanecerem nas novas sociedades.
c) os sócios dissidentes do processo de cisão responderão pelo prazo de 10 anos pelo valor de resgate das debêntures.
d) tanto a sociedade cindida quanto aquelas que absorveram parcelas de seu patrimônio respondem solidariamente pelo resgate das debêntures.
e) apenas as novas sociedades surgidas do processo de cisão serão responsáveis pelo resgate das debêntures na proporção registrada em seus passivos.

27. A.F.R.F. – 2003 (ESAF)

Em casos de liquidação de sociedades não é dado poder ao liquidante, sem a expressa autorização de assembleia, de:

a) alienar bens móveis e imóveis da empresa em liquidação.
b) receber e dar quitação em recebíveis da empresa em liquidação.
c) convocar assembleia geral a cada 6 meses para prestar contas das operações praticadas.
d) representar a companhia e praticar todos os atos necessários à liquidação.
e) prosseguir na atividade social, ainda que, para facilitar o processo de liquidação, sem a expressa autorização da assembleia geral.

28. PETROBRAS - 2010 (CESGRANRIO)

Nos casos de incorporação, fusão ou cisão, envolvendo companhias de capital aberto, as sociedades que as sucederem serão também de capital aberto e terão que promover a admissão de negociação das novas ações no mercado secundário, no prazo máximo, contado da data da assembleia-geral que aprovou a operação, de

a) 30 dias.
b) 60 dias.
c) 120 dias.
d) 180 dias.
e) 360 dias.

29. PETROBRAS - AUDITOR JÚNIOR - 2011 (CESGRANRIO)

Atualmente, o mercado vive uma grande tendência para formação de grandes grupos empresariais, que surgem por meio das operações de fusão, cisão e incorporação, realizadas entre as empresas. Conforme consta na Lei nº 6.404/76, fusão é a operação pela qual

a) uma ou mais sociedades são absorvidas por outra, que lhes sucede em todos os direitos e obrigações.
b) uma Companhia transfere parcelas do seu patrimônio para uma ou mais sociedades, constituídas para esse fim ou já existentes.
c) uma sociedade passa, independente de dissolução e liquidação, de um tipo para outro.
d) duas ou mais sociedades se unem para formar sociedade nova, que lhes sucederá em todos os direitos e obrigações.
e) duas ou mais empresas criam uma associação, definitiva ou não, para explorar determinados negócios, sem perder a personalidade jurídica.

30. TRANSPETRO - CONTADOR(A) JÚNIOR – 2.011 (CESGRANRIO)

A Comercial Obra não tem participação na Comercial Pronta e as duas empresas não estão sob o mesmo controle acionário. Elas acordaram que a primeira incorporaria a segunda, em 30 de junho de 2009, com base no acervo líquido avaliado pelo justo valor, por não estarem sob o mesmo controle acionário. As companhias apresentaram os balanços a seguir, elaborados em 30 de junho de 2009.

COMERCIAL OBRA

Balanço em 30 de junho de 2009 (em reais)

Ativos	12.578,00	Passivos	3.774,00
		P. Líquido	
		Capital	6.230,00
		Res. Lucro	1.884,00
		Lucro:	
		01/01 a 30/06/09	690,00
Total	12.578,00	Total	12.578,00

COMERCIAL PRONTA

Balanço em 30 de junho de 2009 (em reais)

Ativos	3.990,00	Passivos	750,00
		P. Líquido	
		Capital	1.922,00
		Res. Lucro	971,00
		Lucro:	
		01/01/ a 30/06	347,00
Total	3.990,00	Total	3.990,00

Acervo líquido da Comercial Pronta S/A (em reais)

	Valor Contábil	**Justo Valor**
Ativos	3.990,00	5.320,00
Passivos	(750,00)	(750,00)

Na incorporação, houve a efetiva transferência do controle acionário, e a incorporada foi considerada como adquirida. Nessas condições, o lançamento do aumento de capital na incorporadora, em decorrência da incorporação, em reais, foi

a) D. Ativos
Companhia Obra 3.990,00
C. Capital Social
Companhia Obra 3.990,00

b) D. Capital Social
Companhia Pronta 3.990,00
C. Capital Social
Companhia Obra 3.990,00

c) D. Incorporação
Companhia Obra 3.240,00
C. Capital Social
Companhia Obra 3.240,00

d) D. Capital Social
Companhia Pronta 3.240,00
C. Capital Social
Companhia Obra 3.240,00

e) D. Incorporação
Companhia Obra 4.570,00
C. Capital Social
Companhia Obra 4.570,00

31. I.S.S. - SP - 2012 (FCC)

Na combinação de negócios, o adquirente deve mensurar os ativos identificáveis adquiridos pelos seus respectivos

a) custos históricos.
b) custos históricos corrigidos na data de aquisição.
c) valores justos da data de aquisição.
d) valores justos do último balanço patrimonial anterior à aquisição.
e) valores de liquidação.

Gabarito

01. C **02. D** **03. A** **04. D** **05. C** **06. B** **07. C**
08. 1 – Verd. 2 – Verd. 3 – Falsa 4 – Falsa 5 – Falsa
09. A **10. A** **11. A** **12. A** **13. E** **14. A** **15. E** **16. A**
17. 1 – Verd. 2 – Verd. 3 – Falsa. 4 – Falsa 5 – Verd.
18. B **19. D** **20. C** **21. A** **22. E** **23. C** **24. B** **25. A**
26. D **27. E** **28. C** **29. D** **30. C** **31. C**

13. Transações entre Partes Relacionadas

1. Conceito

Segundo Pronunciamento do IBRACON, Partes Relacionadas podem ser definidas como: *"aquelas entidades, físicas ou jurídicas, com as quais uma companhia tenha possibilidade de contratar, no sentido LATO deste termo, em condições que não sejam as de comutatividade e independência que caracterizam as transações com terceiros alheios à companhia, ao seu controle gerencial ou a qualquer outra área de influência."*

Com isto, podemos afirmar que o controle ou a influência exercida por uma das partes sobre a outra é preponderante, não permitindo a esta decidir em favor de seus próprios interesses, o que resulta de qualquer forma na determinação das negociações por parte das mais favorecidas.

O Pronunciamento do IBRACON, aprovado pela Deliberação CVM nº 26/86, destaca este ponto:

"Para permitir uma adequada interpretação das demonstrações financeiras por parte de seus usuários e de quem com base nelas vá tomar decisões de caráter econômico-financeiro, é necessário que as transações entre partes relacionadas sejam divulgadas de modo a fornecer ao leitor, elementos informativos suficientes para compreender a magnitude, as características e os efeitos desse tipo de transações sobre a situação financeira e os resultados da companhia."

Dentre esses tomadores de decisões, um dos interessados nessa informação é o credor e o acionista minoritário, a quem os efeitos de tais operações podem afetar significativamente, em função das condições de negociação entre as partes, pois falta de independência entre as partes pode levar efetivamente a uma imposição das condições por parte da empresa detentora do controle" (Manual de Contabilidade Societária - Fipecafi – 2010 - página 683).

2. Objetivo

De acordo com o CPC nº 5 (R1),aprovado pela Comissão de Valores Mobiliários através da Deliberação nº 642/10 e pelo Conselho Federal de Contabilidade através da Resolução nº 1.297/10, o objetivo da divulgação das Partes Relacionadas é assegurar que as demonstrações contábeis da entidade contenham as divulgações necessárias para chamar a atenção dos usuários para a possibilidade de o balanço patrimonial e a demonstração do resultado da entidade estarem afetados pela existência de partes relacionadas e por transações e saldos, incluindo compromissos, com referidas partes relacionadas.

3. Finalidades da Divulgação sobre Partes Relacionadas

De acordo com o CPC nº 5 (R1), os relacionamentos com partes relacionadas são uma característica normal do comércio e dos negócios. Por exemplo, as entidades realizam frequentemente parte das suas atividades por meio de controladas, empreendimentos controlados em conjunto (*joint ventures*) e coligadas. Nessas circunstâncias, a entidade tem a capacidade de afetar as políticas financeiras e operacionais da investida por meio de controle pleno, controle compartilhado ou influência significativa.

O relacionamento com partes relacionadas pode ter efeito na demonstração do resultado e no balanço patrimonial da entidade. As partes relacionadas podem levar a efeito transações que partes não relacionadas não realizariam. Por exemplo, a entidade que venda bens à sua controladora pelo custo pode não vender nessas condições a outro cliente. Além disso, as transações entre partes relacionadas podem não ser feitas pelos mesmos montantes que seriam entre partes não relacionadas.

A demonstração do resultado e o balanço patrimonial da entidade podem ser afetados por um relacionamento com partes relacionadas mesmo que não ocorram transações com essas partes relacionadas. A mera existência do relacionamento pode ser suficiente para afetar as transações da entidade com outras partes. Por exemplo, uma controlada pode cessar relações com um parceiro comercial quando da aquisição pela controladora de outra controlada dedicada à mesma atividade do parceiro comercial anterior. Alternativamente, uma parte pode abster-se de agir por causa da influência significativa de outra. Por exemplo, uma controlada pode ser orientada pela sua controladora a não se envolver em atividades de pesquisa e desenvolvimento.

Por essas razões, o conhecimento das transações, dos saldos existentes, incluindo compromissos, e dos relacionamentos da entidade com partes relacionadas pode afetar as avaliações de suas operações por parte dos usuários das demonstrações contábeis, inclusive as avaliações dos riscos e das oportunidades com os quais a entidade se depara.

4. Definições

O Comitê de Pronunciamentos Contábeis através do Pronunciamento nº 5 (R1), aprovado pela Comissão de Valores Mobiliários através da Deliberação nº 642/10 e pelo Conselho Federal de Contabilidade através da Resolução nº 1.297/10, definiu os termos técnicos com os significados abaixo especificados:

Parte relacionada é a pessoa ou a entidade que está relacionada com a entidade que está elaborando suas demonstrações contábeis:

- Uma pessoa, ou um membro próximo de sua família, está relacionada com a entidade que reporta a informação se:

(i) tiver o controle pleno ou compartilhado da entidade que reporta a informação;
(ii) tiver influência significativa sobre a entidade que reporta a informação; ou
(iii) for membro do pessoal-chave da administração da entidade que reporta a informação ou da controladora da entidade que reporta a informação.

- Uma entidade está relacionada com a entidade que reporta a informação se qualquer das condições abaixo for observada:

(i) a entidade e a entidade que reporta a informação são membros do mesmo grupo econômico (o que significa dizer que a controladora e cada controlada são inter-relacionadas, bem como as entidades sob controle comum são relacionadas entre si);
(ii) a entidade é coligada ou controlada em conjunto (*joint venture*) de outra entidade (ou coligada ou controlada em conjunto de entidade membro de grupo econômico do qual a outra entidade é membro);
(iii) ambas as entidades estão sob o controle conjunto (*joint ventures*) de uma terceira entidade;
(iv) uma entidade está sob o controle conjunto (*joint ventures*) de uma terceira entidade e a outra entidade for coligada dessa terceira entidade;
(v) a entidade é um plano de benefício pós-emprego cujos beneficiários são os empregados de ambas as entidades, a que reporta a informação e a que está relacionada com a que reporta a informação. Se a entidade que reporta a informação for ela própria um plano de benefício pós-emprego, os empregados que contribuem com a mesma serão também considerados partes relacionadas com a entidade que reporta a informação;
(vi) a entidade é controlada, de modo pleno ou sob controle conjunto, por uma pessoa identificada na letra (a);
(vii) uma pessoa identificada na letra (a)(i) tem influência significativa sobre a entidade, ou for membro do pessoal-chave da administração da entidade (ou de controladora da entidade).

Transação com parte relacionada é uma transferência de recursos, serviços ou obrigações entre uma entidade que reporta a informação e uma parte relacionada, independentemente de ser cobrado um preço em contrapartida.

Membros próximos da família de uma pessoa são aqueles membros da família dos quais se pode esperar que exerçam influência ou sejam influenciados pela pessoa nos negócios desses membros com a entidade e incluem:

- os filhos da pessoa, cônjuge ou companheiro(a);
- os filhos do cônjuge da pessoa ou de companheiro(a); e
- dependentes da pessoa, de seu cônjuge ou companheiro(a).

Remuneração inclui todos os benefícios a empregados e administradores. Os benefícios a empregados são todas as formas de contrapartida paga, a pagar, ou proporcionada pela entidade, ou em nome dela, em troca de serviços que lhes são prestados. Também inclui a contrapartida paga em nome da controladora da entidade em relação à entidade. A remuneração inclui:

- benefícios de curto prazo a empregados e administradores, tais como ordenados, salários e contribuições para a seguridade social, licença remunerada e auxílio-doença pago, participação nos lucros e bônus (se pagáveis dentro do período de doze meses após o encerramento do exercício social) e benefícios não-monetários (tais como assistência médica, habitação, automóveis e bens ou serviços gratuitos ou subsidiados) para os atuais empregados e administradores;
- benefícios pós-emprego, tais como pensões, outros benefícios de aposentadoria, seguro de vida pós-emprego e assistência médica pós-emprego;
- outros benefícios de longo prazo, incluindo licença por anos de serviço ou licenças sabáticas, jubileu ou outros benefícios por anos de serviço, benefícios de invalidez de longo prazo e, se não forem pagáveis na totalidade no período de doze meses após o encerramento do exercício social, participação nos lucros, bônus e remunerações diferidas;
- benefícios de rescisão de contrato de trabalho; e
- remuneração baseada em ações.

Controle é o poder de direcionar as políticas financeiras e operacionais de uma entidade de forma a obter benefícios das suas atividades.

Controle conjunto é a partilha do controle sobre uma atividade econômica acordada contratualmente.

Pessoal-chave da administração são as pessoas que têm autoridade e responsabilidade pelo planejamento, direção e controle das atividades da entidade, direta ou indiretamente, incluindo qualquer administrador (executivo ou outro) dessa entidade.

Influência significativa é o poder de participar nas decisões financeiras e operacionais de uma entidade, mas que não caracterize o controle sobre essas políticas. Influência significativa pode ser obtida por meio de participação societária, disposições estatutárias ou acordo de acionistas.

Estado refere-se ao governo no seu sentido lato, agências de governo e organizações similares, sejam elas municipais, estaduais, federais, nacionais ou internacionais.

Entidade relacionada com o Estado é a entidade que é controlada, de modo pleno ou em conjunto, ou sofre influência significativa do Estado.

Ao considerar cada um dos possíveis relacionamentos com partes relacionadas, a atenção deve ser direcionada para a essência do relacionamento e não meramente para sua forma legal.

No contexto deste Pronunciamento Técnico, não são partes relacionadas:

(a) duas entidades simplesmente por terem administrador ou outro membro do pessoal-chave da administração em comum, ou porque um membro do pessoal-chave da administração da entidade exerce influência significativa sobre a outra entidade;

(b) dois investidores simplesmente por compartilharem o controle conjunto sobre um empreendimento controlado em conjunto (*joint venture*);

(c) (i) entidades que proporcionam financiamentos;
(ii) sindicatos;
(iii) entidades prestadoras de serviços públicos; e
(iv) departamentos e agências de Estado que não controlam, de modo pleno ou em conjunto, ou exercem influência significativa sobre a entidade que reporta a informação, simplesmente em virtude dos seus negócios normais com a entidade (mesmo que possam afetar a liberdade de ação da entidade ou participar no seu processo de tomada de decisões);

(d) cliente, fornecedor, franqueador, concessionário, distribuidor ou agente geral com quem a entidade mantém volume significativo de negócios, meramente em razão da resultante dependência econômica.

Na definição de parte relacionada, uma coligada inclui controladas dessa coligada e uma entidade sob controle conjunto (*joint venture*) inclui controladas de entidade sob controle compartilhado (*joint venture*). Portanto, por exemplo, a controlada de uma coligada e o investidor que exerce influência significativa sobre a coligada são partes relacionadas um com o outro.

5. Divulgação

Nos termos do Pronunciamento CPC nº 5 (R1), os relacionamentos entre controladora e suas controladas devem ser divulgados independentemente de ter havido ou não transações entre essas partes relacionadas. A entidade deve divulgar o nome da sua controladora direta e, se for diferente, da controladora final. Se nem a controladora direta tampouco a controladora final elaborarem demonstrações contábeis consolidadas disponíveis para o público, o nome da controladora do nível seguinte da estrutura societária que proceder à elaboração de ditas demonstrações também deve ser divulgado.

Para possibilitar que os usuários de demonstrações contábeis formem uma visão acerca dos efeitos dos relacionamentos entre partes relacionadas na entidade, é apropriado divulgar o relacionamento entre partes relacionadas quando existir controle, tendo havido ou não transações entre as partes relacionadas.

A entidade deve divulgar a remuneração do pessoal-chave da administração no total e para cada uma das seguintes categorias:

- benefícios de curto prazo a empregados e administradores;
- benefícios pós-emprego;
- outros benefícios de longo prazo;
- benefícios de rescisão de contrato de trabalho; e
- remuneração baseada em ações.

Se a entidade tiver realizado transações entre partes relacionadas durante os períodos cobertos pelas demonstrações contábeis, a entidade deve divulgar a natureza do relacionamento entre as partes relacionadas, assim como as informações sobre as transações e saldos existentes, incluindo compromissos, necessárias para a compreensão dos usuários do potencial efeito desse relacionamento nas demonstrações contábeis. No mínimo, as divulgações devem incluir:

- montante das transações;
- montante dos saldos existentes, incluindo compromissos, e:
  - (i) seus prazos e condições, incluindo eventuais garantias, e a natureza da contrapartida a ser utilizada na liquidação; e
  - (ii) detalhes de quaisquer garantias dadas ou recebidas;
- provisão para créditos de liquidação duvidosa relacionada com o montante dos saldos existentes; e
- despesa reconhecida durante o período relacionada a dívidas incobráveis ou de liquidação duvidosa de partes relacionadas.

As divulgações acima exigidas devem ser feitas separadamente para cada uma das seguintes categorias:

- controladora;
- entidades com controle conjunto ou influência significativa sobre a entidade que reporta a informação;
- controladas;
- coligadas;
- empreendimentos controlados em conjunto (*joint ventures*) nos quais a entidade invista;
- pessoal-chave da administração da entidade ou de sua controladora; e
- outras partes relacionadas.

Seguem exemplos de transações que devem ser divulgadas, se feitas com parte relacionada:

- compras ou vendas de bens (acabados ou não acabados);
- compras ou vendas de propriedades e outros ativos;
- prestação ou recebimento de serviços;
- arrendamentos;
- transferências de pesquisa e desenvolvimento;
- transferências mediante acordos de licenças;
- transferências de natureza financeira (incluindo empréstimos e contribuições para capital em dinheiro ou equivalente);
- fornecimento de garantias, avais ou fianças;
- assunção de compromissos para fazer alguma coisa para o caso de um evento particular ocorrer ou não no futuro, incluindo contratos a executar (reconhecidos ou não); e
- liquidação de passivos em nome da entidade ou pela entidade em nome de parte relacionada.

A participação de uma controladora ou controlada em plano de benefícios definidos que compartilha riscos entre entidades de grupo econômico é considerada uma transação entre partes relacionadas

Para quaisquer transações entre partes relacionadas, faz-se necessária a divulgação das condições em que as mesmas transações foram efetuadas. Transações atípicas com partes relacionadas após o encerramento do exercício ou período também devem ser divulgadas.

As divulgações de que as transações com partes relacionadas foram realizadas em termos equivalentes aos que prevalecem nas transações com partes independentes são feitas apenas se esses termos puderem ser efetivamente comprovados.

Os itens de natureza similar podem ser divulgados de forma agregada, exceto quando a divulgação em separado for necessária para a compreensão dos efeitos das transações com partes relacionadas nas demonstrações contábeis da entidade.

Questões de Concursos

01. A.F.T.N. - 1996 (ESAF)

A evidenciação de operações realizadas entre partes relacionadas é necessária para atender:

a) Um item da legislação fiscal, o controlador e os financistas.
b) Principalmente o acionista minoritário e o usuário externo.
c) O acionista majoritário, os credores atuais e o usuário interno.
d) O mercado consumidor, o acionista minoritário e o usuário interno.
e) O usuário externo e os atuais acionistas da empresa.

02. A.F.T.N. - 1998 (ESAF)

Dos itens abaixo indique aquele que não representa exemplo de transações entre partes relacionadas. (Adaptada)

a) Recebimento ou pagamento pela locação ou comodato de bens imóveis ou móveis de qualquer natureza entre coligadas e controladas.
b) Direitos de preferência de uma empresa na subscrição de ações de outra que seja coligada ou controlada, que tenha sócios em comum com a companhia, quando for realizada a preço normal de mercado.
c) Contrato de prestação de serviços entre coligadas com preço estipulado através de cotações no mercado.
d) Transações com clientes, fornecedores ou financiadores, dos quais a empresa não seja dependente do ponto de vista econômico, tecnológico ou financeiro.
e) Empréstimo de Longo Prazo concedido ao controlador à taxa de mercado.

03. A.F.T.N. - 1998 (ESAF)

Identifique, nas opções abaixo, aquela na qual não se caracteriza o conceito de partes relacionadas.

a) Empresas que, direta ou indiretamente, através de uma ou mais empresas intermediárias, controlam a empresa que apresenta suas Demonstrações Financeiras.
b) Pessoas que possuem, direta ou indiretamente, algum interesse no poder de voto da empresa que emite as Demonstrações Financeiras.
c) Pessoas-chave da administração, inclusive diretores e executivos de companhias e membros mais próximos de suas famílias.
d) Empresas com administradores comuns ou que possam influenciar e/ou beneficiar-se de determinadas decisões nas referidas empresas, tomadas em conjunto ou individualmente.
e) Empresas possuídas por diretores ou acionistas minoritários, nas quais os acionistas não tenham voto majoritário.

04. A.F.T.N. - 2000 (ESAF)

Todas as opções abaixo descritas são transações entre partes relacionadas, exceto:

a) Compras ou vendas de produtos/serviços, realizadas pela controladora, que constituem o objeto social da empresa controlada.
b) Avais, fianças e hipotecas, depósitos e outras garantias concedidas a empresas de acionistas controladores.
c) Direitos de preferência à subscrição de valores mobiliários de empresas coligadas em condições favorecidas.
d) Quaisquer transferências não remuneradas efetuadas com empresas pertencentes ao mesmo grupo econômico.
e) Alienação ou transferência de direitos de propriedade industrial realizada sem qualquer tipo de benefício ou dependência.

05. A.F.T.N. - 2000 (ESAF)

A exigência de divulgação das transações entre partes relacionadas é dispensável quando:

a) As operações entre as partes relacionadas tenham ocorrido nas mesmas condições das operações realizadas com terceiros.
b) Da existência de empresas relacionadas não incluídas no processo de consolidação.
c) Essas transações ocorrerem entre empresas obrigadas a publicar demonstrações contábeis consolidadas.
d) Na ocorrência de transferências não remuneradas entre as partes relacionadas.
e) Verificada a dependência mercadológica e financeira entre as empresas relacionadas.

06. A.F.T.N. - 2000 (ESAF)

Qual das afirmações abaixo <u>não</u> é considerada como elemento que deve ser revelado, nas demonstrações contábeis, quando da divulgação das transações entre partes relacionadas.

a) A natureza do relacionamento; eventualmente, o nome da parte relacionada, se for essencial para o entendimento do relacionamento.
b) Saldos de contas a receber entre empresas controladas, após a consolidação das demonstrações contábeis.
c) Efeitos de quaisquer mudanças em relação a acordos, contratos entre dois exercícios, cujo valor seja relevante.
d) Descrição das transações, inclusive valores ou proporções e outras informações necessárias.
e) Política de preços de produtos/serviços e de remuneração por transferência de recursos financeiros.

07. A.F.R.F. - 2002 (ESAF)

A divulgação de transações e/ou fatos relevantes realizadas entre partes relacionadas torna-se dispensável quando:

a) Ocorrer dependência tecnológica ou financeira entre as companhias relacionadas.
b) Referir-se a operações de mútuo ocorridas entre controladas e controladoras sendo ambas companhias abertas.
c) Se tratar de acordo entre empresas estabelecendo preço de transferência diferenciado do normalmente praticado no mercado.
d) Da saída de sócio que mantenha, com a companhia, contrato de colaboração operacional ou tecnológico.
e) Da existência de empresa com alto grau de dependência tecnológica de outra empresa localizada em outro país.

08. A.F.R.F. - 2003 (ESAF)

A divulgação de transações com partes relacionadas deixa de ser imprescindível em situações envolvendo

a) saldos eliminados em demonstrações consolidadas.
b) transferência de direitos de propriedade industrial.
c) fianças e hipotecas concedidas em favor de controladas.
d) avais e fianças concedidos em favor de coligadas.
e) limitações mercadológicas ou tecnológicas.

09. I.C.M.S. - SP - 2009 (FCC)

São consideradas operações com partes relacionadas

a) as compras ou as vendas de bens realizadas com fornecedores diversos.
b) o pagamento de dividendos a acionistas minoritários.
c) o fornecimento de garantias, avais ou fianças a empresas coligadas.
d) o adiantamento a empregados e a fornecedores.
e) os contratos de seguros e benefícios a empregados.

10. PETROBRAS – 2010 (CESGRANRIO)

Segundo o Comitê de Pronunciamentos Contábeis - Pronunciamento Técnico CPC 05, aprovado pela Deliberação CVM nº 560/2008, é considerada transação com partes relacionadas

a) a aquisição de produtos para revenda por parte de uma sociedade controlada de outra sociedade controlada, até o limite de 10% da participação do capital social da controladora em cada controlada.
b) a opção de compra de controle acionário de uma empresa feita pela subsidiária integral de outra empresa, desde que o capital da subsidiária seja o dobro do capital da empresa adquirida.
c) a transferência de recursos, serviços ou obrigações entre partes relacionadas, independentemente de haver ou não um valor alocado à transação.
d) qualquer operação entre partes relacionadas cujo início e fim da transação ocorram dentro do mesmo exercício.
e) somente quando houver transferência de recursos ou obrigações entre empresas com participação acionária mútua.

Gabarito

01. B	**02. D**	**03. E**	**04. E**	**05. C**
06. B	**07. B**	**08. A**	**09. C**	**10. C**

14. Demonstrações das Origens e Aplicações de Recursos – DOAR

1. Conceito

A Demonstração das Origens e Aplicações de Recursos indicará as modificações ocorridas na posição financeira da companhia no curto prazo, indicando as **Origens dos Recursos,** as **Aplicações dos Recursos** e o excesso ou insuficiência das Origens de Recursos em relação às Aplicações, representando **aumento ou redução do Capital Circulante Líquido - CCL.**

2. Da Extinção da Obrigatoriedade de Elaboração da DOAR

Com a publicação da Lei n° 11.638/2007, a elaboração e publicação deste demonstrativo não é mais obrigatória, passando a ser uma demonstração facultativa para as companhias.

3. Objetivo

A Demonstração de Origens e Aplicações de Recursos tem como objetivo demonstrar a variação do Capital Circulante Líquido em determinado período.

Sendo o ativo representado pelas aplicações de recursos, e o passivo representado pelas fontes de recursos, este demonstrativo contábil evidencia basicamente a variação que houve entre os dados do balanço inicial e os dados do balanço final. Os aumentos do ativo são as aplicações de recursos no período, e os aumentos do passivo são as fontes obtidas no período.

Desta forma o Capital Circulante Líquido ou Capital de Giro Líquido é obtido através da diferença entre o Ativo Circulante e o Passivo Circulante **(CCL = AC – PC),** relativos a um mesmo balanço patrimonial, enquanto a variação do Capital Circulante Líquido é apurada pela diferença entre o Capital Circulante Líquido no início do período (saldo inicial) e do fim do período (saldo final), conforme fórmula a seguir descrita:

CCL da data 01 (-) CCL da data 00 = Variação do CCL

O Capital Circulante Líquido (CCL) não pode ser confundido com o Capital Circulante ou Capital de Giro, que é representado pelo Ativo Circulante (AC). Quando o CCL for positivo, também é denominado de Capital de Giro Próprio.

4. DRE x DOAR

Se tomarmos a Demonstração do Resultado do Exercício (DRE), que demonstra qual foi o lucro ou prejuízo de uma empresa em determinado período, o resultado apresentado nessa nos deixa a impressão de que esse é o resultado que encontra-se no capital de giro para a realização das operações da sociedade, e não é raro encontrar iniciantes em contabilidade com as seguintes indagações:

- Como pode a empresa não possuir dinheiro, se apresenta lucro no período?
- Como pode a empresa estar em excelente situação financeira, se no período apresenta prejuízo?

Quando falamos da DRE, essa demonstração apresenta um resultado econômico, reconhecendo todas as despesas e receitas efetivamente realizadas no período, independente de sua realização em moeda. O reconhecimento de uma receita, despesa ou custo, não significa necessariamente reflexo financeiro de uma empresa.

Ao contrário da DRE, a DOAR demonstra os reflexos financeiros e representa um "fluxo de caixa melhorado", evidenciando todas as entradas financeiras e suas origens, bem como, onde esses recursos foram aplicados. Não abrange somente as contas de resultado, mas todas as operações que têm reflexo no capital circulante líquido.

5. Demonstrações das Origens e Aplicações de Recursos - DOAR

A Demonstração das origens e aplicações de recursos indicará as modificações na posição financeira da companhia, discriminando:

5.1. As origens dos recursos, agrupadas em:

a) Lucro do exercício, acrescido de depreciação, amortização ou exaustão;

b) Realização do capital social e contribuições para reservas de capital;

c) Recursos de terceiros, originários do aumento do passivo exigível a longo prazo, da redução do ativo realizável a longo prazo e da alienação de investimentos e direitos do ativo imobilizado.

5.2. As aplicações de recursos, agrupadas em:

a) Dividendos distribuídos;

b) Aquisição de direitos do ativo imobilizado;

c) Aumento do ativo realizável a longo prazo, dos investimentos e do ativo intangível;

d) Redução do passivo exigível a longo prazo.

5.3. O excesso ou insuficiência das origens de recursos em relação às aplicações, representando um aumento ou redução do capital circulante líquido;

5.4. Os saldos, no início e no fim do exercício, do ativo e passivo circulante, o montante do capital circulante líquido e o seu aumento ou redução durante o exercício.

6. Origens de Recursos

São valores que se originam de transações provenientes dos grupos de contas do não circulante, mas que provocam modificações para mais ou para menos nos grupos de contas do circulante, ocasionando desta maneira modificações no capital circulante líquido.

As origens são provenientes de três fontes:

• **Operações** – O resultado do exercício quando positivo constitui uma fonte de recursos. Como a apuração do resultado do exercício é efetuada segundo o regime contábil da competência, necessário se faz efetuar alguns ajustes, pois existem algumas contas (receitas ou despesas) que são lançadas a débito ou a crédito do resultado do exercício, mas que não causam qualquer tipo de variação no ativo circulante ou no passivo circulante, não alterando desta forma o capital circulante líquido. Por este motivo, na elaboração da DOAR, estas contas devem ser ajustadas diretamente na conta do resultado do exercício, ou seja, as receitas devem ser subtraídas e as despesas devem ser somadas.

Exemplos:

Deverão ser somados ao resultado do exercício as seguintes despesas:

- depreciação, amortização e exaustão;
- variações monetárias ou cambiais passivas incidentes sobre o exigível a longo prazo;
- valor líquido contábil das baixas ou doação de bens do imobilizado ou de investimento;
- provisão para perdas de investimentos.

Deverão ser subtraídos do resultado do exercício as seguintes receitas:

- variações monetárias ou cambiais ativas incidentes sobre o Ativo Realizável a longo prazo.

Deverão ser somados ou subtraídos ao resultado do exercício as seguintes despesas ou receitas:

- resultado da equivalência patrimonial;
- ágios ou deságios amortizados;
- ajustes de exercícios anteriores; etc.

NOTA: Se o Resultado apurado após efetuados os ajustes for Lucro, representa Origem de Recursos, mas se for Prejuízo representa Aplicação de Recursos.

- **Proprietários** - Consiste basicamente em recursos recebidos dos próprios acionistas, consideradas as integralizações efetivamente realizadas em dinheiro ou em bens do ativo circulante.

- **Terceiros** - São computados como origens, os aumentos no Passivo Exigível a Longo Prazo por financiamentos ou empréstimos pagáveis a longo prazo ou por transferências de valores do Passivo Circulante para o Exigível a Longo Prazo, transferências dos valores do Ativo Realizável de Longo Prazo para o Ativo Circulante, redução dos valores do Ativo Imobilizado, Investimento e Intangível, pela venda efetuada a terceiros etc.

7. Aplicações de Recursos

São valores que correspondem aos investimentos efetuados pela empresa, ou seja, como e onde a empresa investiu os recursos capitados.

São valores representados por:

- aumentos do Ativo Não Circulante: Realizável a Longo Prazo, Investimento, Imobilizado e Intangível;
- pagamento de empréstimos a longo prazo;
- aumento do Passivo Circulante por transferência de valores do Passivo Exigível a Longo Prazo;
- remuneração de acionistas (dividendos declarados e juros sobre o capital próprio declarados);
- redução do capital social;
- resultado ajustado "negativo".

Para fins da Demonstração das Origens e Aplicação de Recursos, podemos afirmar que:

- Nas operações envolvendo unicamente contas do circulante (AC x PC), o Capital Circulante Líquido não se altera.

Exemplo: Os empréstimos efetuados pela empresa e pagáveis a curto prazo não são considerados neste demonstrativo contábil como origens ou aplicações de recursos, em face de os mesmos não afetarem o capital circulante líquido. Neste caso, há um aumento do ativo circulante (disponibilidades) e, ao mesmo tempo, um aumento do passivo circulante (dívida). Ao efetuar o pagamento do referido empréstimo, há uma redução do Ativo Circulante (disponibilidades) e uma redução do Passivo Circulante (dívida). Nestas transações, o Capital Circulante Líquido não foi alterado.

- Nas operações envolvendo contas do Circulante e Não Circulante, o Capital Circulante Líquido sofrerá alterações, ou seja, o CCL será modificado quando ocorrer operações envolvendo simultaneamente o Não Circulante e o Circulante. Desta forma, verifica-se que as alterações ocorridas no grupo de contas do Não Circulante são as causas das variações do Circulante, razão pela qual, a DOAR demonstra apenas o resultado das variações ocorridas no Não Circulante que provocam alterações no Circulante.

Do exposto, infere-se que:

- As Origens de Recursos correspondem aos incrementos ao CCL, ou seja o CCL poderá ser aumentado por aumento do Ativo Circulante ou pela redução do Passivo Circulante.
- As Aplicações de Recursos correspondem às diminuições do CCL, ou seja o CCL poderá ser reduzido por redução do Ativo Circulante ou pelo aumento do Passivo Circulante.

8. Estrutura da DOAR

Conforme Lei das Sociedades por Ações, a DOAR deverá ter a seguinte estrutura:

Estrutura da Doar
<u>**1 - Origens dos Recursos**</u> **Lucro Líquido do Exercício**, acrescido de • Depreciação • Amortização • Exaustão • Ajuste de Equivalência Patrimonial • Etc <u>**Dos sócios**</u> • Realização do capital social • Contribuições para reservas de capital • Etc <u>**Recursos de terceiros**</u> • Aumento do passivo exigível a longo prazo • Redução do ativo realizável a longo prazo • Alienação de investimentos • Alienação do ativo imobilizado • Etc <u>**2 – Aplicações de Recursos**</u> • Dividendos distribuídos • Aquisição de direitos do ativo imobilizado • Aumento do realizável a longo prazo • Aumento dos investimentos • Aumento do ativo intangível • Redução do passivo exigível a longo prazo • Redução do Patrimônio Líquido • Etc <u>**3 – Excesso ou Insuficiência das Origens (variação do CCL)**</u> • Capital Circulante Líquido Final • (-) Capital Circulante Líquido Inicial **4 – Variação do CCL (idêntico ao item 3 acima).**

Exemplo:

01. Considerando os dados abaixo da Cia. Ideal, elabore a Demonstração das Origens e Aplicações de Recursos (DOAR) - (A.F.R. – SP – 1997) (Adaptada)

A – Balanço Patrimonial (R$ mil)					
	31-12-x1	31-12-x2		31-12-x1	31-12-x2
Ativo Circulante			**Passivo Circulante**		
Disponível	400	1.100	Fornecedores	500	1.000
Duplic. a Receber	1.000	3.000	Empréstimos	1.000	1.500
Estoques	800	400	Imposto de Renda a Pagar	-----	469
			Dividendos a Pagar	-----	621
Total Ativo Circulante	**2.200**	**4.500**	**Total Passivo Circulante**	**1.500**	**3.590**
Ativo Não Circulante			**Passivo Não Circulante**		
Realiz. a Longo Prazo					
Emprést. a Coligadas	300	200	**Patrimônio Líquido**		
Investimentos	1.000	2.100	Capital	1.500	2.574
Imobilizado	800	1.300	Res. Capital	600	600
(-) Deprec. Acumulada	(400)	(496)	Lucros Acumulados	300	440
			Res. Reavaliação	-----	400
Total Ativo Não Circulante	**1.700**	**3.104**	**Total Passivo Não Circulante**	**2.400**	**4.014**
Total do Ativo	**3.900**	**7.604**	**Total do Passivo + Patr. Líquido**	**3.900**	**7.604**

B – Demonstração do Resultado do Exercício de 19x2		
		Em R$ mil
Receita		5.000
(-) CMV		(2.400)
(=) Lucro Bruto		2.600
(-) Despesas Operacionais		
De vendas	(600)	
Administrativas	(400)	
Depreciação	(96)	
Financeiras	(300)	
Resultado decorrente da Equivalência Patrimonial	400	(996)
(=) Lucro Operacional		1.604
(-) Multas por Infrações Fiscais		(524)
(=) Lucro antes da CSLL/IR		1.080
(-) Provisão: CSLL/IR		(469)
(=) Lucro Líquido		611

C – Demonstração de Lucros ou Prejuízos Acumulados em 31+12-x2	
	Em R$ mil
Saldo no Início do Exercício	300
(+) Ajuste de Exercícios Anteriores	150
Lucro Líquido do Exercício	611
Lucro Disponível	1.061
(-) Dividendos Propostos	(621)
Saldo no Final do Exercício	440

D – Notas Explicativas
1. Houve uma reavaliação no Ativo de R$ 400 mil.
2. No ano passado, não foi contabilizado um lucro de R$ 150 mil. Todavia ele foi computado na DPLA este ano.

Resolução:

DOAR	
Origens	
Operações	
Lucro do Exercício	611
(±) Ajustes	
(+) Desp. Depreciação	96
(-) Resultado da Equiv. Patrimonial	(400)
(+) Ajuste de Exercícios Anteriores	150
(=) Lucro Ajustado	**457**
(+) Acionistas	
Aumento do Capital Social	1.074
(+) Terceiros	
Redução do A.R.L.P.	100
(=) Total das Origens	**1.631**
Aplicações	
Aumento dos investimentos (*)	700
Aumento do imobilizado (**)	100
Distribuição de dividendos	621
Total das Aplicações	**1.421**
(±) Variação do C.C.L.	**210**
Total	**1.631**

Discriminação	**1.9x2**	**1.9x3**	**≠ C.C.L.**
Ativo Circulante	2.200	4.500	2.300
(-) Passivo Circulante	(1.500)	(3.590)	(2.090)
(=) Variação C.C.L.	700	910	210

(*) Investimentos:

Saldo inicial		1.000	
(+)	Resultado da Equiv. Patr.	400	1.400
(-)	Saldo final		2.100
(=)	Aumento dos Investimentos		700

(**)Imobilizado:

Saldo inicial		800	
(+)	Reaval. do Imobilizado	400	1.200
(-)	Saldo final		1.300
(=)	Aumento do Imobilizado		100

Questões de Concursos

01. A.F.R.F. – 1991 (ESAF)

São origens de recursos: (Adaptada)

a) aumento do exigível de longo prazo, aumento do ativo não circulante e aumento da reserva de capital.
b) lucro líquido do exercício, reversão de depreciações e aumento do ativo não circulante.
c) aumento do capital social com integralização em dinheiro, redução do ativo não circulante e aumento do passivo exigível de longo prazo.
d) aumento do passivo exigível de longo prazo, aumento do passivo circulante e aumento do ativo realizável de longo prazo.
e) diminuição do ativo realizável de longo prazo, distribuição de lucros e aumento de capital com integralização em dinheiro.

02. A.F.R.F. – 1991 (ESAF)

São origens do capital circulante líquido: (Adaptada)

a) empréstimo tomado, pagável a curto prazo, e venda, a prazo, de bem do ativo não circulante.
b) empréstimo tomado, pagável a longo prazo, e venda, a vista, de bem do ativo não circulante.
c) empréstimo tomado, pagável a curto prazo, e lucro do exercício.
d) empréstimo de curto prazo liquidado e venda, a vista, de bem do ativo não circulante.
e) empréstimo tomado, pagável a curto prazo, e empréstimo de curto prazo liquidado.

03. A.F.R.F. – 1991 (ESAF)

Na "Demonstração das Origens e Aplicações de Recursos", (Adaptada)

a) a realização do capital é uma aplicação.
b) o aumento do ativo não circulante é uma origem.
c) o encargo de depreciação é uma origem.
d) o aumento do exigível a longo prazo é uma aplicação.
e) a contribuição do subscritor de ações que ultrapassar o valor nominal é uma aplicação.

04. A.F.R.F. – 1994 (ESAF)

Dados extraídos de um Balanço Patrimonial de 31.12.93. (Adaptada)

	R$
- Passivo Circulante	1.936,00
- Ativo Imobilizado	678,00
- Exigível a Longo Prazo	296,00
- Realizável a Longo Prazo	65,00

No referido balanço o capital circulante líquido (o Ativo Circulante maior que o Passivo Circulante) foi de R$ 2.168,00. Assinale, com base nos elementos fornecidos, a opção que tem em si o somatório do Patrimônio Líquido em 31.12.93.

a) $ 679,00
b) $ 2.215,00
c) $ 2.423,00
d) $ 2.615,00
e) $ 3.808,00

05. I.N.S.S. - 1997 (CESPE)

A demonstração das origens e aplicações de recursos é utilizada para indicar as modificações na posição financeira da companhia e deve discriminar (Adaptada)

1. os empréstimos de curto prazo tomados pela companhia no período. ( )
2. lucro do exercício, acrescido de depreciação, amortização ou exaustão. ( )
3. os dividendos propostos sobre o lucro do exercício. ( )
4. as aquisições de estoques circulantes. ( )
5. as reservas de lucros constituídas. ( )

06. I.N.S.S. – 1997 (CESPE)

O capital circulante líquido, que é a folga financeira da empresa a curto prazo, é obtido pela diferença entre o ativo circulante e o passivo circulante. As transações que podem aumentar o capital circulante líquido incluem:

1. A aquisição a prazo de estoques de mercadorias para revenda. ( )
2. A venda a vista, com lucro, de um equipamento obsoleto que estava classificado no imobilizado. ( )
3. pagamento de despesas com o conserto de máquinas não-provisionadas. ( )
4. recebimento em dinheiro de uma duplicata já baixada anteriormente como prejuízo. ( )
5. A aquisição a vista de participações societárias de uma empresa controlada.( )

07. A.F.R.F. – 1994 (ESAF)

Valores em	**R$ 1,00**
Bancos	**9**
Caixa	**3**
Capital	**30**
Compras	**42**
Custo de Mercadorias Vendidas	**30**
Duplicatas a Pagar	**28**
Duplicatas a Receber	**14**
Duplicatas Descontadas	**6**
Mercadorias - saldo inicial	**4**
Vendas	**50**

Considerando os dados acima, extraídos dos balancetes levantados em 31.12.93, podemos afirmar que os valores do Capital Circulante Líquido e do Patrimônio Líquido, no balanço de 31.12.93, são, respectivamente:

a) R$ 42,00 e R$ 30,00.
b) R$ 8,00 e R$ 30,00.
c) R$ 8,00 e R$ 50,00.
d) R$ 14,00 e R$ 30,00.
e) R$ 14,00 e R$ 50,00.

08. REC. TRIB. – DF – 2001 (ESAF)

Em 31/12/2000, os levantamentos contábeis da Cia. Marajó indicavam os seguintes valores:

Máquinas e Equipamentos	5.000
Caixa	500
Capital	12.000
Contas a Pagar	4100
Estoque Inicial	3.500
Estoque Final	5.000
Contas a Receber	5.000
Empréstimos de Longo Prazo	6.000
Imóveis (para uso nas operações)	12.000
Impostos a Recolher	1.000
Resultado do Período	2.750
Resultado Acumulado (prejuízo)	4.500
Empréstimos a Curto Prazo	5.500
Provisão para Devedores Duvidosos	150
Depreciação Acumulada	3.000
Reservas de Capital	2.000
Investimentos em Controladas	3.000
Aplicações Financeiras de Curto Prazo	1.500
Compras no Período	42.000

O Capital Circulante Líquido:

a) 1.250
b) 1.400
c) 2.450
d) 3.150
e) 4.600

09. I.C.M.S. – PA – 2002 (ESAF)

Com os saldos finais das contas da Cia. Tocantins referentes aos exercícios de 1999 a 2001, responda a questão abaixo. (Adaptada)

Saldos Finais	**1.999**	**2.000**	**2.001**
Amortizações Acumuladas	3.000	4.000	5.000
Aplicações Financeiras Temporárias	18.000	23.000	16.000
Caixa e Bancos	5.000	8.000	10.000
Capital Social	50.000	50.000	60.000
Clientes	30.000	57.000	63.000
Contas a Pagar	14.000	25.000	15.000
Créditos de Coligadas	10.300	28.570	29.870
Custo das Mercadorias Vendidas	430.000	741.000	850.000
Depreciações Acumuladas	7.000	16.000	27.300
Despesas de Amortizações	1.000	1.000	1.000
Despesas de Variação Cambial	0	20.000	3.000
Despesas Administrativas	260.000	312.000	521.000
Despesas c/ Devedores Duvidosos	300	570	630
Despesas de Depreciação	7.000	9.000	11.300
Despesas de Juros	8.000	28.000	10.000
Despesas de Vendas	150.700	168.430	324.070
Dividendos a Pagar	2.000	3.500	2.500
Duplicatas Descontadas	20.000	40.000	50.000
Edificações	20.000	20.000	25.000
Empréstimos de Longo Prazo	25.000	52.000	55.000
Estoques	16.000	13.000	28.060
Fornecedores	23.000	18.500	28.500
Intangível	6.000	6.000	6.000
Instalações	4.000	6.000	8.000
IR e Contribuição Social Provisionados	2.000	5.500	2.500
Juros a Pagar	4.000	11.500	8.000
Lucros/Prejuízos Acumulados	4.000	7.000	10.000
Participações Societárias	10.000	30.000	29.000
PDD	300	570	630
Provisão p/ IR e Contribuição Social	2.000	5.500	2.500
Receita de Juros	15.000	22.000	2.000
Reserva de Lucro	0	10.000	2.000
Reserva de Reavaliação	0	5.000	5.000
Resultado de Equivalência Patrimonial	0	10.000	1.000
Terrenos	35.000	40.000	45.000
Títulos a Pagar de Curto Prazo	20.000	15.000	28.500
Veículos	20.000	32.000	40.000
Vendas	850.000	1.270.000	1.730.000

Outras Informações:

I. Imposto de Renda e Contribuição Social calculados pela alíquota de 25%.

II. Os Lucros Líquidos apurados nos períodos explicitados são, respectivamente:

1999	2000	2001
6.000	16.500	7.500

O valor do Capital Circulante Líquido do exercício de 2001 é

a) menor que o de 1999.
b) 10% maior que o de 2000.
c) de valor idêntico ao de 1999.
d) igual ao apurado em 2000.
e) menor que o apurado em 2000.

10. a 12. - ANATEL – 2004 (Adaptada) (CESPE)

Balanços Patrimoniais em Reais

Ativo	31/12/2002	31/12/2003	Passivo	31/12/2002	31/12/2003
Circulante	10.000	8.000	Circulante	8.000	10.000
Não Circulante			Não Circ.		
ARLP	1.000	2.000	PELP	1.000	1.000
Imobilizado	4.000	8.000	PL	6.000	7.000
Móveis	8.000	8.000	Capital		4.000
4.000					
(-) depreciação acumulada móveis	(4.000)	(4.320)	Reservas	1.000	1.200
Máq/Equipamentos		4.320	L/ Acum/	1.000	1.800
Totais	15.000	18.000	Totais	15.000	18.000

Demonstração do resultado do exercício em Reais (2003)

item	31/12/2002	31/12/2003
1. venda de mercadorias	20.000	30.000
2. custo de mercadorias vendidas	10.000	15.000
3. lucro bruto (1 - 2)	10.000	15.000
4. despesas com vendas	3.500	6.000
5. despesas financeiras	4.000	6.000
6. despesas administrativas	2.000	2.000
7. total despesas operacionais (4 + 5 + 6)	9.500	14.000
8. lucro operacional (3 - 7)	500	1.000
9. lucro líquido do exercício	500	1.000

Com base nas demonstrações financeiras retro, julgue os itens abaixo:

10. Considerando as variações de 2002 para 2003, infere-se que o montante das aplicações em 2003 foi de R$ 5.320,00. ( )

11. Considerando as variações de 2002 para 2003, deduz-se que o montante das origens de recursos em 2003 foi de R$ 1.320,00. ( )

12. De acordo com as variações do capital circulante líquido, o CCL diminuiu em R$ 4.000,00. ( )

13. a 15. I.C.M.S. – MT – 2004) (Adaptada) (CESPE)

Balanços Patrimoniais (em R$ mil)

Ativo	**31/12/2002**	**31/12/2003**	**Passivo**	**31/12/2002**	**31/12/2003**
Circulante	10.100	20.285	Circulante	6.550	10.800
Não Circulante			Não Circ.		
ARLP	800	2.800	PELP	4.950	7.050
Imobilizado	4.200	6.045	PL	3.600	11.280
Móveis	6.000	6.600	Capital	2.500	2.500
(-) Deprec. acumul. móveis	(1.800)	(2.555)	Reservas	1.000	1.000
Máq. e equip.		2.000	Lucros Acum.	100	7.780
Totais	**15.100**	**29.130**	**Totais**	**15.100**	**29.130**

Demonstração do Resultado do Exercício 2003 (em R$ mil)

	31/12/2002	**31/12/2003**
1. Venda de mercadorias	15.000	30.000
2. Custo mercadorias vendidas	9.000	16.000
3. Lucro bruto (1-2)	6.000	14.000
4. Despesas com vendas	1.200	1.220
5. Despesas financeiras	2.100	2.300
6. Despesas administrativas	2.600	2.800
7. Total de despesas operacionais (4 + 5 + 6)	5.900	6.320
8. Lucro operacional (3-7)	100	7.680
9. Lucro líquido do exercício	100	7.680

Com base nas demonstrações financeiras acima, julgue os itens abaixo:

13. O montante das origens de recursos em 2003 foi de R$ 9.780,00. ( )

14. O montante das aplicações em 2003 foi de R$ 4.600,00. ( )

15. Em 2003, o CCL aumentou em R$ 5.180,00. ( )

16. A.F.R.F. – 2002 (ESAF)

A Cia. Comercial de Marcas apresentou os seguintes demonstrativos contábeis:

Balanço Patrimonial	**2000**	**2001**
Ativo		
Caixa	R$ 2.000,00	R$ 10.600,00
Duplicatas a Receber	R$ 28.800,00	R$ 18.600,00
Provisão Devedores Duvidosos	R$ 800,00	R$ 600,00
Terrenos	R$ 6.000,00	R$ 9.600,00
Veículos	R$ 4.200,00	R$ 7.000,00
Depreciação Acumulada	R$ 200,00	R$ 400,00
Passivo		
Contas a Pagar	R$ 8.000,00	R$ 14.000,00
Prov. p/. Imposto de Renda	R$ 1.000,00	R$ 1.200,00
Longo Prazo		
Empréstimos	R$ 10.000,00	R$ 4.000,00
Patrimônio Líquido		
Capital Social	R$ 14.000,00	R$ 14.000,00
Lucros Acumulados	R$ 7.000,00	R$ 3.600,00

Demonstração do Resultado do Exercício de 2001

Receitas de Serviços	R$ 70.000,00
Despesas Administrativas	R$ 54.000,00
Despesas Financeiras	R$ 6.000,00
Devedores Duvidosos	R$ 600,00
Depreciação	R$ 200,00
Provisão para Imposto de Renda	R$ 1.200,00

Ao elaborar a Demonstração de Origens e Aplicações de Recursos – DOAR, a empresa em questão deverá apresentar

a) Origens de recursos no valor de R$ 8.000,00.
b) Redução de Capital Circulante Líquido no valor de R$ 7.600,00.
c) Aumento de Capital Circulante Líquido no valor de R$ 15.800,00.
d) Aplicação de Recursos no valor de R$ 20.200,00.
e) Capital Circulante Líquido no valor de R$ 23.800,00.

17. I.C.M.S. – RN – 2005 (ESAF)

Para calcular o capital circulante líquido a empresa Méritos Homéricos S/A dispõe das seguintes informações.

	Exerc. xxx1	Exerc. xxx2
Ativo Circulante	51.200	49.000
Ações de Coligadas	2.000	2.300
Máquinas e Equipamentos	13.000	11.500
Móveis e Utensílios	7.000	9.300
Depreciação Acumulada	1.700	2.100
Passivo Circulante	28.000	17.800
Capital Social	40.000	44.100
Capital a Realizar	5.000	1.900
Reserva de Reavaliação	3.000	1.000
Reservas Estatutárias	2.000	3.000
Reserva Legal	3.500	6.000

Após a elaboração da Demonstração das Origens e Aplicações de Recursos – DOAR, pode-se ver que o capital circulante líquido aumentou em

a) R$ 2.500,00.
b) R$ 3.500,00.
c) R$ 8.000,00.
d) R$ 5.000,00.
e) R$ 4.000,00.

18. A.F.R.F. – 1998 (ESAF)

Os balanços encerrados em 31/12/x7 e em 31/12/x6 da empresa Lírios & Lotus mostram o seguinte quadro:

Ativo	**31.12.x7**	**31.12.x6**
Caixa	4.000,00	2.000,00
Clientes	9.000,00	10.000,00
Estoque de Mercadorias	11.000,00	7.000,00
Realizável a Longo Prazo	2.000,00	2.500,00
Terrenos	8.000,00	5.000,00
Total do Ativo	**34.000,00**	**26.500,00**
Passivo		
Fornecedores	6.800,00	10.000,00
Capital Social	24.000,00	14.000,00
Exigível a Longo Prazo	1.200,00	1.500,00
Lucros Acumulados	2.000,00	1.000,00
Total do Passivo	**34.000,00**	**26.500,00**

Analisando esse quadro patrimonial e a evolução de 19x6 para 19x7, é correto afirmar-se que, na Demonstração das Origens e Aplicações de Recursos (DOAR), podemos encontrar

a) origens de recursos no valor de 22.500,00.
b) origens de recursos no valor de 11.000,00.
c) aumento do Capital Circulante Líquido de 10.000,00.
d) aplicações de recursos no valor de 3.300,00.

19. A.F.R.F. – 1998 (ESAF)

No exercício social que findou em 31/12/97, a empresa Fernaga S/A apresentou a seguinte demonstração de resultados: (Adaptada)

Receitas de Vendas	R$ 50.000,00
Menos:	
Custo da Mercadoria Vendida	(R$ 20.000,00)
Igual: Lucro Operacional Bruto	R$ 30.000,00
Menos:	
Despesas Financeiras	(R$ 5.000,00)
Despesas de Vendas	(R$ 3.000,00)
Amortização do Intangível	(R$ 1.500,00)
Devedores Duvidosos	(R$ 1.000,00)
Depreciação de Máquinas	(R$ 1.500,00)
Igual: Lucro Líquido do exercício	R$ 18.000,00

Sabendo-se que o lucro líquido é considerado uma fonte de recursos na alteração do Capital Circulante Líquido (CCL), e que, do lucro deste exercício foram distribuídos R$ 2.000,00 em dividendos, o montante efetivo dessa fonte seria de

a) R$ 24.000,00
b) R$ 15.000,00
c) R$ 21.000,00
d) R$ 18.000,00
e) R$ 12.000,00

20. **B.N.D.E.S. – 2001 (VUNESP)**

As seguintes informações foram extraídas da escrituração contábil da Cia. Orion em 31.12.X0:

• Lucro Líquido do exercício	R$ 300.000,00
• Aumento de capital integralizado em dinheiro	R$ 80.000,00
• Despesas de Depreciação	R$ 20.000,00
• Aquisição de Investimentos Permanentes no período	R$ 210.000,00
• Empréstimos de longo prazo recebidos no período	R$ 60.000,00
• Dividendos propostos	R$ 130.000,00

Logo, com base nessas informações pode-se concluir que o aumento do Capital Circulante Líquido (CCL), nesse exercício, foi

a) R$ 460.000,00.
b) R$ 340.000,00.
c) R$ 300.000,00.
d) R$ 120.000,00.
e) R$ 100.000,00.

21. **I.C.M.S. – PI – 2001 (ESAF)**

Abaixo, temos informações constantes da escrituração de S/A Leão do Norte, relativas ao exercício encerrado em 31.12.2000:

• Lucro líquido apurado no exercício	R$	4.250,00
• Dividendos distribuídos no fim do ano	R$	1.250,00
• Depreciações referentes ao exercício	R$	2.750,00
• Compra de itens do Ativo Imobilizado	R$	3.750,00
• Realização, em dinheiro, de parcela do Capital Subscrito	R$	750,00
• Contratação de dívidas de Longo Prazo	R$	1.000,00
• Aumento dos direitos de Longo Prazo	R$	500,00

Na Demonstração das Origens e Aplicações de Recursos elaborada em 31.12.2000, com base nesses dados, o Capital Circulante Líquido que, no balanço anterior, era de R$ 5.000,00, passou a ser de

a) R$ 8.250,00
b) R$ 6.750,00
c) R$ 5.500,00
d) R$ 3.250,00
e) R$ 2.250,00

22. **I.S.S. – RJ – 2002 (FJG)**

A Cia. Belvedere apresentava o seguinte Balanço Patrimonial (resumido) em 31/12/2000: (Adaptada)

ATIVO		PASSIVO + PATR. LÍQUIDO	
Circulante	10.100	Circulante	6.550
Real. a Longo Prazo	800	Exig.a Longo Prazo	4.950
Imobilizado	4.200	Patrimônio Líquido	3.600
	15.100		15.100

Informações referentes às operações realizadas em 2001:

I. Parte das Vendas de Mercadorias, no montante de R$ 2.000, foi realizada para recebimento somente em 2004.
II. Nas despesas administrativas foram computados R$ 755 de depreciação do imobilizado e R$ 2.100 referentes a encargos sobre financiamentos registrados no PELP.
III. Foram feitas aquisições de imobilizados, pagando-se R$ 600 a vista.
IV. Integralização de capital pelos acionistas, em dinheiro, de R$ 1.400.
V. Não houve incorporação de reserva ao capital, e, do lucro líquido apurado no exercício, no valor de R$ 7.600, foram destinados R$ 1.950 para dividendos a serem distribuídos.

Com as informações acima, o Capital Circulante Líquido (CCL), indicado na DOAR, elaborada em 31/12/2001, foi de:

a) R$ 12.805
b) R$ 10.855
c) R$ 8.600
d) R$ 6.600

23. A.F.R. – SP – 2002 (VUNESP)

O aumento da dívida a LP (longo prazo) originado de terceiros, na Demonstração das Origens e Aplicações de Recursos, é caracterizado por (pelo/a)

a) Resultado líquido obtido, deduzindo-se os pagamentos efetuados do total dos novos empréstimos recebidos no exercício e que geraram acréscimos no ativo circulante.
b) Aumento no exigível a longo prazo que deve ser apresentado como um aumento líquido, ou seja, a diferença entre os novos empréstimos obtidos e os pagamentos ou reduções por transferência para curto prazo.
c) Apresentação do valor total dos novos empréstimos como origem. As reduções por pagamento ou transferência para o passivo circulante devem ser apresentadas como aplicações de recursos.
d) Fato de todo aumento da dívida de longo prazo oriunda de terceiros constituir-se somente pela transferência de valores do passivo circulante para o exigível a longo prazo.
e) Fato de todo aumento da dívida de longo prazo provir somente da adição dos encargos e juros das parcelas vencidas ao valor das parcelas vencíveis a longo prazo.

24. e 25. A.F.R. – SP – 2002 (VUNESP)

Observe a demonstração da DOAR a seguir e responda as questões propostas.

Origens		
Das operações		
Lucro Líquido	450.000	
+ Depreciação	300.000	
(-) Equivalência Patrimonial	150.000	600.000
De Terceiros		
Aumento da Dívida a LP		2.000.000
		2.600.000
Aplicações		
Aplicações no RLP		500.000
Aumento dos Investimentos		200.000
Aumento do Imobilizado		700.000
Dividendos		200.000
		(1.600.000)
Aumento do CCL		1.000.000

24. O aumento do CCL (Capital Circulante Líquido) verificado corresponde ao resultado (Adaptada)

a) positivo, oriundo da diferença da variação financeira, no período, entre o ativo circulante e o passivo circulante.
b) positivo, oriundo da diferença da variação entre o ativo realizável a longo prazo e o passivo circulante, menos o capital circulante próprio.
c) positivo, oriundo da variação, no período, entre o capital circulante líquido e o capital circulante próprio.
d) negativo, oriundo da variação, no período, entre os recursos correntes e os não correntes.
e) positivo, oriundo da variação, no período, entre o ativo realizável a longo prazo e o passivo exigível a longo prazo.

25. A adição do valor da depreciação e a subtração do valor da equivalência patrimonial ao lucro líquido do período, constantes do grupo das origens de recursos, deve-se, respectivamente, ao fato de que

a) A depreciação, embora despesa do exercício, será abatida do resultado do próximo exercício para prorrogação do impacto no capital circulante líquido; o resultado da equivalência patrimonial somente afetará o capital circulante líquido quando do seu recebimento.
b) A depreciação, assim como o resultado da equivalência patrimonial, são elementos que contribuem para a formação do resultado e ambos compõem o capital circulante líquido.
c) A depreciação e o resultado da equivalência patrimonial são elementos que não deveriam compor a Demonstração de Origens e Aplicações de Recursos; por isso é adicionada e subtraído, respectivamente, ao lucro.
d) A depreciação consta como despesa no exercício, aumentando o resultado e reduzindo o capital circulante líquido; o resultado da equivalência patrimonial não afeta o lucro da investidora; por isso são, respectivamente, adicionada e subtraído ao lucro.
e) A depreciação consta como despesa no exercício, diminuindo o resultado, porém não reduz o capital circulante líquido; o resultado da equivalência patrimonial afeta o lucro da investidora, mas não afeta o seu capital circulante líquido.

26. A.F.C. – 2002 (ESAF)

A empresa Associety S/A, em 31/12/01 montou os balanços abaixo demonstrados sinteticamente e prontos para a evidenciação do capital de giro líquido.

Contas	Saldos 31/12/00	Saldos 31/12/01
Caixa	R$ 1.000,00	R$ 800,00
Clientes	R$ 1.200,00	R$ 1.300,00
Estoques	R$ 1.400,00	R$ 1.200,00
Duplicatas a receber	R$ 1.600,00	R$ 1.650,00
Títulos a Receber Longo Prazo	R$ 1.800,00	R$ 2.000,00
Ações de Coligadas	R$ 2.000,00	R$ 1.700,00
Imóveis	R$ 2.500,00	R$ 3.500,00
Depreciação Acumulada	R$ 400,00	R$ 600,00
Dividendos a Pagar	R$ 0,00	R$ 350,00
Fornecedores	R$ 2.000,00	R$ 2.200,00
Duplicatas a Pagar	R$ 1.200,00	R$ 1.100,00
Títulos a Pagar Longo Prazo	R$ 2.300,00	R$ 1.500,00
Capital Social	R$ 5.500,00	R$ 5.500,00
Capital a Integralizar	R$ 600,00	R$ 100,00
Reserva Legal	R$ 500,00	R$ 600,00
Lucros Acumulados	R$ 200,00	R$ 400,00

Com base exclusivamente nas informações acima, pode-se dizer que a elaboração da Demonstração de Origens e Aplicações de Recursos – DOAR vai evidenciar

a) Redução do CCL no valor de R$ 450,00.
b) Aumento do CCL no valor de R$ 700,00.
c) Origens de recursos no valor de R$ 1.300,00.
d) CCL atual no valor de R$ 2.000,00.
e) Aplicações de recursos no valor de R$ 2.350,00.

27. I.S.S. RECIFE – CONTADOR – 2003 (ESAF)

Considerando a Demonstração das Origens e Aplicações de Recursos, abaixo apresentada, o valor da variação do capital circulante líquido, no período, deve ser calculado em: Demonstração das Origens e Aplicações de Recursos (DOAR) do Exercício encerrado em 31/12/2002

Itens	**Valores em R$**
Lucro líquido do exercício	55.000
Despesas de Depreciação e amortização	72.000
Desp. variação cambial de passivo exigível a longo prazo	12.000
Receita de variação cambial de realizável a longo prazo	4.000
Aumento do passivo exigível a longo prazo	50.000
Aumento do ativo realizável a longo prazo	15.000
Emissão de novas ações com ágio	40.000
Dividendos declarados	30.000
Aquisição de ações permanentes (investimentos)	20.000
Aquisição de ativo imobilizado	200.000
Compra de ações próprias para tesouraria	12.000
Total de origens	
Total de aplicações	

Variação do Capital Circulante Líquido

a) R$ (52.000)
b) R$ (44.000)
c) R$ (28.000)
d) R$ 12.000
e) R$ 38.000

28. e 29. I.S.S. – MACEIÓ – 2003 (CESPE)

Demonstração das Origens e Aplicações de Recursos (DOAR) do exercício encerrado em 31/12/2001

Itens	**valores em R$ mil**
Lucro líquido do exercício	120.350
Despesas de depreciação e amortização	85.000
Despesas de variação cambial de passivo exigível a longo prazo	22.300
Receita de variação cambial de realização a longo prazo	3.200
Aumento do passivo exigível a longo prazo	82.500
Aumento do ativo realizável a longo prazo	12.000
Emissão de novas ações com ágio	35.000
Dividendos declarados	40.000
Aquisição de ações permanentes (investimento)	35.000
Aquisição de ativo imobilizado	235.000
Compra de ações próprias para tesouraria	3.000

28. O total das origens da DOAR é superior a R$ 340 milhões. ( )

29. Essa DOAR evidencia uma variação de capital circulante líquido negativa, o que pode levar a uma situação de capital circulante líquido negativo no balanço. ( )

30. I.C.M.S. - RO – 2006 (FUAESPE)

Para a elaboração da Demonstração das Origens e Aplicações (DOAR), referente ao exercício de 2005, as seguintes informações estavam disponíveis (em R$): (Adaptada)

• Variação Monetária Ativa do Realizável a Longo Prazo	5.200
• Variação Monetária Passiva do Exigível a Longo Prazo	12.000
• Lucro Líquido do Exercício	44.000
• Despesa de Depreciação	4.800
• Ganho por Equivalência Patrimonial	36.000
• Integralização do Capital em dinheiro	5.000
• Aumento do Exigível a Longo Prazo	15.000
• Distribuição de Dividendos	7.300
• Aquisição de Imobilizado	5.430
• Redução do Realizável a Longo Prazo	4.000
• Pagamento de Empréstimo a Longo Prazo	6.670
• Gastos com Intangível realizados	4.400
• Aumento do Realizável a Longo Prazo	3.500

Em 31/12/2005, o total das origens de recursos, demonstrado na DOAR, foi igual a:

a) R$ 20.400
b) R$ 27.300
c) R$ 42.200
d) R$ 43.600
e) R$ 49.000

31. e 32. A.F.R.F. – 2005 (ESAF)

A Cia. Saturno, em 31.12.2000, na sua DOAR – Demonstração das Origens e Aplicações de Recursos apresenta como resultado ajustado um prejuízo de 10.000. Os valores ajustados no resultado eram os seguintes itens:

Despesa anual de depreciação	3.000
Resultado de Equivalência Patrimonial Operacional	(5.000)
Ganhos de Capital na alienação de Imobilizado	(15.000)
Variação Cambial Passiva	2.000

31. O Resultado Operacional obtido pela empresa em dezembro de 2000 foi

a) um lucro de 25.000.
b) um prejuízo de 25.000.
c) um prejuízo de 15.000.
d) um lucro de 15.000.
e) um prejuízo de 10.000.

32. A verificação de um ajuste de Variação Cambial Passiva no resultado, identificado na DOAR de 2000, indica que no exercício ocorreu um lançamento de

a) atualização de saldo devedor em passivos de longo prazo.
b) débito em conta de exigíveis a longo prazo.
c) atualizações monetárias de itens do Capital Circulante Líquido.
d) crédito em operações de financiamentos do passivo circulante.
e) registro de novos empréstimos contraídos pela empresa.

33. PERITO CRIMINAL FEDERAL – 2002 (CESPE)

DOAR do período encerrado em 31 de dezembro de 2000 (em R$ mil)

ORIGENS	
recursos gerados pelas operações	215.275
empréstimos de longo prazo	125.375
aumento do capital social	150.000
TOTAL	**490.650**
APLICAÇÕES	
investimentos	125.000
aquisição de ativo imobilizado	250.000
aplicações financeiras de longo prazo	25.000
TOTAL	**400.000**
VARIAÇÃO DO CAPITAL CIRCULANTE LÍQUIDO	**90.650**

Julgue os itens a seguir, acerca da demonstração das origens e aplicações de recursos (DOAR) acima apresentada e da legislação pertinente.

1. Considerando que houve variação positiva do capital circulante líquido, é correto afirmar que, no período considerado, os passivos circulantes cresceram mais que os ativos circulantes. ( )
2. O valor apresentado como recursos gerados pelas operações dá a evidência absolutamente certa de que a empresa gerou lucro líquido no período. ( )
3. Na preparação da DOAR, é considerada como aplicação de recursos a transferência de empréstimos ativos de longo prazo para o circulante. ( )
4. As aplicações havidas no período considerado foram financiadas por recursos próprios e de terceiros. ( )
5. As aplicações financeiras de longo prazo se referem a um aumento havido no ativo realizável a longo prazo. ( )

34. I.C.M.S. – AL – 2002 (CESPE)

Demonstrações contábeis da empresa Y (Adaptada)

Balanço Patrimonial (em R$ mil)

ATIVO		PASSIVO + PATR. LÍQUIDO	
Ativo	**31/12/2001**	**Passivo**	**31/12/2001**
Circulante	134.250	Circulante	100.000
Disponibilidades	1.250	Fornecedores	45.000
Contas a receber de vendas	85.000	Pessoal e enc. pagar	15.000
Estoque de mercadorias	46.000	Tributos a pagar	19.000
Despesas do período seguinte	2.000	Alug./ seguros a pagar	2.500
Realizável a longo prazo	2.000	Dividendos	15.000
Empréstimos	2.000	Empréstimos	3.500
Investimentos	15.000	Patrimônio líquido	138.250
Imobilizado	85.000	Capital social	100.000
Intangível	2.000	Reservas de capital	2.500
		Reservas de lucros	3.000
		Lucros acumulados	32.750
Total	**238.250**	**Total**	**238.250**

Demonstração do Resultado (em R$ mil) do Exercício social de 2001

Vendas brutas	850.000
Tributos sobre as vendas	(157.250)
Vendas líquidas	692.750
Custo das mercadorias vendidas	(381.705)
Lucro bruto	311.045
Despesas administrativas	(125.000)
Despesas comerciais	(112.000)
Outras despesas e receitas	(2.000)
Despesas financeiras	(1.000)
Lucro antes de IR e CSLL	71.045
IR e CSLL	(24.155)
Lucro líquido	46.890

Demonstração das Origens e Aplicações (em R$ mil) de Recursos do exercício de 2001 (Adaptada)

Origens	
Recursos gerados pela operação	65.000
Aumento do capital social	3.000
Total	**68.000**
Aplicações	
Aquisição de controlada	15.000
Aquisição de bens do imobilizado	38.500
Dividendos	15.000
Aplicações no Intangível	2.000
Total	**70.500**
Variação do capital circulante líquido	**(2.500)**

Acerca de contabilidade avançada e das demonstrações contábeis da empresa Y, julgue os itens a seguir.

1) De acordo com a demonstração das origens e aplicações de recursos, a empresa fez todas as suas aplicações utilizando somente recursos próprios.( )

2) A demonstração das origens e aplicações de recursos evidencia uma variação negativa do capital circulante líquido, correspondendo a uma situação de capital circulante líquido negativo no balanço de final de período. ( )

35. A.F.R. – SP – 2006 (FCC)

Em 2004, a Empresa Comercial Apolo, para melhorar o processo de atendimento dos caixas de seus supermercados, investe em tecnologia de automação dos caixas, negociando, na mesma data, seu antigo sistema de máquinas registradoras, por 40% de seu valor contábil líquido. Os dados, em R$, da movimentação desses itens foram os seguintes:

Valor de aquisição das máquinas anteriores	**200.000,00**
Percentual depreciado até a baixa	90%
Novos investimentos	**1.200.000,00**
Data da nova aquisição	**01.12.2004**
Taxa de depreciação estimada	**10 anos**

Na elaboração da Demonstração de Origens e Aplicações de Recursos, a empresa deverá

a) Adicionar às origens de recursos o valor de 20.000,00.
b) Adicionar ao resultado um ajuste de 120.000,00.
c) Realizar uma aplicação líquida de recursos de 1.000.000,00.
d) Subtrair do resultado um ajuste total de 12.000,00.
e) Evidenciar uma origem de recursos de 8.000,00.

36. I.C.M.S. – MG – 2005 - Questão discursiva (ESAF)
Abaixo estão os saldos contábeis ref. ao exerc. social de 2002 e de 2003 da empr. Alfa S/A. (Adaptada)

Contas	2002	2003
Caixa / Bancos	3.000,00	1.600,00
Capital Social	4.000,00	4.000,00
Custos de mercadorias vendidas	0,00	8.600,00
Debêntures emitidas no longo prazo	0,00	4.000,00
Depreciação Acumulada	400,00	900,00
Despesas com depreciação do período	0,00	500,00
Despesas operacionais	0,00	4.800,00
Dividendos a pagar	2.400,00	10.000,00
Duplicatas a pagar	5.800,00	3.600,00
Duplicatas a receber	6.000,00	8.500,00
Máquinas e Equipamentos	0,00	1.000,00
Mercadorias para revenda	5.000,00	18.400,00
Prov. para créditos de liquidação duvidosa	400,00	600,00
Receita de vendas	0,00	20.000,00
Receitas financeiras líquidas	0,00	4.600,00
Outras receitas	0,00	3.800,00
Reserva de lucros	1.000,00	6.000,00
Salários a pagar	600,00	800,00
Seguros a apropriar	600,00	400,00

Informações adicionais:

- Do lucro líquido do exercício, R$ 5.000,00 foram destinados à constituição de reservas e o restante foi destinado a dividendos.

Com base nas informações acima, ELABORE e APRESENTE a Demonstração das Origens e Aplicações de Recursos DOAR da empresa Alfa S/A, no exercício de 2003, de acordo com a Lei nº 6.404/76.

DEMONSTRAÇÃO DO RESULTADO DO EXERCÍCIO: 2.003

Receita de Vendas	
(-) Custo das Mercadorias Vendidas	
(=) Resultado Bruto	
(-) Despesas Operacionais	
(+) Receitas Financeiras Líquidas	
(+) Outras Receitas	
(=) Resultado Líquido	

DEMONSTRAÇÃO DO BALANÇO PATRIMONIAL - ANOS: 2.002 E 2.003

ATIVO	2.002	2.003	PASSIVO + PATR. LÍQ.	2.002	2.003
CIRCULANTE			CIRCULANTE		
			NÃO CIRCULANTE		
NÃO CIRCULANTE					
			PATR. LÍQUIDO		
TOTAIS			TOTAIS		

Demonstração das Origens e Aplicações de Recursos - DOAR : 2003

DOAR	R$
Origens	
Operações	
Lucro do Exercício	
(±) Ajustes	
(=) Lucro Ajustado	
(+) Acionistas	
(+) Terceiros	
(=) Total das Origens	
Aplicações	
Total das Aplicações	
(±) Variação do C.C.L.	
Total	

Discriminação	2002	2003	≠ C.C.L.
Ativo Circulante			
(-) Passivo Circulante			
(=) Variação C.C.L.			

37. **I.C.M.S. – RO – 2006 (FUAEPE)**

Em 31/12/2004, a Empresa ABC apresentava a seguinte situação patrimonial: (Adaptada)

	R$
ATIVO	
Circulante	**R$**
Disponível	9.000
Clientes	40.000
Estoque	80.000
Não Circulante	
Realizável a Longo Prazo	
Clientes	18.000
Imobilizado	44.000
Total do Ativo	**191.000**
PASSIVO + PATR. LÍQUIDO	
Circulante	
Fornecedores	50.000
Salários a Pagar	10.000
Impostos a Recolher	12.000
Patrimônio Líquido	
Capital	90.000
Reservas	8.000
Lucros Acumulados	21.000
Total do Passivo + PL	**191.000**

Considere as seguintes operações ocorridas em 2005:

- aquisição de mercadorias a prazo por R$ 20.000;
- aquisição de equipamentos por R$ 15.000, sendo 40% a vista;
- recebimento de duplicatas com vencimento no exercício no valor de R$ 25.000;
- pagamento de fornecedores, com cheque, no valor de R$ 20.000;
- venda de 50% de mercadorias disponíveis por R$ 70.000, sendo que 80% para recebimento em 2006;
- incorporação ao capital de Lucros Acumulados;
- pagamento de salários.

Essas operações irão refletir no patrimônio da empresa, em relação ao Capital Circulante Líquido, a seguinte situação:

a) redução de R$ 30.000.
b) aumento de R$ 8.000.
c) redução de R$ 5.000.
d) aumento de R$ 3.000.
e) aumento de R$ 5.000.

38. I.S.S. – SP – 2007 (FCC)

A Cia. Aresta registrou as seguintes transações em sua contabilidade num determinado exercício (em R$):

Venda a vista de bem do ativo imobilizado	70.000,00
Venda a curto prazo de mercadorias	790.000,00
Custo das mercadorias vendidas	440.000,00
Resultado da equivalência patrimonial	110.000,00
Constituição da provisão para créditos de liquidação duvidosa	60.000,00
Incorporação de reservas de lucro ao capital	80.000,00
Obtenção de empréstimos de longo prazo	30.000,00
Pagamento de dividendos não-provisionados	240.000,00

Considerando apenas essas informações, é correto concluir que o efeito das transações no aumento do capital circulante líquido da companhia foi, em R$:

a) 340.000,00.
b) 260.000,00.
c) 230.000,00.
d) 210.000,00.
e) 150.000,00.

39. AFTE – RJ – 2008 (FGV)

Avalie as afirmativas a seguir:

I. A compra, à vista, de mercadorias (que se espera revender no curto prazo) acarreta aumento do CCL e é evidenciada na DOAR como origens de terceiros.

II. A compra de bens para o imobilizado, a prazo (para pagamento no curto prazo), acarreta redução do CCL e é evidenciada na DOAR como aplicação.

III. A integralização do capital social em bens do imobilizado não acarreta alteração do CCL, mas é evidenciada na DOAR como aplicação e como origem dos sócios.

IV. O pagamento antecipado de dívidas exigíveis a longo prazo acarreta aumento do CCL e é evidenciada na DOAR como aplicação.

Assinale:

a) se somente as afirmativas I e II estiverem corretas.
b) se somente as afirmativas I e IV estiverem corretas.
c) se somente as afirmativas II e III estiverem corretas.
d) se somente as afirmativas III e IV estiverem corretas.
e) se todas as afirmativas estiverem corretas.

40. B.N.D.E.S. – 2008 (VUNESP)

Dados extraídos das demonstrações contábeis da Cia. Delta S/A, em reais. (Adaptada)

ATIVO	2005	2006
Caixa	60.000,00	75.000,00
Bancos	120.000,00	155.000,00
Duplicatas a Receber	260.000,00	470.000,00
Estoques	380.000,00	650.000,00
Ativo Circulante	820.000,00	1.350.000,00
Realizável LP	129.500,00	170.000,00
Investimentos	700.000,00	900.000,00
Imobilizado Líquido	1.400.000,00	1.700.000,00
Intangível Líquido	300.000,00	355.000,00
Ativo Não Circulante	2.529.500,00	3.125.000,00
TOTAL ATIVO	**3.349.500,00**	**4.475.000,00**

PASSIVO	2005	2006
Fornecedores	370.000,00	535.000,00
Impostos a Pagar	75.000,00	167.500,00
Salários a Pagar	99.500,00	222.000,00
Duplicatas a Pagar	85.000,00	125.500,00
Passivo Circulante	629.500,00	1.050.000,00
Exigível LP	210.000,00	295.000,00
Capital Social	1.400.000,00	2.400.000,00
Reserva de Capital	800.000,00	200.000,00
Reserva Legal	70.000,00	95.000,00
Reserva Estatutária	85.000,00	285.000,00
Reserva de Contingência	105.000,00	115.000,00
Lucros Acumulados	50.000,00	35.000,00
Patrimônio Líquido	2.510.000,00	3.130.000,00
TOTAL PASSIVO	**3.349.500,00**	**4.475.000,00**

Informações adicionais:

- Aumento de capital:
  R$ 600.000.00 = incorporação de reserva de capital;
  R$ 400.000,00 = aporte de capital pelos acionistas;
- Reversão de Reservas de Contingências: R$ 70.000,00;
- Lucro Líquido do exercício: R$ 500.000,00;
- Depreciação do período: R$ 320.000,00;
- Amortização do intangível: R$ 120.000,00;
- Proposta da diretoria para distribuição do Lucro Líquido:
- Reserva Legal R$ 25.000,00
- Reserva Estatutária R$ 200.000,00
- Reserva para Contingência R$ 80.000,00
- Dividendos R$ 280.000,00

Com base nos dados acima, pode-se afirmar que, na elaboração da Demonstração de Origens e Aplicações de Recursos, o total de origens, em reais, é

a) 1.425.000,00
b) 1.315.500,00
c) 1.180.000,00
d) 1.095.000,00
e) 1.085.500,00

41. PETROBRAS - 2010 (CESGRANRIO)
A Cia. Amazonas S.A. apresentou as informações a seguir.

Elementos / Anos	**2.007**	**2.008**
Ativo Circulante	187.563,00	235.671,00
Passivo Circulante	164.128,00	202.459,00

Considerando exclusivamente as informações acima, a variação do Capital Circulante Líquido (CCL) em 2008, em relação a 2007, em reais, é

a) 8.108,00.
b) 8.331,00.
c) 9.777,00.
d) 23.435,00.
e) 33.212,00.

42. AFTE – RJ – 2011 (FGV)
Considerando a demonstração de resultado do exercício e a demonstração de origens e aplicações de recursos, assinale a alternativa correta.

a) As despesas financeiras afetam o resultado da empresa, notadamente o resultado bruto (margem bruta), como regra geral.
b) A despesa com provisão para devedores duvidosos (risco de inadimplência por parte dos clientes) não afeta o resultado bruto de uma empresa comercial (resultado com mercadorias). Influencia, contudo, o resultado líquido.
c) Na demonstração de origens e aplicações de recursos, desde que elaborada pelo método restritivo, figurará a aquisição de estoques para pagamento no curto prazo no campo das origens de recursos.
d) Na demonstração de origens e aplicações de recursos, a aquisição à vista de equipamentos destinados ao imobilizado deverá constar como origens do capital circulante líquido, em função de reduzir o ativo circulante.
e) Na demonstração de origens e aplicações de recursos, empréstimos contraídos para pagamento no longo prazo deverão figurar nas aplicações do capital circulante líquido.

Gabarito

01. C	**02. B**	**03. C**	**04. D**
05. 1 – Falsa 2 – Verd. 3 – Verd. 4 – Falsa 5 – Falsa			
06. 1 – Falsa 2 – Verd. 3 – Falsa 4 – Verd. 5 – Falsa			
07. C	**08. A**	**09. D**	**10. Verd.**
11. Verd.	**12. Verd.**	**13. Falsa**	**14. Verd.**
15. Falsa	**16. B**	**17. C**	**18. D**
19. C	**20. D**	**21. A**	**22. B**
23. C	**24. A**	**25. E**	**26. E**
27. A	**28. Verd.**	**29. Falsa**	**30. D**
31. E	**32. A**		
33. 1 – Falsa 2 – Falsa 3 – Falsa 4 – Verd. 5 – Verd.			
34. 1 - Verd. 2 – Falsa			
35. E	**36. (*)**	**37. E**	**38. E**
39.C	**40. A**	**41. C**	**42. B**

(*) Resolução do exercício 36:

DOAR	**R$**
Origens	
Operações	
Lucro do Exercício	15.000,00
(±) Ajustes	
(+) Despesas com depreciação	500,00
(=) Lucro Ajustado	15.500,00
(+) Acionistas	
(+) Terceiros	
Aumento de PELP (Debêntures)	4.000,00
(=) Total das Origens	19.500,00
Aplicações	
Distribuição de Dividendos	10.000,00
Aquisição de Máquinas e Equipamentos	1.000,00
Total das Aplicações	11.000,00
(+) Variação do C.C.L.	8.500,00
Total	19.500,00

Discriminação	**2002**	**2003**	**≠ C.C.L.**
Ativo Circulante	14.200,00	28.300,00	14.100,00
(-) Passivo Circulante	(8.800)	(14.400.00)	5.600,00
(=) Variação C.C.L.	5.400,00	13.900,00	8;500,00

15. Demonstração dos Fluxos de Caixa-DFC

1. Conceito

Essa demonstração evidencia as modificações ocorridas no saldo de disponibilidades (caixa e equivalentes de caixa) da companhia em um determinado período, através de fluxos de recebimentos e pagamentos, ou seja, deve detalhar as variações que ocorreram no caixa e equivalente de caixa entre o saldo inicial e o saldo final.

2. Base Legal

Nos termos do Artigo 176 Inc. IV da Lei n° 6.404/76, após as alterações introduzidas pela Lei nº 11.638/07 e Lei nº 11.941/09, a elaboração e publicação da Demonstração dos Fluxos de Caixa tornou-se obrigatória para as companhias abertas. No entanto o Parágrafo 6.º do mesmo artigo estabelece que a companhia fechada com patrimônio líquido, na data do balanço, inferior a R$ 2.000.000,00 (dois milhões de reais), não será obrigada à sua elaboração e publicação.

3. Objetivo

Nos termos do CPC nº 3 (R2) emitido pelo Comitê de Pronunciamentos Contábeis, aprovado pela Comissão de Valores Mobiliários através da Deliberação CVM nº 641/10 e pelo Conselho Federal de Contabilidade, através da Resolução nº 1.296/10, o objetivo da Demonstração dos Fluxos de Caixa, é proporcionar aos usuários das demonstrações contábeis uma base para avaliar a capacidade de a entidade gerar caixa e equivalentes de caixa, bem como as necessidades da entidade de utilização desses fluxos de caixa. As decisões econômicas que são tomadas pelos usuários exigem avaliação da capacidade de a entidade gerar caixa e equivalentes de caixa, bem como da época e do grau de segurança de geração de tais recursos.

Em outras palavras, o objetivo da Demonstração dos Fluxos de Caixa, é a projeção das entradas e saídas de recursos financeiros, com o intuito de melhor planejar e controlar os ingressos e desembolsos de caixa para um determinado período. Através de um melhor planejamento financeiro, as empresas poderão saldar as obrigações na data do vencimento, sem o desembolso desnecessário de encargos sobre o pagamento de dívidas em atraso, que a falta de planejamento do Fluxo de Caixa causa.

4. Benefícios da Informação dos Fluxos de Caixa

A demonstração dos fluxos de caixa, quando usada em conjunto com as demais demonstrações contábeis, proporciona informações que permitem que os usuários avaliem as mudanças nos ativos líquidos da entidade, sua estrutura financeira (inclusive sua liquidez e solvência) e sua capacidade para mudar os montantes e a época de ocorrência dos fluxos de caixa, a fim de adaptá-los às mudanças nas circunstâncias e oportunidades. As informações sobre os fluxos de caixa são úteis para avaliar a capacidade de a entidade gerar caixa e equivalentes de caixa e possibilitam aos usuários desenvolver modelos para avaliar e comparar o valor presente dos fluxos de caixa futuros de diferentes entidades. A demonstração dos fluxos de caixa também concorre para o incremento da comparabilidade na apresentação do desempenho operacional por diferentes entidades, visto que reduz os efeitos decorrentes do uso de diferentes critérios contábeis para as mesmas transações e eventos.

5. Definições

A Comissão de Valores Mobiliários CVM, através da Deliberação nº 641/10, que aprovou o CPC nº 3 (R2) definiu os significados abaixo especificados:

Caixa compreende numerário em espécie e depósitos bancários disponíveis.

Equivalentes de caixa são aplicações financeiras de curto prazo, de altíssima liquidez, que são prontamente conversíveis em um montante conhecido de caixa e que estão sujeitas a um insignificante risco de mudança de valor. Os equivalentes de caixa são mantidos com a finalidade de atender a compromissos de caixa de curto prazo e não para investimento ou outros fins. Para ser considerada equivalente de caixa, uma aplicação financeira deve ter conversibilidade imediata em um montante conhecido de caixa e estar sujeita a um insignificante risco de mudança de valor. Por conseguinte, um investimento, normalmente, se qualifica como equivalente de caixa quando tem vencimento de curto prazo, por exemplo, três meses ou menos, a contar da data da contratação. (Deliberação CVM nº 624/09). Podem ser enquadrados na categoria de equivalentes de caixa, as aplicações em CDB/RDB prefixados, títulos públicos de alta liquidez e caderneta de poupança.

Fluxos de caixa são as entradas e saídas de caixa e equivalentes de caixa.

6. Estrutura da Demonstração dos Fluxos de Caixa - (DFC)

Conforme preceitua o Artigo 188, Inc. I da Lei n° 6.404/76, após as alterações introduzidas pela Lei nº 11.638/07 e Lei nº 11.941/09, as alterações ocorridas, durante o exercício, no saldo de caixa e equivalentes de caixa, devem ser segregadas em, no mínimo, 3 (três) fluxos:

- **Fluxos das atividades operacionais**
- **Fluxos das atividades de investimento**
- **Fluxos das atividades de financiamento**

6.1. Atividades Operacionais

Esses fluxos são basicamente derivados das principais atividades geradoras de receita da entidade e, portanto, geralmente resultam das transações e outros eventos que entram na apuração do resultado do exercício, ou seja, são aquelas transações relacionadas com as principais atividades operacionais das empresas e outras atividades diferentes das de investimento e de financiamento.

Exemplos:

- recebimentos de caixa pela venda de mercadorias e pela prestação de serviços; recebimento de dividendos de participação societária; recebimento de indenizações; recebimento de juros sobre empréstimos concedidos e sobre aplicações financeiras; recebimentos de caixa decorrentes de *royalties*, honorários, comissões e outras receitas etc.

- pagamentos de caixa a fornecedores de mercadorias e serviços; pagamentos de caixa a empregados ou por conta de empregados; pagamento de Impostos sobre Vendas; pagamento de despesas (vendas, administrativas, financeiras, pagamento de multas etc.)

- recebimentos e pagamentos de caixa por seguradora de prêmios e sinistros, anuidades e outros benefícios da apólice; recebimentos e pagamentos de caixa de contratos mantidos para negociação imediata ou disponíveis para venda futura; pagamentos ou restituição de caixa de impostos sobre a renda, a menos que possam ser especificamente identificados com as atividades de financiamento ou de investimento etc.

6.2. Atividades de Investimento

São aquelas atividades voltadas à aquisição e à venda de ativos de longo prazo e de outros investimentos não incluídos nos equivalentes de caixa, que representam gastos destinados a gerar receitas futuras e fluxos de caixa. São valores vinculados com aumento ou redução de quaisquer itens do Ativo Não Circulante.

Exemplos:

- recebimentos de caixa resultantes da venda de ativo imobilizado, intangível e outros ativos de longo prazo; recebimentos de caixa provenientes da venda de ações ou instrumentos de dívida de outras entidades e participações societárias em *joint ventures* (exceto recebimentos referentes aos títulos considerados como equivalentes de caixa e os mantidos para negociação); recebimentos de caixa por liquidação de adiantamentos ou amortização de empréstimos concedidos a terceiros (exceto adiantamentos e empréstimos de uma instituição financeira); recebimentos de caixa por contratos futuros, a termo, de opção e *swap*, exceto quando tais contratos forem mantidos para negociação imediata ou venda futura, ou os recebimentos forem classificados como atividades de financiamento etc.

- pagamentos de caixa para aquisição de ativo imobilizado, intangível e outros ativos de longo prazo. Esses desembolsos incluem os custos de desenvolvimento ativados e ativos imobilizados de construção própria; pagamentos para aquisição de ações ou instrumentos de dívida de outras entidades e participações societárias em *joint ventures* (exceto desembolsos referentes a títulos considerados como equivalentes de caixa ou mantidos para negociação imediata ou venda futura); adiantamentos de caixa e empréstimos feitos a terceiros (exceto adiantamentos e empréstimos feitos por instituição financeira); pagamentos de caixa por contratos futuros, a termo, de opção e *swap*, exceto quando tais contratos forem mantidos para negociação imediata ou venda futura, ou os pagamentos forem classificados como atividades de financiamento; recebimentos de caixa por contratos futuros, a termo, de opção e *swap*, exceto quando tais contratos forem mantidos para negociação imediata ou venda futura, ou os recebimentos forem classificados como atividades de financiamento, etc.

6.3. Atividades de Financiamento

São aquelas atividades que resultam em mudanças no tamanho e na composição do capital próprio e no endividamento da entidade, não classificadas como atividade operacional, ou seja, representam exigências impostas a futuros fluxos de caixa pelos fornecedores de capital à entidade, oriundos de aumento ou redução de capital social, financiamento de curto e longo prazo e distribuição de dividendos etc.

Exemplos:

- caixa recebido pela emissão de ações ou outros instrumentos patrimoniais; caixa recebido proveniente da emissão de debêntures, empréstimos, títulos e valores, hipotecas, notas promissórias e outros empréstimos de curto e longo prazos; recebimento de contribuições de caráter permanente ou temporário (Doação) etc.

- pagamentos de caixa a investidores para adquirir ou resgatar ações da entidade; amortização de empréstimos e financiamentos, incluindo debêntures emitidas, hipotecas, mútuos e outros empréstimos de curto e longo prazos; e pagamentos de caixa por arrendatário, para redução do passivo relativo a arrendamento mercantil financeiro; pagamento de dividendos etc.

7. Métodos de Elaboração:

7.1. Atividades Operacionais

As empresas devem apresentar os fluxos de caixas das Atividades Operacionais usando alternativamente o método direto ou indireto.

7.1.1. Método Direto

Este método evidencia as principais classes de recebimentos e desembolsos brutos, ou seja, são divulgados os recebimentos e pagamentos brutos relacionados das **atividades operacionais.**

Demonstra todas as operações de entrada e saída por seus valores totais que passarem pelo caixa, ou seja, são divulgados as entradas e saídas de dinheiro das **atividades operacionais.** O saldo final de cada operação expressará o saldo final líquido de caixa ou equivalente em determinado período.

Caso a empresa adote este método para elaborar o fluxo de caixa líquido das atividades operacionais, deverá obrigatoriamente elaborar e divulgar a conciliação entre o lucro líquido e o fluxo de caixa líquido das atividades operacionais.

7.1.2. Método Indireto

Este método concilia o lucro líquido ou prejuízo do exercício e o caixa gerado pelas operações. Inicia-se o demonstrativo pelo lucro líquido ou prejuízo do período, ajustando-o pelas transações que não envolvem o caixa, ou seja, ajusta-o pelos efeitos de quaisquer diferimentos ou apropriações por competência sobre recebimentos de caixa ou pagamentos em caixa operacionais passados ou futuros, e pelos efeitos de itens de receita ou despesa associados com fluxos de caixa das atividades de investimento ou de financiamento.

Por este método, não se consegue identificar os valores totais das atividades operacionais que passaram pelo caixa. É muito semelhante à DOAR, só que focando exclusivamente o caixa ou equivalente, enquanto que a DOAR foca todo o capital circulante líquido. É estruturado a partir do lucro ou prejuízo do exercício, sofrendo ajustes similares aos da DOAR.

Para se chegar ao valor do caixa líquido das atividades operacionais, é necessário efetuar os seguintes ajustes:

1. Ajustar os valores que constam do lucro líquido ou prejuízo do exercício, mas que não tiveram reflexos no caixa (depreciação, amortização, exaustão, equivalência patrimonial, diferimentos, lucros ou prejuízos cambiais não realizados etc);
2. Todos os outros itens de receita e despesa relativos a fluxos de caixa de atividades de investimento e financiamento;
3. Ajustar o ganho ou perda de capital na venda do ativo não circulante (grupo de atividades operacionais), incluindo o valor recebido no grupo de atividade de investimento;
4. Fazer os ajustes necessários nos aumentos e reduções nas contas do ativo circulante e passivo circulante. Assim normalmente,

- um aumento no **AC** - gera uma diminuição no caixa;
- uma diminuição no **AC** - gera um aumento no caixa;
- um aumento no **PC** - gera um aumento no caixa;
- uma diminuição no **PC** - gera uma diminuição no caixa.

7.2. Atividades de Investimento e Financiamento

A entidade deve apresentar separadamente as principais classes de recebimentos brutos e pagamentos brutos advindos das atividades de investimento e de financiamento, ou seja, apura-se e evidencia-se o reflexo gerado no caixa (pode ser inclusive gerado por AC – ativo circulante e PC – passivo circulante, separando as principais classes de recebimentos brutos e de pagamentos brutos decorrentes das atividades de investimento e de financiamento, exceto quando os fluxos de caixa forem apresentados em uma base líquida.

7.3. Apresentação dos fluxos de caixa em base líquida

Os fluxos de caixa advindos das atividades operacionais, de investimento e de financiamento podem ser apresentados em uma base líquida nas situações em que houver:

(a) recebimentos de caixa e pagamentos em caixa em favor ou em nome de clientes, quando os fluxos de caixa refletirem mais as atividades dos clientes do que as da própria entidade; e
(b) recebimentos de caixa e pagamentos em caixa referentes a itens cujo giro seja rápido, os montantes sejam expressivos e os vencimentos sejam de curto prazo.

Exemplos de recebimentos de caixa e pagamentos em caixa são:

(a) movimentação (depósitos e saques) em contas de depósitos a vista de um banco;
(b) recursos mantidos para clientes por uma entidade de investimento; e
(c) aluguéis cobrados em nome de terceiros e pagos inteiramente aos proprietários dos imóveis.

Exemplos de recebimentos de caixa e pagamentos em caixa são os adiantamentos destinados a, e o reembolso de:

(a) pagamentos e recebimentos relativos aos cartões de crédito de clientes;
(b) compra e venda de investimentos; e
(c) outros empréstimos tomados a curto prazo, como, por exemplo, os que têm vencimento em três meses ou menos, contados a partir da respectiva contratação.

Notas:

(1) Juros e Dividendos pagos/recebidos

O Pronunciamento Técnico Contábil CPC 03 (R2), aprovado pela Comissão de Valores Mobiliários através da Deliberação CVM nº 641/10 e pelo Conselho Federal de Contabilidade, através da Resolução CFC nº 1.296/10, assim se manifestou sobre o procedimento a ser utilizado no Demonstrativo de Fluxos de Caixa referente aos itens juros e dividendos pagos/recebidos:

Os fluxos de caixa referentes a juros, dividendos e juros sobre o capital próprio recebidos e pagos devem ser apresentados separadamente. Cada um deles deve ser classificado de maneira uniforme, de período a período, como decorrentes de atividades operacionais, de investimento ou de financiamento. O valor total dos juros pagos durante o período é divulgado na demonstração dos fluxos de caixa, quer tenha sido reconhecido como despesa na demonstração do resultado, quer tenha sido capitalizado, como decorrente de atividades de investimento.

Os juros pagos e recebidos e os dividendos e juros sobre o capital próprio recebidos são comumente classificados como fluxos de caixa operacionais em instituições financeiras. Todavia, não há consenso sobre a classificação desses fluxos de caixa para outras entidades. Os juros pagos e recebidos e os dividendos e os juros sobre o capital próprio recebidos podem ser classificados como fluxos de caixa operacionais, porque eles entram na determinação do lucro líquido ou prejuízo. Alternativamente, os juros pagos e os juros e dividendos e os juros sobre o capital próprio recebidos podem ser classificados como fluxos de caixa de financiamento e fluxos de caixa de investimento, respectivamente, porque são custos de obtenção de recursos financeiros ou retorno sobre investimentos.

Os dividendos e os juros sobre o capital próprio pagos podem ser classificados como fluxo de caixa de financiamento porque são custos da obtenção de recursos financeiros. Alternativamente, os dividendos e os juros sobre o capital próprio pagos podem ser classificados como componente dos fluxos de caixa das atividades operacionais, a fim de auxiliar os usuários a determinar a capacidade de a entidade pagar dividendos e juros sobre o capital próprio utilizando os fluxos de caixa operacionais.

O Comitê de Pronunciamentos Contábeis, através do CPC nº 3 (R 2), encoraja fortemente as entidades a classificarem os juros recebidos ou pagos, e os dividendos e juros sobre o capital próprio **recebidos** como fluxo de caixa das atividades operacionais, e os dividendos e juros sobre o capital próprio **pagos** como fluxos de caixa das atividades de financiamento.

(2) Empréstimos bancários

A Comissão de Valores Mobiliários através da Deliberação nº 641/10, e a Resolução do Conselho Federal de Contabilidade nº 1.296/10, que aprovou o Pronunciamento Técnico CPC 03 (R2) assim se manifestaram sobre o item empréstimos bancários:

Empréstimos bancários são geralmente considerados como atividades de financiamento. Entretanto, em determinadas circunstâncias, saldos bancários a descoberto, decorrentes de empréstimos obtidos por meio de instrumentos como cheques especiais ou contas correntes garantidas são liquidados automaticamente de forma a integrarem a gestão das disponibilidades da entidade. Uma característica de tais contas correntes é que frequentemente os saldos flutuam de devedor para credor. Nessas circunstâncias, esses saldos bancários a descoberto devem ser incluídos como componente de caixa e equivalentes de caixa. A parcela não utilizada do limite dessas linhas de crédito não deve compor os equivalentes de caixa.

(3) Outros

- Cada atividade deve ser apresentada pelo seu valor líquido, ou seja, quanto cada atividade (operacional, investimento e financiamento) produziu ou consumiu (entrada menos saída de numerário).
- Vale lembrar que, algumas transações, tais como: dívidas capitalizadas, aquisição do ativo imobilizado com alienação fiduciária, recebimento de bens via doação, trocas de ativos etc, não tem qualquer impacto no caixa. Para esses casos, recomenda-se que sejam evidenciados em notas explicativas.
- No Brasil e no exterior, os analistas dão preferência ao método indireto, por ser mais informativo, mais útil, por mostrar as diferenças entre o lucro líquido e o caixa líquido gerado.

Exemplo: Considerando os dados abaixo da Cia. Ideal, elabore a Demonstração dos Fluxos de Caixa pelos Métodos Direto e Indireto. (A.F.R. / SP – 1997 – Adaptado)

A – Balanço Patrimonial (R$ mil)

	31-12-x1	31-12-x2		31-12-x1	31-12-x2
Circulante			**Circulante**		
Disponível	400,00	1.100,00	Fornecedores	500,00	1.000,00
Duplic. a Receber	1.000,00	3.000,00	Empréstimos	1.000,00	1.500,00
Estoques	800,00	400,00	I. Renda a Pagar	------	469,00
			Dividendos a Pagar	------	621,00
Total Circulante	2.200,00	4.500,00	Total Circulante	1.500,00	3.590,00
Não Circulante			**Não Circulante**		
Realiz. a L. Prazo			Patrimônio Líquido		
Empr. a Coligadas	300,00	200,00	Capital	1.500,00	2.574,00
Investimentos	1.000,00	2.100,00	Res. Capital	600,00	600,00
Imobilizado	800,00	1.300,00	Lucros Acumul.	300,00	440,00
(-) Depr. Acumulada	(400,00)	(496,00)	Res. Reavaliação	------	400,00
Total Não Circulante	1.700,00	3.104,00	Total Não Circulante	2.400,00	4.014,00
Total	**3.900,00**	**7.604,00**	**Total**	**3.900,00**	**7.604,00**

B – Demonstração do Resultado do Exercício de 1.9x2

		Em R$ mil
Receita		5.000,00
(-) CMV		(2.400,00)
Lucro Bruto		2.600,00
(-) Despesas Operacionais		
De vendas	(600,00)	
Administrativas	(400,00)	
Depreciação	(96,00)	
Financeiras	(300,00)	
Resultado da Equivalência Patrimonial	400,00	(996,00)
Lucro Operacional		*1.604,00*
(-) Multas por Infrações Fiscais		(524,00)
(=) Lucro antes da CSLL e IR		1.080,00
(-) Provisão CSLL / IR		(469,00)
Lucro Líquido		611,00

C – Demonstração de Lucros ou Prejuízos Acumulados em 31+12-x2

	Em R$ mil
Saldo no Início do Exercício	300,00
(+) Ajuste de Exercícios Anteriores	150,00
Lucro Líquido do Exercício	611,00
Lucro Disponível	1.061,00
(-) Dividendos Propostos	(621,00)
Saldo no Final do Exercício	440,00

D – Notas Explicativas

1. Houve uma reavaliação no Ativo de R$ 400 mil.
2. No ano passado, não foi contabilizado um lucro de R$ 150 mil. Todavia ele foi computado na DPLA este ano.

Fluxo de Caixa - Método Indireto

ATIVIDADES OPERACIONAIS	R$	R$
Lucro Líquido	611	
(±) Ajustes:		
(+) Depreciação	96	
(+) Ajuste de Exercícios Anteriores	150	
(-) Resultado da Equivalência Patrimonial	(400)	457
Aumento de Duplicatas a Receber		(2.000)
Redução do Estoque		400
Aumento de Duplicatas a Pagar		500
Imposto de Renda		469
(=) Caixa Líquido das Atividades Operacionais		**(174)**
ATIVIDADES DE INVESTIMENTOS		
Empréstimos a coligadas		100
Aquisição de Investimentos (*)		(700)
Aquisição de Imobilizado (**)		(100)
(=) Caixa Líquido das Atividades de Investimentos		**(700)**
ATIVIDADES DE FINANCIAMENTO		
Empréstimos obtidos		500
Aumento do Capital Social		1.074
(=) Caixa Líquido das Atividades de Financiamento		**1.574**

RESUMO:	
Saldo Inicial do Caixa e Equivalentes de Caixa	400
(-) Caixa Líquido das Atividades Operacionais	(174)
(-) Caixa Líquido das Atividades de Investimento	(700)
(+) Caixa Líquido das Atividades de Financiamento	1.574
(=) Saldo Final do Caixa e Equivalentes de Caixa	1.100

(*) **Investimentos:**

Saldo inicial	1.000	
(+) Resultado da Equiv. patrimonial	400	1.400
(-) Saldo final		2.100
(=) Aumento dos investimentos		700

(**) **Imobilizado:**

Saldo inicial	800	
(+) Reaval. do Imobilizado	400	1.200
(-) Saldo final		1.300
(=) Aumento do imobilizado		100

Fluxo de Caixa - Método Direto

ATIVIDADES OPERACIONAIS	R$
Entradas:	
Saldo Inicial de Duplicatas a Receber	1.000
(-) P.D.D.	-o-
(+) Receitas de Vendas de Mercadorias	5.000
(+) Reversão da P.D.D.	-o-
(-) Perdas com Clientes	-o-
(-) Saldo Final de Duplicatas a Receber	(3.000)
(=) Entrada de Caixa proveniente de vendas	3.000
(+) Ajuste de Exercícios Anteriores	150
(=) Ingresso de numerário provenientes de vendas de mercadorias	**3.150**
Saída:	
Saldo Inicial de Fornecedores	500
(+) Compras de Mercadorias	2.000
(-) Saldo Final de Fornecedores	(1.000)
(=) Valor pago a Fornecedores	1.500
Saldo Inicial de Contas a Pagar	-o-
(+) Despesas totais do período	1.824
(-) Saldo Final de Contas a Pagar	-o-
(=) Total das despesas pagas	1.824
(=) Caixa Líquido das Atividades Operacionais	**(174)**
ATIVIDADES DE INVESTIMENTOS	
Entradas:	
Empréstimos a coligadas	100
Saídas:	
Aquisição de Investimentos (*)	(700)
Aquisição de Imobilizado (**)	(100)
(=) Caixa Líquido das Atividades de Investimentos	**(700)**
ATIVIDADES DE FINANCIAMENTO	
Entrada	
Empréstimos obtidos	500
Aumento do Capital Social	1.074
Saídas	
(=) Caixa Líquido das Atividades de Financiamento	**1.574**

Saldo Inicial do Caixa e Equivalentes de Caixa	400
(-) Caixa Líquido das Atividades Operacionais	(174)
(-) Caixa Líquido das Atividades de Investimento	(700)
(+) Caixa Líquido das Atividades de Financiamento	1.574
(=) Saldo Final do Caixa e Equivalentes de Caixa	1.100

(*) **Investimentos:**

Saldo inicial	1.000	
(+) Resultado da Equiv. patrimonial	400	1.400
(-) Saldo final		2.100
(=) Aumento dos investimentos		700

(**) **Imobilizado:**

Saldo inicial	800	
(+) Reaval. do Imobilizado	400	1.200
(-) Saldo final		1.300
(=) Aumento do imobilizado		100

Questões de Concursos

01. REC. TRIB. – DF – 2001 (ESAF)
No Demonstrativo de Fluxo de Caixa, as transações e/ou eventos que dele devem fazer parte e que, portanto, afetam seu resultado são: (Adaptada)
a) Amortização de gastos do intangível, provisões contingenciais, quitação de fornecedores e ganhos ou perdas com ativos não circulantes.
b) Contratação de financiamentos e empréstimos, vendas à vista, recebimento de dividendos e quitação de fornecedores.
c) Aquisição de ativo não circulante, depreciação, quitação de fornecedores, vendas à vista e variação cambial de contratos de financiamento de longo prazo.
d) Vendas à vista, amortização de gastos com intangível, vendas de imobilizado e contratação de empréstimos de longo prazo.
e) Resultado de equivalência patrimonial, ganhos com ativos não circulantes e contratação de empréstimos de longo prazo.

02. A.F.R.F – 2003 (ESAF)
Representam operações que não afetam o fluxo de caixa: (Adaptada)
a) recebimento por doação de terrenos e depreciações lançadas no período.
b) aquisição de bens não de uso e quitação de contrato de mútuo.
c) alienação de participações societárias e depreciações lançadas no período.
d) amortizações efetuadas no período de intangíveis e venda de ações emitidas.
e) repasse de recursos para empresas coligadas e aquisição de bens.

03. A.F.R.F – 2003 (ESAF)
Na elaboração do fluxo de caixa são classificáveis como atividade de financiamento:
a) desembolso por empréstimos concedidos a empresas coligadas e controladas.
b) aquisição de máquinas, veículos ou equipamentos através de contrato de arrendamento mercantil.
c) recebimento de contribuições de caráter permanente para aquisição de terrenos para expansão da capacidade instalada da empresa.
d) venda de ações emitidas e recebimento de valores decorrentes da alienação de participações societárias.
e) recebimento de juros sobre empréstimos concedidos a outras empresas.

04. AUDITOR - TRIB. CONTAS EST. S. PAULO - 2008 (FCC)
Na elaboração da Demonstração dos Fluxos de Caixa, são classificados como itens das atividades de financiamentos:
a) pagamentos de parte de financiamentos de imobilizados e aquisições de títulos patrimoniais de outras empresas.
b) a venda de ações emitidas e o pagamento de dividendos e juros sobre o capital próprio.
c) aquisições de bens não de uso e o valor obtido com a venda de ativos fixos utilizados na produção.
d) os ingressos relativos a dividendos decorrentes da participação no patrimônio de outras empresas.
e) as despesas relativas às depreciações anuais e à aquisição de itens classificáveis como bens não de uso.

05. B.N.D.E.S. - 2009 (CESGRANRIO)
O Artigo 188 da Lei das Sociedades Anônimas, com as alterações das Leis nº 11.638/07 e nº 11.941/09, determina que a demonstração do fluxo de caixa indicará as alterações ocorridas, durante o exercício, no saldo de caixa e equivalentes de caixa, segregando essas alterações em, no mínimo, três fluxos. Os equivalentes de caixa acima citados podem ser identificados como
a) aplicações financeiras realizadas no mercado primário de ações, por um prazo de até 90 dias, contados a partir da data de desembolso dos títulos.
b) desembolsos de caixa subjacentes, realizados com a intenção de revenda dos títulos adquiridos no mercado secundário.

c) classificação de pagamentos e recebimentos, realizados na Bolsa de Valores ou através de corretoras de valores, por mecanismos de compra e venda no pregão de títulos públicos e privados.
d) investimentos de liquidez instantânea, conversíveis em quantia de dinheiro facilmente estimável e que apresentam risco insignificante de resgate.
e) investimentos de altíssima liquidez, prontamente conversíveis em uma quantia conhecida de dinheiro, que apresentam risco insignificante de alteração de valor.

06. A.F.T.E. - SC - 2010 (UFSC)
Quanto à caixa e equivalentes de caixa, pode-se afirmar:
a) Equivalentes de caixa são todos os ativos que se tornarão em algum momento caixa.
b) Caixa e equivalentes de caixa incluem somente caixa e depósitos à vista.
c) Caixa e equivalentes de caixa incluem não somente caixa e depósitos à vista, mas também outros tipos de contas que possuem as mesmas características de liquidez em relação ao caixa. Equivalentes de caixa não incluem investimentos de curto prazo de alta liquidez.
d) Caixa e equivalentes de caixa incluem não somente caixa e depósitos à vista, mas também outros tipos de contas que possuem as mesmas características de liquidez em relação ao caixa. Equivalentes de caixa incluem investimentos de curto prazo de alta liquidez.
e) Caixa e equivalentes de caixa incluem não somente caixa e depósitos à vista, mas também outros tipos de contas que possuem as mesmas características de liquidez em relação ao caixa. Equivalentes de caixa incluem investimentos de curto prazo e médio prazo.

07. E.P.E. – 2010 (CESGRANRIO)
A elaboração e a divulgação da Demonstração de Fluxo de Caixa são obrigatórias para todas as companhias de capital aberto e dispensáveis para a maioria das companhias de capital fechado, sendo obrigatórias nesse último caso somente para aquelas companhias que possuam, na data do balanço, em reais, patrimônio líquido
a) igual ou inferior a 1.000.000,00.
b) igual a 1.800.000,00.
c) superior a 2.000.000,00.
d) igual ou superior a 900.000,00.
e) superior a 1.000.000,00 e inferior a 2.000.000,00.

08. PETROBRAS – 2010 (CESGRANRIO)
De acordo com o pronunciamento técnico CPC 03, na demonstração de fluxos de caixa, as mudanças no tamanho e na composição do capital próprio e no endividamento da entidade resultam de
a) atividades de financiamento.
b) atividades de investimento.
c) atividades operacionais.
d) equivalentes de caixa.
e) fluxos de caixa.

09. PETROBRAS - 2010 (CESGRANRIO)
A demonstração do fluxo de caixa foi introduzida na Lei das Sociedades por Ações pela Lei nº 11.638/ 2007. A Lei determina que essa demonstração apresente as alterações ocorridas durante o exercício, no saldo de caixa e equivalentes de caixa, segregando-se essas alterações em, no mínimo, três fluxos:
a) resultado do exercício, ajustes patrimoniais e recursos intransitivos em resultado.
b) origens de recursos, aplicações de recursos e variações do capital próprio.
c) lucro ajustado, capital circulante e aplicações permanentes.
d) operações, financiamentos e investimentos.
e) transações correntes, passivos de funcionamento e inversões sazonais.

10. a 13. A.F.T.N. – 2002 (ESAF)

Dadas as informações a seguir:

I. As Demonstrações Contábeis, de três períodos consecutivos, da CIA. MARACANÃ, registram nas contas abaixo, os seguintes saldos:

SALDOS FINAIS	1.999	2.000	2.001
Vendas	15.000.000	25.000.000	32.000.000
Custo das Mercadorias Vendidas	8.500.000	14.500.000	18.000.000
Despesa c/ Devedores Duvidosos	10.000	12.000	15.000
Clientes	13.000.000	22.000.000	26.000.000
Estoques	30.000	65.000	70.000
PDD	10.000	12.000	15.000
Reversão de PDD	————	————	4.000
Fornecedores	1.450.000	2.600.000	3.900.000
Despesas do Período	3.000.000	4.500.000	5.000.000
Contas a Pagar	220.000	350.000	400.000
Perdas com Clientes	————	8.000	————

II. O Balanço Patrimonial de 1998 evidenciava como saldos finais das contas a seguir os valores:

Estoques	Fornecedores	Clientes	PDD	Contas a Pagar
100.000	1.070.000	3.000.000	3.000	150.000

III. A empresa utilizava Contas a Pagar somente para registrar despesas a prazo.

10. O valor das compras efetuadas pela empresa em 2001 é:

a) 18.005.000
b) 17.935.000
c) 16.705.000
d) 14.535.000
e) 13.385.000

11. O valor de ingresso no Fluxo de Caixa, nos três períodos, proveniente das Vendas é:

	1.999	2.000	2.001
a)	15.000.000	25.000.000	32.000.000
b)	13.000.000	22.002.000	31.998.000
c)	12.997.000	22.000.000	31.992.000
d)	9.007.000	21.992.000	27.988.000
e)	4.997.000	15.982.000	27.992.000

12. Se 10% das Despesas do ano de 2000 representarem valores ligados a itens provisionados, pode-se afirmar que o valor das saídas de caixa decorrentes de pagamento de despesas é:

a) 3.700.000
b) 3.920.000
c) 4.150.000
d) 4.500.000
e) 4.720.000

13. No período de 2000 os pagamentos efetuados pela empresa aos fornecedores foram no valor de:

a) 18.005.000
b) 17.935.000
c) 16.705.000
d) 14.535.000
e) 13.385.000

14. a 16. A.F.R. – SP – 2.006 (FCC)

Das demonstrações publicadas da Cia. Poente foram extraídas algumas informações organizadas na tabela abaixo. Com base nesses dados, identifique os valores, em (R$), solicitados nas questões abaixo.

Itens	2.003	2.004
Estoques	110.000	208.000
Fornecedores	125.000	232.000
Clientes	228.000	450.000
CMV	1.200.000	2.600.000
Despesas c/ crédito de liquidação duvidosa	6.600	13.500
Perdas com clientes	----------	1.400
Vendas	2.500.000	3.300.000
Despesas antecipadas	24.000	36.000
Contas a pagar	15.000	26.000
Provisão p/ créditos em liquidação duvidosa	6.600	13.500

14. Valor das compras de estoques efetuadas em 2004:

a) 2.932.000,00
b) 2.906.000,00
c) 2.808.000,00
d) 2.725.000,00
e) 2.698.000,00

15. Valor pago aos fornecedores no último período:

a) 2.591.000,00
b) 2.698.000,00
c) 2.725.000,00
d) 2.808.000,00
e) 2.906.000,00

16. Valor dos ingressos de caixa gerados pelas receitas de vendas:

a) 3.068.000,00
b) 3.070.000,00
c) 3.106.000,00
d) 3.294.600,00
e) 3.289.400,00

17. **I.S.S. – SP – 2007 (FCC)**
A Cia. Novo Horizonte elabora a demonstração do fluxo de caixa pelo método direto. São dadas as seguintes informações extraídas de sua contabilidade, referentes ao exercício de 2005, em R$:

Saldo inicial da conta Fornecedores	200.000,00
Saldo final da conta Estoque de Mercadorias	400.000,00
Custo das mercadorias vendidas	950.000,00
Saldo inicial da conta Estoque de Mercadorias	380.000,00
Saldo final da conta Fornecedores	260.000,00

O valor pago pela companhia a fornecedores no exercício de 2005 correspondeu a, em R$:

a) 950.000,00
b) 910.000,00
c) 890.000,00
d) 870.000,00
e) 840.000,00

18. **B.N.D.E.S. – 2008 (CESGRANRIO)**
Demonstrações contábeis publicadas pela Cia. Simões S/A, em reais.

	Dez.05	Dez.06		Dez.05	Dez.06
Ativo			Passivo		
Caixa e Bancos	9.828,00	19.805,00	Fornecedores	17.550,00	28.365,00
Dupl. a Receber	17.550,00	35.100,00	Prov. I Renda	3.510,00	2.106,00
Dupl. Descontadas		(8.775,00)	Sal. a Pagar	26.325,00	14.040,00
Estoques	21.060,00	26.325,00	Dividendos	1.755,00	3.452,00
Desp. Antecip. Seg.	5.265,00	6.825,00	Empréstimo	35.100,00	50.602,00
Imobilizado Líquido	42.120,00	52.630,00	Capital	8.775,00	26.325,00
			Lucros retidos	2.808,00	7.020,00
Totais	95.823,00	131.910,00	Totais	95.823,00	131.910,00

Demonstr. Resultado Dez/06.

Vendas	70.200,00
CMV	(30.100,00)
Lucro Bruto	40.100,00
Desp. de salários	(24.750,00)
Depreciação	(2.630,00
Desp. financeiras	(1.750,00)
Desp. de seguros	(1.200,00)
Lucro antes do IR	9.770,00
Prov. para IR	(2.106,00)
Lucro Líquido	7.664,00

Demonstr. das Mutações do Patrimônio Líquido

	Capital	L. Acum.	Total
Saldo em Dez.05	8.775,00	2.808,00	11.583,00
Aumento capital	117.550,00		17.550,00
Lucro do exerc.		7.664,00	7.664,00
Dividendos		(3.452,00)	(3.452,00)
Saldo em Dez.06	26.325,00	7.020,00	33.345,00

Na Demonstração do Fluxo de Caixa (DFC), método direto, Atividades Operacionais, o valor dos Pagamentos a Fornecedores, em reais, é

a) 14.020,00
b) 17.550,00
c) 24.550,00
d) 28.365,00
e) 5.365,00

19. TERMOAÇU – 2008 (CESGRANRIO)

A Cia. B & C, uma empresa comercial, apresentava os seguintes dados em 2007:

Saldo inicial de Clientes	R$	700,00
Saldo final de Clientes	R$	1.000,00
Saldo inicial de Estoques	R$	300,00
Saldo final de Estoques	R$	450,00
Saldo inicial de Fornecedores	R$	300,00
Saldo final de Fornecedores	R$	500,00
Receita de Vendas	R$	2.800,00
CMV	R$	700,00

Considerando-se apenas os dados apresentados, o valor das compras desembolsadas e o valor dos recebimentos de clientes no ano, informados na Demonstração do Fluxo de Caixa, pelo Método Direto, em reais, respectivamente, são

a) 650,00 e 2.500,00
b) 850,00 e 2.500,00
c) 850,00 e 3.100,00
d) 1.050,00 e 2.700,00
e) 1.050,00 e 3.100,00

20. PETROBRAS – 2010 (CESGRANRIO)

Considere as informações extraídas da Demonstração do Fluxo de Caixa (DFC) da Companhia Sacopã S.A., com dados em reais.

- Recursos oriundos das atividades de financiamentos 53.000,00
- Recursos aplicados nas atividades de investimentos 22.000,00
- Recursos oriundos das atividades operacionais 27.000,00
- Saldo de caixa no início do exercício social 10.000,00

Considerando exclusivamente as informações acima, o saldo de caixa no final do exercício social, em reais, será

a) 55.000,00
b) 58.000,00
c) 68.000,00
d) 102.000,00
e) 109.000,00

21. a 23. A.F.R.F. – 2002 (ESAF)

Das demonstrações contábeis da Cia. Azulão foram extraídas as contas abaixo com os seus respectivos saldos:

Contas	Período	
	2.000	2.001
Fornecedores	23.000	32.000
CMV	800.000	1.300.000
Compras	750.000	1.200.000
Vendas	2.500.000	6.500.000
Despesas antecipadas	15.000	240.000
Despesas totais do período	1.200.000	4.000.000
Depreciação do período	320.000	540.000

21. O valor pago pelas compras no ano de 2001 foi:

a) 1.300.000
b) 1.200.000
c) 1.191.000
d) 1.101.000
e) 1.091.000

22. Se o valor do estoque final for 90.000, o estoque inicial será:

a) 190.000
b) 180.000
c) 120.000
d) 100.000
e) 90.000

23. Considerando que o Passivo Circulante da empresa era formado unicamente pela rubrica fornecedores e o Balanço Patrimonial não evidenciava a existência de Realizável a Longo Prazo, pode-se afirmar que o valor das Despesas pagas no período é:

a) 3.220.000
b) 3.445.000
c) 3.460.000
d) 3.685.000
e) 4.000.000

24. A.F.T.E. – RJ – 2009 (FGV)
A *Cia. Topázio* apresentou o seguinte Balanço em 31.12.2008:

ATIVO	
Disponibilidades	180.000
Clientes	100.000
Seguros Antecipados	20.000
Investimentos – Cia. Alfa	100.000
Equipamentos	200.000
Total	600.000

PASSIVO E PATRIMÔNIO LÍQUIDO	
Financiamentos	310.000
Capital Social	290.000
Total	600.000

As seguintes operações ocorreram durante o ano de 2009:

I. a empresa auferiu receitas de vendas no valor de $ 600.000, integralmente recebidas.
II. a empresa incorreu em despesas operacionais no valor de $ 250.000, que serão pagas no período seguinte.
III. os equipamentos são depreciados à taxa de 10% ao ano, sem considerar valor residual.
IV. a *Cia. Alfa*, em que a *Cia. Topázio* tem 100% de participação, gerou um lucro de $10.000.
V. metade do saldo inicial de caixa foi aplicada gerando um rendimento de 12% durante o ano.
VI. do saldo de clientes, 90% foram integralmente recebidos.
VII. compra de um terreno por $ 40.000 à vista.
VIII. os financiamentos consumiram encargos de 10% sobre o saldo inicial, que foram pagos no período.
IX. os seguros antecipados foram 100% apropriados ao resultado do período.

Dado que a empresa reconhece como operacionais as opções existentes no CPC 03, aprovado pelo CFC, assinale a alternativa que indique o *valor do caixa* gerado pela atividade operacional da empresa durante o ano de 2009.

a) $ 649.800.
b) $ 669.800.
c) $ 690.000.
d) $ 849.800.
e) $ 870.000.

25. TRANSPETRO - CONTADOR(A) JÚNIOR – 2011 (CESGRANRIO)

A nova redação da Lei Societária extinguiu a Demonstração de Origens e Aplicações de Recursos e criou a Demonstração dos Fluxos de Caixa. A legislação estabeleceu, igualmente, que a Demonstração dos Fluxos de Caixa deve segregar as alterações de caixa e equivalentes de caixa em três fluxos: 1 - das operações; 2 - dos financiamentos; e 3 - dos investimentos. Um exemplo da atividade de financiamento é o recebimento de

a) integralização do capital social
b) receitas financeiras
c) venda de ativos intangíveis
d) venda de ativos imobilizados
e) dividendos de sociedades investidas

26. I.C.M.S. - AP - 2010 (FGV)

Uma companhia fechada não será obrigada a elaborar e publicar a demonstração dos fluxos de caixa, desde que o seu patrimônio líquido seja:

a) inferior a R$ 2.500.000,00, nos últimos trimestres.
b) inferior a R$ 2.000.000,00, na data do balanço.
c) superior a R$ 2.500.000,00, nos últimos trimestres.
d) superior a R$ 2.000.000,00, no data do balanço.
e) superior a R$ 2.500.000,00, na data do balanço.

27. PREF. MUNICIPAL DE S.CARLOS- FISCAL DE TRIBUTOS- 2.011 (VUNESP)

Balancete de verificação

Capital	$ 876.000
Ativo imobilizado	$ 1.683.000
Ativo intangível – deságio	$ 35.000
Fornecedores	$ 1.124.000
Impostos a recolher	$ 783.000
Dividendos a pagar	$ 378.000
Receita de vendas	$ 4.779.000
Custos	$ 3.456.000
Lucro líquido	$ 245.000
Estoques	$ 384.000
Contas a receber	$ 950.000
Provisão para créditos de liquidação duvidosa	$ 75.000
Aplicações financeiras	$ 450.000

Com base nas contas apresentadas no balancete de verificação da empresa, identifique o saldo de caixa e equivalentes de caixa.

a) R$ 49.000
b) R$ 119.000
c) R$ 499.000
d) R$ 534.000
e) R$ 1.057.000

28. SEC. FAZENDA - ANALISTA DE CONTR. INTERNO – RJ – 2011 (FGV)

Em X9, as atividades operacionais da Cia. X consumiram R$ 3.000, as atividades de financiamentos consumiram R$ 7.000 e as atividades de investimento geraram R$ 12.000. Qual foi o saldo de caixa e equivalentes a caixa da Cia. X em 31/12/X9, considerando que esse saldo em 01/01/X9 era de R$ 14.000?

a) R$ 12.000.
b) R$ 8.000.
c) R$ 2.000.
d) R$ 16.000.
e) R$ 26.000.

29. SEC. FAZENDA - ANALISTA DE CONTR. INTERNO – RJ – 2011 (FGV)

A Cia. MM apresentava o seguinte Balanço Patrimonial em 31/12/2009:

ATIVO	
Disponibilidades	67.000
Clientes	45.000
Estoques	30.000
Aluguel antecipado	20.000
Móveis	80.000
Computadores	20.000
Total	262.000

PASSIVO e PATRIMÔNIO LÍQUIDO	
Fornecedores	112.000
Capital Social	150.000
Total	262.000

As seguintes operações ocorreram em 2010:

1. **Reconhecimento de Receitas Operacionais à vista, no valor de R$ 500.000.**
2. **Despesa de depreciação dos móveis, no valor de R$ 10.000.**
3. **Venda dos computadores por R$ 30.000. Metade do valor foi recebida à vista, e o restante será recebido em janeiro de 2011.**
4. **O saldo de clientes foi integralmente recebido.**
5. **Compra de estoque por R$ 30.000 à vista.**
6. **Compra de um terreno por R$ 40.000 à vista.**
7. **O aluguel foi inteiramente apropriado.**
8. **Pagamento de dividendos no valor de R$ 5.000.**

Assinale o valor do caixa consumido pela atividade de Investimento da empresa.

a) R$ 20.000.
b) R$ 10.000.
c) R$ 25.000.
d) R$ 35.000.
e) R$ 30.000.

30. CIA DOCAS - BA - CONTADOR - 2010 (FGV)

A Cia. W apresentava o seguinte Balanço Patrimonial em 31/12/2010:

ATIVO	
Disponibilidades	100.000
Clientes	60.000
Aluguel pago antecipadamente	12.000
Máquinas	55.000
Total	227.000
PASSIVO E PATRIMÔNIO LÍQUIDO	
Capital Social	227.000
Total	227.000

As seguintes operações ocorreram durante o ano de 2010: Do saldo de clientes, 80% foram integralmente recebidos. Compra de um terreno à vista: R$23.000. O aluguel foi 100% apropriado. A empresa auferiu receitas de vendas no valor de R$180.000. Metade do valor foi recebida em 2010 e o restante será recebido em 2011. As máquinas são depreciadas à taxa de 10% ao ano, sem considerar valor residual. A empresa incorreu em despesas operacionais no valor de R$30.000, que foram pagas imediatamente. Ao final do ano, foram pagos dividendos no valor de R$27.000. Qual é o valor do caixa gerado pela atividade operacional da empresa durante o ano de 2010?

a) R$ 102.500.
b) R$ 40.500.
c) R$ 52.500.
d) R$ 85.000.
e) R$ 108.000.

31. INFRAERO – ANALISTA SUPERIOR II – PREV. COMPL. - 2011 (FCC)

Dados extraídos da escrituração contábil da Cia. Juazeiro do Sul, relativos ao exercício encerrado em 31-12-2010:

Saldo inicial de Fornecedores..........................	250.000,00
Saldo final de Fornecedores	280.000,00
Custo das Mercadorias Vendidas	620.000,00
Estoque inicial de Mercadorias	150.000,00
Estoque final de Mercadorias	170.000,00

A companhia elabora o fluxo de caixa das atividades operacionais pelo método direto. Abstraindo-se os tributos incidentes sobre as compras, o valor pago pela entidade aos seus fornecedores no exercício de 2010 correspondeu, em R$, a

a) 610.000,00.
b) 640.000,00.
c) 590.000,00.
d) 620.000,00.
e) 630.000,00.

32. INFRAERO – ANALISTA SUPERIOR II – CONTADOR – 2011 (FCC)

São dadas as seguintes informações, em R$, extraídas da escrituração contábil da Cia. ABC, que elabora a Demonstração dos Fluxos de Caixa pelo método direto:

Saldo da conta Duplicatas a Receber em 31-12-2009	385.890,00
Saldo da conta Duplicatas a Pagar em 31-12-2010	388.650,00
Vendas efetuadas pela companhia no exercício de 2010	956.230,00
Compras efetuadas pela companhia no exercício de 2010	487.340,00
Saldo da conta Duplicatas a Pagar em 31-12-2009	416.220,00
Saldo da conta Duplicatas a Receber em 31-12-2010	352.810,00

O valor das vendas recebidas dos clientes no exercício de 2010 foi, em R$,

a) 923.150,00
b) 928.660,00
c) 983.800,00
d) 989.310,00
e) 738.000,00

33. **A.F.R.F. – 2002 (ESAF)**

A composição da diferença entre o Lucro Contábil com o Fluxo de Caixa Operacional Líquido é evidenciada:

a) Na Demonstração das Origens e Aplicações de Recursos.
b) No Fluxo de Caixa Indireto.
c) Na Demonstração de Resultados.
d) No fluxo gerado por Investimentos.
e) Na composição dos financiamentos de Caixa.

34. **A.F.P.S. – 2003 (CESPE)**

Com relação ao que ensina a doutrina contábil acerca do fluxo de caixa, julgue os seguintes itens.

01. A demonstração do fluxo de caixa objetiva destacar as principais atividades que, direta ou indiretamente, causam impacto no fluxo de caixa e, portanto, influenciam o saldo geral de caixa. Divide-se, formalmente, em duas seções: atividades operacionais e atividades não-operacionais. ( )

02. O fluxo de caixa pode ser demonstrado pelos métodos direto ou indireto. Enquanto o primeiro, partindo da receita de vendas, reconstrói a demonstração de resultado de exercício de cima a baixo quanto ao fluxo de caixa, a fim de determinar o caixa líquido gerado pelas atividades operacionais, o segundo método, também conhecido como método da reconciliação, parte do lucro líquido e, por meio da remoção de quaisquer itens que não afetem o fluxo de caixa, ajusta-o para o regime de caixa. O método indireto é considerado mais vantajoso do que o método direto por que evidencia as eventuais diferenças entre o lucro líquido e o dinheiro líquido gerado nas atividades operacionais. ( )

35. **A.F.R. – SP – 2006 (ESAF)**

Em 2004, a Empresa Comercial Apolo, para melhorar o processo de atendimento dos caixas de seus supermercados, investe em tecnologia de automação dos caixas, negociando, na mesma data, seu antigo sistema de máquinas registradoras, por 40% de seu valor contábil líquido. Os dados, em R$, da movimentação desses itens foram os seguintes:

Valor de aquisição das máquinas anteriores	200.000,00
Percentual depreciado até a baixa	90%
Novos investimentos	1.200.000,00
Data da nova aquisição	01.12.2.004
Taxa de depreciação estimada	10 anos

Na elaboração do fluxo de caixa pelo método direto,

a) adicionar ao resultado do exercício ajustes no valor de 20.000,00.
b) evidenciar no financiamento uma origem de caixa de 1.000.000,00.
c) demonstrar uma saída de caixa nos investimentos no valor de 1.200.000,00.
d) evidenciar nos investimentos um ingresso de caixa no valor de 24.000,00.
e) subtrair do resultado de exercícios um ajuste no valor de 8.000,00.

36. B.N.D.E.S. - 2005 (UFRJ)

As Organizações Buriti reuniram uma série de dados visando a elaboração da Demonstração de Fluxo de Caixa (DFC). Esses dados são: (Adaptada)

- Lucro líquido em 2003: $ 10.000
- Dados para a elaboração da Demonstração de Fluxo de Caixa de 2004:
- Aumento em Fornecedores: $ 11.000, Aumento do Ativo Imobilizado: $ 1.100, Aumento em Contas a Receber: $ 1.000, Integralização de Capital: $ 6.000, Aumento nos Estoques: $3.000 e Redução em Salários a Pagar: $ 600.

Informações sobre o Ativo Imobilizado (saldos em 1/1/2004):

Ativo	Custo ($)	Depreciação Acumulada ($)	Taxa de Depreciação
Edifícios	15.000,00	6.000,00	4% a.a.
Móv. e Utensílios	3.000,00	1.500,00	10% a.a.
Máq. e Equip.	4.000,00	4.000,00	10% a.a.
Veículos	6.000,00	1.200,00	20% a.a.

Informações referentes aos resultados:

Descrição	Anos	
	2003	2004
Receita Bruta de Vendas	$ 130.000	$ 120.000
Devol. e Abatimentos	$ 30.000	$ 30.000
Margem Bruta	50%	40%
Margem Operacional	30%	30%
Margem Líquida	10%	9%

O saldo final de disponibilidades em 2004 é igual ao quádruplo da variação das disponibilidades no período. Tendo como referência a DFC de 2004 é correto afirmar que:

a) o aumento das disponibilidades em 2004 foi de $21.500;
b) o saldo final das disponibilidades em 2003 era de $71.400;
c) as disponibilidades aumentaram em $21.900 no ano de 2004;
d) o saldo final das disponibilidades em 2004 era de $97.200;
e) o saldo final das disponibilidades em 2004 ficou maior em $23.400.

37. TERMOAÇU - 2008 (CESGRANRIO)

Considere os dados abaixo para a elaboração da Demonstração do Fluxo de Caixa, em reais, de uma determinada empresa.

Lucro Líquido do Exercício	12.000,00
Resultado positivo de Participações em Controladas	1.500,00
Despesa com Depreciação no Período	800,00
Ganho na venda de Imobilizado	1.000,00
Redução do saldo da conta Duplicatas a Receber	3.000,00
Aumento do saldo da conta Estoques	1.200,00
Aumento do saldo da conta Adiantamento de Clientes	500,00
Redução do saldo da conta Fornecedores	1.100,00
Aumento do saldo da conta de Impostos a Pagar	900,00

Examinando os dados apresentados, conclui-se que o caixa líquido consumido nas atividades operacionais da empresa, em reais, pelo Método Indireto, será

a) 8.200,00
b) 11.400,00
c) 12.400,00
d) 13.800,00
e) 14.400,00

38. **MINISTÉRIO DA INTEGRAÇÃO NACIONAL – 2010 (FCC)**
As informações abaixo foram extraídas do Balanço Patrimonial e da Demonstração de Resultado do Exercício da Cia. Horto Florestal, relativas ao exercício encerrado em 31/12/2008 (em R$):

Lucro líquido do exercício	380.000,00
Despesas de depreciação	70.000,00
Resultado positivo da equivalência patrimonial	90.000,00
Aumento de Duplicatas a Receber	65.000,00
Aumento de Fornecedores	40.000,00
Aumento de Contas a Pagar	20.000,00
Diminuição de estoques	35.000,00

Utilizando apenas as informações fornecidas acima, é correto afirmar que o fluxo de caixa derivado das atividades operacionais da companhia, nesse exercício, correspondeu a uma entrada líquida de recursos de, em R$,

a) 380.000,00.
b) 390.000,00.
c) 295.000,00.
d) 335.000,00.
e) 355.000,00.

39. e 40. COMPANHIA DE GÁS – BA – 2010 (FCC)

BP Gasômetro Baiano S/A.	31/12/2009	31/12/2008
Ativo	$ (Mil)	$ (Mil)
Caixa	400	300
Títulos Negociáveis	600	200
Contas a Receber	400	500
Estoques	600	900
Total do Ativo Circulante	2.000	1.900
Ativo Não Circulante		
Terrenos e Edifícios	1.200	1.050
Máquinas e Equipamentos	850	800
Móveis e Utensílios	300	220
Veículos	100	80
Outros (Incluindo Arrendamentos Financeiros)	50	50
(") Depreciação Acumulada	-1.300	-1.200
Total do Ativo Não Circulante	1.200	1.000
Ativo Total	3.200	2.900
Passivo e Patrimônio Líquido		
Contas a Pagar - Fornecedores	700	500
Títulos a Pagar	600	700
Despesas a Pagar	100	200
Total do Passivo Circulante	1.400	1.400
Exigível a Longo Prazo: (Incluindo Arrendamentos Financeiros)	600	400
Total Exigível a Longo Prazo	600	400
Patrimônio Líquido		
Ações Preferenciais	100	100
Ações Ordinárias (valor nominal $ 1,20)	120	120
Ágio na emissão de Ações Ordinárias	380	380
Reserva de Lucros	600	500
Total do Patrimônio Líquido	1.200	1.100
Passivo e Patrimônio Líquido Total	3.200	2.900

DLPA $ (Mil)	
Saldo em 31/12/2008	1.100
Lucro Líquido depois do IR e CSLL	180
Dividendos Pagos em dinheiro:	
Ações Preferenciais	- 10
Ações Ordinárias	- 70
Saldo em 31/12/2009	1.200

Gasômetro Baiano S/A. 31/12/2009

DRE $ (Mil)	
Receita Líquida de Vendas	1.700
(") Custo dos Produtos Vendidos	- 1.000
(=) Lucro Bruto	700
(") Despesas Operacionais de Vendas	- 70
Administrativas	- 120
de Arrendamento (leasing)	- 40
Depreciação	- 100
Total das Despesas Operacionais	- 330
(=) Resultado Operacional - LAJIR	370
(+/") Despesas (Receita) Financeiras	- 70
(=) Lucro Antes do IR e CSLL (LAIRC)	300
(") Provisão para IR e CSLL (40%) (LAIRC)	- 120
(=) Lucro Após Prov. p/ IR e CSLL	180
(") Participação no Lucro Dividendos Preferenciais	- 10
(=) Lucro Disponível ao Acionista Ordinário	170
Lucro por Ação	1,70
'Dividendos por Ação	0,10
Ações em circulação	100.000
Dividendos pagos	10.000

39. Segundo a Lei nº 11.638/07 a DFC em substituição à DOAR deve evidenciar a variação líquida de caixa e equivalentes de caixa que, no caso da Gasômetro Baiano monta em $ (mil)

a) 100.
b) 200.
c) 300.
d) 400.
e) 500.

40. A DFC, pelo método indireto, da Gasômetro Baiano apresentará os valores de Caixa gerados pelas atividades operacionais e pelas atividades de financiamentos nos montantes respectivos de $ (mil)

a) 780 e 20.
b) 690 e 110.
c) 650 e 150.
d) 645 e 155.
e) 600 e 200.

41. METRO - SP - 2010 (FCC)

As seguintes informações foram extraídas da Demonstração de Resultado da Cia. Gama relativa ao exercício encerrado em 31/12/2009 (em R$):

Lucro líquido do exercício	320.000,00
Despesa de depreciação	156.000,00
Receitas financeiras	105.000,00
Ganho de capital na alienação à vista de ativo imobilizado	37.000,00
Despesas financeiras	84.000,00
Receita de dividendos recebida no exercício	11.000,00

O valor do lucro líquido ajustado que deve constar da Demonstração dos Fluxos de Caixa da companhia, elaborada pelo método indireto, corresponde, em R$, a

a) 450.000,00.
b) 476.000,00.
c) 392.000,00.
d) 497.000,00.
e) 439.000,00.

42. I.C.M.S. – RO – 2010 (FCC)

A empresa HAGA apresenta a seguinte Demonstração do Resultado do Exercício findo em X9.

Demonstração do Resultado do Exercício	
Receita Líquida de vendas	150.000,00
Custo dos Produtos Vendidos	(87.000,00)
Lucro	63.000,00
Despesas de Vendas	(8.400,00)
Despesas Administrativas	(25.600,00)
Despesa de Depreciação	(3.000,00)
Resultado de Equivalência Patrimonial	6.000,00
Prejuízo na Venda de Imobilizado	(2.000,00)
Resultado antes do Imposto de Renda e CSLL	30.000,00
Imposto de Renda e CSLL	(9.000,00)
Lucro Líquido	21.000,00

Na elaboração da demonstração dos fluxos de caixa, pelo método indireto, considerando apenas os valores constantes na Demonstração do Resultado do Exercício acima, o valor do ajuste ao lucro líquido é, em reais,

a) 34.000,00 positivo.
b) 6.000,00 negativo.
c) 5.000,00 positivo.
d) 3.000,00 negativo.
e) 1.000,00 negativo.

43. CIA DOCAS - BA - CONTADOR - 2010 (FGV)

A Cia. T apresentou a seguinte Demonstração do Resultado do Exercício em 31/01/2010:

Receita de Serviços	500.000
Despesas de salários	–100.000
Despesas Financeiras	–150.000
Despesas de Depreciação	– 70.000
Receita de Equivalência Patrimonial	50.000
Lucro na venda de Ativo Imobilizado	130.000
Lucro Líquido	360.000

Qual é o valor do Lucro Líquido Ajustado integrante do cálculo do Fluxo de Caixa Operacional, conforme o método indireto?

a) R$ 400.000.
b) R$ 430.000.
c) R$ 300.000.
d) R$ 380.000.
e) R$ 250.000.

44. e 45. INMETRO - Contabilidade – 2011 (CESPE)

Os seguintes dados foram extraídos das demonstrações financeiras da companhia ADMS S.A. Incorporações no exercício de 2009.

contas	**R$**
redução da conta impostos a recuperar	3.500
redução da conta fornecedores	12.000
redução da conta estoques	9.000
aumento da conta impostos a recolher	2.000
aumento da conta salários a pagar	7.000
aumento da conta clientes	40.000
aumento da conta capital social	30.000
aquisição de máquinas e equipamentos à vista	60.000
custo das mercadorias vendidas	62.000
despesas de depreciação	1.500
obtenção de um empréstimo a longo prazo	60.000
receita líquida de vendas	95.000
despesas com provisão para créditos de liquidação duvidosa	2.000
lucro líquido do exercício	18.300
pagamento de dividendos no período	8.000

44. **Com base nas informações do texto, assinale a opção correta.**

a) A empresa está gerando recursos somente nas atividades de financiamento, que estão sendo usados para cobrir a deficiência de geração de recursos nas atividades de investimentos e operacionais.
b) A empresa está gerando recursos nas atividades de investimento e financiamento, que estão sendo usados para cobrir a deficiência de geração de recursos nas operações.
c) A empresa está gerando recursos nas atividades de financiamento, que estão sendo usados para cobrir a deficiência de geração de recursos nas operações de investimento.
d) A empresa está gerando recursos nas operações no financiamento e nas atividades de investimento, que estão sendo utilizados para aumentar o recurso disponível.
e) A empresa está gerando recursos financeiros nas operações, que estão sendo utilizados para as atividades de investimento e financiamento.

45. De acordo com as informações do texto e partir da elaboração da demonstração do fluxo de caixa, o fluxo de caixa operacional, o fluxo de caixa de investimento e o fluxo de caixa de financiamento são, respectivamente, iguais a

a) R$ 6.000,00; R$ 60.000,00 e R$ 82.000,00.
b) R$ 10.700,00; R$ 0,00 e R$ 22.000,00.
c) R$ 2.000,00; R$ 0,00 e R$ 90.000,00.
d) R$ 8.700,00; R$ 60.000,00 e R$ 82.000,00.
e) R$ 16.700,00; R$ 60.000,00 e R$ 90.000,00.

46. TRIB. DE CONTAS EST. SP - AG. FISCAL. FINANCEIRA - 2012 (FCC)
Da Demonstração dos Fluxos de Caixa elaborada pela Cia. Araxá, relativa ao exercício findo em 31-12-2011, foram extraídas as seguintes informações:
I. O valor do Disponível da Cia. Araxá aumentou R$ 186.500,00 entre 31-12-2010 e 31-12-2011.
II. Houve uma saída líquida de caixa e equivalentes-caixa das atividades de investimento no valor de R$ 54.680,00.
III. O fluxo de caixa das atividades de financiamento registrou uma entrada líquida de R$ 38.640,00.
À vista dessas informações, conclui-se que, no exercício de 2011, houve uma entrada líquida de caixa das atividades operacionais no valor de, em reais,

a) 170.360,00
b) 170.460,00
c) 182.500,00
d) 202.540,00
e) 208.520,00

47. ANALISTA CONTÁBIL – MIN. PÚBLICO – RO – 2012 (FUNCAB)
Uma venda de item do imobilizado que foi adquirido para aluguel a terceiros, em uma entidade que, durante as suas atividades, normalmente vende itens do imobilizado mantidos para esse fim, deve ser registrada na DFC como um fluxo de caixa das atividades:

a) de investimento.
b) operacionais.
c) orçamentárias.
d) extraorçamentárias.
e) de financiamento.

48. ANALISTA DE DESENVOLVIMENTO - METRO – SP – 2012 (FCC)
Na elaboração da Demonstração dos Fluxos de Caixa pelo método indireto, um ajuste que deve ser efetuado no resultado líquido do exercício, para fins de mensuração do fluxo de caixa das atividades operacionais, é a exclusão, do valor do referido lucro,

a) das despesas de depreciação, amortização e exaustão.
b) do resultado positivo da equivalência patrimonial.
c) de todas as receitas financeiras auferidas no exercício.
d) da variação cambial negativa de empréstimos de longo prazo obtidos no exterior.
e) do prejuízo incorrido na alienação de bens do Ativo Não Circulante.

49. PREFEITURA DE PETRÓPOLIS - CONTADOR - 2012 (FDC)
A entidade deve apresentar seus fluxos de caixa decorrentes das atividades operacionais, de investimento e de financiamento:

a) por meio de um critério de contrapartida;
b) em padrão contábil hebdomadário;
c) com base em sistemas holísticos;
d) em unidades de conta de referência;
e) da forma que seja mais apropriada a seus negócios.

50. T.S.E. - ANALISTA JUDICIÁRIO - 2.012 - (CONSULPLAN)

A Cia. X presta serviços de perícia contábil. Em 31.12.2009, a Cia. X apresentava os seguintes saldos em seu Balanço Patrimonial: Caixa: R$ 15.000,00; Clientes: R$ 2.000,00; Imóvel: R$ 100.000,00; Depreciação Acumulada: R$ 90.000,00; Salários a Pagar (curto prazo): R$ 5.000,00; Capital Social: R$ 18.000,00; Reserva de Lucros: R$ 4.000,00. Durante janeiro de 2010, a empresa efetuou as seguintes operações:

- recebimento do saldo com clientes.
- prestação de serviços a prazo no valor de R$ 20.000,00, sendo constituída provisão para perdas estimadas para créditos de liquidação duvidosa no valor de 5%.
- reconhecimento da Despesa de Depreciação do imóvel, a 12% ao ano, calculada pelo método linear, considerando valor residual de R$ 5.000,00.
- pagamento da dívida de salários
- reconhecimento e pagamento de despesas de salários no valor de R$ 2.000,00.
- reconhecimento de despesas gerais no valor de R$ 6.000,00 para pagamento no mês seguinte.

Considerando a elaboração da Demonstração do Fluxo de Caixa pelo método indireto, qual deverá ser o valor total dos ajustes para conciliação entre o Lucro Líquido e o Fluxo de Caixa operacional em 31.01.2010?

a) R$ 9.000,00 negativo.
b) R$ 7.000,00 negativo.
c) R$ 5.950,00 negativo.
d) R$ 5.000,00 negativo.

51. e 52. A.F.R.F.B. – 2012 (ESAF)

Dos registros da Cia. Boreal, foram extraídos os dados relativos aos exercícios contábeis de 2009/2010, a seguir:

Contas de Ativo	**2009**	**2010**
Disponibilidades	2.000	1.000
Estoques	3.000	5.900
Clientes	6.300	8.000
Provisão p/Créditos de Liquidação Duvidosa		
(PCLD)	-300	-400
Participações Societárias	13.500	23.500
Imobilizado Custo	36.000	40.000
Depreciação Acumulada	-8.000	-5.000
Marcas e Patentes	2.500	2.000
Total do Ativo	55.000	75.000
Contas de Passivo e Patrimônio Líquido	**2009**	**2010**
Contas a Pagar	4.000	5.000
Fornecedores	14.000	6.900
Dividendos	4.000	6.400
Provisão p/ Imposto de Renda e Contribuições	2.500	3.200
Títulos a Pagar (I)	-	5.000
Capital Social	28.400	40.000
Reserva Legal	100	740
Reservas de Lucros	2.000	7.760
Total do Passivo + Patrimônio Líquido	55.000	75.000

Demonstração de Resultado de Exercício 2010		
1. Vendas		190.000
2. (-) CMV		-100.000
3. Resultado Bruto Operacional		90.000
4. (-) Despesas:		
Administrativas	-40.000	
Financeiras	-10.000	
de Vendas	-45.500	
de Depreciações	-3.000	
de Amortização	-500	-99.000
5. Resultado de Equivalência Patrimonial		10.000
6. Resultado c/ Venda de Imobilizado		15.000
7. Resultado Antes do Imposto de Renda		16.000
8. Provisão p/ Imposto de Renda e Contribuições		-3.200
9. Resultado Líquido do Exercício		12.800
Distribuição do Resultado de Exercício 2010		
Reserva Legal		640
Dividendos		6.400
Reservas de Lucros		5.760
Total do Resultado Apurado		12.800

Informação adicional

I. Títulos com vencimento previsto para 30 dias.
II. Com relação a PCLD, a provisão em 2010 correspondeu a R$400,00. Não houve registro de reversão dos saldos anteriores.
III. O Resultado c/Venda do Imobilizado corresponde a 75% do valor líquido do bem vendido.

Com base nos dados fornecidos, responder as questões 51. e 52.

51. O resultado apurado no período:

a) gerou um ingresso total de caixa de R$ 16.300,00.
b) quando ajustado, é negativo em R$ 8.700,00.
c) contribuiu para ingresso financeiro de R$ 12.800,00.
d) representa um uso total de disponibilidades de R$ 12.300,00.
e) indica que a atividade operacional foi positiva em R$ 1.300,00.

52. Para a elaboração da Demonstração dos Fluxos de Caixa da Cia. Boreal, deve-se considerar que

a) ocorreu uma aquisição de participações societárias em outras empresas.
b) as atividades operacionais foram alteradas pelo ganho com a venda do Imobilizado.
c) os dividendos distribuídos devem ser demonstrados como atividade de investimento.
d) as atividades de financiamento geram um ingresso positivo no fluxo do caixa.
e) a movimentação dos Fornecedores provoca aumento nas atividades de financiamentos.

53 a 59 - (A.F.R.F. – 2.003) Instruções para resolução das questões a seguir. Em uma operação de verificação dos livros contábeis, realizada na Cia. Luanda, foi possível identificar os seguintes dados:

I. O Balanço Patrimonial dos exercícios 20x1 e 20x2

CONTAS DO ATIVO	**20x1**	**20x2**
Disponibilidades	8.000	6.000
Clientes	12.000	22.500
(-) Prov. p/ Créditos de Liq. Duvidosa	(300)	(800)
Estoques	2.000	6.500
Participações Societárias	5.300	5.300
Imóveis	12.000	12.000
Equipamentos	15.000	20.000
Veículos	20.000	20.000
(-) Depreciação Acumulada	(2.000)	(7.500)
TOTAL DO ATIVO	**72.000**	**84.000**
CONTAS DO PASSIVO+PL	**20x1**	**20x2**
Contas a Pagar	1.000	4.000
Fornecedores	9.000	6.000
Dividendos a Pagar	------	3.000
Impostos Provisionados	1.000	2.000
Notas Promissórias a Pagar	10.000	------
Financiamentos de Longo Prazo	16.000	22.000
Capital Social	30.000	40.000
Reservas de Lucros	4.000	0
Lucros/Prejuízos Acumulados	1.000	7.000
TOTAL DO PASSIVO+PL	**72.000**	**84.000**

II. A Demonstração das Mutações do Patrimônio Líquido

	Capital Social	Reserva de Lucros	Lucros / Prejuízos Acumulados	Total
Saldo em 31.12.20x1	30.000	4.000	1.000	35.000
Transferência p/ Capital	4.000	(4.000)		
Novas Subscrições	6.000			6.000
Incorporação do Resultado Líquido 20x2			9.000	9.000
Distribuição do Resultado: Dividendos			(3.000)	(3.000)
Saldo em 31.12.20x2	40.000		7.000	47.000

III. Itens da Demonstração de Resultado do Exercício

Itens Adicionais	20x1	20x2
Vendas	100.000	152.000
CMV	64.000	82.000
Despesas totais do período	34.000	59.000
Resultado antes do IR	2.000	11.000
Variações Cambiais Passivas	---	6.000
Despesas de Depreciações	2.000	5.500
Provisão p/ pagamento do Imposto de Renda	1.000	2.000
Provisão p/ Créditos de Liquidação Duvidosa	300	800

IV. Outras informações adicionais

- As Notas Promissórias vencem em 180 dias.
- Os financiamentos foram contratados junto ao Banco ABC em 30.12.20x1 pelo prazo de 8 anos, com carência de 3 anos e juros de 5% anuais, pagáveis ao final de cada período contábil. O saldo devedor é corrigido pela variação da moeda x, com pagamento do principal em 5 parcelas anuais após o período de carência.

53. O valor dos ingressos de caixa gerado pelas vendas no período examinado foi:

a) 159.500
b) 150.000
c) 141.200
d) 139.500
e) 139.200

54. Examinando os dados, verifica-se que a empresa pagou aos fornecedores o valor de:

a) 89.500
b) 86.500
c) 85.000
d) 82.000
e) 75.500

55. Com base nos dados identificados, pode-se afirmar que a saída de caixa para o pagamento de despesas foi:

a) 52.700
b) 50.700
c) 44.700
d) 45.500
e) 43.700

56. No período a empresa efetuou compras de estoques no valor de:

a) 89.500
b) 86.500
c) 85.000
d) 82.000
e) 75.500

57. Com os dados fornecidos e aplicando o método indireto para elaborar o fluxo de caixa, pode-se afirmar que a contribuição do resultado ajustado para a formação das disponibilidades é:

a) 21.300
b) 12.000
c) 17.500
d) 20.500
e) 6.000

58. O valor dos itens de Investimentos que contribuíram para a variação das disponibilidades é:

a) (5.500)
b) (5.000)
c) (500)
d) 5.000
e) 5.500

59. O valor do caixa líquido consumido nas atividades operacionais é:

a) (9.300)
b) (8.000)
c) (3.000)
d) 7.000
e) 9.000

Gabarito

01. B	02. A	03. C	04. B	05. E	06. D
07. C	08. A	09. D	10. A	11. E	12. B
13. E	14. E	15. A	16. B	17. B	18. C
19. A	20. C	21. C	22. A	23. D	24. B
25. A	26. B	27. C	28. D	29. C	30. E
31. A	32. D	33. B	34. 1- F	2- V	35. C
36. A	37. C	38. B	39. E	40. A	41. E
42. E	43. E	44. A	45. D	46. D	47. B
48. B	49. E	50. D	51. B	52. D	53. C
54. A	55. E	56. B	57. D	58. B	59. D

16. Demonstração do Valor Adicionado – DVA

1. Conceito

É um demonstrativo que evidencia o valor da riqueza adicionada por uma empresa num determinado período de tempo e de que maneira esse valor agregado foi efetivamente distribuído.

A riqueza gerada pela empresa, medida no conceito de valor adicionado, é calculada a partir da diferença entre o valor de sua produção e o dos bens produzidos por terceiros utilizados no processo de produção da empresa. A atual e a potencial aplicação do valor adicionado mostra o aspecto econômico e social que o seu conceito envolve: (i) como índice de avaliação do desempenho na geração da riqueza, ao medir a eficiência da empresa na utilização dos fatores de produção, comparando o valor das saídas; com o valor das entradas, e (ii) como índice de avaliação do desempenho social à medida que demonstra, na distribuição da riqueza gerada, a participação dos empregados, do Governo, dos Agentes Financiadores e dos Acionistas. O valor adicionado demonstra, ainda, a efetiva contribuição da empresa, dentro de uma visão global de desempenho, para a geração de riqueza da economia na qual está inserida, sendo resultado do esforço conjugado de todos os seus fatores de produção. (OF.CIRC/CVM/SNC/SEP Nº 01-2007)

2. Base Legal

Nos termos do artigo 176 Inc. V da Lei nº 6.404/76, após as alterações introduzidas pela Lei nº 11.638/07 e Lei nº 11.941/09, a elaboração e publicação da Demonstração do Valor Adicionado (DVA) tornou-se obrigatória para as companhias abertas.

De acordo com art. 188 Inc. II da Lei nº 6.404/76, após as alterações introduzidas pela Lei nº 11.638/07 e Lei nº 11.941/09, a demonstração do Valor Adicionado deverá indicar, no mínimo, o valor da riqueza gerada pela companhia, a sua distribuição entre os elementos que contribuíram para a geração dessa riqueza, tais como empregados, financiadores, acionistas, governo e outros, bem como a parcela da riqueza não distribuída.

3. Objetivo

Nos termos do Pronunciamento CPC 09 emitido pelo Comitê de Pronunciamentos Contábeis intitulado "Demonstração do Valor Adicionado", o qual foi aprovado pela Deliberação CVM nº 557/2008 para as companhias abertas e pela Resolução CFC nº 1.138/08 para os profissionais de contabilidade, a DVA é um relatório contábil que tem como principal objetivo demonstrar o valor da riqueza criada pela empresa em um determinado exercício, ou seja, o quanto ela adicionou de valor aos seus fatores de produção, e como a sua distribuição foi efetuada entre os agentes que a produziram. A DVA demonstra de forma clara à sociedade o quanto a empresa contribuiu na geração de riquezas em seu país, e como essas riquezas geradas são distribuídas aos agentes econômicos, ou seja, o quanto foi para empregados, para os sócios ou acionistas, o Governo, os financiadores e outros.

Essa exigência está relacionada com o chamado Balanço Social, que apresentado em conjunto com as demonstrações contábeis, amplia o conhecimento sobre as atividades econômicas e o seu valor para a sociedade. Tem como principal objetivo demonstrar o grau de envolvimento da empresa em relação à sociedade que a acolhe, devendo ser entendido como um instrumento no processo de reflexão sobre as atividades das empresas e dos indivíduos no contexto da comunidade como um todo. É um poderoso referencial de informações nas políticas de recursos humanos, nas decisões de incentivos fiscais, no auxílio sobre novos investimentos e no desenvolvimento da consciência para a cidadania.

Para os investidores e outros usuários, essa é uma demonstração que proporciona o conhecimento de informações de natureza econômica e social e oferece a possibilidade de uma melhor avaliação das atividades da entidade dentro da sociedade que a abriga. A decisão de recebimento por uma comunidade (Município, Estado e a própria Federação) de um investimento poderá ter nessa demonstração um instrumento de extrema utilidade e com informações que, por exemplo, a demonstração de resultados por si só não é capaz de oferecer.

O Comitê de Pronunciamentos Contábeis, através da Orientação OCPC 02, assim esclareceu:

Essa demonstração deve evidenciar, na primeira parte, a riqueza criada, como diferença entre suas receitas de vendas de bens, serviços e utilidades, diminuídas dos valores dos bens, serviços e utilidades adquiridos de terceiros. A essa riqueza gerada se adicionam as recebidas em transferência de terceiros, como as derivadas de juros, equivalência patrimonial, royalties e semelhantes. Essa riqueza total obtida é, na distribuição, mostrada a quem foi repassada: ao trabalho (salários, honorários etc.), ao capital de terceiros, ao capital próprio (distribuído e retido) e ao Governo. Evidencia-se assim, de forma muito neutra, a geração e a distribuição do pedaço do PIB produzido pela entidade.

4. Definições

O Comitê de Pronunciamentos Contábeis, por meio de seu Pronunciamento Técnico CPC 09, aprovado pela Resolução do Conselho Federal de Contabilidade (CFC) nº 1.138/08 e pela Deliberação nº 557/08 da Comissão de Valores Mobiliários (CVM), e por meio da Orientação OCPC 02, assim definiu as operações sobre a Demonstração do Valor Adicionado.

Valor adicionado representa a riqueza criada pela empresa, de forma geral medida pela diferença entre o valor das vendas e os insumos adquiridos de terceiros. Inclui também o valor adicionado recebido em transferência, ou seja, produzido por terceiros e transferido à entidade.

Receita de venda de mercadorias, produtos e serviços representa os valores reconhecidos na contabilidade a esse título pelo regime de competência e incluídos na demonstração do resultado do período.

Outras receitas representam os valores que sejam oriundos, principalmente, de baixas por alienação de ativos não circulantes, tais como resultados na venda de imobilizado, de investimentos, e outras transações incluídas na demonstração do resultado do exercício que não configuram reconhecimento de transferência à entidade de riqueza criada por outras entidades.

Diferentemente dos critérios contábeis, também incluem valores que não transitam pela demonstração do resultado, como, por exemplo, aqueles relativos à construção de ativos para uso próprio da entidade, e aos juros pagos ou creditados que tenham sido incorporados aos valores dos ativos de longo prazo (normalmente, imobilizados).

No caso de estoques de longa maturação, os juros a eles incorporados deverão ser destacados como distribuição da riqueza no momento em que os respectivos estoques forem baixados; dessa forma, não há que se considerar esse valor como outras receitas.

Insumo adquirido de terceiros representa os valores relativos às aquisições de matérias-primas, mercadorias, materiais, energia, serviços etc. que tenham sido transformados em despesas do período. Enquanto permanecerem nos estoques, não compõem a formação da riqueza criada e distribuída.

Depreciação, amortização e exaustão representam os valores reconhecidos no período e normalmente utilizados para conciliação entre o fluxo de caixa das atividades operacionais e o resultado líquido do exercício.

Valor adicionado recebido em transferência representa a riqueza que não tenha sido criada pela própria entidade, e sim por terceiros, e que a ela é transferida, como por exemplo receitas financeiras, de equivalência patrimonial, dividendos, aluguel, *royalties* etc. Precisa ficar destacado, inclusive para evitar dupla contagem em certas agregações.

5. Formação da Riqueza

Riqueza criada pela própria entidade

A DVA, em sua primeira parte, deve apresentar de forma detalhada a riqueza criada pela entidade. Os principais componentes da riqueza criada estão apresentados a seguir nos seguintes itens:

5.1. Receitas

- **Venda de mercadorias, produtos e serviços** - inclui os valores dos tributos incidentes sobre essas receitas (por exemplo, ICMS, IPI, PIS e COFINS), ou seja, corresponde ao ingresso bruto ou faturamento bruto, mesmo quando na demonstração do resultado tais tributos estejam fora do cômputo dessas receitas.

- **Outras receitas** - da mesma forma que o item anterior, inclui os tributos incidentes sobre essas receitas.

- **Provisão para créditos de liquidação duvidosa** - Constituição/Reversão - inclui os valores relativos à constituição e reversão dessa provisão.

5.2. Insumos Adquiridos de Terceiros

- **Custo dos produtos, das mercadorias e dos serviços vendidos** - inclui os valores das matérias-primas adquiridas junto a terceiros e contidas no custo do produto vendido, das mercadorias e dos serviços vendidos adquiridos de terceiros; não inclui gastos com pessoal próprio.

- **Materiais, energia, serviços de terceiros e outros** - inclui valores relativos às despesas originadas da utilização desses bens, utilidades e serviços adquiridos junto a terceiros. Nos valores dos custos dos produtos e mercadorias vendidos, materiais, serviços, energia etc. consumidos, devem ser considerados os tributos incluídos no momento das compras (por exemplo, ICMS, IPI, PIS e COFINS), recuperáveis ou não. Esse procedimento é diferente das práticas utilizadas na demonstração do resultado.

- **Perda e recuperação de valores ativos** - inclui valores relativos a ajustes por avaliação a valor de mercado de estoques, imobilizados, investimentos etc. Também devem ser incluídos os valores reconhecidos no resultado do período, tanto na constituição quanto na reversão de provisão para perdas por desvalorização de ativos, conforme aplicação do CPC 01 – Redução ao Valor Recuperável de Ativos (se no período o valor líquido for positivo, deve ser somado).

- **Depreciação, amortização e exaustão** - inclui a despesa ou o custo contabilizados no período.

Valor adicionado recebido em transferência

- **Resultado de equivalência patrimonial** - o resultado da equivalência pode representar receita ou despesa; se despesa, deve ser considerado como redução ou valor negativo.

- **Receitas financeiras** - inclui todas as receitas financeiras, inclusive as variações cambiais ativas, independentemente de sua origem.

- **Outras receitas** - inclui os dividendos relativos a investimentos avaliados ao custo, aluguéis, direitos de franquia etc.

5.3. Distribuição da Riqueza

A segunda parte da DVA deve apresentar de forma detalhada como a riqueza obtida pela entidade foi distribuída. Os principais componentes dessa distribuição estão apresentados a seguir:

Pessoal – valores apropriados ao custo e ao resultado do exercício na forma de:

- **Remuneração direta** - representada pelos valores relativos a salários, 13º salário, honorários da administração (inclusive os pagamentos baseados em ações), férias, comissões, horas extras, participação de empregados nos resultados etc.

- **Benefícios** - representados pelos valores relativos a assistência médica, alimentação, transporte, planos de aposentadoria etc.

- **FGTS** - representado pelos valores depositados em conta vinculada dos empregados.

Impostos, taxas e contribuições - valores relativos ao imposto de renda, contribuição social sobre o lucro, contribuições aos INSS (incluídos aqui os valores do Seguro de Acidentes do Trabalho) que sejam ônus do empregador, bem como os demais impostos e contribuições a que a empresa esteja sujeita. Para os impostos compensáveis, tais como ICMS, IPI, PIS e COFINS, devem ser considerados apenas os valores devidos ou já recolhidos, e representam a diferença entre os impostos e contribuições incidentes sobre as receitas e os respectivos valores incidentes sobre os itens considerados como "insumos adquiridos de terceiros".

- **Federais** - inclui os tributos devidos à União, inclusive aqueles que são repassados no todo ou em parte aos Estados, Municípios, Autarquias etc., tais como: IRPJ, CSSL, IPI, CIDE, PIS, COFINS. Inclui também a contribuição sindical patronal.

- **Estaduais** - inclui os tributos devidos aos Estados, inclusive aqueles que são repassados no todo ou em parte aos Municípios, Autarquias etc., tais como o ICMS e o IPVA.

Com relação aos impostos incidentes sobre vendas (ICMS), deve ser utilizado o regime de competência na elaboração da DVA, pois os mesmos devem ser confrontados com os impostos incidentes sobre produtos/mercadorias vendidas e não sobre o valor das compras.

- **Municipais** - inclui os tributos devidos aos Municípios, inclusive aqueles que são repassados no todo ou em parte às Autarquias, ou quaisquer outras entidades, tais como o ISS e o IPTU.

Remuneração de capitais de terceiros - valores pagos ou creditados aos financiadores externos de capital.

- **Juros** - inclui as despesas financeiras, inclusive as variações cambiais passivas, relativas a quaisquer tipos de empréstimos e financiamentos junto a instituições financeiras, empresas do grupo ou outras formas de obtenção de recursos. Inclui os valores que tenham sido capitalizados no período.

- **Aluguéis** - inclui os aluguéis (inclusive as despesas com arrendamento operacional) pagos ou creditados a terceiros, inclusive os acrescidos aos ativos.

- **Outras** - inclui outras remunerações que configurem transferência de riqueza a terceiros, mesmo que originadas em capital intelectual, tais como royalties, franquia, direitos autorais etc.

Remuneração de capitais próprios - valores relativos à remuneração atribuída aos sócios e acionistas.

- **Juros sobre o capital próprio (JCP) e dividendos** - inclui os valores pagos ou creditados aos sócios e acionistas por conta do resultado do período, ressalvando-se os valores dos JCP transferidos para conta de reserva de lucros. Devem ser incluídos apenas os valores distribuídos com base no resultado do próprio exercício, desconsiderando-se os dividendos distribuídos com base em lucros acumulados de exercícios anteriores, uma vez que já foram tratados como "lucros retidos" no exercício em que foram gerados.

- **Lucros retidos e prejuízos do exercício** - inclui os valores relativos ao lucro do exercício destinados às reservas, inclusive os JCP quando tiverem esse tratamento; nos casos de prejuízo, esse valor deve ser incluído com sinal negativo.

- **As quantias destinadas aos sócios e acionistas na forma de Juros sobre o Capital Próprio – JCP**, independentemente de serem registradas como passivo (JCP a pagar) ou como reserva de lucros, devem ter o mesmo tratamento dado aos dividendos no que diz respeito ao exercício a que devem ser imputados.

Nota:

O Comitê de Pronunciamentos Contábeis, através da Orientação OCPC 02, assim esclareceu quanto aos tributos recuperáveis:

Na demonstração do resultado o ICMS e os demais tributos recuperáveis são excluídos do custo dos bens e serviços, mas para fins da DVA os tributos precisam estar neles incluídos; na demonstração do resultado esses tributos, quando incidentes sobre a receita, aparecem como redutores da receita bruta. Para fins da DVA esse tratamento na receita bruta permanece, mas os tributos recuperáveis nos custos dos bens e serviços incluídos nas despesas devem ficar acrescidos a esses bens e serviços, de forma que, na parte relativa ao valor adicionado transferido ao governo apareçam apenas as parcelas desses tributos realmente adicionais nascidos das operações da entidade. Tratamento especial deve ser dado aos tributos no regime de substituição tributária.

6. Casos Especiais - Alguns Exemplos

6.1 Depreciação de itens reavaliados ou avaliados ao valor justo (*fair value*).

- A reavaliação de ativos e a avaliação de ativos ao seu valor justo provocam alterações na estrutura patrimonial da empresa e, por isso, normalmente requerem o registro contábil dos seus efeitos tributários.

- Os resultados da empresa são afetados sempre que houver a realização dos respectivos ativos reavaliados ou avaliados ao valor justo. Quando a realização de determinado ativo ocorrer pelo processo normal de depreciação, por consequência, a DVA também é afetada. Assim, no momento da realização da reavaliação ou da avaliação ao valor justo, deve-se incluir esse valor como "outras receitas" na DVA, bem como se reconhecem os respectivos tributos na linha própria de impostos, taxas e contribuições.

6.2. Ajustes de exercícios anteriores

- Os ajustes de exercícios anteriores, decorrentes de efeitos provocados por erro imputável a exercício anterior ou da mudança de critérios contábeis que vinham sendo utilizados pela entidade, devem ser adaptados na demonstração de valor adicionado relativa ao período mais antigo apresentado para fins de comparação, bem como os demais valores comparativos apresentados, como se a nova prática contábil estivesse sempre em uso ou o erro fosse corrigido.

6.3. Ativos construídos pela empresa para uso próprio

- A construção de ativos dentro da própria empresa para seu próprio uso é procedimento comum. Nessa construção diversos fatores de produção são utilizados, inclusive a contratação de recursos externos (por exemplo, materiais e mão de obra terceirizada) e a utilização de fatores internos como mão de obra, com os consequentes custos que essa contratação e utilização provocam. Para elaboração da DVA, essa construção equivale à produção vendida para a própria empresa, e por isso seu valor contábil integral precisa ser considerado como receita. A mão de obra própria alocada é considerada como distribuição dessa riqueza criada, e eventuais juros ativados e tributos também recebem esse mesmo tratamento. Os gastos com serviços de terceiros e materiais são apropriados como insumos.

- À medida que tais ativos entrem em operação, a geração de resultados desses ativos recebe tratamento idêntico aos resultados gerados por qualquer outro ativo adquirido de terceiros; portanto, sua depreciação também deve receber igual tratamento.

- Para evitar o desmembramento das despesas de depreciação, na elaboração da DVA, entre os componentes que serviram de base para o respectivo registro do ativo construído internamente (materiais diversos, mão de obra, impostos, aluguéis e juros), os valores gastos nessa construção devem, no período da construção, ser tratados como *Receitas relativas à construção de ativos próprios*. Da mesma forma, os componentes de seu custo devem ser alocados na DVA seguindo-se suas respectivas naturezas.

- Referido procedimento de reconhecimento dos valores gastos no período como outras receitas, além de aproximar do conceito econômico de valor adicionado, evita controles complexos adicionais, que podem ser custosos, durante toda a vida útil econômica do ativo.

6.4. Distribuição de lucros relativos a exercícios anteriores

- A Demonstração do Valor Adicionado está estruturada para ser elaborada a partir da Demonstração do Resultado do período. Assim, há uma estreita vinculação entre essas duas demonstrações e essa vinculação deve servir para sustentação da consistência entre elas. Mas ela tem também uma interface com a Demonstração dos Lucros ou Prejuízos Acumulados na parte em que movimentações nesta conta dizem respeito à distribuição do resultado do exercício apurado na demonstração própria.

- A entidade é livre, dentro dos limites legais, para distribuir seus lucros acumulados, sejam eles oriundos do próprio exercício ou de exercícios anteriores. Porém, pela vinculação referida no item anterior, os dividendos que compõem a riqueza distribuída pela entidade devem restringir-se exclusivamente à parcela relativa aos resultados do próprio período. Dividendos distribuídos relativos a lucros de períodos anteriores não são considerados, pois já figuraram como lucros retidos naqueles respectivos períodos.

6.5. Substituição tributária

- A legislação brasileira, por meio de dispositivos legais próprios, permite a transferência de responsabilidade tributária a um terceiro, desde que vinculado ao fato gerador do tributo. Essa transferência de responsabilidade, que pode ser total ou parcial e tem como finalidade precípua a garantia de recolhimento do tributo, é efetivada de duas formas: progressiva e regressiva.
- A substituição tributária progressiva ocorre com a antecipação do pagamento do tributo que só será devido na operação seguinte. Do ponto de vista do substituto tributário (normalmente fabricante ou importador), deve-se incluir o valor do "imposto antecipado" no faturamento bruto e depois apresentá-lo como dedução desse faturamento para se chegar à receita bruta.
- No caso da substituição tributária regressiva, por exemplo, quando o comerciante realiza operação com produtor rural e é responsável pelo recolhimento do tributo, podem ocorrer duas situações: no caso de o comerciante ter direito ao crédito na operação seguinte, quando o valor do tributo recolhido deve ser tratado como impostos a recuperar, na DVA o valor dos impostos incidentes sobre as vendas deve ser considerado pelo valor total, uma vez que foi recolhido pelo próprio comerciante; se o comerciante não fizer jus ao crédito do tributo, o valor recolhido deve ser tratado como custo dos estoques.

7. Modelo de Demonstração do Valor Adicionado - DVA

Modelo da Demonstração do Valor Adicionado - DVA, proposto nos termos da Deliberação nº 557/2008, que aprovou o Pronunciamento Técnico Contábil - CPC 09. O presente modelo deve ser entendido como indicativo, e um maior detalhamento, em nome da maior transparência, poderá ser utilizado.

Modelo I - Demonstração do Valor Adicionado – Empresas em Geral

Descrição	Em milhares de reais 20X1	Em milhares de reais 20X0
1 - Receitas		
1.1) Vendas de mercadorias, produtos e serviços		
1.2) Outras receitas		
1.3) Receitas relativas à construção de ativos próprios		
1.4) Provisão para créditos de liquidação duvidosa – Reversão / (Constituição)		
2 - Insumos Adquiridos de Terceiros (Inclui os Valores dos Impostos – ICMS, IPI, PIS e COFINS)		
2.1) Custos dos produtos, das mercadorias e dos serviços vendidos		
2.2) Materiais, energia, serviços de terceiros e outros		
2.3) Perda / Recuperação de valores ativos		
2.4) Outras (especificar)		
3 - Valor Adicionado Bruto (1-2)		
4 - Depreciação, Amortização e Exaustão		
5 - Valor Adicionado Líquido Produzido pela Entidade (3-4)		
6 - Valor Adicionado Recebido em Transferência		
6.1) Resultado de equivalência patrimonial		
6.2) Receitas financeiras		
6.3) Outras		
7 - Valor Adicionado Total a Distribuir (5+6)		
8 - Distribuição do Valor Adicionado (*)		
8.1) Pessoal		
8.1.1 – Remuneração direta		
8.1.2 – Benefícios		
8.1.3 – F.G.T.S.		
8.2) Impostos, taxas e contribuições		
8.2.1 – Federais		
8.2.2 – Estaduais		
8.2.3 – Municipais		
8.3) Remuneração de capitais de terceiros		
8.3.1 – Juros		
8.3.2 – Aluguéis		
8.3.3 – Outras		
8.4) Remuneração de Capitais Próprios		
8.4.1 – Juros sobre o Capital Próprio		
8.4.2 – Dividendos		
8.4.3 – Lucros retidos / Prejuízo do exercício		
8.4.4 – Participação dos não-controladores nos lucros retidos (só p/ consolidação)		

(*) O total do item 8 deve ser exatamente igual ao item 7.

Exemplo:

Demonstração do Resultado do Exercício – DRE

Receita Bruta de Vendas			500.000,00
(-)	Imp. Inc. s/ Vendas:		
	ICMS	75.000,00	
	PIS / COFINS	15.000,00	90.000,00
(=)	Rec. Líquida de Vendas		**410.000,00**
(-)	Custo das Mercadorias Vendidas		210.000,00
(=)	**Lucro Bruto / RCM**		**200.000,00**
(-)	Despesas Vendas/Administrativas/Financeiras:		
	Despesas de propaganda	5.000,00	
	Despesas com devedores duvidosos	1.000,00	
	Despesas de fretes	4.000,00	
	Despesas de aluguel	8.000,00	
	Despesas de seguros	10.000,00	
	Despesas de empregados	75.000,00	
	Despesas de depreciação	10.000,00	
	Despesas de escritório contábil	11.000,00	
	Despesas financeiras (juros)	20.000,00	
	Tributárias – IPTU	5.000,00	(149.000,00)
(+)	Receita de Dividendos		10.000,00
(=)	**Lucro Operacional**		**61.000,00**
(-)	CSLL / IR		14.000,00
(=)	**Lucro Líquido do Período**		**47.000,00**

Notas:

a) Dividendos Declarados: R$ 13.000,00;

b) ICMS recuperado sobre o valor das compras de insumos consumidos: R$ 47.250,00;

c) PIS / COFINS recuperado s/ o valor das compras de insumos consumidos: R$ 5.250,00;

d) Salários / Encargos Sociais ref. a Folha de Pagamento: R$ 53.625,00

e) Prev. Social sobre os salários (parte patronal): R$ 15.000,00;

f) FGTS: R$. 6.375,00

Demonstração do Valor Agregado – DVA

Receita de Vendas			500.000,00
(-)	Devedores duvidosos		(1.000,00)
(-)	Insumos adquiridos de terceiros:		
	Custo das Mercad. Vendidas:	210.000,00	
	(+) ICMS, recuperado	47.250,00	
	(+) PIS / COFINS recuperado	5.250,00	(262.500,00)
(-)	Serviços Prestados por Terceiros:		
	Despesas de propaganda	5.000,00	
	Despesas de fretes	4.000,00	
	Despesas de seguros	10.000,00	
	Despesas de escr. contábil/jurídico	11.000,00	(30.000,00)
(=)	Valor Adicionado Bruto		206.500,00
(-)	Depreciação		(10.000,00)
(=)	Valor Adicionado Líquido produzido pela entidade		196.500,00
(+ -)	Valores Recebidos em transferência		
	Receita de Dividendos		10.000,00
(=)	**Valor Adicionado da empresa a distribuir**		**206.500,00**

Distribuição do Valor Adicionado:

Empregados:		
Salários / Benefícios	53.625,00	
FGTS	6.375,00	60.000,00
Governo:		
Federal:		
Prev. Social - Parte patronal		15.000,00
CSLL / IR		14.000,00
PIS / COFINS	15.000,00	
(-) PIS / COFINS recuperado	(5.250,00)	9.750,00
Estadual:		
ICMS s/ vendas	75.000,00	
(-) ICMS recuperado	(47.250,00)	27.750,00
Municipal		
IPTU		5.000,00
Remuneração de Capitais de Terceiros:		
Juros	20.000,00	
Aluguel	8.000,00	28.000,00
Remuneração de Capitais Próprios:		
Dividendos Distribuídos		13.000,00
Lucros Retidos		34.000,00
Total do Valor Adicionado Distribuído		**206.500,00**

Questões de Concursos

01. A.F.R. – SP – 2006 (FCC)

Em relação à Demonstração do Valor Adicionado, é correto afirmar:

a) Nos valores dos materiais consumidos e incluídos no custo dos produtos, apresentados no grupo de insumos adquiridos de terceiros, devem ser considerados na aquisição apenas os tributos recuperáveis.

b) A demonstração do valor adicionado deve ser consistente com a demonstração do resultado e conciliada em registros auxiliares mantidos pela entidade.

c) No item relativo à distribuição do valor adicionado, deve constar apenas os valores pagos aos acionistas, a título de juros sobre o capital próprio ou dividendos.

d) Como são demonstrações de publicação opcional não estão sujeitas a revisão de auditoria, como aquelas que são de caráter obrigatório, mesmo que a entidade seja uma companhia aberta.

e) As informações contábeis contidas na Demonstração do Valor Adicionado são de responsabilidade técnica do Conselho de Administração da empresa.

02. B.N.D.E.S. - 2009 (CESGRANRIO)

Pode-se afirmar que valor adicionado é a(o)

a) diferença entre o valor dos bens, serviços e utilidades vendidos por uma entidade e o respectivo valor dos insumos adquiridos de terceiros.

b) diferença entre a receita gerada pela empresa e o resultado obtido antes de encargos financeiros, depreciação, amortização, exaustão, imposto de renda e resultados não operacionais.

c) riqueza gerada pela empresa, representada pelo custo de oportunidade multiplicado pelo patrimônio líquido deduzido dos valores que transitam em resultado e não representam entrada de caixa.

d) soma de todos os valores recebidos pela empresa, deduzidos dos impostos incidentes e dos encargos de depreciação, amortização e exaustão.

e) conjunto de valores obtidos pela empresa, seja através de venda de produtos, seja através de ingressos de fontes diversas, deduzidos de impostos e encargos financeiros.

03. a 08. PETROBRAS – 2007 (CESPE)

Acerca da demonstração do valor adicionado (DVA) e da DRE, julgue os itens que se seguem.

03. A reversão da provisão para devedores duvidosos deve ser apresentada no grupo das receitas e o saldo deve ser positivo. ( )

04. O valor adicionado bruto, um dos itens de totalização da DVA, deve contemplar a depreciação, a amortização e a exaustão do período. ( )

05. O valor dos insumos adquiridos de terceiros, tais como materiais, energia e água, deve ser apresentado na DVA pelo valor total, sem dedução de PIS, COFINS e outros tributos. ( )

06. As despesas com funcionários fazem parte da distribuição do valor agregado, e o valor da receita considerado para a elaboração da DVA deve ser idêntico ao do faturamento bruto divulgado na DRE. ( )

07. O resultado de equivalência patrimonial apresentado na DVA desconsidera os valores recebidos como dividendos dos investimentos avaliados pelo método de custo. Tal fato ocorre porque o valor recebido a título de dividendos aumenta o ativo circulante e não aumenta o ativo não circulante correspondente a investimentos. ( )

08. Os juros sobre capital próprio (JCP) contabilizados como reserva devem ser evidenciados na DVA no item relativo a lucros retidos. ( )

09. **I.C.M.S. – SP – 2009 (FCC)**
O valor da receita de equivalência patrimonial recebida pela empresa de controlada deve ser apresentada na DVA como

a) distribuição de riqueza - remuneração do capital de terceiros.
b) receita criada pela entidade - outras receitas.
c) receitas não-operacionais - demais.
d) valor adicionado recebido em transferência.
e) distribuição de riqueza - remuneração de capital próprio.

10. TERMOAÇU – 2008 (CESGRANRIO)

Analise a demonstração de resultado a seguir, apresentada pela empresa Natal S.A. em dezembro de 2007. (Adaptada)

RESULTADO	
Receita Bruta	1.000,00
(-) ICMS sobre Vendas *1	(120,00)
Receita Líquida	880,00
(-) Custo das Vendas	(480,00)
Lucro Bruto	400,00
(-) Despesas Operacionais	(300,00)
• Comerciais (de vendas) *2	(180,00)
• Administrativas *3	(100,00)
• Financeiras	(20,00)
Resultado Operacional	100,00
Outras Receitas recebidas em transferências	20,00
Lucro Antes do IR	120,00
(-) Imposto de Renda	(30,00)
Lucro Antes das Participações	90,00
(-) Participações de Empregados nos Lucros	(12,00)
Lucro Líquido Valores em R$ mil	78,00

**1 - O ICMS incluído nas compras monta a R$ 55,00.*

**2 - Remuneração de vendedores = R$ 70,00; Frete e Propaganda = R$ 80,00; Provisão para Devedores Duvidosos = R$ 30,00.*

**3 - Gastos de pessoal = R$ 60,00; Despesas tributárias = R$ 10,00; Gastos diversos = R$ 30,00.*

Com base apenas nos dados apresentados, o Valor Adicionado a Distribuir pelos fatores de produção monta, em R$ mil, a

a) 325
b) 345
c) 355
d) 375
e) 400

11. **I.C.M.S. – RJ – 2009 (FGV)**

A *Cia. Rubi* efetuou as seguintes operações durante o ano de 2009: (Adaptada)

Vendas:	$ 100.000
Consumo de materiais adquiridos de terceiros:	$ 20.000
Receitas financeiras:	$ 8.000
Despesas de aluguel:	$ 2.000
Receitas de aluguel:	$ 1.000
Pagamento de salários:	$ 24.000
Despesa financeira:	$ 5.000
Impostos pagos:	$ 2.000
Juros sobre capital próprio:	$ 10.000
Despesa de depreciação:	$ 5.000
Dividendos distribuídos:	$ 2.000
Despesa de seguros:	$ 4.000
Serviço de terceiros:	$ 12.000
Provisão para créditos de liquidação duvidosa:	$ 3.000

Em 31.12.2009, o *valor adicionado a distribuir* da *Cia. Rubi* será de:

a) $ 65.000.
b) $ 68.000.
c) $ 63.000.
d) $ 69.000.
e) $ 72.000.

12. PETROBRAS – 2010 (CESGRANRIO)

A Demonstração do Valor Adicionado (DVA) evidencia o(a)

a) quanto de riqueza uma empresa adicionou, de que forma essa riqueza foi distribuída e o quanto ficou retido na empresa.
b) valor adicionado originado das operações, os recursos oriundos das atividades de financiamento e o saldo de caixa resultante no final do período.
c) montante de riqueza que uma empresa adicionou, o quanto dessa riqueza foi distribuída para os agentes e acionistas e os lucros retidos pela empresa sem destinação específica.
d) receita adicionada pela empresa deduzida das despesas operacionais, exceto a financeira, e o total de lucros retidos em forma de reservas.
e) riqueza adicionada pela empresa, a distribuição dos dividendos realizada e a variação do patrimônio líquido no exercício.

13. E.P.E. - 2010 (CESGRANRIO)

De acordo com a legislação pertinente, "o valor da riqueza gerada pela Companhia, a sua distribuição entre os elementos que contribuíram para a geração dessa riqueza, tais como empregados, financiadores, acionistas, governo e outros, bem como a parcela da riqueza não distribuída" serão identificados em qual demonstrativo contábil?

a) Balanço Patrimonial.
b) Demonstração do Resultado do Exercício.
c) Demonstração de Lucros ou Prejuízos Acumulados.
d) Demonstração de Origem e Aplicações de Recursos.
e) Demonstração do Valor Adicionado.

14. PETROBRAS - TRANSPORTES - CONTADOR – 2011 (CESGRANRIO)

Nos termos da nova redação dada à Lei nº 6.404/76 pelas Leis nºs 11.638/07 e 11.941/09, uma das demonstrações indicará "o valor da riqueza gerada pela companhia e a sua distribuição entre os elementos que contribuíram para a geração dessa riqueza". Este conceito está evidenciado na demonstração

a) Valor Adicionado.
b) Resultado do Exercício.
c) Lucro ou os Prejuízos Acumulados.
d) Fluxos de Caixa.
e) Mutações do Patrimônio Líquido.

15. TRANSPETRO - CONTADOR JÚNIOR - 2011 (CESGRANRIO)

A Demonstração do Valor Adicionado (DVA) é formada, basicamente, por duas partes, sendo que, na primeira parte, deve apresentar a riqueza criada pela entidade, incluindo, em seu detalhamento, a receita de vendas de mercadorias, produtos e serviços. As vendas de produtos pelas empresas industriais devem ser demonstradas na DVA pelo valor da(s)

a) receita bruta ou do faturamento bruto.
b) vendas menos o ICMS e o IPI a recuperar.
c) vendas menos o ICMS a recuperar.
d) vendas menos o IPI a recuperar.
e) vendas líquidas.

16. TRANSPETRO – TÉCNICO DE CONTABILIDADE – 2011 (CESGRANRIO)

O pronunciamento técnico CPC 09 do Comitê de Pronunciamentos Contábeis, aprovado pela Deliberação CVM nº 557, de 12 de novembro de 2008, apresenta o seguinte conceito: De forma geral é a medida da diferença entre o valor das vendas e os insumos adquiridos de terceiros. Inclui também o valor recebido em transferência, ou seja, produzido por terceiros e transferido à entidade. Tal conceito, de acordo com o CPC 09, indica o

a) valor adicionado.
b) valor adicionado ampliado.
c) valor agregado recebido em transferência.
d) montante do resultado operacional bruto.
e) total da receita líquida de mercadorias, produtos e serviços.

17. I.C.M.S. - AP - 2010 (FGV)

Uma das mudanças introduzidas pela legislação societária no Brasil foi a DVA (Demonstração do Valor Adicionada). Com relação à DVA é correto afirmar que:

a) será obrigatória para as companhias abertas.
b) será facultativa para as companhias abertas.
c) será obrigatória para as companhias fechadas.
d) será obrigatória para as companhias cujo Patrimônio Líquido seja superior a R$ 300.000,00.
e) será obrigatória para as companhias cujo Patrimônio Líquido seja superior a R$ 240.000,00.

18. SERGAS – SE – CONTADOR – 2010 (FCC)

É demonstração financeira não obrigatória para as companhias fechadas:

a) Demonstração dos Fluxos de Caixa.
b) Balanço Patrimonial.
c) Demonstração dos Lucros e Prejuízos Acumulados.
d) Demonstração do Valor Adicionado.
e) Demonstração do Resultado do Exercício.

19. CONTADOR JR - ITAIPU BINACIONAL - 2011 (UFPR)

Assinale a alternativa com a demonstração financeira que apresenta as variações para a riqueza do acionista, a partir das considerações de custo de capital.

a) Demonstração de fluxo de caixa.
b) Demonstração de lucros e prejuízos acumulados.
c) Balanço social.
d) Demonstração de valor adicionado.
e) Demonstração do resultado do exercício.

20. a 22. ABIN – OFICIAL TÉCNICO CONTÁBIL - 2.011 (CESPE)

Acerca da demonstração do valor adicionado (DVA), julgue os itens a seguir de acordo com os atuais pronunciamentos contábeis brasileiros.

20. A elaboração da DVA está fundamentada nos princípios fundamentais de contabilidade, proporcionando aos usuários das demonstrações contábeis informações relativas à parcela de contribuição que a entidade tem na formação do produto interno bruto.
( ) CERTO ( ) ERRADO

21. O detalhamento da remuneração de capitais de terceiros, um dos componentes da distribuição da riqueza apresentada na DVA, evidencia os juros, inclusive os valores que tenham sido capitalizados no período; os aluguéis, inclusive as despesas com arrendamento operacional pagos ou creditados a terceiros; e outras remunerações, tais como royalties, franquia e direitos autorais, ainda que originadas de capital intelectual.
( ) CERTO ( ) ERRADO

22. Apesar de ser elaborada a partir da demonstração do resultado do exercício, DVA tem uma interface com a demonstração dos lucros ou prejuízos acumulados (DLPA), na medida em que ambos os demonstrativos dizem respeito à distribuição do resultado do período.
( ) CERTO ( ) ERRADO

23. T.R.T. – 20ª REGIÃO – 2011 (FCC)

Na elaboração da Demonstração do Valor Adicionado (DVA) são identificados como Valor Adicionado Recebido Em Transferência:

a) as receitas financeiras obtidas e os dividendos recebidos.
b) os resultados na venda de imobilizados, as depreciações e as amortizações.
c) os *royalties* recebidos e os insumos adquiridos de terceiros.
d) os serviços profissionais contratados de terceiros e os aluguéis obtidos.
e) os impostos recuperáveis e as recuperações de perdas.

24. INFRAERO – ANALISTA SUPERIOR II - PREV. COMPL. - 2011 (FCC)

Em relação à elaboração da Demonstração do Valor Adicionado, é correto afirmar que

a) o Resultado Positivo da Equivalência Patrimonial integra o Valor Adicionado produzido pela entidade.
b) o valor contabilizado para constituição da Provisão para Créditos de Liquidação Duvidosa deve ser somado ao valor das vendas para o cálculo do Valor Adicionado Bruto.
c) o valor da alienação de ativos não circulantes não deve ser computado no cálculo do Valor Adicionado a distribuir pela entidade.
d) na distribuição do valor adicionado, os juros sobre o capital próprio devem ser computados como remuneração do capital de terceiros.
e) no valor dos insumos adquiridos de terceiros devem estar incluídos os impostos incidentes sobre a aquisição, sejam recuperáveis ou não.

25. INFRAERO – ANALISTA SUPERIOR II – CONTADOR - 2011 (FCC)

Na Demonstração do Valor Adicionado,

a) o valor das vendas de mercadorias, produtos e serviços não inclui o valor dos tributos recuperáveis.
b) a constituição de provisão para créditos de liquidação duvidosa deve ser somada ao valor das vendas para determinar o valor total das receitas da entidade.
c) as receitas financeiras auferidas pela entidade integram o cálculo da riqueza criada pela própria entidade.
d) os impostos e contribuições não cumulativos, na distribuição do valor adicionado, devem ser calculados somente pelos valores devidos na operação de venda.
e) o resultado positivo da equivalência patrimonial integra o valor adicionado transferido por terceiros para a entidade.

26. e 27. BADESC - SC - CONTADOR – 2010 (FGV)

As questões 26 e 27 devem ser respondidas a partir dos dados apresentados na tabela a seguir.

Custo de mercadorias vendidas	230.000,00
Exaustão	85.000,00
Amortização	9.900,00
Receitas Financeiras	410.000,00
FGTS	25.000,00
Juros sobre o Capital Próprio	88.800,00
Lucro do Exercício	1.725.830,00
Impostos Municipais	3.860,00
Remuneração direta	7.800,00
Receita de vendas de mercadoria	1.900.500,00
Materiais, energia e serviços de terceiros	129.000,00
Impostos Federais	13.220,00
Contribuições Previdenciárias	4.490,00
Resultado de equivalência patrimonial	72.700,00
Aluguéis	52.500,00
Impostos Estaduais	7.500,00
Intangível	310.025,00
Investimentos	125.830,00
Ajustes a Valor Presente	79.850,00

26. O Valor Adicionado Total a Distribuir é de:

a) 2.106.900,00.
b) 2.018.100,00.
c) 1.446.600,00.
d) 1.725.830,00
e) 1.929.300,00.

27. O Valor Adicionado Recebido em Transferência é de:

a) 435.000,00.
b) 450.850,00.
c) 571.500,00.
d) 482.700,00.
e) 498.800,00.

28. e 29. I.C.M.S. - AP - 2.010 (FGV)

Com base nos dados seguintes, responda as questões 28 e 29:

Receita de vendas de mercadoria	R$	2.500.000,00
Custo de mercadorias vendidas	R$	160.000,00
Materiais, energia e serviços de terceiros	R$	220.000,00
Depreciação e amortização	R$	120.000,00
Receitas financeiras	R$	355.000,00
Resultado de equivalência patrimonial	R$	50.000,00
FGTS	R$	25.000,00
Aluguéis	R$	15.000,00
Dividendos pagos	R$	10.000,00
Lucros retidos	R$	38.000,00
Remuneração direta	R$	45.000,00

28. **Considerando a estrutura da DVA - Demonstração do Valor Adicionado, o Valor Adicionado Bruto será de:**
a) R$ 2.000.000,00.
b) R$ 2.475.000,00.
c) R$ 2.513.000,00.
d) R$ 2.120.000,00.
e) R$ 2.393.000,00.

29. **Considerando a estrutura da DVA - Demonstração do Valor Adicionado, o Valor Adicionado Líquido Produzido pela Entidade será de:**
a) R$ 2.000.000,00.
b) R$ 2.475.000,00.
c) R$ 2.513.000,00.
d) R$ 2.120.000,00.
e) R$ 2.173.000,00.

30. **MINISTÉRIO DA INTEGRAÇÃO NACIONAL - CONTADOR - 2010 (FCC)**
Dados da Cia. Miramar, referentes ao exercício encerrado em 31/12/2008, em R$:

Custo das Mercadorias Vendidas	250.000,00
Serviços adquiridos de terceiros	70.000,00
Receita de dividendos	30.000,00
Despesas financeiras	25.000,00
Outros materiais adquiridos de terceiros	20.000,00
Despesas de depreciação	40.000,00
Receita de vendas	540.000,00
Pagamento de mão de obra e encargos trabalhistas	60.000,00

Com estas informações, o Valor Adicionado a Distribuir da companhia nesse exercício correspondeu, em R$, a
a) 160.000,00.
b) 200.000,00.
c) 190.000,00.
d) 170.000,00.
e) 220.000,00.

31. **AFRFB - 2012 (ESAF)**
Nas empresas industriais são classificados como valor adicionado recebido em transferência os
a) resultados de equivalência patrimonial e os dividendos relativos a investimentos avaliados ao custo.
b) dividendos de participações societárias avaliadas pelo método de equivalência e os aluguéis.
c) dividendos distribuídos e os resultados da avaliação de ativos ao seu valor justo.
d) juros sobre o capital próprio creditados e as receitas financeiras de qualquer natureza.
e) gastos com ativos construídos pela empresa para uso próprio e os resultados obtidos com aquisições societárias vantajosas.

Gabarito

01. B	**02. A**	**03. VERD.**	**04. FALSA**
05. VERD.	**06. VERD.**	**07. FALSA**	**08. VERD.**
09. D	**10. B**	**11. A**	**12. A**
13. E	**14. A**	**15. A**	**16. A**
17. A	**18. D**	**19. D**	**20. ERRADO**
21. CERTO	**22. CERTO**	**23. A**	**24. E**
25. E	**26. E**	**27. D**	**28. D**
29. A	**30. C**	**31. A**	

17. Questões de Concursos – Assuntos Diversos

01. A.F.T.N. - 1996 (ESAF)
A Cia. PARÁ, constitui uma filial em 02.00.19x3 fornecendo à mesma $ 40.000.000 em moeda corrente como capital inicial. O lançamento a ser feito na contabilidade da filial seria:

a) Caixa
a Capital Social $ 40.000.000

b) Matriz - Conta Corrente
a Capital Social $ 40.000.000

c) Caixa
a Matriz - Conta Corrente $ 40.000.000

d) Filial - Conta Corrente
a Capital Social $ 40.000.000

e) Caixa
a Filial - Conta Corrente $ 40.000.000

02. A.F.T.N. - 1998 (ESAF)
A conceituação de "Filial" é:

a) O estabelecimento comercial que opera na dependência da matriz.
b) Qualquer estabelecimento mercantil industrial ou civil, dependente ou ligado a outro que, em relação a ele, tem ou detém o poder de comando.
c) O estabelecimento sede ou principal, ou seja, aquele que tem primazia na direção a que estão subordinados todos os demais.
d) Uma companhia constituída mediante escritura pública, tendo como único acionista uma outra sociedade.
e) Uma companhia com personalidade jurídica própria distinta da sociedade controladora domiciliada no exterior.

03. I.N.S.S. - 1998 (CESPE)
Com relação à elaboração anual das demonstrações contábeis, nas quais as empresas devem observar os princípios de contabilidade e uma série de normas que tratam dos seus critérios de preparação, inclusive das notas explicativas, julgue os seguintes itens. (Adaptada)

1. No balanço, os elementos do ativo devem ser apresentados, sempre, em ordem crescente de grau de liquidez. ( )

2. As obras de arte devem ser registradas no ativo Circulante. ( )

3. As provisões para contingências devem ser apresentadas no patrimônio líquido. ( )

4. A demonstração das origens e aplicações de recursos deve evidenciar as variações ocorridas no capital circulante líquido. ( )

5. A demonstração das mutações do patrimônio líquido deve evidenciar os dividendos sobre o resultado do exercício. ( )

04. A.F.T.N. – 2000 (ESAF)

Aplicações em Investimentos Temporários que apresentem características de liquidez imediata são classificadas no Ativo como: (Adaptada)

a) Valores Realizáveis.
b) Investimentos.
c) Intangível.
d) Imobilizado.
e) Disponível.

05. A.F.T.N. – 2000 (ESAF)
A transferência de recursos de caixa feita pela matriz para suas filiais gera o seguinte lançamento contábil, em cada uma das filiais.

a) Conta Corrente Matriz
a Capital

b) Conta Corrente Matriz
a Caixa

c) Caixa
a Conta Corrente Filial

d) Caixa
a Conta Corrente Matriz

e) Capital
a Caixa

06. I.N.S.S. – 2000 (CESPE)

Quanto aos critérios de avaliação patrimonial que devem ser observados na contabilização dos ativos e passivos, julgue os itens abaixo. (Adaptada)

1. Os valores mobiliários mantidos temporariamente no ativo devem ser avaliados ao custo de aquisição, atualizados pelos juros transcorridos, e reduzidos ao valor de mercado, se esse for menor. ( )

2. Os estoques devem ser avaliados pelo valor de mercado. ( )

3. Outros investimentos – que não os feitos em coligadas e controladas –, devem ser avaliados pelo valor de mercado, destacando contabilmente o ágio ou deságio na aquisição. ( )

4. Os resultados de exercícios futuros devem ser demonstrados pela diferença entre receitas e custos ou despesas correspondentes. ( )

07. a 14. A.F.R.F. – 2002 (ESAF)

Utilizando as informações contidas no quadro de composição acionária das companhias, responda as questões abaixo:

	Investidoras			
Empresas investidas	Cia Itararé	Cia Itacolomi	Outro (s) Acionista (s)	Total de ações
Cia Itajubá	80.000	90.000	30.000	200.000
Cia Itaipu	195.000	90.000	15.000	300.000
Cia Itamaracá	40.000	--------	10.000	50.000
Cia. Itacolomi	120.000	--------	30.000	150.000

07. O percentual de participação indireta da Cia. Itararé na Cia. Itaipu é:

a) 20%
b) 24%
c) 30%
d) 34%
e) 52%

08. As empresas em questão formam um grupo de empresas, localizadas em diversos estados brasileiros e possuem como atividade principal a extração, beneficiamento, industrialização e comercialização de mármores, granitos e pedras de diversos tipos; sua empresa holding é a Cia. ITA. Se essa empresa é a investidora direta das empresas Itararé e Itacolomi, indique o percentual máximo de participação direta, no capital da empresa Itacolomi, que a Cia. Ita poderia ter:

a) 100%
b) 88%
c) 52%
d) 40%
e) 20%

09. Em dezembro de 2000 a Cia. Itamaracá distribui dividendos a seus acionistas; esse procedimento gera um lançamento de: (Adaptada)

a) Crédito na conta Lucros/Prejuízos Acumulados da Cia. Itamaracá.
b) Crédito em conta do Ativo Não Circulante Investimentos da Cia. Itararé.
c) Débito em conta do Ativo Circulante Disponibilidades da Cia. Itacolomi.
d) Débito na conta de Participações Societárias da Cia. Itamaracá.
e) Reconhecimento de receita de dividendos na sua investidora.

10. Em junho de 2001 a Cia. Itacolomi efetua a reavaliação de seus Ativos Imobilizados; este fato gera:

a) Um ganho de capital a ser reconhecido e tributado, no resultado da empresa investida.
b) A necessidade de um registro contábil de redução do investimento societário na Cia. Itararé.
c) Apenas a evidenciação em notas explicativas do fato não sendo necessário nenhum registro contábil na empresa investidora.
d) O reconhecimento proporcional à Participação Societária de uma Reserva de Reavaliação na investidora.
e) A formação de uma Reserva de Capital no valor correspondente ao valor da reavaliação efetuada.

11. Se a participação societária da Cia. Ita na Cia. Itacolomi for de 20% do capital total, a participação dessa empresa na Cia. Itajubá é:

a) Considerada indireta no valor de 45%.
b) Nula porque a Cia. Itajubá não é ligada à Cia. lta.
c) Considerada direta no valor de 20%.
d) Evidenciada em notas explicativas.
e) Nula por não haver relação direta entre elas.

12. O valor nominal unitário das ações da Cia. Itaipu é R$ 2,00; em março de 2002 a empresa aumenta o seu capital ordinário em 60.000 ações ordinárias para subscrição apenas no mercado primário. A Cia. Itararé subscreve e integraliza nessa operação o valor de R$ 60.000,00; esse fato contábil gera:

a) Um fato contábil misto aumentativo na contabilidade da investida.
b) Um percentual de participação maior da investidora na investida.
c) A identificação da perda do controle indireto da Cia. Ita.
d) O reconhecimento de uma perda de capital pela investidora.
e) O registro de um ganho de capital pela Cia. Itararé.

13. Cia. Itamaracá tem como atividade o transporte de cargas e foi constituída apenas para prestar esse tipo de serviço às empresas do grupo. Nesse caso a divulgação desse fato em notas explicativas:

a) Não é necessária se as empresas do grupo estiverem obrigadas a consolidar suas demonstrações.
b) É obrigatória por ferir possíveis interesses de acionistas minoritários e afetar a tributação do Imposto de Renda.
c) É facultativa desde que esta decisão não afete o fato gerador para o cálculo do ICMS e do Imposto sobre a Renda.
d) Não é necessária por eventualmente vir a gerar transferências não remuneradas entre as partes relacionadas.
e) É indispensável por se tratar de operação entre partes relacionadas e afetar a tributação.

14. Por decisão das diretorias das empresas do grupo ficou estabelecido como período de exercício contábil para todas as empresas o ano civil. Na verificação da ocorrência de uma venda de um bem imobilizado, com lucro, da Cia. Itacolomi para a Cia. Itararé e, ao final do período contábil de ambas, a compradora ainda mantinha em seu patrimônio esse bem. O resultado apurado nessa operação é classificado contabilmente como:

a) Resultado de investimento.
b) Ganho de capital.
c) Resultado não-realizado.
d) Perda de capital.
e) Lucro das operações.

15. A.F.R.F. – 2002 (ESAF)
São denominadas sociedades controladas em conjunto:

a) As sociedades nas quais nenhum acionista possua direitos de sócio que lhe assegure de modo permanente preponderância nas deliberações sociais ou poderes de eleger ou destituir a maioria dos administradores.
b) As associações de empresas constituídas sob a forma de consórcios, com finalidade própria e determinada por estatuto nas quais o valor contábil investido por seus investidores tenha o mesmo percentual.
c) O conjunto de sociedades desobrigadas da elaboração das demonstrações contábeis consolidadas por não serem companhias abertas mesmo que as participações societárias dos acionistas sejam de idêntico valor.
d) As associações de investidores constituídas na forma de participação recíproca com finalidade própria determinada por estatuto ou contrato social com prazo de vida útil determinado.
e) As associações de investidores constituídas na forma de consórcio cujo patrimônio líquido seja respaldado apenas por disponibilidades e possua finalidade própria determinada por estatuto ou contrato social com prazo de vida útil determinado.

16. a 18. A.F.R.F. – 2003 (ESAF)

Com as instruções fornecidas a seguir, responder às questões abaixo:

I. A Cia. Boa Vista, companhia atuante no mercado imobiliário, em 20.10.20x1 faz uma aplicação financeira em Títulos e Valores Mobiliários de R$ 500.000, resgatável em 180 dias pelo valor de R$ 590.000, com Imposto de Renda Retido na Fonte de 10%;

II. O imposto retido é compensável com o Imposto de Renda devido sobre o lucro apurado no período fiscal;

III. O período contábil da empresa, estabelecido em seu estatuto, abrange o intervalo de tempo entre 01.01 a 31.12 de cada ano.

16. O valor a ser incorporado como custo de aquisição da operação é

a) R$ 590.000
b) R$ 536.000
c) R$ 534.000
d) R$ 530.000
e) R$ 500.000

17. Se a empresa utilizar o critério linear para apropriação dos rendimentos gerados por esta operação, é correto afirmar que:

a) o valor proporcional ao Imposto de Renda Retido na Fonte deve ser computado em conta corretiva do ativo.
b) em 31.12.20x1 a empresa deverá ter registrado como resultado do exercício, em conta de Receitas Financeiras, 2/5 dos rendimentos contratados.
c) os rendimentos contratados somente serão apropriados ao resultado da empresa na ocasião do vencimento da aplicação.
d) a empresa deverá registrar como Resultado de Exercícios Futuros o valor total dos rendimentos contratados na ocasião da contratação e efetivação da operação.
e) a Demonstração do Resultado do Exercício encerrado em 31.12.20x1 dessa empresa deverá ser afetado por receitas financeiras correspondentes a 19,01% dos rendimentos.

18. Em 31.12.20x1 o valor de mercado dos títulos que lastreiam essa aplicação temporária era de R$ 532.000 e as despesas de negociação e corretagem R$ 2.000. Em casos como este o procedimento contábil a ser efetivado seria:

a) computar o rendimento efetivo de R$ 27.000, já deduzido do Imposto de Renda retido na fonte, registrando o valor apurado em conta do ativo.
b) debitar em conta de ativo o ajuste de R$ 32.000 correspondente ao valor de mercado dos títulos a crédito de conta de receita financeira.
c) evidenciar em notas explicativas o ganho efetivo de R$ 30.000 em função do custo de oportunidade da empresa em relação a essa aplicação.
d) efetuar o provisionamento de R$ 6.000 para atender o ajuste ao valor de mercado, forma de avaliação aplicada a este tipo de ativo.
e) registrar o ganho de R$ 4.000 resultantes da comparação entre o valor pago na data do balanço e o valor contábil da aplicação.

19. A.F.R.F. – 2003 (ESAF)

Na avaliação de ativos financeiros temporários, quando da não existência de um mercado ativo para um determinado instrumento financeiro, a resolução CVM 235/95 considera como uma das formas de identificar o valor de mercado, aquele que:

a) se pode obter com a negociação de outro instrumento financeiro de natureza, prazo e risco similares, em um mercado ativo.
b) seria obtido com a negociação em um mercado ativo que corresponda a um processo de liquidação.
c) seria obtido em uma transação entre comprador e vendedor cujo valor corresponda ao valor futuro dos fluxos de caixa futuros.
d) representa o valor correspondente ao valor líquido futuro ajustado com base na taxa média de juros vigentes projetada para o vencimento do título.
e) se pode obter com a negociação em um mercado ativo que corresponda a uma transação compulsória.

20. A.F.R.F. – 2003 (ESAF)

Entre as afirmativas a seguir, indicar aquela que faz parte dos procedimentos efetuados pela investidora para a determinação do valor da equivalência patrimonial.

a) Reconhecer os efeitos decorrentes de classe de ações com direito preferencial ou não de dividendo fixo, dividendo cumulativo e com diferenciação na participação de lucros.
b) Reconhecer os efeitos decorrentes de classe de ações com direito preferencial de dividendo fixo, dividendo cumulativo e com diferenciação na participação de lucros.
c) Eliminar os efeitos decorrentes da diversidade de critérios contábeis, excetuando, quando se referir a investimento no exterior.
d) Verificar os efeitos decorrentes de eventos não relevantes ocorridos no caso das demonstrações contábeis de mesma data e efeitos postecipados.
e) Admitir a exclusão do montante correspondente às participações recíprocas quando estas apresentarem caráter eventual e irrelevância.

21. A.F.R.F. – 2003 (ESAF)

A Cia. Jovial, controlada da Cia. Época, em um determinado exercício reconhece como ajustes de exercícios os efeitos relevantes decorrentes de efeitos da mudança de critério contábil. Neste caso, a controladora que avalia seu investimento pelo método de equivalência patrimonial, deverá:

a) registrar o efeito correspondente à sua participação em seu resultado como item operacional.
b) proceder à realização de assembleia extraordinária e dar conhecimento aos acionistas minoritários do fato ocorrido na controlada.
c) apenas efetuar a evidenciação do fato em notas explicativas e constar em ata de assembleia extraordinária.
d) lançar também como Ajustes de Exercícios Anteriores o valor proporcional à sua participação societária.
e) apenas fazer a evidenciação do fato em notas explicativas, tendo em vista que o fato não afeta o seu resultado.

22. B.N.D.E.S. – 2005 (UFRJ)

A Cia. JKL apresentava um único investimento societário na Cia. Alfa, conforme evidenciado em seu Balanço Patrimonial de 31/12/X0: (Adaptada)

Ativo	R$
Não Circulante	
Investimentos:	
Cia. Alfa – avaliado pelo método da equivalência Patrimonial	800,00
Cia. Alfa – Ágio	200,00
Total	1.000,00
Passivo	
Patrimônio Líquido	
Capital	1.000,00
Total	1.000,00

- **Todo o capital da Cia. Alfa é composto por ações ordinárias.**
- **A participação acionária da Cia. JKL na Cia. Alfa corresponde a 80% dessas ações.**
- **O ágio na Cia. JKL refere-se a subavaliação de um terreno de propriedade da Cia. Alfa.**
- **Transações que afetaram o Patrimônio Líquido da investida em 31/12/X1:**

Cia. Alfa	**R $**
Lucro Líquido do exercício	1.500,00
Reavaliação do terreno (incremento ao valor contábil original do bem)	300,00
Recebimento de doação para investimento	600,00
Declaração de dividendos	800,00

Com base nos dados apresentados, indique, respectivamente o montante registrado na Demonstração do Resultado como resultado da equivalência patrimonial do período e o saldo da conta Investimento Cia. Alfa - avaliado pelo método da equivalência patrimonial em 31/12/X1.

a) R$ 1.920,00 e R$ 2.720,00;
b) R$ 1.200,00 e R$ 2.720,00;
c) R$ 1.680,00 e R$ 2.720,00;
d) R$ 1.920,00 e R$ 2.080,00;
e) R$ 1.200,00 e R$ 1.600,00.

23. a 26. A.F.R.F. – 2005 (ESAF)

Com as informações referentes aos períodos contábeis de 2000/2002 da Cia. FIRMAMENTO, fornecidas a seguir: (Adaptada)

I. Balanços Patrimoniais de 2000/2001 e o balancete de verificação referente a operações, do exercício de 2002, já registradas até 31.12.2002.

ATIVOS	2000	2001	Balancete
Verificação			31.12.2002
Disponibilidades	1.500	3.500	31.000
Duplicatas a Receber	224.000	210.000	57.500
(-) PDD	(2.000)	(4.000)	(5.000)
Estoques	25.000	30.000	70.000
Participações Societárias			
Cia. SOL	0	80.000	80.000
Cia. LUA	0	150.000	150.000
Cia. ESTRELA	1.500	1.500	1.500
Terrenos	60.000	60.000	180.000
Veículos	40.000	40.000	40.000
Edificações	20.000	20.000	20.000
Obras em andamento		54.000	150.000
Depreciação Acumulada	(10.000)	(20.000)	(30.000)
CMV			170.000
Despesas Administrativas	0	0	70.000
Devedores Duvidosos	0	0	5.000
Despesas Financeiras	0	0	40.000
Depreciação	0	0	10.000
Total do Ativo + Despesas	360.000	625.000	1.240.000
Fornecedor	25.000	40.000	56.000
Contas a Pagar	15.000	22.000	80.000
Impostos, Contr. e Participação a Pagar	11.000	26.000	0
Dividendos a Pagar	25.000	35.000	0
Empréstimos e Financiamentos	40.000	60.000	200.000
Capital	200.000	400.000	430.000
Reserva Legal	4.000	12.000	12.000
Reservas de Lucros	30.000	10.000	0
Lucros / Prejuízos Acumulados	10.000	20.000	0
Vendas	0	0	460.000
Reversão de PDD	0	0	2.000
Total do Passivo + P. Líq.+ Rec.	360.000	625.000	1.240.000

II. A empresa provisiona, ao final do exercício, o valor de 86.100, que corresponde a 30% do lucro contábil, para o pagamento dos Impostos, contribuições e participações incidentes sobre o lucro apurado. Distribui ainda dividendos à base de 20% do total dos lucros líquidos, destinando ainda parte desses lucros à base de 5% para Reserva Legal e de 20% para Reservas de Lucros.

III. Nos exercícios de 2000 e 2001, a empresa registrou Custos de Mercadorias Vendidas no valor de 120.000 e 145.000, respectivamente.

IV. A conta Empréstimos e Financiamentos refere-se a uma operação financeira realizada em dezembro de 2000, vencível em 10 anos, com carência de 5 anos e juros de 0,5% pagos no final de cada mês.

	Informações sobre as Investidas				
Dados dos Investimentos em Participações Societárias	% De Participação	PL Final em 31.12.20x1	Total PL ajustado em 31.12.20x2 antes da distribuição dos dividendos e da reavaliação de ativos pelas investidas	Reavaliação de Ativos efetuados por investidas em 21.12.20x2	Dividendos distribuídos ao final de 2002
Cia. SOL	40% das ações ordinárias	200.000	370.000	100.000	20.000
Cia. LUA	80% do capital total	187.500	287.500		30.000
Cia. ESTRELA	2% das ações preferenciais	75.000	300.000	50.000	100.000

Observação: Em 31.12.2002 ocorreu na Cia. SOL uma integralização de Capital em dinheiro: 75.000.

23. Com relação aos dividendos distribuídos por suas investidas, a Cia. Firmamento, quando da apuração de seu resultado do exercício de 2002, deve dar o seguinte tratamento contábil:

a) recolher como receitas não-operacionais o valor de 20.000.
b) registrar como receita de dividendos o valor de 8.000.
c) lançar a crédito de Participações Societárias o valor de 32.000.
d) debitar Participações Societárias no valor de 34.000.
e) creditar como Outras Receitas Operacionais o valor de 10.000.

24. Em 2001, o valor das compras de mercadorias efetuadas foi de

a) 170.000.
b) 140.000.
c) 120.000.
d) 150.000.
e) 210.000.

25. Analisando a variação do CCL - Capital Circulante Líquido da empresa, pode-se afirmar que o valor do CCL

a) de 2002 é menor do que o apurado em 2000.
b) de 2001 é maior do que o apurado em 2000.
c) de 2000 é menor do que o apurado em 2002.
d) de 2002 é maior do que o apurado em 2001.
e) de 2001 é menor do que o apurado em 2002.

26. Em 2001, o valor total pago aos fornecedores foi de

a) 130.000.
b) 145.000.
c) 140.000.
d) 150.000.
e) 135.000.

27. **AFTE – PB – 2006 (FCC)**

Para responder a questão abaixo, observe os saldos das contas do Razão da Cia. Imperial do Nordeste em 31/12/2005 e as informações adicionais, antes da contabilização da Equivalência Patrimonial e da Apuração do Resultado do Exercício de 2005.

BALANCETE DE VERIFICAÇÃO EM 31/12/2005	SALDOS (em R$)	
CONTAS	DEVEDORES	CREDORES
Caixa	2.000,00	
Bancos conta Movimento	25.000,00	
Clientes	90.000,00	
Estoques (Estoque Final)	108.000,00	
Ativo Realizável a Longo Prazo (ARLP)	9.000,00	
Participação Societária – Cia. América	60.000,00	
Imobilizado	270.000,00	
Depreciação Acumulada		45.000,00
Passivo Circulante (PC)		157.500,00
Passivo Exigível a Longo Prazo (PELP)		45.000,00
Capital Social		135.000,00
Lucros Acumulados		27.000,00
Receita de Vendas		469.500,00
Devoluções de Vendas	15.000,00	
Impostos Incidentes sobre Vendas	75.000,00	
Custo das Mercadorias Vendidas (CMV)	135.000,00	
Despesas Administrativas	36.000,00	
Despesas com Vendas	30.000,00	
Contrib. Social sobre o Lucro Líquido (CSLL)	24.000,00	
TOTAIS	879.000,00	879.000,00

INFORMAÇÕES ADICIONAIS:

- Valor do Patrimônio Líquido da investida Cia. América no Balanço Patrimonial, levantado em 31/12/2005, somava o valor total de R$ 210.000,00.
- O percentual de participação da Investidora Cia. Imperial do Nordeste no patrimônio líquido de sua investida (Cia. América) em 31 de dezembro de 2005 é de 60%.
- A participação societária da investidora no capital da investida Cia. América é considerada relevante e influente.
- O valor da Provisão para o Imposto de Renda a ser contabilizado em 31 de dezembro de 2005 (apurado sobre o valor do Lucro Real) é de R$ 20.500,00.

O lucro líquido do exercício apurado na Demonstração do Resultado do Exercício levantada em 31/12/2005 foi, em R$, de:

a) 134.000,00
b) 180.500,00
c) 194.560,00
d) 200.000,00
e) 266.000,00

28. A.F.T.E. – SC – 2010 (UFSC)

Quais os elementos que devem ser considerados no cálculo do valor em uso do ativo?

a) Estimativa dos fluxos de caixa futuros que a entidade espera obter com esse ativo; e o valor do dinheiro no tempo, representado pela atual taxa de juros livre de risco; inflação e taxa de câmbio.
b) Expectativas sobre possíveis variações no montante ou período desses fluxos de caixa futuros; o valor do dinheiro no tempo, representado pela taxa de juros livre de risco; e o preço decorrente da incerteza inerente ao ativo; inflação e taxa de câmbio.
c) Estimativa dos fluxos de caixa futuros que a entidade espera obter com esse ativo; e outros fatores, tais como falta de liquidez que participantes do mercado iriam considerar, ao determinar os fluxos de caixa futuros que a entidade espera obter com o ativo.
d) Expectativas presentes dos fluxos de caixa futuros; taxa de juros ajustada e livre de risco; o preço decorrente da incerteza inerente ao ativo e ao setor empresarial; e outros fatores, tais como falta de liquidez, inflação, taxa de câmbio etc.
e) Estimativa dos fluxos de caixa futuros que a entidade espera obter com esse ativo; expectativas sobre possíveis variações no montante ou período desses fluxos de caixa futuros; o valor do dinheiro no tempo, representado pela atual taxa de juros livre de risco; o preço decorrente da incerteza inerente ao ativo; e outros fatores, tais como falta de liquidez que participantes do mercado iriam considerar, ao determinar os fluxos de caixa futuros que a entidade espera obter com o ativo.

29. A.F.T.E. – SC – 2010 (UFSC)

Uma empresa adquire uma máquina para produzir um novo produto, por R$ 150.000,00. A empresa paga 80% desse valor à vista e promete pagar o restante em 90 dias. O que acontece com esses eventos na contabilidade?

a) Aumento de R$ 30.000,00 no total do ativo.
b) Aumento de R$ 120.000,00 no total do ativo.
c) Aumento de R$ 150.000,00 no total do ativo.
d) Aumento de R$ 150.000,00 no total do ativo e R$ 30.000,00 no total do passivo.
e) Uma diminuição de R$ 120.000,00 no total do ativo e um aumento de R$ 30.000,00 no passivo.

30. A.F.T.E. – SC – 2010 (UFSC)

Como consequência das incertezas inerentes às atividades empresariais, muitos itens nas demonstrações contábeis não podem ser mensurados com precisão, podendo apenas ser estimados. A estimativa envolve julgamentos baseados na última informação disponível e confiável. Por exemplo, podem ser exigidas estimativas de:

a) créditos de liquidação duvidosa; valor justo menos valor de custo de ativos financeiros ou passivos financeiros; vida útil de ativos depreciáveis ou o padrão esperado de consumo dos futuros benefícios econômicos incorporados nesses ativos; goodwill adquirido ou construído.
b) créditos de liquidação duvidosa; obsolescência de estoque; obrigações decorrentes de garantias; créditos de subsidiárias declarados; goodwill adquirido.
c) créditos de liquidação duvidosa; vida útil de ativos depreciáveis e exauríveis ou o padrão esperado de consumo dos futuros benefícios econômicos incorporados nesses ativos; obrigações decorrentes de garantias; créditos de subsidiárias não declarados.
d) créditos de liquidação duvidosa; obsolescência de estoque; valor justo de ativos financeiros ou passivos financeiros; vida útil de ativos depreciáveis ou o padrão esperado de consumo dos futuros benefícios econômicos incorporados nesses ativos; e obrigações decorrentes de garantias.
e) créditos de liquidação duvidosa; obsolescência de estoque; vida útil de ativos depreciáveis ou o padrão esperado de consumo dos futuros benefícios econômicos incorporados nesses ativos; obrigações decorrentes de garantias; goodwill adquirido.

31. a 34. AFTE – RJ – 2008 (FGV)

A empresa JJM Crianças e Cia., dedicada ao comércio de brinquedos, apurou o seguinte balanço patrimonial apurado em 31/12/2006:

Balanço Patrimonial, JJM Crianças e Cia., apurado em 31/12/2006

caixa	55,00	fornecedores	600,00
clientes	1.000,00	salários a pagar	380,00
estoques	665,00	empréstimos	2.000,00
móveis e utensílios	10.000,00	capital social	4.000,00
deprec. acumulada	4.000,00	lucros acumulados	740,00
ativo total	7.720,00	passivo + PL	7.720,00

Considere as informações a seguir:

O estoque é avaliado pelo critério PEPS e era composto por:

Mercadoria	custo unitário	quant. estocada	valor total
ioiô (unidade)	1,00	300	300,00
bolinhas de gude (quilograma)	2,00	40	80,00
bonecas de pano (unidade)	3,00	95	285,00

- Os móveis e utensílios têm vida útil original estimada em 10 anos e valor residual nulo.
- Os empréstimos vencerão em 2010, mas cobram juros mensais de R$ 85,00.

Durante o mês de janeiro de 2007, a empresa JJM Crianças e Cia. desenvolveu exclusivamente as seguintes transações (na ordem cronológica apresentada):

i. Recebeu 1/4 do Contas a Receber em aberto no início do ano.

ii. Os sócios aumentaram o Capital Social mediante subscrição de novas ações pelo valor nominal total de R$ 10.000,00. Entretanto, só integralizaram R$ 8.000,00, sendo R$ 5.000,00 em dinheiro e R$ 3.000,00 em um computador novo a ser utilizado nas atividades administrativas (cujo tempo de vida útil é 5 anos e valor residual nulo).

iii. Pagou toda a dívida com Fornecedores que estava em aberto no início do ano.

iv. Pagou os Salários a Pagar que eram devidos no início do ano.

v. Comprou 1.000 unidades de ioiô ao custo unitário de R$ 1,00 cada; 25kg de bolinhas de gude ao custo unitário de R$ 3,00 cada quilo; 200 unidades de bonecas de pano ao custo unitário de R$ 3,50 cada. Essas compras foram negociadas para pagamento da seguinte forma: metade à vista e metade para pagamento em fevereiro próximo.

vi. Contratou serviços de terceiros relativos ao desenvolvimento de uma campanha publicitária para veiculação na rádio local, cujos serviços foram executados e pagos ainda em janeiro, pelo valor total de R$ 500,00.

vii. Reconheceu e pagou os juros do mês de janeiro, no valor de R$ 85,00.

viii. Vendeu mercadorias à vista: 400 unidades de ioiô ao preço unitário de R$ 4,00 cada; 30kg de bolinhas de gude ao preço unitário de R$ 10,00 cada quilo; 150 unidades de bonecas de pano ao preço unitário de R$ 6,00 cada.

ix. Vendeu mercadorias, cuja forma de pagamento foi negociada da seguinte forma: 1/3 à vista; 1/3 para recebimento em fevereiro próximo e o restante para recebimento em março próximo – 800 unidades de ioiô ao preço unitário de R$ 4,50 cada; 20kg de bolinhas de gude ao preço unitário de R$ 12,00 cada quilo; 120 unidades de bonecas de pano ao preço unitário de R$ 7,50 cada.

x. Reconheceu e provisionou a folha de pagamentos aos empregados, no valor total de R$ 400,00.

xi. Depreciou os móveis e utensílios e o computador.

xii. Identificou que o valor de venda das bonecas de pano, para o mês seguinte, deverá ser reduzido para R$ 5,00 por unidade, em função da entrada de um novo concorrente que importará bonecas de pano da China por um valor significativamente mais barato, apesar de a JJM Crianças e Cia. continuar comprando as bonecas de seu fornecedor tradicional.

xiii. Amortizou, antecipadamente, metade dos empréstimos, pagando R$ 1.000,00 ao banco. O saldo remanescente continua vencendo no prazo inicialmente contratado.

xiv. Distribuiu e pagou dividendos relativos ao lucro do mês de janeiro, no valor total de R$ 3.000,00.

31. O percentual do Valor Adicionado que foi distribuído aos empregados, evidenciado na DVA apurada em 31/01/2007, foi, com valores arredondados, de:

a) 7,69%.
b) 8,28%.
c) 17,31%.
d) 8,51%.
e) 8,12%.

32. O valor da variação do Capital Circulante Líquido, evidenciado na DOAR apurada em 31/01/2007, é:

a) 5.322,50.
b) 5.285,00.
c) 5.385,00.
d) 5.347,50.
e) 5.334,24.

33. O valor da variação do Fluxo de Caixa, evidenciado na DFC pelo método direto apurada em 31/01/2007, é:

a) 3.232,50.
b) 3.177,50.
c) 1.000,00.
d) 6.177.50.
e) 6.232,50.

34. O valor do somatório das variações dos ativos e passivos operacionais, evidenciada na DFC pelo método indireto apurada em 31/01/2007, é:

a) - 2.170,00.
b) 3.650,00.
c) 2.785,00.
d) 2.822,50.
e) - 2.156,74.

35. A.F.T.E. – RJ – 2008 (FGV)

Determinada empresa comercial apurou o seguinte balanço patrimonial no final do exercício recém-encerrado:

disponibilidades	**30.000**	**fornecedores**	**-**
clientes	-	capital social	40.000
estoque	**20.000**	**reserva de lucros**	**10.000**

Sabe-se que o estoque era composto por 10.000 unidades da mercadoria X. Durante o corrente exercício, essa empresa realizou as seguintes transações na sequência apresentada:

- comprou 15.000 unidades da mercadoria X por $3,00 a unidade, pagando metade à vista e ficando o restante para pagar em 30 dias;
- vendeu 20.000 unidades da mercadoria X por $5,00, recebendo metade à vista e ficando o restante para receber em 30 dias;
- comprou 9.000 unidades da mercadoria X por $4,00 a unidade, pagando tudo à vista;
- vendeu 10.000 unidades da mercadoria X por $5,00, recebendo metade à vista e ficando o restante para receber em 30 dias.

Ignore qualquer tributo e determine a diferença da Variação do Capital Circulante Líquido dessa empresa entre dois cenários:

I. controlando os estoques permanentemente e apurando o custo das mercadorias vendidas pelo custo médio ponderado móvel;
II. controlando os estoques permanentemente e apurando o custo das mercadorias vendidas pelo método primeiro que entra primeiro que sai.

a) Maior que $1.500,00.
b) Entre $1.000,01 e 1.500,00.
c) Entre $500,01 e $1.000,00.
d) Entre $0,01 e $500,00.
e) Igual a zero.

36. e 37. A.F.T.E. – RJ – 2008 (FGV)

A Cia. NND vende o produto T. A empresa apresenta o seguinte Balanço em 01.10.X8: (Adaptada)

ATIVO		PASSIVO + PATR. LÍQUIDO	
Disponibilidades	100.000	Fornecedores	20.000
Estoques	100.000	Contas a Pagar	30.000
Terrenos	100.000	Empréstimos	70.000
Móveis e Utensílios	90.000	Capital Social	220.000
(-) Depr. acumulada	-25.000	L. Retidos	25.000
Total	**365.000**	**Total**	**365.000**

Informações adicionais:

I. o Estoque é constituído por 10.000 unidades de mercadorias T adquiridas por R$10 cada. A empresa adota o CMPF (custo médio ponderado fixo) – controle periódico (no final de cada mês);

II. os Móveis e Utensílios são depreciados à taxa de 10% ao ano.

A empresa efetuou as seguintes operações no mês de outubro de X8:

Data/Evento

01 Venda de 2.000 unidades de T por R$ 25,00 cada, para recebimento em 30 dias.
02 Compra de 10.000 unidades de T por R$ 12,00 cada, para pagar em novembro/X8.
05 Compra de 10.000 unidades de T por R$ 14,00 cada, sendo metade à vista e metade a prazo para pagamento em 30 dias.
10 Venda de 16.000 unidades de T por R$ 25,00 cada, sendo metade à vista e metade a prazo para recebimento em 30 dias.
15 Venda de 10.000 unidades de T por R$ 23,00 cada, à vista.
18 Aumento do capital social em R$ 100.000,00, sendo integralizados imediatamente em dinheiro somente R$ 40.000,00; o restante deverá ser integralizado em dentro de 6 meses.
22 Compra de 6.000 unidades de T por R$ 15,00, à vista.
25 Venda de 3.000 unidades de T por R$ 24,00 cada, à vista.
26 Pagamento de R$ 15.000,00 aos fornecedores e da totalidade do saldo das contas a pagar.
30 Recebimento de R$ 50.000,00 de clientes.
31 Reconhecimento e pagamento de despesas administrativas e comerciais no montante total de R$ 140.000,00, sendo R$ 85.000,00 relativos a serviços de terceiros e o restante a pessoal próprio.
31 Apropriação mensal da despesa de depreciação dos móveis e utensílios.
31 Teste de recuperabilidade dos móveis e utensílios, sendo o valor recuperável – conforme a Resolução CFC 1.110/07 – no montante de R$ 64.000,00.
31 Teste de recuperabilidade do estoque de mercadorias T, sendo o valor recuperável – conforme a Resolução CFC 1.110/07 – no montante de R$ 23,00 cada.
31 Venda do terreno por R$ 92.000,00, à vista.
31 Distribuição de dividendos no montante total de R$ 41.700,00, sendo R$ 30.000,00 pagos imediatamente e o restante provisionado para pagamento em dentro de 60 dias.

36. Considerando somente os dados do enunciado, determine o percentual do valor adicionado que foi disponibilizado aos proprietários da entidade na forma de dividendos, em outubro/X8:)

a) Menor 10%.
b) Entre 10,01% e 16%.
c) Entre 16,01% e 22%.
d) Entre 22,01% e 28%.
e) Maior que 28%.

37. Considerando somente os dados do enunciado determine a variação do saldo de disponibilidades, em outubro/X8: (Adaptada)

a) Maior que $ 275.000,00.
b) Entre $ 250.000,01 e $ 275.000,00.
c) Entre $ 225.000,01 e $ 250.000,00.
d) Entre $ 200.000,01 e $ 225.000,00.
e) Menor ou igual a $ 200.000,00.

38. I.C.M.S. – RJ – 2009 (FGV)

A Cia. Três Corações abriu seu capital em 2008, por meio de emissão de títulos patrimoniais, autorizada pela Comissão de Valores Mobiliários. A empresa incorreu em $ 2.000.000 de custos de transação diretamente atribuíveis à emissão efetuada de acordo com o CPC 08, aprovado pelo CFC, esse valor deve ser reconhecido como: (Adaptada)

a) Despesa Financeira.
b) Ativo Intangível.
c) Ativo Imobilizado.
d) Redutor do Patrimônio Líquido.
e) Despesa Antecipada.

39. I.C.M.S. - ES - 2.009 (CESPE)

Com as modificações havidas no texto da Lei das Sociedades por Ações, substituiu-se, na representação do patrimônio líquido, a reserva de reavaliação pelos ajustes de avaliação patrimonial. Tais ajustes constituem contrapartidas tanto de aumentos como de diminuições no valor atribuído a componentes, seja do ativo, seja do passivo.

( ) CERTO ( ) ERRADO

40. I.C.M.S. - RJ - 2011 (FGV)

Gera lançamento contábil em conta de resultados

a) o recebimento de ágio na emissão de ações.
b) a baixa da provisão para créditos de liquidação duvidosa por perdas reconhecidas.
c) o ajuste pela taxa efetiva de juros de títulos mantidos até o vencimento.
d) a aquisição de computadores para a área de vendas.
e) a compra de ações de própria emissão da empresa.

41. INFRAERO – ANALISTA SUPERIOR – CONTADOR – 2009 (FCC)

De conformidade com o estabelecido pela Lei nº 11.638/07, as aplicações em instrumentos financeiros, quando destinadas à negociação ou disponíveis para venda, devem ser avaliadas pelo valor

a) justo.
b) de entrada.
c) presente.
d) de reposição.
e) de custo.

42. a 45. I.C.M.S. - ES - 2.009 (CESPE)

Julgue os itens 42 a 45, relativos à contabilidade avançada.

42. Uma empresa que ofereça, por certo prazo, garantia de manutenção e bom funcionamento de um equipamento que seja objeto do seu negócio, deve efetuar uma provisão para os prováveis dispêndios que terá em decorrência desse compromisso.
Ainda que se trate de uma estimativa, tal valor deverá figurar no passivo do balanço patrimonial dessa empresa.

( ) CERTO ( ) ERRADO

43. As subvenções para investimentos recebidas pela empresa poderão ser convertidas em reserva de incentivos fiscais, a qual poderá ser excluída da base de cálculo do dividendo obrigatório.

( ) CERTO ( ) ERRADO

44. Suponha que a companhia aberta A participe, com 5% de suas ações, todas ordinárias, do capital social da empresa B. Metade das ações de B são ordinárias. Nesse caso, o investimento de A em B deverá ser avaliado com base no critério do custo, pois tal investimento não alcança 10% do capital de B, nem é relevante.

( ) CERTO ( ) ERRADO

45. **Considere a seguinte situação hipotética. Para efeito de cálculo das saídas de caixa referentes às atividades operacionais de uma empresa comercial, estavam disponíveis os seguintes dados:**

- saldo de fornecedores no início do período: R$ 1.600.000,00;
- saldo de fornecedores no final do período: R$ 2.300.000,00;
- estoque inicial de mercadorias: R$ 350.000,00;
- estoque final de mercadorias: R$ 550.000,00;
- custo das mercadorias vendidas: R$ 8.500.000,00.

Nessa situação, os pagamentos referentes às compras de mercadorias, feitos por essa empresa comercial a fornecedores, foram de R$ 9.400.000,00.

( ) CERTO ( ) ERRADO

46. T. R. E. - AL - 2010 (FCC)

Os aumentos ou diminuições, dos valores atribuídos a itens do ativo ou do passivo, consequentes da avaliação a valor justo, ainda não atribuídas ao resultado do exercício pelo regime de competência, são classificadas como

a) receitas a apropriar.
b) resultado de exercícios futuros.
c) adiantamento de clientes.
d) ajustes de avaliação patrimonial.
e) reserva de capital.

47. T.R.F – ANALISTA JUDICIÁRIO - 2010 (FCC)

Embora a constituição da reserva de reavaliação tenha sido revogada pela Lei nº 11.638/2007 a partir de 1º de janeiro de 2008, a citada Lei permitiu que as companhias mantivessem os saldos das referidas reservas constituídas até 31/12/2007, que seriam realizadas de acordo com as normas da legislação até então vigente. Estas normas consideravam realizada a reserva de reavaliação em caso de

a) transferência da reserva de reavaliação para reserva de lucros.
b) incorporação da reserva de reavaliação ao capital social.
c) compensação da reserva de reavaliação com prejuízos contábeis.
d) depreciação, amortização, exaustão, alienação ou perda do bem reavaliado.
e) transferência do bem reavaliado do Ativo Imobilizado para o Ativo Circulante, indicando intenção de venda.

48. METRO - SP - 2 010 (FCC)

A reavaliação de bens do Ativo Imobilizado era permitida até 31/12/2007 pela Lei das Sociedades por Ações. As companhias que tivessem efetuado a reavaliação até aquela data poderiam optar por manter a reserva de reavaliação constituída. A realização dessa reserva de reavaliação ocorre quando

a) a reserva é utilizada para aumento de capital da companhia.
b) o bem reavaliado é reclassificado para o Ativo Circulante, indicando intenção de venda.
c) o bem reavaliado é depreciado, amortizado, exaurido, vendido ou baixado por obsolescência.
d) a reserva é transferida para reserva de lucros, indicando intenção de distribuição de dividendos aos acionistas.
e) a reserva é utilizada para compensar prejuízos contábeis da companhia.

49. e 50. I.C.M.S. - RO - 2.010 (FCC)

Instruções: Para responder às questões de números 49 e 50, utilize as informações seguir:
A Cia. Participações apresentava em seu Balancete, em 31/12/X9, os saldos, em reais, nas seguintes contas: Disponível 20.000,00; Títulos e Valores Mobiliários 23.000,00; Fornecedores 10.000,00; Debêntures 5.000,00; Clientes 40.000,00; Despesas Administrativas 3.000,00; Provisão para Créditos de Liquidação Duvidosa 2.000,00; Impostos a Recuperar 9.000,00; Adiantamento de Clientes 6.000,00; Despesas Financeiras 8.000,00; Marcas e Patentes 3.000,00; Receitas Financeiras 6.000,00; Custo das Mercadorias Vendidas 80.000,00; Depósitos em Garantia 10.000,00; Reserva Legal 8.000,00; Abatimento sobre Vendas 1.500,00; Estoques de Mercadorias 40.000,00; Receita de Vendas 200.000,00; Capital Social 110.000,00; Empréstimos Obtidos de Longo Prazo 15.000,00; Receita de Equivalência Patrimonial 6.500,00; Ações em Tesouraria 4.000,00; Investimentos em Controladas 44.000,00; Veículos 75.000,00; Despesas de Depreciação de Veículos 4.000,00; Depreciação Acumulada de Veículos 7.000,00; Ajuste de Avaliação Patrimonial (devedor) 9.000,00; Despesas com Vendas 2.000,00.

49. **Com base nas informações apresentadas, o Ativo da Cia. Participações, em 31/12/X9, era, em reais,**
a) 250.000,00
b) 255.000,00
c) 256.000,00
d) 259.000,00
e) 261.000,00

50. **Em 31/12/X9, o Patrimônio Líquido da Cia. Participações era, em reais,**
a) 217.000,00
b) 219.000,00
c) 225.000,00
d) 227.000,00
e) 237.000,00

51. AUDITOR FISCAL MUNICIPAL – SP – 2012 (FCC)

Em relação à avaliação dos elementos patrimoniais, considere:

I. O valor contábil de um terreno de R$ 300.000,00, cujo teste de *impairment* indicou valor justo líquido da despesa de venda de R$ 290.000,00 e valor em uso de R$ 280.000,00, deve ser reduzido em R$ 20.000,00.

II. As obrigações de curto prazo com fornecedores devem ser ajustadas ao seu valor presente, quando houver efeito relevante.

III. Uma patente adquirida que expira em 10 anos e com valor residual igual a zero gera despesa de amortização de 10% do seu valor de aquisição em cada ano, se a empresa utilizar o método linear de amortização.

IV. O investimento em controlada, que representa participação no capital votante de 60% e no capital social de 50%, deve ser aumentado em R$ 60.000,00 se a investida tiver apurado lucro no exercício de R$ 100.000,00.

Está correto o que se afirma APENAS em
a) II, III e IV.
b) III e IV.
c) I e II.
d) I, II e III.
e) II e III.

Gabarito

01. C **02.** B
03. 1- FALSA 2- FALSA 3- FALSA 4- VERD. 5- VERD.
04. E **05.** D
06. 1- VERD. 2- FALSA 3- FALSA 4- VERD.

07. B	**08. E**	**09. B**	**10. D**	**11. A**	**12. D**
13. A	**14. C**	**15. A**	**16. E**	**17. B**	**18. D**
19. A	**20. B**	**21. A**	**22. E**	**23. C**	**24. D**
25. A	**26. E**	**27. D**	**28. E**	**29. A**	**30. D**
31. D	**32. D**	**33. B**	**34. A**	**35. A**	**36. B**
37. A	**38. D**	**39. CERTO**	**40. C**	**41. A**	**42. CERTO.**
43. CERTO	**44. ERRADO**	**45. ERRADO**	**46. D**	**47. D**	**48. C**
49. B	**50. B**	**51. E**			

18. Legislação

1. Lei nº 6.404/1976
2. Instrução CVM nº 247/1996
3. Instrução CVM nº 319/1999

1. Lei nº 6.404/76, após as alterações introduzidas pela Lei nº 11.638/07 e Lei nº 11.941/09.

(Artigos: 175 a 300)

Capítulo XV
Exercício Social e Demonstrações Financeiras
Seção I
Exercício Social

Art. 175. O exercício social terá duração de 1 (um) ano e a data do término será fixada no estatuto.

Parágrafo único. Na constituição da companhia e nos casos de alteração estatutária o exercício social poderá ter duração diversa.

Seção II
Demonstrações Financeiras
Disposições Gerais

Art. 176. Ao fim de cada exercício social, a diretoria fará elaborar, com base na escrituração mercantil da companhia, as seguintes demonstrações financeiras, que deverão exprimir com clareza a situação do patrimônio da companhia e as mutações ocorridas no exercício:

I - balanço patrimonial;

II - demonstração dos lucros ou prejuízos acumulados;

III - demonstração do resultado do exercício; e

IV – demonstração dos fluxos de caixa; e *(Redação dada pela Lei nº 11.638,de 2007)*

V – se companhia aberta, demonstração do valor adicionado. *(Incluído pela Lei nº 11.638,de 2007)*

§ 1º As demonstrações de cada exercício serão publicadas com a indicação dos valores correspondentes das demonstrações do exercício anterior.

§ 2º Nas demonstrações, as contas semelhantes poderão ser agrupadas; os pequenos saldos poderão ser agregados, desde que indicada a sua natureza e não ultrapassem 0,1 (um décimo) do valor do respectivo grupo de contas; mas é vedada a utilização de designações genéricas, como "diversas contas" ou "contas correntes".

§ 3º As demonstrações financeiras registrarão a destinação dos lucros segundo a proposta dos órgãos da administração, no pressuposto de sua aprovação pela assembleia-geral.

§ 4º As demonstrações serão complementadas por notas explicativas e outros quadros analíticos ou demonstrações contábeis necessários para esclarecimento da situação patrimonial e dos resultados do exercício.

§ 5º As notas explicativas devem: *(Redação dada pela Lei nº 11.941, de 2009)*

I – apresentar informações sobre a base de preparação das demonstrações financeiras e das práticas contábeis específicas selecionadas e aplicadas para negócios e eventos significativos; *(Incluído pela Lei nº 11.941, de 2009)*

II – divulgar as informações exigidas pelas práticas contábeis adotadas no Brasil que não estejam apresentadas em nenhuma outra parte das demonstrações financeiras; (Incluído pela Lei nº 11.941, de 2009)

III – fornecer informações adicionais não indicadas nas próprias demonstrações financeiras e consideradas necessárias para uma apresentação adequada; e *(Incluído pela Lei nº 11.941, de 2009)*

IV – indicar: *(Incluído pela Lei nº 11.941, de 2009)*

a) os principais critérios de avaliação dos elementos patrimoniais, especialmente estoques, dos cálculos de depreciação, amortização e exaustão, de constituição de provisões para encargos ou riscos, e dos ajustes para atender a perdas prováveis na realização de elementos do ativo; *(Incluído pela Lei nº 11.941, de 2009)*

b) os investimentos em outras sociedades, quando relevantes (art. 247, parágrafo único); *(Incluído pela Lei nº 11.941, de 2009)*

c) o aumento de valor de elementos do ativo resultante de novas avaliações (art. 182, § 3º); *(Incluído pela Lei nº 11.941, de 2009)*

d) os ônus reais constituídos sobre elementos do ativo, as garantias prestadas a terceiros e outras responsabilidades eventuais ou contingentes; *(Incluído pela Lei nº 11.941, de 2009)*

e) a taxa de juros, as datas de vencimento e as garantias das obrigações a longo prazo; *(Incluído pela Lei nº 11.941, de 2009)*

f) o número, espécies e classes das ações do capital social; *(Incluído pela Lei nº 11.941, de 2009)*

g) as opções de compra de ações outorgadas e exercidas no exercício; *(Incluído pela Lei nº 11.941, de 2009)*

h) os ajustes de exercícios anteriores (art. 186, § 1º); e *(Incluído pela Lei nº 11.941, de 2009)*

i) os eventos subsequentes à data de encerramento do exercício que tenham, ou possam vir a ter, efeito relevante sobre a situação financeira e os resultados futuros da companhia. *(Incluído pela Lei nº 11.941, de 2009)*

§ 6º A companhia fechada com patrimônio líquido, na data do balanço, inferior a R$ 2.000.000,00 (dois milhões de reais) não será obrigada à elaboração e publicação da demonstração dos fluxos de caixa. *(Redação dada pela Lei nº 11.638,de 2007)*

§ 7º A Comissão de Valores Mobiliários poderá, a seu critério, disciplinar de forma diversa o registro de que trata o § 3º deste artigo. *(Incluído pela Lei nº 11.941, de 2009)*

Escrituração

Art. 177. A escrituração da companhia será mantida em registros permanentes, com obediência aos preceitos da legislação comercial e desta Lei e aos princípios de contabilidade geralmente aceitos, devendo observar métodos ou critérios contábeis uniformes no tempo e registrar as mutações patrimoniais segundo o regime de competência.

§ 1º As demonstrações financeiras do exercício em que houver modificação de métodos ou critérios contábeis, de efeitos relevantes, deverão indicá-la em nota e ressaltar esses efeitos.

§ 2º A companhia observará exclusivamente em livros ou registros auxiliares, sem qualquer modificação da escrituração mercantil e das demonstrações reguladas nesta Lei, as disposições da lei tributária, ou de legislação especial sobre a atividade que constitui seu objeto, que prescrevam, conduzam ou incentivem a utilização de métodos ou critérios contábeis diferentes ou determinem registros, lançamentos ou ajustes ou a elaboração de outras demonstrações financeiras. *(Redação dada pela Lei nº 11.941, de 2009)*

I – *(revogado)*; *(Redação dada pela Lei nº 11.941, de 2009)*

II – *(revogado)*. *(Redação dada pela Lei nº 11.941, de 2009)*

§ 3º As demonstrações financeiras das companhias abertas observarão, ainda, as normas expedidas pela Comissão de Valores Mobiliários e serão obrigatoriamente submetidas a auditoria por auditores independentes nela registrados. *(Redação dada pela Lei nº 11.941, de 2009)*

§ 4º As demonstrações financeiras serão assinadas pelos administradores e por contabilistas legalmente habilitados.

§ 5º As normas expedidas pela Comissão de Valores Mobiliários a que se refere o § 3º deste artigo deverão ser elaboradas em consonância com os padrões internacionais de contabilidade adotados nos principais mercados de valores mobiliários. *(Incluído pela Lei nº 11.638,de 2007)*

§ 6º As companhias fechadas poderão optar por observar as normas sobre demonstrações financeiras expedidas pela Comissão de Valores Mobiliários para as companhias abertas. *(Incluído pela Lei nº 11.638,de 2007)*

§ 7º *(Revogado)*. *(Redação dada pela Lei nº 11.941, de 2009)*

Seção III
Balanço Patrimonial
Grupo de Contas

Art. 178. No balanço, as contas serão classificadas segundo os elementos do patrimônio que registrem, e agrupadas de modo a facilitar o conhecimento e a análise da situação financeira da companhia.

§ 1º No ativo, as contas serão dispostas em ordem decrescente de grau de liquidez dos elementos nelas registrados, nos seguintes grupos:

I – ativo circulante; e *(Incluído pela Lei nº 11.941, de 2009)*

II – ativo não circulante, composto por ativo realizável a longo prazo, investimentos, imobilizado e intangível. *(Incluído pela Lei nº 11.941, de 2009)*

§ 2º No passivo, as contas serão classificadas nos seguintes grupos:

I – passivo circulante; *(Incluído pela Lei nº 11.941, de 2009)*

II – passivo não circulante; e *(Incluído pela Lei nº 11.941, de 2009)*

III – patrimônio líquido, dividido em capital social, reservas de capital, ajustes de avaliação patrimonial, reservas de lucros, ações em tesouraria e prejuízos acumulados. *(Incluído pela Lei nº 11.941, de 2009)*

§ 3º Os saldos devedores e credores que a companhia não tiver direito de compensar serão classificados separadamente.

Ativo

Art. 179. As contas serão classificadas do seguinte modo:

I - no ativo circulante: as disponibilidades, os direitos realizáveis no curso do exercício social subsequente e as aplicações de recursos em despesas do exercício seguinte;

II - no ativo realizável a longo prazo: os direitos realizáveis após o término do exercício seguinte, assim como os derivados de vendas, adiantamentos ou empréstimos a sociedades coligadas ou controladas (artigo 243), diretores, acionistas ou participantes no lucro da companhia, que não constituírem negócios usuais na exploração do objeto da companhia;

III - em investimentos: as participações permanentes em outras sociedades e os direitos de qualquer natureza, não classificáveis no ativo circulante, e que não se destinem à manutenção da atividade da companhia ou da empresa;

IV – no ativo imobilizado: os direitos que tenham por objeto bens corpóreos destinados à manutenção das atividades da companhia ou da empresa ou exercidos com essa finalidade, inclusive os decorrentes de operações que transfiram à companhia os benefícios, riscos e controle desses bens; *(Redação dada pela Lei nº 11.638,de 2007)*

VI – no intangível: os direitos que tenham por objeto bens incorpóreos destinados à manutenção da companhia ou exercidos com essa finalidade, inclusive o fundo de comércio adquirido. *(Incluído pela Lei nº 11.638,de 2007)*

Parágrafo único. Na companhia em que o ciclo operacional da empresa tiver duração maior que o exercício social, a classificação no circulante ou longo prazo terá por base o prazo desse ciclo.

Passivo Exigível

Art. 180. As obrigações da companhia, inclusive financiamentos para aquisição de direitos do ativo não circulante, serão classificadas no passivo circulante, quando se vencerem no exercício seguinte, e no passivo não circulante, se tiverem vencimento em prazo maior, observado o disposto no parágrafo único do art. 179 desta Lei. *(Redação dada pela Lei nº 11.941, de 2009)*

Resultados de Exercícios Futuros

Art. 181. *(Revogado pela Lei nº 11.941, de 2009)*

Patrimônio Líquido

Art. 182. A conta do capital social discriminará o montante subscrito e, por dedução, a parcela ainda não realizada.

§ 1º Serão classificadas como reservas de capital as contas que registrarem:

a) a contribuição do subscritor de ações que ultrapassar o valor nominal e a parte do preço de emissão das ações sem valor nominal que ultrapassar a importância destinada à formação do capital social, inclusive nos casos de conversão em ações de debêntures ou partes beneficiárias;

b) o produto da alienação de partes beneficiárias e bônus de subscrição;

c) *(revogada); (Redação dada pela Lei nº 11.638, de 2007) (Revogado pela Lei nº 11.638,de 2007)*

d) *(revogada). (Redação dada pela Lei nº 11.638, de 2007) (Revogado pela Lei nº 11.638,de 2007)*

§ 2º Será ainda registrado como reserva de capital o resultado da correção monetária do capital realizado, enquanto não-capitalizado.

§ 3º Serão classificadas como ajustes de avaliação patrimonial, enquanto não computadas no resultado do exercício em obediência ao regime de competência, as contrapartidas de aumentos ou diminuições de valor atribuídos a elementos do ativo e do passivo, em decorrência da sua avaliação a valor justo, nos casos previstos nesta Lei ou, em normas expedidas pela Comissão de Valores Mobiliários, com base na competência conferida pelo § 3º do art. 177 desta Lei. *(Redação dada pela Lei nº 11.941, de 2009)*

§ 4º Serão classificados como reservas de lucros as contas constituídas pela apropriação de lucros da companhia.

§ 5º As ações em tesouraria deverão ser destacadas no balanço como dedução da conta do patrimônio líquido que registrar a origem dos recursos aplicados na sua aquisição.

Critérios de Avaliação do Ativo

Art. 183. No balanço, os elementos do ativo serão avaliados segundo os seguintes critérios:

I - as aplicações em instrumentos financeiros, inclusive derivativos, e em direitos e títulos de créditos, classificados no ativo circulante ou no realizável a longo prazo: *(Redação dada pela Lei nº 11.638, de 2007)*

a) pelo seu valor justo, quando se tratar de aplicações destinadas à negociação ou disponíveis para venda; e *(Redação dada pela Lei nº 11.941, de 2009)*

b) pelo valor de custo de aquisição ou valor de emissão, atualizado conforme disposições legais ou contratuais, ajustado ao valor provável de realização, quando este for inferior, no caso das demais aplicações e os direitos e títulos de crédito; *(Incluída pela Lei nº 11.638, de 2007)*

II - os direitos que tiverem por objeto mercadorias e produtos do comércio da companhia, assim como matérias-primas, produtos em fabricação e bens em almoxarifado, pelo custo de aquisição ou produção, deduzido de provisão para ajustá-lo ao valor de mercado, quando este for inferior;

III - os investimentos em participação no capital social de outras sociedades, ressalvado o disposto nos artigos 248 a 250, pelo custo de aquisição, deduzido de provisão para perdas prováveis na realização do seu valor, quando essa perda estiver comprovada como permanente, e que não será modificado em razão do recebimento, sem custo para a companhia, de ações ou quotas bonificadas;

IV - os demais investimentos, pelo custo de aquisição, deduzido de provisão para atender às perdas prováveis na realização do seu valor, ou para redução do custo de aquisição ao valor de mercado, quando este for inferior;

V - os direitos classificados no imobilizado, pelo custo de aquisição, deduzido do saldo da respectiva conta de depreciação, amortização ou exaustão;

VI – *(revogado); (Redação dada pela Lei nº 11.941, de 2009)*

VII – os direitos classificados no intangível, pelo custo incorrido na aquisição deduzido do saldo da respectiva conta de amortização; *(Incluído pela Lei nº 11.638, de 2007)*

VIII – os elementos do ativo decorrentes de operações de longo prazo serão ajustados a valor presente, sendo os demais ajustados quando houver efeito relevante. *(Incluído pela Lei nº 11.638, de 2007)*

§ 1º Para efeitos do disposto neste artigo, considera-se valor justo: *(Redação dada pela Lei nº 11.941, de 2009)*

a) das matérias-primas e dos bens em almoxarifado, o preço pelo qual possam ser repostos, mediante compra no mercado;

b) dos bens ou direitos destinados à venda, o preço líquido de realização mediante venda no mercado, deduzidos os impostos e demais despesas necessárias para a venda, e a margem de lucro;

c) dos investimentos, o valor líquido pelo qual possam ser alienados a terceiros.

d) dos instrumentos financeiros, o valor que pode se obter em um mercado ativo, decorrente de transação não compulsória realizada entre partes independentes; e, na ausência de um mercado ativo para um determinado instrumento financeiro: *(Incluída pela Lei nº 11.638, de 2007)*

1) o valor que se pode obter em um mercado ativo com a negociação de outro instrumento financeiro de natureza, prazo e risco similares; *(Incluído pela Lei nº 11.638, de 2007)*

2) o valor presente líquido dos fluxos de caixa futuros para instrumentos financeiros de natureza, prazo e risco similares; ou *(Incluído pela Lei nº 11.638, de 2007)*

3) o valor obtido por meio de modelos matemático-estatísticos de precificação de instrumentos financeiros. *(Incluído pela Lei nº 11.638, de 2007)*

§ 2º A diminuição do valor dos elementos dos ativos imobilizado e intangível será registrada periodicamente nas contas de: *(Redação dada pela Lei nº 11.941, de 2009)*

a) depreciação, quando corresponder à perda do valor dos direitos que têm por objeto bens físicos sujeitos a desgaste ou perda de utilidade por uso, ação da natureza ou obsolescência;

b) amortização, quando corresponder à perda do valor do capital aplicado na aquisição de direitos da propriedade industrial ou comercial e quaisquer outros com existência ou exercício de duração limitada, ou cujo objeto sejam bens de utilização por prazo legal ou contratualmente limitado;

c) exaustão, quando corresponder à perda do valor, decorrente da sua exploração, de direitos cujo objeto sejam recursos minerais ou florestais, ou bens aplicados nessa exploração.

§ 3º A companhia deverá efetuar, periodicamente, análise sobre a recuperação dos valores registrados no imobilizado e no intangível, a fim de que sejam: *(Redação dada pela Lei nº 11.941, de 2009)*

I – registradas as perdas de valor do capital aplicado quando houver decisão de interromper os empreendimentos ou atividades a que se destinavam ou quando comprovado que não poderão produzir resultados suficientes para recuperação desse valor; ou *(Incluído pela Lei nº 11.638, de 2007)*

II – revisados e ajustados os critérios utilizados para determinação da vida útil econômica estimada e para cálculo da depreciação, exaustão e amortização. *(Incluído pela Lei nº 11.638, de 2007)*

§ 4° Os estoques de mercadorias fungíveis destinadas à venda poderão ser avaliados pelo valor de mercado, quando esse for o costume mercantil aceito pela técnica contábil.

Critérios de Avaliação do Passivo

Art. 184. No balanço, os elementos do passivo serão avaliados de acordo com os seguintes critérios:

I - as obrigações, encargos e riscos, conhecidos ou calculáveis, inclusive Imposto sobre a Renda a pagar com base no resultado do exercício, serão computados pelo valor atualizado até a data do balanço;

II - as obrigações em moeda estrangeira, com cláusula de paridade cambial, serão convertidas em moeda nacional à taxa de câmbio em vigor na data do balanço;

III – as obrigações, os encargos e os riscos classificados no passivo não circulante serão ajustados ao seu valor presente, sendo os demais ajustados quando houver efeito relevante. *(Redação dada pela Lei nº 11.941, de 2009)*

Critérios de Avaliação em Operações Societárias

(Incluído pela Lei nº 11.941, de 2009)

Art. 184-A. A Comissão de Valores Mobiliários estabelecerá, com base na competência conferida pelo § 3º do art. 177 desta Lei, normas especiais de avaliação e contabilização aplicáveis à aquisição de controle, participações societárias ou negócios. *(Incluído pela Lei nº 11.941, de 2009)*

Correção Monetária

Art. 185. *(Revogado pela Lei nº 7.730, de 1989)*

Seção IV
Demonstração de Lucros ou Prejuízos Acumulados

Art. 186. A demonstração de lucros ou prejuízos acumulados discriminará:

I - o saldo do início do período, os ajustes de exercícios anteriores e a correção monetária do saldo inicial;

II - as reversões de reservas e o lucro líquido do exercício;

III - as transferências para reservas, os dividendos, a parcela dos lucros incorporada ao capital e o saldo ao fim do período.

§ 1º Como ajustes de exercícios anteriores serão considerados apenas os decorrentes de efeitos da mudança de critério contábil, ou da retificação de erro imputável a determinado exercício anterior, e que não possam ser atribuídos a fatos subsequentes.

§ 2º A demonstração de lucros ou prejuízos acumulados deverá indicar o montante do dividendo por ação do capital social e poderá ser incluída na demonstração das mutações do patrimônio líquido, se elaborada e publicada pela companhia.

Seção V
Demonstração do Resultado do Exercício

Art. 187. A demonstração do resultado do exercício discriminará:

I - a receita bruta das vendas e serviços, as deduções das vendas, os abatimentos e os impostos;

II - a receita líquida das vendas e serviços, o custo das mercadorias e serviços vendidos e o lucro bruto;
III - as despesas com as vendas, as despesas financeiras, deduzidas das receitas, as despesas gerais e administrativas, e outras despesas operacionais;
IV – o lucro ou prejuízo operacional, as outras receitas e as outras despesas; *(Redação dada pela Lei nº 11.941, de 2009)*
V - o resultado do exercício antes do Imposto sobre a Renda e a provisão para o imposto;
VI – as participações de debêntures, empregados, administradores e partes beneficiárias, mesmo na forma de instrumentos financeiros, e de instituições ou fundos de assistência ou previdência de empregados, que não se caracterizem como despesa; *(Redação dada pela Lei nº 11.941, de 2009)*
VII - o lucro ou prejuízo líquido do exercício e o seu montante por ação do capital social.
§ 1º Na determinação do resultado do exercício serão computados:
a) as receitas e os rendimentos ganhos no período, independentemente da sua realização em moeda; e
b) os custos, despesas, encargos e perdas, pagos ou incorridos, correspondentes a essas receitas e rendimentos.
§ 2º *(Revogado). (Redação dada pela Lei nº 11.638, de 2007) (Revogado pela Lei nº 11.638, de 2007)*

Seção VI
Demonstrações dos Fluxos de Caixa e do Valor Adicionado

(Redação dada pela Lei nº 11.638, de 2007)

Art. 188. As demonstrações referidas nos incisos IV e V do caput do art. 176 desta Lei indicarão, no mínimo: *(Redação dada pela Lei nº 11.638, de 2007)*
I – demonstração dos fluxos de caixa – as alterações ocorridas, durante o exercício, no saldo de caixa e equivalentes de caixa, segregando-se essas alterações em, no mínimo, 3 (três) fluxos: *(Redação dada pela Lei nº 11.638, de 2007)*
a) das operações; *(Redação dada pela Lei nº 11.638, de 2007)*
b) dos financiamentos; e *(Redação dada pela Lei nº 11.638, de 2007)*
c) dos investimentos; *(Redação dada pela Lei nº 11.638, de 2007)*
II – demonstração do valor adicionado – o valor da riqueza gerada pela companhia, a sua distribuição entre os elementos que contribuíram para a geração dessa riqueza, tais como empregados, financiadores, acionistas, governo e outros, bem como a parcela da riqueza não distribuída. *(Redação dada pela Lei nº 11.638, de 2007)*

Capítulo XVI
Lucro, Reservas e Dividendos
Seção I
Lucro
Dedução de Prejuízos e Imposto sobre a Renda

Art. 189. Do resultado do exercício serão deduzidos, antes de qualquer participação, os prejuízos acumulados e a provisão para o Imposto sobre a Renda.
Parágrafo único. o prejuízo do exercício será obrigatoriamente absorvido pelos lucros acumulados, pelas reservas de lucros e pela reserva legal, nessa ordem.

Participações

Art. 190. As participações estatutárias de empregados, administradores e partes beneficiárias serão determinadas, sucessivamente e nessa ordem, com base nos lucros que remanescerem depois de deduzida a participação anteriormente calculada.
Parágrafo único. Aplica-se ao pagamento das participações dos administradores e das partes beneficiárias o disposto nos parágrafos do artigo 201.

Lucro Líquido

Art. 191. Lucro líquido do exercício é o resultado do exercício que remanescer depois de deduzidas as participações de que trata o artigo 190.

Proposta de Destinação do Lucro

Art. 192. Juntamente com as demonstrações financeiras do exercício, os órgãos da administração da companhia apresentarão à assembleia-geral ordinária, observado o disposto nos artigos 193 a 203 e no estatuto, proposta sobre a destinação a ser dada ao lucro líquido do exercício.

Seção II
Reservas e Retenção de Lucros
Reserva Legal

Art. 193. Do lucro líquido do exercício, 5% (cinco por cento) serão aplicados, antes de qualquer outra destinação, na constituição da reserva legal, que não excederá de 20% (vinte por cento) do capital social.
§ 1º A companhia poderá deixar de constituir a reserva legal no exercício em que o saldo dessa reserva, acrescido do montante das reservas de capital de que trata o § 1º do artigo 182, exceder de 30% (trinta por cento) do capital social.
§ 2º A reserva legal tem por fim assegurar a integridade do capital social e somente poderá ser utilizada para compensar prejuízos ou aumentar o capital.

Reservas Estatutárias

Art. 194. O estatuto poderá criar reservas desde que, para cada uma:
I - indique, de modo preciso e completo, a sua finalidade;
II - fixe os critérios para determinar a parcela anual dos lucros líquidos que serão destinados à sua constituição; e
III - estabeleça o limite máximo da reserva.

Reservas para Contingências

Art. 195. A assembleia-geral poderá, por proposta dos órgãos da administração, destinar parte do lucro líquido à formação de reserva com a finalidade de compensar, em exercício futuro, a diminuição do lucro decorrente de perda julgada provável, cujo valor possa ser estimado.

§ 1º A proposta dos órgãos da administração deverá indicar a causa da perda prevista e justificar, com as razões de prudência que a recomendem, a constituição da reserva.

§ 2º A reserva será revertida no exercício em que deixarem de existir as razões que justificaram a sua constituição ou em que ocorrer a perda.

Reserva de Incentivos Fiscais

(Incluído pela Lei nº 11.638, de 2007)

Art. 195-A. A assembleia geral poderá, por proposta dos órgãos de administração, destinar para a reserva de incentivos fiscais a parcela do lucro líquido decorrente de doações ou subvenções governamentais para investimentos, que poderá ser excluída da base de cálculo do dividendo obrigatório (inciso I do caput do art. 202 desta Lei). *(Incluído pela Lei nº 11.638, de 2007)*

Retenção de Lucros

Art. 196. A assembleia-geral poderá, por proposta dos órgãos da administração, deliberar reter parcela do lucro líquido do exercício prevista em orçamento de capital por ela previamente aprovado.

§ 1º O orçamento, submetido pelos órgãos da administração com a justificação da retenção de lucros proposta, deverá compreender todas as fontes de recursos e aplicações de capital, fixo ou circulante, e poderá ter a duração de até 5 (cinco) exercícios, salvo no caso de execução, por prazo maior, de projeto de investimento.

§ 2º O orçamento poderá ser aprovado pela assembleia-geral ordinária que deliberar sobre o balanço do exercício e revisado anualmente, quando tiver duração superior a um exercício social. *(Redação dada pela Lei nº 10.303, de 2001)*

Reserva de Lucros a Realizar

Art. 197. No exercício em que o montante do dividendo obrigatório, calculado nos termos do estatuto ou do art. 202, ultrapassar a parcela realizada do lucro líquido do exercício, a assembleia-geral poderá, por proposta dos órgãos de administração, destinar o excesso à constituição de reserva de lucros a realizar. *(Redação dada pela Lei nº 10.303, de 2001)*

§ 1º Para os efeitos deste artigo, considera-se realizada a parcela do lucro líquido do exercício que exceder da soma dos seguintes valores: *(Redação dada pela Lei nº 10.303, de 2001)*

I - o resultado líquido positivo da equivalência patrimonial (art. 248); e *(Incluído pela Lei nº 10.303, de 2001)*

II – o lucro, rendimento ou ganho líquidos em operações ou contabilização de ativo e passivo pelo valor de mercado, cujo prazo de realização financeira ocorra após o término do exercício social seguinte. *(Redação dada pela Lei nº 11.638, de 2007)*

§ 2º A reserva de lucros a realizar somente poderá ser utilizada para pagamento do dividendo obrigatório e, para efeito do inciso III do art. 202, serão considerados como integrantes da reserva os lucros a realizar de cada exercício que forem os primeiros a serem realizados em dinheiro. *(Incluído pela Lei nº 10.303, de 2001)*

Limite da Constituição de Reservas e Retenção de Lucros

Art. 198. A destinação dos lucros para constituição das reservas de que trata o artigo 194 e a retenção nos termos do artigo 196 não poderão ser aprovadas, em cada exercício, em prejuízo da distribuição do dividendo obrigatório (artigo 202).

Limite do Saldo das Reservas de Lucro

(Redação dada pela Lei nº 11.638, de 2007)

Art. 199. O saldo das reservas de lucros, exceto as para contingências, de incentivos fiscais e de lucros a realizar, não poderá ultrapassar o capital social. Atingindo esse limite, a assembleia deliberará sobre aplicação do excesso na integralização ou no aumento do capital social ou na distribuição de dividendos. *(Redação dada pela Lei nº 11.638, de 2007)*

Reserva de Capital

Art. 200. As reservas de capital somente poderão ser utilizadas para:

I - absorção de prejuízos que ultrapassarem os lucros acumulados e as reservas de lucros (artigo 189, parágrafo único);

II - resgate, reembolso ou compra de ações;

III - resgate de partes beneficiárias;

IV - incorporação ao capital social;

V - pagamento de dividendo a ações preferenciais, quando essa vantagem lhes for assegurada (artigo 17, § 5º).

Parágrafo único. A reserva constituída com o produto da venda de partes beneficiárias poderá ser destinada ao resgate desses títulos.

Seção III
Dividendos
Origem

Art. 201. A companhia somente pode pagar dividendos à conta de lucro líquido do exercício, de lucros acumulados e de reserva de lucros; e à conta de reserva de capital, no caso das ações preferenciais de que trata o § 5º do artigo 17.

§ 1º A distribuição de dividendos com inobservância do disposto neste artigo implica responsabilidade solidária dos administradores e fiscais, que deverão repor à caixa social a importância distribuída, sem prejuízo da ação penal que no caso couber.

§ 2º Os acionistas não são obrigados a restituir os dividendos que em boa-fé tenham recebido. Presume-se a má-fé quando os dividendos forem distribuídos sem o levantamento do balanço ou em desacordo com os resultados deste.

Dividendo Obrigatório

Art. 202. Os acionistas têm direito de receber como dividendo obrigatório, em cada exercício, a parcela dos lucros estabelecida no estatuto ou, se este for omisso, a importância determinada de acordo com as seguintes normas: *(Redação dada pela Lei nº 10.303, de 2001)*

I - metade do lucro líquido do exercício diminuído ou acrescido dos seguintes valores: *(Redação dada pela Lei nº 10.303, de 2001)*

a) importância destinada à constituição da reserva legal (art. 193); e *(Incluída pela Lei nº 10.303, de 2001)*

b) importância destinada à formação da reserva para contingências (art. 195) e reversão da mesma reserva formada em exercícios anteriores; *(Incluída pela Lei nº 10.303, de 2001)*

II - o pagamento do dividendo determinado nos termos do inciso I poderá ser limitado ao montante do lucro líquido do exercício que tiver sido realizado, desde que a diferença seja registrada como reserva de lucros a realizar (art. 197); *(Redação dada pela Lei nº 10.303, de 2001)*

III - os lucros registrados na reserva de lucros a realizar, quando realizados e se não tiverem sido absorvidos por prejuízos em exercícios subsequentes, deverão ser acrescidos ao primeiro dividendo declarado após a realização. *(Redação dada pela Lei nº 10.303, de 2001)*

§ 1º O estatuto poderá estabelecer o dividendo como porcentagem do lucro ou do capital social, ou fixar outros critérios para determiná-lo, desde que sejam regulados com precisão e minúcia e não sujeitem os acionistas minoritários ao arbítrio dos órgãos de administração ou da maioria.

§ 2º Quando o estatuto for omisso e a assembleia-geral deliberar alterá-lo para introduzir norma sobre a matéria, o dividendo obrigatório não poderá ser inferior a 25% (vinte e cinco por cento) do lucro líquido ajustado nos termos do inciso I deste artigo. *(Redação dada pela Lei nº 10.303, de 2001)*

§ 3º A assembleia-geral pode, desde que não haja oposição de qualquer acionista presente, deliberar a distribuição de dividendo inferior ao obrigatório, nos termos deste artigo, ou a retenção de todo o lucro líquido, nas seguintes sociedades: *(Redação dada pela Lei nº 10.303, de 2001)*

I - companhias abertas exclusivamente para a captação de recursos por debêntures não conversíveis em ações; *(Incluído pela Lei nº 10.303, de 2001)*

II - companhias fechadas, exceto nas controladas por companhias abertas que não se enquadrem na condição prevista no inciso I. *(Incluído pela Lei nº 10.303, de 2001)*

§ 4º O dividendo previsto neste artigo não será obrigatório no exercício social em que os órgãos da administração informarem à assembleia-geral ordinária ser ele incompatível com a situação financeira da companhia. O conselho fiscal, se em funcionamento, deverá dar parecer sobre essa informação e, na companhia aberta, seus administradores encaminharão à Comissão de Valores Mobiliários, dentro de 5 (cinco) dias da realização da assembleia-geral, exposição justificativa da informação transmitida à assembleia.

§ 5º Os lucros que deixarem de ser distribuídos nos termos do § 4º serão registrados como reserva especial e, se não absorvidos por prejuízos em exercícios subsequentes, deverão ser pagos como dividendo assim que o permitir a situação financeira da companhia.

§ 6º Os lucros não destinados nos termos dos arts. 193 a 197 deverão ser distribuídos como dividendos. *(Incluído pela Lei nº 10.303, de 2001)*

Dividendos de Ações Preferenciais

Art. 203. O disposto nos artigos 194 a 197, e 202, não prejudicará o direito dos acionistas preferenciais de receber os dividendos fixos ou mínimos a que tenham prioridade, inclusive os atrasados, se cumulativos.

Dividendos Intermediários

Art. 204. A companhia que, por força de lei ou de disposição estatutária, levantar balanço semestral, poderá declarar, por deliberação dos órgãos de administração, se autorizados pelo estatuto, dividendo à conta do lucro apurado nesse balanço.

§ 1º A companhia poderá, nos termos de disposição estatutária, levantar balanço e distribuir dividendos em períodos menores, desde que o total dos dividendos pagos em cada semestre do exercício social não exceda o montante das reservas de capital de que trata o § 1º do artigo 182.

§ 2º O estatuto poderá autorizar os órgãos de administração a declarar dividendos intermediários, à conta de lucros acumulados ou de reservas de lucros existentes no último balanço anual ou semestral.

Pagamento de Dividendos

Art. 205. A companhia pagará o dividendo de ações nominativas à pessoa que, na data do ato de declaração do dividendo, estiver inscrita como proprietária ou usufrutuária da ação.

§ 1º Os dividendos poderão ser pagos por cheque nominativo remetido por via postal para o endereço comunicado pelo acionista à companhia, ou mediante crédito em conta corrente bancária aberta em nome do acionista.

§ 2º Os dividendos das ações em custódia bancária ou em depósito nos termos dos artigos 41 e 43 serão pagos pela companhia à instituição financeira depositária, que será responsável pela sua entrega aos titulares das ações depositadas.
§ 3º O dividendo deverá ser pago, salvo deliberação em contrário da assembleia-geral, no prazo de 60 (sessenta) dias da data em que for declarado e, em qualquer caso, dentro do exercício social.

Capítulo XVII
Dissolução, Liquidação e Extinção
Seção I
Dissolução

Art. 206. Dissolve-se a companhia:
I - de pleno direito:
a) pelo término do prazo de duração;
b) nos casos previstos no estatuto;
c) por deliberação da assembleia-geral (art. 136, X); *(Redação dada pela Lei nº 9.457, de 1997)*
d) pela existência de 1 (um) único acionista, verificada em assembleia-geral ordinária, se o mínimo de 2 (dois) não for reconstituído até à do ano seguinte, ressalvado o disposto no artigo 251;
e) pela extinção, na forma da lei, da autorização para funcionar.
II - por decisão judicial:
a) quando anulada a sua constituição, em ação proposta por qualquer acionista;
b) quando provado que não pode preencher o seu fim, em ação proposta por acionistas que representem 5% (cinco por cento) ou mais do capital social;
c) em caso de falência, na forma prevista na respectiva lei;
III - por decisão de autoridade administrativa competente, nos casos e na forma previstos em lei especial.

Efeitos

Art. 207. A companhia dissolvida conserva a personalidade jurídica, até a extinção, com o fim de proceder à liquidação.

Seção II
Liquidação
Liquidação pelos Órgãos da Companhia

Art. 208. Silenciando o estatuto, compete à assembleia-geral, nos casos do número I do artigo 206, determinar o modo de liquidação e nomear o liquidante e o conselho fiscal que devam funcionar durante o período de liquidação.
§ 1º A companhia que tiver conselho de administração poderá mantê-lo, competindo-lhe nomear o liquidante; o funcionamento do conselho fiscal será permanente ou a pedido de acionistas, conforme dispuser o estatuto.
§ 2º O liquidante poderá ser destituído, a qualquer tempo, pelo órgão que o tiver nomeado.

Liquidação Judicial

Art. 209. Além dos casos previstos no número II do artigo 206, a liquidação será processada judicialmente:
I - a pedido de qualquer acionista, se os administradores ou a maioria de acionistas deixarem de promover a liquidação, ou a ela se opuserem, nos casos do número I do artigo 206;
II - a requerimento do Ministério Público, à vista de comunicação da autoridade competente, se a companhia, nos 30 (trinta) dias subsequentes à dissolução, não iniciar a liquidação ou, se após iniciá-la, a interromper por mais de 15 (quinze) dias, no caso da alínea e do número I do artigo 301.
Parágrafo único. Na liquidação judicial será observado o disposto na lei processual, devendo o liquidante ser nomeado pelo Juiz.

Deveres do Liquidante

Art. 210. São deveres do liquidante:
I - arquivar e publicar a ata da assembleia-geral, ou certidão de sentença, que tiver deliberado ou decidido a liquidação;
II - arrecadar os bens, livros e documentos da companhia, onde quer que estejam;
III - fazer levantar de imediato, em prazo não superior ao fixado pela assembleia-geral ou pelo juiz, o balanço patrimonial da companhia;
IV - ultimar os negócios da companhia, realizar o ativo, pagar o passivo, e partilhar o remanescente entre os acionistas;
V - exigir dos acionistas, quando o ativo não bastar para a solução do passivo, a integralização de suas ações;
VI - convocar a assembleia-geral, nos casos previstos em lei ou quando julgar necessário;
VII - confessar a falência da companhia e pedir concordata, nos casos previstos em lei;
VIII - finda a liquidação, submeter à assembleia-geral relatório dos atos e operações da liquidação e suas contas finais;
IX - arquivar e publicar a ata da assembleia-geral que houver encerrado a liquidação.

Poderes do Liquidante

Art. 211. Compete ao liquidante representar a companhia e praticar todos os atos necessários à liquidação, inclusive alienar bens móveis ou imóveis, transigir, receber e dar quitação.
Parágrafo único. Sem expressa autorização da assembleia-geral o liquidante não poderá gravar bens e contrair empréstimos, salvo quando indispensáveis ao pagamento de obrigações inadiáveis, nem prosseguir, ainda que para facilitar a liquidação, na atividade social.

Denominação da Companhia

Art. 212. Em todos os atos ou operações, o liquidante deverá usar a denominação social seguida das palavras "em liquidação".

Assembleia-Geral

Art. 213. O liquidante convocará a assembleia-geral cada 6 (seis) meses, para prestar-lhe contas dos atos e operações praticados no semestre e apresentar-lhe o relatório e o balanço do estado da liquidação; a assembleia-geral pode fixar, para essas prestações de contas, períodos menores ou maiores que, em qualquer caso, não serão inferiores a 3 (três) nem superiores a 12 (doze) meses.

§ 1º Nas assembleias-gerais da companhia em liquidação todas as ações gozam de igual direito de voto, tornando-se ineficazes as restrições ou limitações porventura existentes em relação às ações ordinárias ou preferenciais; cessando o estado de liquidação, restaura-se a eficácia das restrições ou limitações relativas ao direito de voto.

§ 2º No curso da liquidação judicial, as assembleias-gerais necessárias para deliberar sobre os interesses da liquidação serão convocadas por ordem do juiz, a quem compete presidi-las e resolver, sumariamente, as dúvidas e litígios que forem suscitados. As atas das assembleias-gerais serão, por cópias autênticas, apensadas ao processo judicial.

Pagamento do Passivo

Art. 214. Respeitados os direitos dos credores preferenciais, o liquidante pagará as dívidas sociais proporcionalmente e sem distinção entre vencidas e vincendas, mas, em relação a estas, com desconto às taxas bancárias.

Parágrafo único. Se o ativo for superior ao passivo, o liquidante poderá, sob sua responsabilidade pessoal, pagar integralmente as dívidas vencidas.

Partilha do Ativo

Art. 215. A assembleia-geral pode deliberar que antes de ultimada a liquidação, e depois de pagos todos os credores, se façam rateios entre os acionistas, à proporção que se forem apurando os haveres sociais.

§ 1º É facultado à assembleia-geral aprovar, pelo voto de acionistas que representem 90% (noventa por cento), no mínimo, das ações, depois de pagos ou garantidos os credores, condições especiais para a partilha do ativo remanescente, com a atribuição de bens aos sócios, pelo valor contábil ou outro por ela fixado.

§ 2º Provado pelo acionista dissidente (artigo 216, § 2º) que as condições especiais de partilha visaram a favorecer a maioria, em detrimento da parcela que lhe tocaria, se inexistissem tais condições, será a partilha suspensa, se não consumada, ou, se já consumada, os acionistas majoritários indenizarão os minoritários pelos prejuízos apurados.

Prestação de Contas

Art. 216. Pago o passivo e rateado o ativo remanescente, o liquidante convocará a assembleia-geral para a prestação final das contas.

§ 1º Aprovadas as contas, encerra-se a liquidação e a companhia se extingue.

§ 2º O acionista dissidente terá o prazo de 30 (trinta) dias, a contar da publicação da ata, para promover a ação que lhe couber.

Responsabilidade na Liquidação

Art. 217. O liquidante terá as mesmas responsabilidades do administrador, e os deveres e responsabilidades dos administradores, fiscais e acionistas subsistirão até a extinção da companhia.

Direito de Credor Não-Satisfeito

Art. 218. Encerrada a liquidação, o credor não-satisfeito só terá direito de exigir dos acionistas, individualmente, o pagamento de seu crédito, até o limite da soma, por eles recebida, e de propor contra o liquidante, se for o caso, ação de perdas e danos. O acionista executado terá direito de haver dos demais a parcela que lhes couber no crédito pago.

Seção III
Extinção

Art. 219. Extingue-se a companhia:

I - pelo encerramento da liquidação;

II - pela incorporação ou fusão, e pela cisão com versão de todo o patrimônio em outras sociedades.

Capítulo XVIII
Transformação, Incorporação, Fusão e Cisão
Seção I
Transformação
Conceito e Forma

Art. 220. A transformação é a operação pela qual a sociedade passa, independentemente de dissolução e liquidação, de um tipo para outro.

Parágrafo único. A transformação obedecerá aos preceitos que regulam a constituição e o registro do tipo a ser adotado pela sociedade.

Deliberação

Art. 221. A transformação exige o consentimento unânime dos sócios ou acionistas, salvo se prevista no estatuto ou no contrato social, caso em que o sócio dissidente terá o direito de retirar-se da sociedade.

Parágrafo único. Os sócios podem renunciar, no contrato social, ao direito de retirada no caso de transformação em companhia.

Direito dos Credores

Art. 222. A transformação não prejudicará, em caso algum, os direitos dos credores, que continuarão, até o pagamento integral dos seus créditos, com as mesmas garantias que o tipo anterior de sociedade lhes oferecia.
Parágrafo único. A falência da sociedade transformada somente produzirá efeitos em relação aos sócios que, no tipo anterior, a eles estariam sujeitos, se o pedirem os titulares de créditos anteriores à transformação, e somente a estes beneficiará.

Seção II
Incorporação, Fusão e Cisão
Competência e Processo

Art. 223. A incorporação, fusão ou cisão podem ser operadas entre sociedades de tipos iguais ou diferentes e deverão ser deliberadas na forma prevista para a alteração dos respectivos estatutos ou contratos sociais.
§ 1º Nas operações em que houver criação de sociedade serão observadas as normas reguladoras da constituição das sociedades do seu tipo.
§ 2º Os sócios ou acionistas das sociedades incorporadas, fundidas ou cindidas receberão, diretamente da companhia emissora, as ações que lhes couberem.
§ 3º Se a incorporação, fusão ou cisão envolverem companhia aberta, as sociedades que a sucederem serão também abertas, devendo obter o respectivo registro e, se for o caso, promover a admissão de negociação das novas ações no mercado secundário, no prazo máximo de cento e vinte dias, contados da data da assembleia-geral que aprovou a operação, observando as normas pertinentes baixadas pela Comissão de Valores Mobiliários. *(Incluído pela Lei nº 9.457, de 1997)*
§ 4º O descumprimento do previsto no parágrafo anterior dará ao acionista direito de retirar-se da companhia, mediante reembolso do valor das suas ações (art. 45), nos trinta dias seguintes ao término do prazo nele referido, observado o disposto nos §§ 1º e 4º do art. 137. *(Incluído pela Lei nº 9.457, de 1997)*

Protocolo

Art. 224. As condições da incorporação, fusão ou cisão com incorporação em sociedade existente constarão de protocolo firmado pelos órgãos de administração ou sócios das sociedades interessadas, que incluirá:
I - o número, espécie e classe das ações que serão atribuídas em substituição dos direitos de sócios que se extinguirão e os critérios utilizados para determinar as relações de substituição;
II - os elementos ativos e passivos que formarão cada parcela do patrimônio, no caso de cisão;
III - os critérios de avaliação do patrimônio líquido, a data a que será referida a avaliação, e o tratamento das variações patrimoniais posteriores;
IV - a solução a ser adotada quanto às ações ou quotas do capital de uma das sociedades possuídas por outra;
V - o valor do capital das sociedades a serem criadas ou do aumento ou redução do capital das sociedades que forem parte na operação;
VI - o projeto ou projetos de estatuto, ou de alterações estatutárias, que deverão ser aprovados para efetivar a operação;
VII - todas as demais condições a que estiver sujeita a operação.
Parágrafo único. Os valores sujeitos a determinação serão indicados por estimativa.

Justificação

Art. 225. As operações de incorporação, fusão e cisão serão submetidas à deliberação da assembleia-geral das companhias interessadas mediante justificação, na qual serão expostos:
I - os motivos ou fins da operação, e o interesse da companhia na sua realização;
II - as ações que os acionistas preferenciais receberão e as razões para a modificação dos seus direitos, se prevista;
III - a composição, após a operação, segundo espécies e classes das ações, do capital das companhias que deverão emitir ações em substituição às que se deverão extinguir;
IV - o valor de reembolso das ações a que terão direito os acionistas dissidentes.

Transformação, Incorporação, Fusão e Cisão

(Redação dada pela Lei nº 11.638, de 2007)

Art. 226. As operações de incorporação, fusão e cisão somente poderão ser efetivadas nas condições aprovadas se os peritos nomeados determinarem que o valor do patrimônio ou patrimônios líquidos a serem vertidos para a formação de capital social é, ao menos, igual ao montante do capital a realizar.
§ 1º As ações ou quotas do capital da sociedade a ser incorporada que forem de propriedade da companhia incorporadora poderão, conforme dispuser o protocolo de incorporação, ser extintas, ou substituídas por ações em tesouraria da incorporadora, até o limite dos lucros acumulados e reservas, exceto a legal.
§ 2º O disposto no § 1º aplicar-se-á aos casos de fusão, quando uma das sociedades fundidas for proprietária de ações ou quotas de outra, e de cisão com incorporação, quando a companhia que incorporar parcela do patrimônio da cindida for proprietária de ações ou quotas do capital desta.

§ 3º A Comissão de Valores Mobiliários estabelecerá normas especiais de avaliação e contabilização aplicáveis às operações de fusão, incorporação e cisão que envolvam companhia aberta. *(Redação dada pela Lei nº 11.941, de 2009)*

Incorporação

Art. 227. A incorporação é a operação pela qual uma ou mais sociedades são absorvidas por outra, que lhes sucede em todos os direitos e obrigações.

§ 1º A assembleia-geral da companhia incorporadora, se aprovar o protocolo da operação, deverá autorizar o aumento de capital a ser subscrito e realizado pela incorporada mediante versão do seu patrimônio líquido, e nomear os peritos que o avaliarão.

§ 2º A sociedade que houver de ser incorporada, se aprovar o protocolo da operação, autorizará seus administradores a praticarem os atos necessários à incorporação, inclusive a subscrição do aumento de capital da incorporadora.

§ 3º Aprovados pela assembleia-geral da incorporadora o laudo de avaliação e a incorporação, extingue-se a incorporada, competindo à primeira promover o arquivamento e a publicação dos atos da incorporação.

Fusão

Art. 228. A fusão é a operação pela qual se unem duas ou mais sociedades para formar sociedade nova, que lhes sucederá em todos os direitos e obrigações.

§ 1º A assembleia-geral de cada companhia, se aprovar o protocolo de fusão, deverá nomear os peritos que avaliarão os patrimônios líquidos das demais sociedades.

§ 2º Apresentados os laudos, os administradores convocarão os sócios ou acionistas das sociedades para uma assembleia-geral, que deles tomará conhecimento e resolverá sobre a constituição definitiva da nova sociedade, vedado aos sócios ou acionistas votar o laudo de avaliação do patrimônio líquido da sociedade de que fazem parte.

§ 3º Constituída a nova companhia, incumbirá aos primeiros administradores promover o arquivamento e a publicação dos atos da fusão.

Cisão

Art. 229. A cisão é a operação pela qual a companhia transfere parcelas do seu patrimônio para uma ou mais sociedades, constituídas para esse fim ou já existentes, extinguindo-se a companhia cindida, se houver versão de todo o seu patrimônio, ou dividindo-se o seu capital, se parcial a versão.

§ 1º Sem prejuízo do disposto no artigo 233, a sociedade que absorver parcela do patrimônio da companhia cindida sucede a esta nos direitos e obrigações relacionados no ato da cisão; no caso de cisão com extinção, as sociedades que absorverem parcelas do patrimônio da companhia cindida sucederão a esta, na proporção dos patrimônios líquidos transferidos, nos direitos e obrigações não relacionados.

§ 2º Na cisão com versão de parcela do patrimônio em sociedade nova, a operação será deliberada pela assembleia-geral da companhia à vista de justificação que incluirá as informações de que tratam os números do artigo 224; a assembleia, se a aprovar, nomeará os peritos que avaliarão a parcela do patrimônio a ser transferida, e funcionará como assembleia de constituição da nova companhia.

§ 3º A cisão com versão de parcela de patrimônio em sociedade já existente obedecerá às disposições sobre incorporação (artigo 227).

§ 4º Efetivada a cisão com extinção da companhia cindida, caberá aos administradores das sociedades que tiverem absorvido parcelas do seu patrimônio promover o arquivamento e publicação dos atos da operação; na cisão com versão parcial do patrimônio, esse dever caberá aos administradores da companhia cindida e da que absorver parcela do seu patrimônio.

§ 5º As ações integralizadas com parcelas de patrimônio da companhia cindida serão atribuídas a seus titulares, em substituição às extintas, na proporção das que possuíam; a atribuição em proporção diferente requer aprovação de todos os titulares, inclusive das ações sem direito a voto. *(Redação dada pela Lei nº 9.457, de 1997)*

Direito de Retirada

Art. 230. Nos casos de incorporação ou fusão, o prazo para exercício do direito de retirada, previsto no art. 137, inciso II, será contado a partir da publicação da ata que aprovar o protocolo ou justificação, mas o pagamento do preço de reembolso somente será devido se a operação vier a efetivar-se. *(Redação dada pela Lei nº 9.457, de 1997)*

Direitos dos Debenturistas

Art. 231. A incorporação, fusão ou cisão da companhia emissora de debêntures em circulação dependerá da prévia aprovação dos debenturistas, reunidos em assembleia especialmente convocada com esse fim.

§ 1º Será dispensada a aprovação pela assembleia se for assegurado aos debenturistas que o desejarem, durante o prazo mínimo de 6 (seis) meses a contar da data da publicação das atas das assembleias relativas à operação, o resgate das debêntures de que forem titulares.

§ 2º No caso do § 1º, a sociedade cindida e as sociedades que absorverem parcelas do seu patrimônio responderão solidariamente pelo resgate das debêntures.

Direitos dos Credores na Incorporação ou Fusão

Art. 232. Até 60 (sessenta) dias depois de publicados os atos relativos à incorporação ou à fusão, o credor anterior por ela prejudicado poderá pleitear judicialmente a anulação da operação; findo o prazo, decairá do direito o credor que não o tiver exercido.

§ 1º A consignação da importância em pagamento prejudicará a anulação pleiteada.

§ 2º Sendo ilíquida a dívida, a sociedade poderá garantir-lhe a execução, suspendendo-se o processo de anulação.

§ 3º Ocorrendo, no prazo deste artigo, a falência da sociedade incorporadora ou da sociedade nova, qualquer credor anterior terá o direito de pedir a separação dos patrimônios, para o fim de serem os créditos pagos pelos bens das respectivas massas.

Direitos dos Credores na Cisão

Art. 233. Na cisão com extinção da companhia cindida, as sociedades que absorverem parcelas do seu patrimônio responderão solidariamente pelas obrigações da companhia extinta. A companhia cindida que subsistir e as que absorverem parcelas do seu patrimônio responderão solidariamente pelas obrigações da primeira anteriores à cisão.

Parágrafo único. O ato de cisão parcial poderá estipular que as sociedades que absorverem parcelas do patrimônio da companhia cindida serão responsáveis apenas pelas obrigações que lhes forem transferidas, sem solidariedade entre si ou com a companhia cindida, mas, nesse caso, qualquer credor anterior poderá se opor à estipulação, em relação ao seu crédito, desde que notifique a sociedade no prazo de 90 (noventa) dias a contar da data da publicação dos atos da cisão.

Averbação da Sucessão

Art. 234. A certidão, passada pelo registro do comércio, da incorporação, fusão ou cisão, é documento hábil para a averbação, nos registros públicos competentes, da sucessão, decorrente da operação, em bens, direitos e obrigações.

Capítulo XIX
Sociedades de Economia Mista
Legislação Aplicável

Art. 235. As sociedades anônimas de economia mista estão sujeitas a esta Lei, sem prejuízo das disposições especiais de lei federal.

§ 1º As companhias abertas de economia mista estão também sujeitas às normas expedidas pela Comissão de Valores Mobiliários.

§ 2º As companhias de que participarem, majoritária ou minoritariamente, as sociedades de economia mista, estão sujeitas ao disposto nesta Lei, sem as exceções previstas neste Capítulo.

Constituição e Aquisição de Controle

Art. 236. A constituição de companhia de economia mista depende de prévia autorização legislativa.

Parágrafo único. Sempre que pessoa jurídica de direito público adquirir, por desapropriação, o controle de companhia em funcionamento, os acionistas terão direito de pedir, dentro de 60 (sessenta) dias da publicação da primeira ata da assembleia-geral realizada após a aquisição do controle, o reembolso das suas ações; salvo se a companhia já se achava sob o controle, direto ou indireto, de outra pessoa jurídica de direito público, ou no caso de concessionária de serviço público.

Objeto

Art. 237. A companhia de economia mista somente poderá explorar os empreendimentos ou exercer as atividades previstas na lei que autorizou a sua constituição.

§ 1º A companhia de economia mista somente poderá participar de outras sociedades quando autorizada por lei no exercício de opção legal para aplicar Imposto sobre a Renda ou investimentos para o desenvolvimento regional ou setorial.

§ 2º As instituições financeiras de economia mista poderão participar de outras sociedades, observadas as normas estabelecidas pelo Banco Central do Brasil.

Acionista Controlador

Art. 238. A pessoa jurídica que controla a companhia de economia mista tem os deveres e responsabilidades do acionista controlador (artigos 116 e 117), mas poderá orientar as atividades da companhia de modo a atender ao interesse público que justificou a sua criação.

Administração

Art. 239. As companhias de economia mista terão obrigatoriamente Conselho de Administração, assegurado à minoria o direito de eleger um dos conselheiros, se maior número não lhes couber pelo processo de voto múltiplo.

Parágrafo único. Os deveres e responsabilidades dos administradores das companhias de economia mista são os mesmos dos administradores das companhias abertas.

Conselho Fiscal

Art. 240. O funcionamento do conselho fiscal será permanente nas companhias de economia mista; um dos seus membros, e respectivo suplente, será eleito pelas ações ordinárias minoritárias e outro pelas ações preferenciais, se houver.

Correção Monetária

Art. 241. *(Revogado pelo Decreto-lei nº 2.287, de 1986)*

Falência e Responsabilidade Subsidiária

Art. 242. *(Revogado pela Lei nº 10.303, de 2001)*

Capítulo XX
Sociedades Coligadas, Controladoras e Controladas
Seção I
Informações no Relatório da Administração

Art. 243. O relatório anual da administração deve relacionar os investimentos da companhia em sociedades coligadas e controladas e mencionar as modificações ocorridas durante o exercício.

§ 1º São coligadas as sociedades nas quais a investidora tenha influência significativa. *(Redação dada pela Lei nº 11.941, de 2009)*

§ 2º Considera-se controlada a sociedade na qual a controladora, diretamente ou através de outras controladas, é titular de direitos de sócio que lhe assegurem, de modo permanente, preponderância nas deliberações sociais e o poder de eleger a maioria dos administradores.

§ 3º A companhia aberta divulgará as informações adicionais, sobre coligadas e controladas, que forem exigidas pela Comissão de Valores Mobiliários.

§ 4º Considera-se que há influência significativa quando a investidora detém ou exerce o poder de participar nas decisões das políticas financeira ou operacional da investida, sem controlá-la. *(Incluído pela Lei nº 11.941, de 2009)*

§ 5º É presumida influência significativa quando a investidora for titular de 20% (vinte por cento) ou mais do capital votante da investida, sem controlá-la. *(Incluído pela Lei nº 11.941, de 2009)*

Seção II
Participação Recíproca

Art. 244. É vedada a participação recíproca entre a companhia e suas coligadas ou controladas.

§ 1º O disposto neste artigo não se aplica ao caso em que ao menos uma das sociedades participa de outra com observância das condições em que a lei autoriza a aquisição das próprias ações (artigo 30, § 1º, alínea b).

§ 2º As ações do capital da controladora, de propriedade da controlada, terão suspenso o direito de voto.

§ 3º O disposto no § 2º do artigo 30, aplica-se à aquisição de ações da companhia aberta por suas coligadas e controladas.

§ 4º No caso do § 1º, a sociedade deverá alienar, dentro de 6 (seis) meses, as ações ou quotas que excederem do valor dos lucros ou reservas, sempre que esses sofrerem redução.

§ 5º A participação recíproca, quando ocorrer em virtude de incorporação, fusão ou cisão, ou da aquisição, pela companhia, do controle de sociedade, deverá ser mencionada nos relatórios e demonstrações financeiras de ambas as sociedades, e será eliminada no prazo máximo de 1 (um) ano; no caso de coligadas, salvo acordo em contrário, deverão ser alienadas as ações ou quotas de aquisição mais recente ou, se da mesma data, que representem menor porcentagem do capital social.

§ 6º A aquisição de ações ou quotas de que resulte participação recíproca com violação ao disposto neste artigo importa responsabilidade civil solidária dos administradores da sociedade, equiparando-se, para efeitos penais, à compra ilegal das próprias ações.

Seção III
Responsabilidade dos Administradores e das Sociedades Controladoras
Administradores

Art. 245. Os administradores não podem, em prejuízo da companhia, favorecer sociedade coligada, controladora ou controlada, cumprindo-lhes zelar para que as operações entre as sociedades, se houver, observem condições estritamente comutativas, ou com pagamento compensatório adequado; e respondem perante a companhia pelas perdas e danos resultantes de atos praticados com infração ao disposto neste artigo.

Sociedade Controladora

Art. 246. A sociedade controladora será obrigada a reparar os danos que causar à companhia por atos praticados com infração ao disposto nos artigos 116 e 117.

§ 1º A ação para haver reparação cabe:

a) a acionistas que representem 5% (cinco por cento) ou mais do capital social;

b) a qualquer acionista, desde que preste caução pelas custas e honorários de advogado devidos no caso de vir a ação ser julgada improcedente.

§ 2º A sociedade controladora, se condenada, além de reparar o dano e arcar com as custas, pagará honorários de advogado de 20% (vinte por cento) e prêmio de 5% (cinco por cento) ao autor da ação, calculados sobre o valor da indenização.

Seção IV
Demonstrações Financeiras
Notas Explicativas

Art. 247. As notas explicativas dos investimentos a que se refere o art. 248 desta Lei devem conter informações precisas sobre as sociedades coligadas e controladas e suas relações com a companhia, indicando: *(Redação dada pela Lei nº 11.941, de 2009)*

I - a denominação da sociedade, seu capital social e patrimônio líquido;

II - o número, espécies e classes das ações ou quotas de propriedade da companhia, e o preço de mercado das ações, se houver;

III - o lucro líquido do exercício;
IV - os créditos e obrigações entre a companhia e as sociedades coligadas e controladas;
V - o montante das receitas e despesas em operações entre a companhia e as sociedades coligadas e controladas.
Parágrafo único. Considera-se relevante o investimento:
a) em cada sociedade coligada ou controlada, se o valor contábil é igual ou superior a 10% (dez por cento) do valor do patrimônio líquido da companhia;
b) no conjunto das sociedades coligadas e controladas, se o valor contábil é igual ou superior a 15% (quinze por cento) do valor do patrimônio líquido da companhia.

Avaliação do Investimento em Coligadas e Controladas

Art. 248. No balanço patrimonial da companhia, os investimentos em coligadas ou em controladas e em outras sociedades que façam parte de um mesmo grupo ou estejam sob controle comum serão avaliados pelo método da equivalência patrimonial, de acordo com as seguintes normas: *(Redação dada pela Lei nº 11.941, de 2009)*
I - o valor do patrimônio líquido da coligada ou da controlada será determinado com base em balanço patrimonial ou balancete de verificação levantado, com observância das normas desta Lei, na mesma data, ou até 60 (sessenta) dias, no máximo, antes da data do balanço da companhia; no valor de patrimônio líquido não serão computados os resultados não realizados decorrentes de negócios com a companhia, ou com outras sociedades coligadas à companhia, ou por ela controladas;
II - o valor do investimento será determinado mediante a aplicação, sobre o valor de patrimônio líquido referido no número anterior, da porcentagem de participação no capital da coligada ou controlada;
III - a diferença entre o valor do investimento, de acordo com o número II, e o custo de aquisição corrigido monetariamente; somente será registrada como resultado do exercício:
a) se decorrer de lucro ou prejuízo apurado na coligada ou controlada;
b) se corresponder, comprovadamente, a ganhos ou perdas efetivos;
c) no caso de companhia aberta, com observância das normas expedidas pela Comissão de Valores Mobiliários.
§ 1º Para efeito de determinar a relevância do investimento, nos casos deste artigo, serão computados como parte do custo de aquisição os saldos de créditos da companhia contra as coligadas e controladas.
§ 2º A sociedade coligada, sempre que solicitada pela companhia, deverá elaborar e fornecer o balanço ou balancete de verificação previsto no número I.

Demonstrações Consolidadas

Art. 249. A companhia aberta que tiver mais de 30% (trinta por cento) do valor do seu patrimônio líquido representado por investimentos em sociedades controladas deverá elaborar e divulgar, juntamente com suas demonstrações financeiras, demonstrações consolidadas nos termos do artigo 250.
Parágrafo único. A Comissão de Valores Mobiliários poderá expedir normas sobre as sociedades cujas demonstrações devam ser abrangidas na consolidação, e:
a) determinar a inclusão de sociedades que, embora não controladas, sejam financeira ou administrativamente dependentes da companhia;
b) autorizar, em casos especiais, a exclusão de uma ou mais sociedades controladas.

Normas sobre Consolidação

Art. 250. Das demonstrações financeiras consolidadas serão excluídas:
I - as participações de uma sociedade em outra;
II - os saldos de quaisquer contas entre as sociedades;
III - as parcelas dos resultados do exercício, dos lucros ou prejuízos acumulados e do custo de estoques ou do ativo não circulante que corresponderem a resultados, ainda não realizados, de negócios entre as sociedades. *(Redação dada pela Lei nº 11.941, de 2009)*
§ 1º A participação dos acionistas não controladores no patrimônio líquido e no lucro do exercício será destacada, respectivamente, no balanço patrimonial e na demonstração do resultado do exercício. *(Redação dada pela Lei nº 9.457, de 1997)*
§ 2º A parcela do custo de aquisição do investimento em controlada, que não for absorvida na consolidação, deverá ser mantida no ativo não circulante, com dedução da provisão adequada para perdas já comprovadas, e será objeto de nota explicativa. *(Redação dada pela Lei nº 11.941, de 2009)*
§ 3º O valor da participação que exceder do custo de aquisição constituirá parcela destacada dos resultados de exercícios futuros até que fique comprovada a existência de ganho efetivo.
§ 4º Para fins deste artigo, as sociedades controladas, cujo exercício social termine mais de 60 (sessenta) dias antes da data do encerramento do exercício da companhia, elaborarão, com observância das normas desta Lei, demonstrações financeiras extraordinárias em data compreendida nesse prazo.

Seção V
Subsidiária Integral

Art. 251. A companhia pode ser constituída, mediante escritura pública, tendo como único acionista sociedade brasileira.

§ 1º A sociedade que subscrever em bens o capital de subsidiária integral deverá aprovar o laudo de avaliação de que trata o artigo 8º, respondendo nos termos do § 6º do artigo 8º e do artigo 10 e seu parágrafo único.

§ 2º A companhia pode ser convertida em subsidiária integral mediante aquisição, por sociedade brasileira, de todas as suas ações, ou nos termos do artigo 252.

Incorporação de Ações

Art. 252. A incorporação de todas as ações do capital social ao patrimônio de outra companhia brasileira, para convertê-la em subsidiária integral, será submetida à deliberação da assembleia-geral das duas companhias mediante protocolo e justificação, nos termos dos artigos 224 e 225.

§ 1º A assembleia-geral da companhia incorporadora, se aprovar a operação, deverá autorizar o aumento do capital, a ser realizado com as ações a serem incorporadas e nomear os peritos que as avaliarão; os acionistas não terão direito de preferência para subscrever o aumento de capital, mas os dissidentes poderão retirar-se da companhia, observado o disposto no art. 137, II, mediante o reembolso do valor de suas ações, nos termos do art. 230. *(Redação dada pela Lei nº 9.457, de 1997)*

§ 2º A assembleia-geral da companhia cujas ações houverem de ser incorporadas somente poderá aprovar a operação pelo voto de metade, no mínimo, das ações com direito a voto, e se a aprovar, autorizará a diretoria a subscrever o aumento do capital da incorporadora, por conta dos seus acionistas; os dissidentes da deliberação terão direito de retirar-se da companhia, observado o disposto no art. 137, II, mediante o reembolso do valor de suas ações, nos termos do art. 230. *(Redação dada pela Lei nº 9.457, de 1997)*

§ 3º Aprovado o laudo de avaliação pela assembleia-geral da incorporadora, efetivar-se-á a incorporação e os titulares das ações incorporadas receberão diretamente da incorporadora as ações que lhes couberem.

§ 4º A Comissão de Valores Mobiliários estabelecerá normas especiais de avaliação e contabilização aplicáveis às operações de incorporação de ações que envolvam companhia aberta. *(Redação dada pela Lei nº 11.941, de 2009)*

Admissão de Acionistas em Subsidiária Integral

Art. 253. Na proporção das ações que possuírem no capital da companhia, os acionistas terão direito de preferência para:

I - adquirir ações do capital da subsidiária integral, se a companhia decidir aliená-las no todo ou em parte; e

II - subscrever aumento de capital da subsidiária integral, se a companhia decidir admitir outros acionistas.

Parágrafo único. As ações ou o aumento de capital de subsidiária integral serão oferecidos aos acionistas da companhia em assembleia-geral convocada para esse fim, aplicando-se à hipótese, no que couber, o disposto no artigo 171.

Seção VI
Alienação de Controle
Divulgação

Art. 254. *(Revogado pela Lei nº 9.457, de 1997)*

Art. 254-A. A alienação, direta ou indireta, do controle de companhia aberta somente poderá ser contratada sob a condição, suspensiva ou resolutiva, de que o adquirente se obrigue a fazer oferta pública de aquisição das ações com direito a voto de propriedade dos demais acionistas da companhia, de modo a lhes assegurar o preço no mínimo igual a 80% (oitenta por cento) do valor pago por ação com direito a voto, integrante do bloco de controle. *(Incluído pela Lei nº 10.303, de 2001)*

§ 1º Entende-se como alienação de controle a transferência, de forma direta ou indireta, de ações integrantes do bloco de controle, de ações vinculadas a acordos de acionistas e de valores mobiliários conversíveis em ações com direito a voto, cessão de direitos de subscrição de ações e de outros títulos ou direitos relativos a valores mobiliários conversíveis em ações que venham a resultar na alienação de controle acionário da sociedade. *(Incluído pela Lei nº 10.303, de 2001)*

§ 2º A Comissão de Valores Mobiliários autorizará a alienação de controle de que trata o *caput*, desde que verificado que as condições da oferta pública atendem aos requisitos legais. *(Incluído pela Lei nº 10.303, de 2001)*

§ 3º Compete à Comissão de Valores Mobiliários estabelecer normas a serem observadas na oferta pública de que trata o *caput*. *(Incluído pela Lei nº 10.303, de 2001)*

§ 4º O adquirente do controle acionário de companhia aberta poderá oferecer aos acionistas minoritários a opção de permanecer na companhia, mediante o pagamento de um prêmio equivalente à diferença entre o valor de mercado das ações e o valor pago por ação integrante do bloco de controle. *(Incluído pela Lei nº 10.303, de 2001)*

§ 5º *(VETADO) (Incluído pela Lei nº 10.303, de 2001)*

Companhia Aberta Sujeita a Autorização

Art. 255. A alienação do controle de companhia aberta que dependa de autorização do governo para funcionar está sujeita à prévia autorização do órgão competente para aprovar a alteração do seu estatuto. *(Redação dada pela Lei nº 9.457, de 1997)*

Aprovação pela Assembleia-Geral da Compradora

Art. 256. A compra, por companhia aberta, do controle de qualquer sociedade mercantil, dependerá de deliberação da assembleia-geral da compradora, especialmente convocada para conhecer da operação, sempre que:

I - O preço de compra constituir, para a compradora, investimento relevante (artigo 247, parágrafo único); ou

II - o preço médio de cada ação ou quota ultrapassar uma vez e meia o maior dos 3 (três) valores a seguir indicados:

a) cotação média das ações em bolsa ou no mercado de balcão organizado, durante os noventa dias anteriores à data da contratação; *(Redação dada pela Lei nº 9.457, de 1997)*
b) valor de patrimônio líquido (artigo 248) da ação ou quota, avaliado o patrimônio a preços de mercado (artigo 183, § 1º);
c) valor do lucro líquido da ação ou quota, que não poderá ser superior a 15 (quinze) vezes o lucro líquido anual por ação (artigo 187 n. VII) nos 2 (dois) últimos exercícios sociais, atualizado monetariamente.
§ 1º A proposta ou o contrato de compra, acompanhado de laudo de avaliação, observado o disposto no art. 8º, §§ 1º e 6º, será submetido à prévia autorização da assembleia-geral, ou à sua ratificação, sob pena de responsabilidade dos administradores, instruído com todos os elementos necessários à deliberação. *(Redação dada pela Lei nº 9.457, de 1997)*
§ 2º Se o preço da aquisição ultrapassar uma vez e meia o maior dos três valores de que trata o inciso II do *caput*, o acionista dissidente da deliberação da assembleia que a aprovar terá o direito de retirar-se da companhia mediante reembolso do valor de suas ações, nos termos do art. 137, observado o disposto em seu inciso II. *(Redação dada pela Lei nº 9.457, de 1997)*

Seção VII
Aquisição de Controle Mediante Oferta Pública
Requisitos

Art. 257. A oferta pública para aquisição de controle de companhia aberta somente poderá ser feita com a participação de instituição financeira que garanta o cumprimento das obrigações assumidas pelo ofertante.
§ 1º Se a oferta contiver permuta, total ou parcial, dos valores mobiliários, somente poderá ser efetuada após prévio registro na Comissão de Valores Mobiliários.
§ 2º A oferta deverá ter por objeto ações com direito a voto em número suficiente para assegurar o controle da companhia e será irrevogável.
§ 3º Se o ofertante já for titular de ações votantes do capital da companhia, a oferta poderá ter por objeto o número de ações necessário para completar o controle, mas o ofertante deverá fazer prova, perante a Comissão de Valores Mobiliários, das ações de sua propriedade.
§ 4º A Comissão de Valores Mobiliários poderá expedir normas sobre oferta pública de aquisição de controle.

Instrumento da Oferta de Compra

Art. 258. O instrumento de oferta de compra, firmado pelo ofertante e pela instituição financeira que garante o pagamento, será publicado na imprensa e deverá indicar:
I - o número mínimo de ações que o ofertante se propõe a adquirir e, se for o caso, o número máximo;
II - o preço e as condições de pagamento;
III - a subordinação da oferta ao número mínimo de aceitantes e a forma de rateio entre os aceitantes, se o número deles ultrapassar o máximo fixado;
IV - o procedimento que deverá ser adotado pelos acionistas aceitantes para manifestar a sua aceitação e efetivar a transferência das ações;
V - o prazo de validade da oferta, que não poderá ser inferior a 20 (vinte) dias;
VI - informações sobre o ofertante.
Parágrafo único. A oferta será comunicada à Comissão de Valores Mobiliários dentro de 24 (vinte e quatro) horas da primeira publicação.

Instrumento de Oferta de Permuta

Art. 259. O projeto de instrumento de oferta de permuta será submetido à Comissão de Valores Mobiliários com o pedido de registro prévio da oferta e deverá conter, além das referidas no artigo 258, informações sobre os valores mobiliários oferecidos em permuta e as companhias emissoras desses valores.
Parágrafo único. A Comissão de Valores Mobiliários poderá fixar normas sobre o instrumento de oferta de permuta e o seu registro prévio.

Sigilo

Art. 260. Até a publicação da oferta, o ofertante, a instituição financeira intermediária e a Comissão de Valores Mobiliários devem manter sigilo sobre a oferta projetada, respondendo o infrator pelos danos que causar.

Processamento da Oferta

Art. 261. A aceitação da oferta deverá ser feita nas instituições financeiras ou do mercado de valores mobiliários indicadas no instrumento de oferta e os aceitantes deverão firmar ordens irrevogáveis de venda ou permuta, nas condições ofertadas, ressalvado o disposto no § 1º do artigo 262.
§ 1º É facultado ao ofertante melhorar, uma vez, as condições de preço ou forma de pagamento, desde que em porcentagem igual ou superior a 5% (cinco por cento) e até 10 (dez) dias antes do término do prazo da oferta; as novas condições se estenderão aos acionistas que já tiverem aceito a oferta.
§ 2º Findo o prazo da oferta, a instituição financeira intermediária comunicará o resultado à Comissão de Valores Mobiliários e, mediante publicação pela imprensa, aos aceitantes.
§ 3º Se o número de aceitantes ultrapassar o máximo, será obrigatório o rateio, na forma prevista no instrumento da oferta.

Oferta Concorrente

Art. 262. A existência de oferta pública em curso não impede oferta concorrente, desde que observadas as normas desta Seção.

§ 1º A publicação de oferta concorrente torna nulas as ordens de venda que já tenham sido firmadas em aceitação de oferta anterior.

§ 2º É facultado ao primeiro ofertante prorrogar o prazo de sua oferta até fazê-lo coincidir com o da oferta concorrente.

Negociação Durante a Oferta

Art. 263. A Comissão de Valores Mobiliários poderá expedir normas que disciplinem a negociação das ações objeto da oferta durante o seu prazo.

Seção VIII
Incorporação de Companhia Controlada

Art. 264. Na incorporação, pela controladora, de companhia controlada, a justificação, apresentada à assembleia-geral da controlada, deverá conter, além das informações previstas nos arts. 224 e 225, o cálculo das relações de substituição das ações dos acionistas não controladores da controlada com base no valor do patrimônio líquido das ações da controladora e da controlada, avaliados os dois patrimônios segundo os mesmos critérios e na mesma data, a preços de mercado, ou com base em outro critério aceito pela Comissão de Valores Mobiliários, no caso de companhias abertas. *(Redação dada pela Lei nº 10.303, de 2001)*

§ 1º A avaliação dos dois patrimônios será feita por 3 (três) peritos ou empresa especializada e, no caso de companhias abertas, por empresa especializada. *(Redação dada pela Lei nº 10.303, de 2001)*

§ 2º Para efeito da comparação referida neste artigo, as ações do capital da controlada de propriedade da controladora serão avaliadas, no patrimônio desta, em conformidade com o disposto no *caput*. *(Redação dada pela Lei nº 10.303, de 2001)*

§ 3º Se as relações de substituição das ações dos acionistas não controladores, previstas no protocolo da incorporação, forem menos vantajosas que as resultantes da comparação prevista neste artigo, os acionistas dissidentes da deliberação da assembleia-geral da controlada que aprovar a operação, observado o disposto nos arts. 137, II, e 230, poderão optar entre o valor de reembolso fixado nos termos do art. 45 e o valor do patrimônio líquido a preços de mercado. *(Redação dada pela Lei nº 10.303, de 2001)*

§ 4º Aplicam-se as normas previstas neste artigo à incorporação de controladora por sua controlada, à fusão de companhia controladora com a controlada, à incorporação de ações de companhia controlada ou controladora, à incorporação, fusão e incorporação de ações de sociedades sob controle comum. *(Redação dada pela Lei nº 10.303, de 2001)*

§ 5º O disposto neste artigo não se aplica no caso de as ações do capital da controlada terem sido adquiridas no pregão da bolsa de valores ou mediante oferta pública nos termos dos artigos 257 a 263.

Capítulo XXI
Grupo de Sociedades
Seção I
Características e Natureza
Características

Art. 265. A sociedade controladora e suas controladas podem constituir, nos termos deste Capítulo, grupo de sociedades, mediante convenção pela qual se obriguem a combinar recursos ou esforços para a realização dos respectivos objetos, ou a participar de atividades ou empreendimentos comuns.

§ 1º A sociedade controladora, ou de comando do grupo, deve ser brasileira, e exercer, direta ou indiretamente, e de modo permanente, o controle das sociedades filiadas, como titular de direitos de sócio ou acionista, ou mediante acordo com outros sócios ou acionistas.

§ 2º A participação recíproca das sociedades do grupo obedecerá ao disposto no artigo 244.

Natureza

Art. 266. As relações entre as sociedades, a estrutura administrativa do grupo e a coordenação ou subordinação dos administradores das sociedades filiadas serão estabelecidas na convenção do grupo, mas cada sociedade conservará personalidade e patrimônios distintos.

Designação

Art. 267. O grupo de sociedades terá designação de que constarão as palavras "grupo de sociedades" ou "grupo".

Parágrafo único. Somente os grupos organizados de acordo com este Capítulo poderão usar designação com as palavras "grupo" ou "grupo de sociedade".

Companhias Sujeitas a Autorização para Funcionar

Art. 268. A companhia que, por seu objeto, depende de autorização para funcionar, somente poderá participar de grupo de sociedades após a aprovação da convenção do grupo pela autoridade competente para aprovar suas alterações estatutárias.

Seção II
Constituição, Registro e Publicidade

Art. 269. O grupo de sociedades será constituído por convenção aprovada pelas sociedades que o componham, a qual deverá conter:

I - a designação do grupo;
II - a indicação da sociedade de comando e das filiadas;
III - as condições de participação das diversas sociedades;
IV - o prazo de duração, se houver, e as condições de extinção;
V - as condições para admissão de outras sociedades e para a retirada das que o componham;
VI - os órgãos e cargos da administração do grupo, suas atribuições e as relações entre a estrutura administrativa do grupo e as das sociedades que o componham;
VII - a declaração da nacionalidade do controle do grupo;
VIII - as condições para alteração da convenção.
Parágrafo único. Para os efeitos do número VII, o grupo de sociedades considera-se sob controle brasileiro se a sua sociedade de comando está sob o controle de:
a) pessoas naturais residentes ou domiciliadas no Brasil;
b) pessoas jurídicas de direito público interno; ou
c) sociedade ou sociedades brasileiras que, direta ou indiretamente, estejam sob o controle das pessoas referidas nas alíneas a e b.

Aprovação pelos Sócios das Sociedades

Art. 270. A convenção de grupo deve ser aprovada com observância das normas para alteração do contrato social ou do estatuto (art. 136, V). *(Redação dada pela Lei nº 9.457, de 1997)*
Parágrafo único. Os sócios ou acionistas dissidentes da deliberação de se associar a grupo têm direito, nos termos do artigo 137, ao reembolso de suas ações ou quotas.

Registro e Publicidade

Art. 271. Considera-se constituído o grupo a partir da data do arquivamento, no registro do comércio da sede da sociedade de comando, dos seguintes documentos:
I - convenção de constituição do grupo;
II - atas das assembleias-gerais, ou instrumentos de alteração contratual, de todas as sociedades que tiverem aprovado a constituição do grupo;
III - declaração autenticada do número das ações ou quotas de que a sociedade de comando e as demais sociedades integrantes do grupo são titulares em cada sociedade filiada, ou exemplar de acordo de acionistas que assegura o controle de sociedade filiada.
§ 1º Quando as sociedades filiadas tiverem sede em locais diferentes, deverão ser arquivadas no registro do comércio das respectivas sedes as atas de assembleia ou alterações contratuais que tiverem aprovado a convenção, sem prejuízo do registro na sede da sociedade de comando.
§ 2º As certidões de arquivamento no registro do comércio serão publicadas.
§ 3º A partir da data do arquivamento, a sociedade de comando e as filiadas passarão a usar as respectivas denominações acrescidas da designação do grupo.
§ 4º As alterações da convenção do grupo serão arquivadas e publicadas nos termos deste artigo, observando-se o disposto no § 1º do artigo 135.

Seção III
Administração
Administradores do Grupo

Art. 272. A convenção deve definir a estrutura administrativa do grupo de sociedades, podendo criar órgãos de deliberação colegiada e cargos de direção-geral.
Parágrafo único. A representação das sociedades perante terceiros, salvo disposição expressa na convenção do grupo, arquivada no registro do comércio e publicada, caberá exclusivamente aos administradores de cada sociedade, de acordo com os respectivos estatutos ou contratos sociais.

Administradores das Sociedades Filiadas

Art. 273. Aos administradores das sociedades filiadas, sem prejuízo de suas atribuições, poderes e responsabilidades, de acordo com os respectivos estatutos ou contratos sociais, compete observar a orientação geral estabelecida e as instruções expedidas pelos administradores do grupo que não importem violação da lei ou da convenção do grupo.

Remuneração

Art. 274. Os administradores do grupo e os investidos em cargos de mais de uma sociedade poderão ter a sua remuneração rateada entre as diversas sociedades, e a gratificação dos administradores, se houver, poderá ser fixada, dentro dos limites do § 1º do artigo 152 com base nos resultados apurados nas demonstrações financeiras consolidadas do grupo.

Seção IV
Demonstrações Financeiras

Art. 275. O grupo de sociedades publicará, além das demonstrações financeiras referentes a cada uma das companhias que o compõem, demonstrações consolidadas, compreendendo todas as sociedades do grupo, elaboradas com observância do disposto no artigo 250.
§ 1º As demonstrações consolidadas do grupo serão publicadas juntamente com as da sociedade de comando.
§ 2º A sociedade de comando deverá publicar demonstrações financeiras nos termos desta Lei, ainda que não tenha a forma de companhia.
§ 3º As companhias filiadas indicarão, em nota às suas demonstrações financeiras publicadas, o órgão que publicou a última demonstração consolidada do grupo a que pertencer.
§ 4º As demonstrações consolidadas de grupo de sociedades que inclua companhia aberta serão obriga-

toriamente auditadas por auditores independentes registrados na Comissão de Valores Mobiliários, e observarão as normas expedidas por essa comissão.

Seção V
Prejuízos Resultantes de Atos Contrários à Convenção

Art. 276. A combinação de recursos e esforços, a subordinação dos interesses de uma sociedade aos de outra, ou do grupo, e a participação em custos, receitas ou resultados de atividades ou empreendimentos somente poderão ser opostos aos sócios minoritários das sociedades filiadas nos termos da convenção do grupo.

§ 1º Consideram-se minoritários, para os efeitos deste artigo, todos os sócios da filiada, com exceção da sociedade de comando e das demais filiadas do grupo.

§ 2º A distribuição de custos, receitas e resultados e as compensações entre sociedades, previstas na convenção do grupo, deverão ser determinadas e registradas no balanço de cada exercício social das sociedades interessadas.

§ 3º Os sócios minoritários da filiada terão ação contra os seus administradores e contra a sociedade de comando do grupo para haver reparação de prejuízos resultantes de atos praticados com infração das normas deste artigo, observado o disposto nos parágrafos do artigo 246.

Conselho Fiscal das Filiadas

Art. 277. O funcionamento do Conselho Fiscal da companhia filiada a grupo, quando não for permanente, poderá ser pedido por acionistas não controladores que representem, no mínimo, 5% (cinco por cento) das ações ordinárias, ou das ações preferenciais sem direito de voto.

§ 1º Na constituição do Conselho Fiscal da filiada serão observadas as seguintes normas:

a) os acionistas não controladores votarão em separado, cabendo às ações com direito a voto o direito de eleger 1 (um) membro e respectivo suplente e às ações sem direito a voto, ou com voto restrito, o de eleger outro;

b) a sociedade de comando e as filiadas poderão eleger número de membros, e respectivos suplentes, igual ao dos eleitos nos termos da alínea a, mais um.

§ 2º O Conselho Fiscal da sociedade filiada poderá solicitar aos órgãos de administração da sociedade de comando, ou de outras filiadas, os esclarecimentos ou informações que julgar necessários para fiscalizar a observância da convenção do grupo.

Capítulo XXII
Consórcio

Art. 278. As companhias e quaisquer outras sociedades, sob o mesmo controle ou não, podem constituir consórcio para executar determinado empreendimento, observado o disposto neste Capítulo.

§ 1º O consórcio não tem personalidade jurídica e as consorciadas somente se obrigam nas condições previstas no respectivo contrato, respondendo cada uma por suas obrigações, sem presunção de solidariedade.

§ 2º A falência de uma consorciada não se estende às demais, subsistindo o consórcio com as outras contratantes; os créditos que porventura tiver a falida serão apurados e pagos na forma prevista no contrato de consórcio.

Art. 279. O consórcio será constituído mediante contrato aprovado pelo órgão da sociedade competente para autorizar a alienação de bens do ativo não circulante, do qual constarão: *(Redação dada pela Lei nº 11.941, de 2009)*

I - a designação do consórcio se houver;

II - o empreendimento que constitua o objeto do consórcio;

III - a duração, endereço e foro;

IV - a definição das obrigações e responsabilidade de cada sociedade consorciada, e das prestações específicas;

V - normas sobre recebimento de receitas e partilha de resultados;

VI - normas sobre administração do consórcio, contabilização, representação das sociedades consorciadas e taxa de administração, se houver;

VII - forma de deliberação sobre assuntos de interesse comum, com o número de votos que cabe a cada consorciado;

VIII - contribuição de cada consorciado para as despesas comuns, se houver.

Parágrafo único. O contrato de consórcio e suas alterações serão arquivados no registro do comércio do lugar da sua sede, devendo a certidão do arquivamento ser publicada.

Capítulo XXIII
Sociedades em Comandita por Ações

Art. 280. A sociedade em comandita por ações terá o capital dividido em ações e reger-se-á pelas normas relativas às companhias ou sociedades anônimas, sem prejuízo das modificações constantes deste Capítulo.

Art. 281. A sociedade poderá comerciar sob firma ou razão social, da qual só farão parte os nomes dos sócios-diretores ou gerentes. Ficam ilimitada e solidariamente responsáveis, nos termos desta Lei, pelas obrigações sociais, os que, por seus nomes, figurarem na firma ou razão social.

Parágrafo único. A denominação ou a firma deve ser seguida das palavras "Comandita por Ações", por extenso ou abreviadamente.

Art. 282. Apenas o sócio ou acionista tem qualidade para administrar ou gerir a sociedade, e, como diretor ou gerente, responde, subsidiária mas ilimitada e solidariamente, pelas obrigações da sociedade.

§ 1º Os diretores ou gerentes serão nomeados, sem limitação de tempo, no estatuto da sociedade, e somente poderão ser destituídos por deliberação de acionistas que representem 2/3 (dois terços), no mínimo, do capital social.

§ 2º O diretor ou gerente que for destituído ou se exonerar continuará responsável pelas obrigações sociais contraídas sob sua administração.

Art. 283. A assembleia-geral não pode, sem o consentimento dos diretores ou gerentes, mudar o objeto essencial da sociedade, prorrogar-lhe o prazo de duração, aumentar ou diminuir o capital social, emitir debêntures ou criar partes beneficiárias nem aprovar a participação em grupo de sociedade. *(Redação dada pela Lei nº 9.457, de 1997)*

Art. 284. Não se aplica à sociedade em comandita por ações o disposto nesta Lei sobre conselho de administração, autorização estatutária de aumento de capital e emissão de bônus de subscrição.

Capítulo XXIV
Prazos de Prescrição

Art. 285. A ação para anular a constituição da companhia, por vício ou defeito, prescreve em 1 (um) ano, contado da publicação dos atos constitutivos.

Parágrafo único. Ainda depois de proposta a ação, é lícito à companhia, por deliberação da assembleia-geral, providenciar para que seja sanado o vício ou defeito.

Art. 286. A ação para anular as deliberações tomadas em assembleia-geral ou especial, irregularmente convocada ou instalada, violadoras da lei ou do estatuto, ou eivadas de erro, dolo, fraude ou simulação, prescreve em 2 (dois) anos, contados da deliberação.

Art. 287. Prescreve:

I - em, 1 (um) ano:

a) a ação contra peritos e subscritores do capital, para deles haver reparação civil pela avaliação de bens, contado o prazo da publicação da ata da assembleia-geral que aprovar o laudo;

b) a ação dos credores não pagos contra os acionistas e os liquidantes, contado o prazo da publicação da ata de encerramento da liquidação da companhia.

II - em 3 (três) anos:

a) a ação para haver dividendos, contado o prazo da data em que tenham sido postos à disposição do acionista;

b) a ação contra os fundadores, acionistas, administradores, liquidantes, fiscais ou sociedade de comando, para deles haver reparação civil por atos culposos ou dolosos, no caso de violação da lei, do estatuto ou da convenção de grupo, contado o prazo:

1 - para os fundadores, da data da publicação dos atos constitutivos da companhia;

2 - para os acionistas, administradores, fiscais e sociedades de comando, da data da publicação da ata que aprovar o balanço referente ao exercício em que a violação tenha ocorrido;

3 - para os liquidantes, da data da publicação da ata da primeira assembleia-geral posterior à violação.

c) a ação contra acionistas para restituição de dividendos recebidos de má-fé, contado o prazo da data da publicação da ata da assembleia-geral ordinária do exercício em que os dividendos tenham sido declarados;

d) a ação contra os administradores ou titulares de partes beneficiárias para restituição das participações no lucro recebidas de má-fé, contado o prazo da data da publicação da ata da assembleia-geral ordinária do exercício em que as participações tenham sido pagas;

e) a ação contra o agente fiduciário de debenturistas ou titulares de partes beneficiárias para dele haver reparação civil por atos culposos ou dolosos, no caso de violação da lei ou da escritura de emissão, a contar da publicação da ata da assembleia-geral que tiver tomado conhecimento da violação;

f) a ação contra o violador do dever de sigilo de que trata o artigo 260 para dele haver reparação civil, a contar da data da publicação da oferta.

g) a ação movida pelo acionista contra a companhia, qualquer que seja o seu fundamento. *(Incluída pela Lei nº 10.303, de 2001)*

Art. 288. Quando a ação se originar de fato que deva ser apurado no juízo criminal, não ocorrerá a prescrição antes da respectiva sentença definitiva, ou da prescrição da ação penal.

Capítulo XXV
Disposições Gerais

Art. 289. As publicações ordenadas pela presente Lei serão feitas no órgão oficial da União ou do Estado ou do Distrito Federal, conforme o lugar em que esteja situada a sede da companhia, e em outro jornal de grande circulação editado na localidade em que está situada a sede da companhia. *(Redação dada pela Lei nº 9.457, de 1997)*

§ 1º A Comissão de Valores Mobiliários poderá determinar que as publicações ordenadas por esta Lei sejam feitas, também, em jornal de grande circulação nas localidades em que os valores mobiliários da companhia sejam negociados em bolsa ou em mercado de balcão, ou disseminadas por algum outro meio que assegure sua ampla divulgação e imediato acesso às informações. *(Redação dada pela Lei nº 9.457, de 1997)*

§ 2º Se no lugar em que estiver situada a sede da companhia não for editado jornal, a publicação se fará em órgão de grande circulação local.

§ 3º A companhia deve fazer as publicações previstas nesta Lei sempre no mesmo jornal, e qualquer mudança deverá ser precedida de aviso aos acionistas no extrato da ata da assembleia-geral ordinária.

§ 4º O disposto no final do § 3º não se aplica à eventual publicação de atas ou balanços em outros jornais.

§ 5º Todas as publicações ordenadas nesta Lei deverão ser arquivadas no registro do comércio.

§ 6º As publicações do balanço e da demonstração de lucros e perdas poderão ser feitas adotando-se como expressão monetária o milhar de reais. *(Redação dada pela Lei nº 9.457, de 1997)*

§ 7º Sem prejuízo do disposto no *caput* deste artigo, as companhias abertas poderão, ainda, disponibilizar as referidas publicações pela rede mundial de computadores. *(Incluído pela Lei nº 10.303, de 2001)*

Art. 290. A indenização por perdas e danos em ações com fundamento nesta Lei será corrigida monetariamente até o trimestre civil em que for efetivamente liquidada.

Art. 291. A Comissão de Valores Mobiliários poderá reduzir, mediante fixação de escala em função do valor do capital social, a porcentagem mínima aplicável às companhias abertas, estabelecida no art. 105; na alínea *c* do parágrafo único do art. 123; no *caput* do art. 141; no § 1º do art. 157; no § 4º do art. 159; no § 2º do art. 161; no § 6º do art. 163; na alínea *a* do § 1º do art. 246; e no art. 277. *(Redação dada pela Lei nº 10.303, de 2001)*

Parágrafo único. A Comissão de Valores Mobiliários poderá reduzir a porcentagem de que trata o artigo 249.

Art. 292. As sociedades de que trata o artigo 62 da Lei n. 4.728, de 14 de julho de 1965, podem ter suas ações ao portador.

Art. 293. A Comissão de Valores Mobiliários autorizará as bolsas de valores a prestar os serviços previstos nos artigos 27; 34, § 2º; 39, § 1°; 40; 41; 42; 43; 44; 72; 102 e 103.

Parágrafo único. As instituições financeiras não poderão ser acionistas das companhias a que prestarem os serviços referidos nos artigos 27; 34, § 2º; 41; 42; 43 e 72.

Art. 294. A companhia fechada que tiver menos de vinte acionistas, com patrimônio líquido inferior a R$ 1.000.000,00 (um milhão de reais), poderá: *(Redação dada pela Lei nº 10.303, de 2001)*

I - convocar assembleia-geral por anúncio entregue a todos os acionistas, contra-recibo, com a antecedência prevista no artigo 124; e

II - deixar de publicar os documentos de que trata o artigo 133, desde que sejam, por cópias autenticadas, arquivados no registro de comércio juntamente com a ata da assembleia que sobre eles deliberar.

§ 1º A companhia deverá guardar os recibos de entrega dos anúncios de convocação e arquivar no registro de comércio, juntamente com a ata da assembleia, cópia autenticada dos mesmos.

§ 2º Nas companhias de que trata este artigo, o pagamento da participação dos administradores poderá ser feito sem observância do disposto no § 2º do artigo 152, desde que aprovada pela unanimidade dos acionistas.

§ 3º O disposto neste artigo não se aplica à companhia controladora de grupo de sociedade, ou a ela filiadas.

Capítulo XXVI
Disposições Transitórias

Art. 295. A presente Lei entrará em vigor 60 (sessenta) dias após a sua publicação, aplicando-se, todavia, a partir da data da publicação, às companhias que se constituírem.

§ 1º O disposto neste artigo não se aplica às disposições sobre:

a) elaboração das demonstrações financeiras, que serão observadas pelas companhias existentes a partir do exercício social que se iniciar após 1º de janeiro de 1978;

b) a apresentação, nas demonstrações financeiras, de valores do exercício anterior (artigo 176, § 1º), que será obrigatória a partir do balanço do exercício social subsequente ao referido na alínea anterior;

c) elaboração e publicação de demonstrações financeiras consolidadas, que somente serão obrigatórias para os exercícios iniciados a partir de 1º de janeiro de 1978.

§ 2º A participação dos administradores nos lucros sociais continuará a regular-se pelas disposições legais e estatutárias em vigor, aplicando-se o disposto nos §§ 1º e 2º do artigo 152 a partir do exercício social que se iniciar no curso do ano de 1977.

§ 3º A restrição ao direito de voto das ações ao portador (artigo 112) só vigorará a partir de 1 (um) ano a contar da data em que esta Lei entrar em vigor.

Art. 296. As companhias existentes deverão proceder à adaptação do seu estatuto aos preceitos desta Lei no prazo de 1 (um) ano a contar da data em que ela entrar em vigor, devendo para esse fim ser convocada assembleia-geral dos acionistas.

§ 1º Os administradores e membros do Conselho Fiscal respondem pelos prejuízos que causarem pela inobservância do disposto neste artigo.

§ 2º O disposto neste artigo não prejudicará os direitos pecuniários conferidos por partes beneficiárias e debêntures em circulação na data da publicação desta Lei, que somente poderão ser modificados ou reduzidos com observância do disposto no artigo 51 e no § 5º do artigo 71.

§ 3º As companhias existentes deverão eliminar, no prazo de 5 (cinco) anos a contar da data de entrada em vigor desta Lei, as participações recíprocas vedadas pelo artigo 244 e seus parágrafos.

§ 4º As companhias existentes, cujo estatuto for omisso quanto à fixação do dividendo, ou que o estabelecer em condições que não satisfaçam aos requisitos do § 1º do artigo 202 poderão, dentro do prazo previsto neste artigo, fixá-lo em porcentagem inferior à prevista no § 2º do artigo 202, mas os acionistas dissidentes dessa deliberação terão direito de retirar-se da companhia, mediante reembolso do valor de suas ações, com observância do disposto nos artigos 45 e 137.

§ 5º O disposto no artigo 199 não se aplica às reservas constituídas e aos lucros acumulados em balanços levantados antes de 1º de janeiro de 1977.

§ 6º O disposto nos §§ 1º e 2º do artigo 237 não se aplica às participações existentes na data da publicação desta Lei.

Art. 297. As companhias existentes que tiverem ações preferenciais com prioridade na distribuição de dividendo fixo ou mínimo ficarão dispensadas do disposto no artigo 167 e seu § 1º, desde que no prazo de que trata o artigo 296 regulem no estatuto a participação das ações preferenciais na correção anual do capital social, com observância das seguintes normas:

I - o aumento de capital poderá ficar na dependência de deliberação da assembleia-geral, mas será obrigatório quando o saldo da conta de que trata o § 3º do artigo 182 ultrapassar 50% (cinquenta por cento) do capital social;

II - a capitalização da reserva poderá ser procedida mediante aumento do valor nominal das ações ou emissões de novas ações bonificadas, cabendo à assembleia-geral escolher, em cada aumento de capital, o modo a ser adotado;

III - em qualquer caso, será observado o disposto no § 4º do artigo 17;

IV - as condições estatutárias de participação serão transcritas nos certificados das ações da companhia.

Art. 298. As companhias existentes, com capital inferior a Cr$ 5.000.000,00 (cinco milhões de cruzeiros), poderão, no prazo de que trata o artigo 296 deliberar, pelo voto de acionistas que representem 2/3 (dois terços) do capital social, a sua transformação em sociedade por quotas, de responsabilidade limitada, observadas as seguintes normas:

I - na deliberação da assembleia a cada ação caberá 1 (um) voto, independentemente de espécie ou classe;

II - a sociedade por quotas resultante da transformação deverá ter o seu capital integralizado e o seu contrato social assegurará aos sócios a livre transferência das quotas, entre si ou para terceiros;

III - o acionista dissidente da deliberação da assembleia poderá pedir o reembolso das ações pelo valor de patrimônio líquido a preços de mercado, observado o disposto nos artigos 45 e 137;

IV - o prazo para o pedido de reembolso será de 90 (noventa) dias a partir da data da publicação da ata da assembleia, salvo para os titulares de ações nominativas, que será contado da data do recebimento de aviso por escrito da companhia.

Art. 299. Ficam mantidas as disposições sobre sociedades por ações, constantes de legislação especial sobre a aplicação de incentivos fiscais nas áreas da SUDENE, SUDAM, SUDEPE, EMBRATUR e Reflorestamento, bem como todos os dispositivos das Leis nºs. 4.131, de 3 de dezembro de 1962, e 4.390, de 29 de agosto de 1964.

Art. 299-A. O saldo existente em 31 de dezembro de 2008 no ativo diferido que, pela sua natureza, não puder ser alocado a outro grupo de contas, poderá permanecer no ativo sob essa classificação até sua completa amortização, sujeito à análise sobre a recuperação de que trata o § 3º do art. 183 desta Lei. *(Incluído pela Lei nº 11.941, de 2009)*

Art. 299-B. O saldo existente no resultado de exercício futuro em 31 de dezembro de 2008 deverá ser reclassificado para o passivo não circulante em conta representativa de receita diferida. *(Incluído pela Lei nº 11.941, de 2009)*

Parágrafo único. O registro do saldo de que trata o caput deste artigo deverá evidenciar a receita diferida e o respectivo custo diferido. *(Incluído pela Lei nº 11.941, de 2009)*

Art. 300. Ficam revogados o Decreto-Lei n. 2.627, de 26 de setembro de 1940, com exceção dos artigos 59 a 73, e demais disposições em contrário.

Brasília, 15 de dezembro de 1976;
155º da Independência e 88º da República.

ERNESTO GEISEL

2. Instrução CVM nº 247, de 27 de Março de 1996, com as Alterações Introduzidas pelas Instruções CVM nº 269/97, 285/98, 464/08 e 469/08.

Dispõe sobre a avaliação de investimentos em sociedades coligadas e controladas e sobre os procedimentos para elaboração e divulgação das demonstrações contábeis consolidadas, para o pleno atendimento aos Princípios Fundamentais de Contabilidade, altera e consolida as Instruções CVM nº 01, de 27 de abril de 1978, nº 15, de 03 de novembro de 1980, nº 30, de 17 de janeiro de 1984, e o artigo 2º da Instrução CVM nº 170, de 03 de janeiro de 1992, e dá outras providências.

O **PRESIDENTE DA COMISSÃO DE VALORES MOBILIÁRIOS - CVM** torna público que o Colegiado, em sessão realizada em 22.03.96, com fundamento no disposto na alínea "c" do inciso III do artigo 248, no parágrafo único do artigo 249 e no parágrafo único do artigo 291 da Lei nº 6.404, de 15 de dezembro de 1976, e nos incisos I, II e IV do parágrafo único do artigo 22 da Lei nº 6.385, de 07 de dezembro de 1976,

RESOLVEU

DO MÉTODO DA EQUIVALÊNCIA PATRIMONIAL

Art. 1º - O investimento permanente de companhia aberta em coligadas, suas equiparadas e em controladas, localizadas no país e no exterior, deve ser avaliado pelo método da equivalência patrimonial, observadas as disposições desta Instrução.

Parágrafo Único. Equivalência patrimonial corresponde ao valor do investimento determinado mediante a aplicação da percentagem de participação no capital social sobre o patrimônio líquido de cada coligada, sua equiparada e controlada.

DAS COLIGADAS E CONTROLADAS

Art. 2º - Consideram-se coligadas as sociedades quando uma participa com 10% (dez por cento) ou mais do capital social da outra, sem controlá-la.

Parágrafo Único. Equiparam-se às coligadas, para os fins desta Instrução:

a) as sociedades quando uma participa indiretamente com 10% (dez por cento) ou mais do capital votante da outra, sem controlá-la;

b) as sociedades quando uma participa diretamente com 10% (dez por cento) ou mais do capital votante da outra, sem controlá-la, independentemente do percentual da participação no capital total.

Art. 3º - Considera-se controlada, para os fins desta Instrução:

I - sociedade na qual a investidora, diretamente ou indiretamente, seja titular de direitos de sócio que lhe assegurem, de modo permanente:

a) preponderância nas deliberações sociais; e

b) o poder de eleger ou destituir a maioria dos administradores.

II - filial, agência, sucursal, dependência ou escritório de representação no exterior, sempre que os respectivos ativos e passivos não estejam incluídos na contabilidade da investidora, por força de normatização específica; e

III - sociedade na qual os direitos permanentes de sócio, previstos nas alíneas "a" e "b" do inciso I deste artigo estejam sob controle comum ou sejam exercidos mediante a existência de acordo de votos, independentemente do seu percentual de participação no capital votante.

Parágrafo Único. Considera-se, ainda, controlada a subsidiária integral, tendo a investidora como única acionista.

DA DETERMINAÇÃO DA RELEVÂNCIA DO INVESTIMENTO

• *Artigo revogado pela Instrução CVM nº 469, de 2 de maio de 2008.*

DOS INVESTIMENTOS A SEREM AVALIADOS PELO MÉTODO DA EQUIVALÊNCIA PATRIMONIAL

Art. 5º - Deverão ser avaliados pelo método da equivalência patrimonial:

I - o investimento em cada controlada direta ou indireta;

II - o investimento em cada coligada ou sua equiparada, quando a investidora tenha influência significativa na administração ou quando a porcentagem de participação, direta ou indireta, da investidora representar 20% (vinte por cento) ou mais do capital votante; e

III - o investimento em outras sociedades que façam parte de um mesmo grupo ou estejam sob controle comum.

• *Redação dada pela Instrução CVM nº 469, de 2 de maio de 2008.*

Parágrafo Único. Serão considerados exemplos de evidências de influência na administração da coligada:

a) participação nas suas deliberações sociais, inclusive com a existência de administradores comuns;

b) poder de eleger ou destituir um ou mais de seus administradores;

c) volume relevante de transações, inclusive com o fornecimento de assistência técnica ou informações técnicas essenciais para as atividades da investidora;

d) significativa dependência tecnológica e/ou econômico-financeira;

e) recebimento permanente de informações contábeis detalhadas, bem como de planos de investimento; ou

f) uso comum de recursos materiais, tecnológicos ou humanos.

Art. 6º - Deverá deixar de ser avaliado pelo método da equivalência patrimonial, sem prejuízo do disposto no artigo 12, o investimento em sociedades coligadas e controladas com efetiva e clara evidência de perda de continuidade de suas operações ou no caso em que estas estejam operando sob severas restrições a longo prazo que prejudiquem significativamente a sua capacidade de transferir recursos para a investidora.

Art. 7º - O investimento em sociedade coligada e controlada cuja venda por parte da investidora, em futuro próximo, tenha efetiva e clara evidência de realização, continuará sendo avaliado pelo método da equivalência patrimonial até a data-base considerada para a venda.

• *Artigo revogado pela Instrução CVM nº 469, de 2 de maio de 2008.*

DOS PROCEDIMENTOS DE AVALIAÇÃO DE INVESTIMENTOS PELO MÉTODO DA EQUIVALÊNCIA PATRIMONIAL

Art. 9º - O valor do investimento, pelo método da equivalência patrimonial, será obtido mediante o seguinte cálculo:

I - aplicando-se a percentagem de participação no capital social sobre o valor do patrimônio líquido da coligada e da controlada; e

II - subtraindo-se, do montante referido no inciso I, os lucros não realizados, conforme definido no parágrafo 1º deste artigo, líquidos dos efeitos fiscais.

Parágrafo 1º - Para os efeitos do inciso II deste artigo, serão considerados lucros não realizados aqueles decorrentes de negócios com a investidora ou com outras coligadas e controladas, quando:

a) o lucro estiver incluído no resultado de uma coligada e controlada e correspondido por inclusão no custo de aquisição de ativos de qualquer natureza no balanço patrimonial da investidora; ou

b) o lucro estiver incluído no resultado de uma coligada e controlada e correspondido por inclusão no custo de aquisição de ativos de qualquer natureza no balanço patrimonial de outras coligadas e controladas.

Parágrafo 2º - Os prejuízos decorrentes de transações com a investidora, coligadas e controladas não devem ser eliminados no cálculo da equivalência patrimonial.

Parágrafo 3º - Os lucros e os prejuízos, assim como as receitas e as despesas decorrentes de negócios que tenham gerado, simultânea e integralmente, efeitos opostos nas contas de resultado das coligadas e controladas, não serão excluídos para fins de cálculo do valor do investimento.

Art. 10. - Para os efeitos do disposto no artigo 9º, o patrimônio líquido da coligada e controlada deverá ser determinado com base nas demonstrações contábeis levantadas na mesma data das demonstrações contábeis da investidora.

Parágrafo 1º - Na impossibilidade de cumprimento ao disposto no caput deste artigo, admite-se a utilização de demonstrações contábeis da coligada e controlada em um período máximo de defasagem de até 60 (sessenta) dias antes da data das demonstrações contábeis da investidora.

Parágrafo 2º - O período de abrangência das demonstrações contábeis da coligada e controlada deverá ser idêntico ao da investidora, independentemente das respectivas datas de encerramento.

Parágrafo 3º - Admite-se a utilização de períodos não idênticos, nos casos em que este fato representar melhoria na qualidade da informação produzida, sendo a mudança evidenciada em nota explicativa.

Art. 11. Para a determinação do valor da equivalência patrimonial, a investidora deverá:

I - eliminar os efeitos decorrentes da diversidade de critérios contábeis, em especial, referindo-se a investimentos no exterior;

II - excluir o montante correspondente às participações recíprocas;

III - reconhecer os efeitos decorrentes de eventos relevantes ocorridos no período intermediário, no caso de demonstrações contábeis levantadas em datas diversas; e

IV - reconhecer os efeitos decorrentes de classes de ações com direito preferencial de dividendo fixo, dividendo cumulativo e com diferenciação na participação de lucros.

DAS PERDAS PERMANENTES EM INVESTIMENTOS AVALIADOS PELO MÉTODO DA EQUIVALÊNCIA PATRIMONIAL

Art. 12. A investidora deverá constituir provisão para cobertura de:

I - perdas efetivas, em virtude de:

a) eventos que resultarem em perdas não provisionadas pelas coligadas e controladas em suas demonstrações contábeis; ou

b) responsabilidade formal ou operacional para cobertura de passivo a descoberto.

II - perdas potenciais, estimadas em virtude de:

a) tendência de perecimento do investimento;

b) elevado risco de paralisação de operações de coligadas e controladas;

c) eventos que possam prever perda parcial ou total do valor contábil do investimento ou do montante de créditos contra as coligadas e controladas; ou

d) cobertura de garantias, avais, fianças, hipotecas ou penhor concedidos, em favor de coligadas e controladas, referentes a obrigações vencidas ou vincendas quando caracterizada a incapacidade de pagamentos pela controlada ou coligada.

Parágrafo 1º - Independentemente do disposto na letra "b" do inciso I, deve ser constituída ainda provisão para perdas, quando existir passivo a descoberto e houver intenção manifesta da investidora em manter o seu apoio financeiro à investida.

Parágrafo 2º - A provisão para perdas deverá ser apresentada no ativo permanente por dedução e até o limite do valor contábil do investimento a que se referir, sendo o excedente apresentado em conta específica no passivo.

DO ÁGIO OU DESÁGIO NA AQUISIÇÃO DE INVESTIMENTO AVALIADO PELO MÉTODO DA EQUIVALÊNCIA PATRIMONIAL

Art. 13. Para efeito de contabilização, o custo de aquisição de investimento em coligada e controlada deverá ser desdobrado e os valores resultantes desse desdobramento contabilizados em sub-contas separadas:

I - equivalência patrimonial baseada em demonstrações contábeis elaboradas nos termos do artigo 10; e

II - ágio ou deságio na aquisição ou na subscrição, representado pela diferença para mais ou para menos, respectivamente, entre o custo de aquisição do investimento e a equivalência patrimonial.

Art. 14. O ágio ou deságio computado na ocasião da aquisição ou subscrição do investimento deverá ser contabilizado com indicação do fundamento econômico que o determinou.

Parágrafo 1º - O ágio ou deságio decorrente da diferença entre o valor de mercado de parte ou de todos os bens do ativo da coligada e controlada e o respectivo valor contábil, deverá ser amortizado na proporção em que o ativo for sendo realizado na coligada e controlada, por depreciação, amortização, exaustão ou baixa em decorrência de alienação ou perecimento desses bens ou do investimento.

§ 2º O ágio ou o deságio decorrente da diferença entre o valor pago na aquisição do investimento e o valor de mercado dos ativos e passivos da coligada ou controlada, referido no parágrafo anterior, deverá ser amortizado da seguinte forma:

a) o ágio ou o deságio decorrente de expectativa de resultado futuro – no prazo, extensão e proporção dos resultados projetados, ou pela baixa por alienação ou perecimento do investimento, devendo os resultados projetados serem objeto de verificação anual, a fim de que sejam revisados os critérios utilizados para amortização ou registrada a baixa integral do ágio; e

b) o ágio decorrente da aquisição do direito de exploração, concessão ou permissão delegadas pelo Poder Público – no prazo estimado ou contratado de utilização, de vigência ou de perda de substância econômica, ou pela baixa por alienação ou perecimento do investimento.

• *(Redação dada pela Instrução CVM nº 285, de 31 de julho de 1998)*

§ 3º - O prazo máximo para amortização do ágio previsto na letra "a" do parágrafo anterior não poderá exceder a dez anos.

• *(Redação dada pela Instrução CVM nº 285, de 31 de julho de 1998)*

Parágrafo 4º - Quando houver deságio não justificado pelos fundamentos econômicos previstos nos parágrafos 1º e 2º, a sua amortização somente poderá ser contabilizada em caso de baixa por alienação ou perecimento do investimento.

Parágrafo 5º - O ágio não justificado pelos fundamentos econômicos, previstos nos parágrafos 1º e 2º, deve ser reconhecido imediatamente como perda, no resultado do exercício, esclarecendo-se em nota explicativa as razões da sua existência.

Art. 15. Na elaboração do balanço patrimonial da investidora, o saldo não amortizado do ágio ou deságio deve ser apresentado no ativo permanente, adicionado ou reduzido, respectivamente, à equivalência patrimonial do investimento a que se referir.

DA DIFERENÇA RESULTANTE DA AVALIAÇÃO BASEADA NO MÉTODO DA EQUIVALÊNCIA PATRIMONIAL

Art. 16. A diferença verificada, ao final de cada período, no valor do investimento avaliado pelo método da equivalência patrimonial, deverá ser apropriada pela investidora como:

I - receita ou despesa operacional, quando corresponder a aumento ou diminuição do patrimônio líquido da coligada e controlada, em decorrência da apuração de lucro líquido ou prejuízo no período ou que corresponder a ganhos ou perdas efetivos em decorrência da existência de reservas de capital ou de ajustes de exercícios anteriores;

II - receita ou despesa não operacional, quando corresponder a eventos que resultem na variação da porcentagem de participação no capital social da coligada e controlada;

III - aplicação na amortização do ágio em decorrência do aumento ocorrido no patrimônio líquido por reavaliação dos ativos que lhe deram origem; e

• *(Inciso revogado pela Instrução CVM nº 469, de 2 de maio de 2008)*

V - na conta de Ajuste Acumulado de Conversão, diretamente no seu patrimônio líquido, quando corresponder a ajuste da mesma natureza no patrimônio líquido da controlada ou coligada com investimento no exterior, em função das variações cambiais de que trata a regulamentação da CVM em vigor.

• *(Inciso incluído pela Instrução CVM nº 464, de 29 de janeiro de 2008)*

Parágrafo único. Não obstante o disposto no art. 12, o resultado negativo de equivalência patrimonial terá como limite o valor contábil do investimento, que compreende o custo de aquisição mais a equivalência patrimonial, o ágio e o deságio não amortizados e a provisão para perdas.

• *Redação dada pela Instrução CVM nº 469, de 2 de maio de 2008)*

DA RESERVA DE LUCROS A REALIZAR E DOS DIVIDENDOS E BONIFICAÇÕES EM AÇÕES RECEBIDOS PELA INVESTIDORA

Art. 17. Para fins de constituição da reserva de lucros a realizar, somente poderá ser considerado como lucro a realizar o resultado líquido positivo da equivalência patrimonial sobre o conjunto dos investimentos, apurado nos termos dos incisos I e II, do artigo 16.

Art. 18. As bonificações recebidas sem custo pela investidora, quer sejam por emissão de novas ações, quer sejam por aumento do valor nominal das ações, não devem ser objeto de contabilização na conta do investimento na coligada e controlada.

Parágrafo Único. Em decorrência do previsto no caput deste artigo, deverá ser revertida para a conta de lucros ou prejuízos acumulados a correspondente parcela que tiver sido destinada para reserva de lucros a realizar, a que se refere o artigo 17.

Art. 19. A parcela revertida da reserva de lucros a realizar para a conta de lucros ou prejuízos acumulados, se não absorvida por prejuízos, deverá ser considerada no cálculo, em separado, do dividendo obrigatório no exercício em que for feita a reversão. O excedente poderá ser destinado para:

I - aumento de capital;

II - distribuição de dividendo; e

III - constituição de outras reservas de lucros, inclusive retenção justificada em lucros acumulados, ou absorção do prejuízo do exercício, atendidas as exigências legais.

DAS NOTAS EXPLICATIVAS

Art. 20. As notas explicativas que acompanham as demonstrações contábeis devem conter informações precisas das coligadas e das controladas, indicando, no mínimo:

I - denominação da coligada e controlada, o número, espécie e classe de ações ou de cotas de capital possuídas pela investidora, o percentual de participação no capital social e no capital votante e o preço de negociação em bolsa de valores, se houver;

II - patrimônio líquido, lucro líquido ou prejuízo do exercício, assim como o montante dos dividendos propostos ou pagos, relativos ao mesmo período;

III - créditos e obrigações entre a investidora e as coligadas e controladas especificando prazos, encargos financeiros e garantias;

IV - avais, garantias, fianças, hipotecas ou penhor concedidos em favor de coligadas ou controladas;

V - receitas e despesas em operações entre a investidora e as coligadas e controladas;

VI - montante individualizado do ajuste, no resultado e patrimônio líquido, decorrente da avaliação do valor contábil do investimento pelo método da equivalência patrimonial, bem como o saldo contábil de cada investimento no final do período;

VII - memória de cálculo do montante individualizado do ajuste, quando este não decorrer somente da aplicação do percentual de participação no capital social sobre os resultados da investida, se relevante;

VIII - base e fundamento adotados para constituição e amortização do ágio ou deságio e montantes não amortizados, bem como critérios, taxa de desconto e prazos utilizados na projeção de resultados;

IX - condições estabelecidas em acordo de acionistas com respeito a influência na administração e distribuição de lucros, evidenciando os números relativos aos casos em que a proporção do poder de voto for diferente da proporção de participação no capital social votante, direta ou indiretamente;

X - participações recíprocas existentes; e

XI - efeitos no ativo, passivo, patrimônio líquido e resultado decorrentes de investimentos descontinuados (artigos 6º e 7º).

DAS DEMONSTRAÇÕES CONTÁBEIS CONSOLIDADAS DO DEVER DE ELABORAR E DIVULGAR DEMONSTRAÇÕES CONTÁBEIS CONSOLIDADAS

Art. 21. Ao fim de cada exercício social, demonstrações contábeis consolidadas devem ser elaboradas por:

I - companhia aberta que possuir investimento em sociedades controladas, incluindo as sociedades controladas em conjunto referidas no artigo 32 desta Instrução; e

II - sociedade de comando de grupo de sociedades que inclua companhia aberta.

Art. 22. Demonstrações contábeis consolidadas compreendem o balanço patrimonial consolidado, a demonstração consolidada do resultado do exercício e a demonstração consolidada das origens e aplicações de recursos, complementadas por notas explicativas e outros quadros analíticos necessários para esclarecimento da situação patrimonial e dos resultados consolidados.

DAS CONTROLADAS EXCLUÍDAS NAS DEMONSTRAÇÕES CONTÁBEIS CONSOLIDADAS

Art. 23. Poderão ser excluídas das demonstrações contábeis consolidadas, sem prévia autorização da CVM, as sociedades controladas que se encontrem nas seguintes condições:

I - com efetivas e claras evidências de perda de continuidade e cujo patrimônio seja avaliado, ou não, a valores de liquidação; ou

II - cuja venda por parte da investidora, em futuro próximo, tenha efetiva e clara evidência de realização devidamente formalizada.

§1º A Comissão de Valores Mobiliários poderá, em casos especiais e mediante prévia solicitação, autorizar a exclusão de uma ou mais sociedades controladas das demonstrações contábeis consolidadas.

• *(Redação dada pela Instrução CVM nº 269, de 1º de dezembro de 1997)*

Parágrafo 2º No balanço patrimonial consolidado, o valor contábil do investimento na sociedade controlada excluída da consolidação deverá ser avaliado pelo método da equivalência patrimonial.

Parágrafo 3º Não será considerada justificável a exclusão, nas demonstrações contábeis consolidadas, de sociedade controlada cujas operações sejam de natureza diversa das operações da investidora ou das demais controladas.

DA ELABORAÇÃO DAS DEMONSTRAÇÕES CONTÁBEIS CONSOLIDADAS

Art. 24. Para a elaboração das demonstrações contábeis consolidadas, a investidora deverá observar, além do disposto no artigo 10, os seguintes procedimentos:

I - excluir os saldos de quaisquer contas ativas e passivas, decorrentes de transações entre as sociedades incluídas na consolidação;

II - eliminar o lucro não realizado que esteja incluído no resultado ou no patrimônio líquido da controladora e correspondido por inclusão no balanço patrimonial da controlada.

III - eliminar do resultado os encargos de tributos correspondentes ao lucro não realizado, apresentando-os no ativo circulante/realizável a longo prazo - tributos diferidos, no balanço patrimonial consolidado.

Parágrafo Único. No processo de consolidação das demonstrações contábeis, não poderá ser efetuada a compensação de quaisquer ativos ou passivos pela dedução de outros passivos ou ativos, a não ser que exista um direito de compensação e a compensação represente a expectativa quanto à realização do ativo e à liquidação do passivo.

Art. 25. A participação dos acionistas não controladores, no patrimônio líquido das sociedades controladas, deverá ser destacada em grupo isolado, no balanço patrimonial consolidado, imediatamente antes do patrimônio líquido.

Art. 26. O montante correspondente ao ágio ou deságio proveniente da aquisição/subscrição de sociedade controlada, não excluído nos termos do inciso I do artigo 24, deverá:

I - quando decorrente da diferença prevista no parágrafo 1º do artigo 14, ser divulgado como adição ou retificação da conta utilizada pela sociedade controlada para registro do ativo especificado; e

II - quando decorrente da diferença prevista no parágrafo 2º do artigo 14:

a) ser divulgado em item destacado no ativo permanente, quando representar ágio; e

b) ser divulgado em conta apropriada de resultados de exercícios futuros, quando representar deságio.

Art. 27. A parcela correspondente à provisão para perdas constituída na investidora deve ser deduzida do saldo da conta da controlada que tenha dado origem à constituição da provisão, ou apresentada como passivo exigível, quando representar expectativa de conversão em exigibilidade.

Art. 28. Para a elaboração da demonstração consolidada do resultado do exercício a investidora deverá:

I - incluir os resultados de sociedade controlada, adquirida ou vendida no transcorrer do exercício social, tomando por base a data do respectivo registro ou baixa nos seus investimentos permanentes; e

II - excluir todas as receitas e despesas decorrentes de negócios entre a investidora e as sociedades controladas, bem como entre estas.

Art. 29. A participação dos acionistas não controladores no lucro líquido ou prejuízo do exercício das controladas deverá ser destacada e apresentada, respectivamente, como dedução ou adição ao lucro líquido ou prejuízo consolidado.

Art. 30. A demonstração consolidada das origens e aplicações dos recursos deverá ser elaborada de maneira consistente com o contido nesta Instrução.

DAS NOTAS EXPLICATIVAS ÀS DEMONSTRAÇÕES CONTÁBEIS CONSOLIDADAS

Art. 31. As notas explicativas que acompanham as demonstrações contábeis consolidadas devem conter informações precisas das controladas, indicando:

I - critérios adotados na consolidação e as razões pelas quais foi realizada a exclusão de determinada controlada;

II - eventos subsequentes à data de encerramento do exercício social que tenham, ou possam vir a ter, efeito relevante sobre a situação financeira e os resultados futuros consolidados;

III - efeitos, nos elementos do patrimônio e resultado consolidados, da aquisição ou venda de sociedade controlada, no transcorrer do exercício social, assim como da inserção de controlada no processo de consolidação, para fins de comparabilidade das demonstrações contábeis; e

IV - eventos que ocasionaram diferença entre os montantes do patrimônio líquido e lucro líquido ou prejuízo da investidora, em confronto com os correspondentes montantes do patrimônio líquido e do lucro líquido ou prejuízo consolidados.

DA CONSOLIDAÇÃO DAS DEMONSTRAÇÕES CONTÁBEIS DE SOCIEDADES CONTROLADAS EM CONJUNTO

Art. 32. Os componentes do ativo e passivo, as receitas e as despesas das sociedades controladas em conjunto deverão ser agregados às demonstrações contábeis consolidadas de cada investidora, na proporção da participação destas no seu capital social.

Parágrafo 1º - Considera-se controlada em conjunto aquela em que nenhum acionista exerce, individualmente, os poderes previstos no artigo 3º desta Instrução.

Parágrafo 2º - No caso de uma das sociedades investidoras passar a exercer direta ou indiretamente o controle isolado sobre a sociedade controlada em conjunto, a controladora final deverá passar a consolidar integralmente os elementos do seu patrimônio.

Art. 33. Em nota explicativa às demonstrações contábeis consolidadas, referidas no artigo anterior, deverão ser divulgados ainda o montante dos principais grupos do ativo, passivo e resultado das sociedades controladas em conjunto, bem como o percentual de participação em cada uma delas.

Art. 34. Aplica-se o disposto nos artigos 23 a 31 à elaboração das demonstrações contábeis consolidadas de sociedades controladas em conjunto, no que não colidir com as normas previstas nos artigos 32 e 33.

DAS DISPOSIÇÕES FINAIS

Art. 35. As demonstrações contábeis consolidadas e respectivas notas explicativas serão objeto de exame e de parecer de auditores independentes.

Parágrafo Único. A auditoria referida no caput deste artigo deverá incluir o exame das demonstrações contábeis de todas as controladas, abertas ou fechadas, incluídas na consolidação, realizado por auditor registrado nesta Comissão.

Art. 36. As demonstrações contábeis consolidadas, assim como as notas explicativas e quadros analíticos, referidos nesta Instrução, integram, em cada exercício social, as demonstrações contábeis da companhia aberta investidora ou da sociedade de comando de grupo de sociedades que inclua companhia aberta.

Art. 37. A companhia aberta filiada de grupo de sociedades deve indicar, em nota explicativa às suas demonstrações contábeis, o órgão e, se possível, a data de publicação das demonstrações contábeis consolidadas da sociedade de comando de grupo de sociedades a que estiver filiada.

Art. 38. Os ajustes iniciais, decorrentes das alterações introduzidas por esta Instrução, deverão ser registrados como receita ou despesa de equivalência patrimonial, no resultado não operacional, com divulgação do fato e os valores envolvidos em nota explicativa.

Parágrafo 1º - Aplica-se, ainda, o disposto no caput deste artigo aos investimentos que, por se tornarem relevantes, passarem a ser avaliados pelo método da equivalência patrimonial.

Parágrafo 2º - O disposto neste artigo não implicará reelaboração das demonstrações contábeis individuais ou consolidadas relativas ao exercício social anterior.

Art. 39. As companhias abertas deverão manter em boa ordem, pelo prazo de 3 (três) anos e por quaisquer meios adequados, a guarda dos papéis de trabalho e memórias de cálculo relativos à elaboração de suas demonstrações contábeis consolidadas.

Parágrafo Único. O descumprimento ao disposto aos artigos 1º, 21, 32 e 35 desta Instrução será considerado falta grave, para fins do artigo 11 da Lei nº 6.385, de 07 de dezembro de 1976, ensejando a aplicação das penalidades previstas na legislação pertinente.

Art. 40. Todas as disposições relativas às sociedades coligadas, contidas nesta Instrução, aplicam-se ainda às sociedades equiparadas conforme definição contida no parágrafo único do artigo 2º.

Art. 41. Esta Instrução entra em vigor na data de sua publicação, aplicando-se às demonstrações contábeis relativas aos exercícios sociais a se encerrarem a partir de 1º de dezembro de 1996, quando ficarão revogadas as Instruções CVM nº 01, de 27 de abril de 1978, nº 15, de 03 de novembro de 1980, nº 30, de 17 de janeiro de 1984, o artigo 2º da Instrução CVM nº 170, de 03 de janeiro de 1992, e as demais disposições em contrário.

Parágrafo Único. Adaptam-se à presente Instrução as demais normas da CVM que tratam dessa matéria.

FRANCISCO AUGUSTO DA COSTA E SILVA
Presidente

3. Instrução CVM nº 319, de 3 de Dezembro de 1999, com as Alterações Introduzidas pelas Instruções CVM Nºs 320/99 e 349/01.

Dispõe sobre as operações de incorporação, fusão e cisão envolvendo companhia aberta.

O PRESIDENTE DA COMISSÃO DE VALORES MOBILIÁRIOS - CVM torna público que o Colegiado, em reunião realizada nesta data, com fundamento nos arts. 8º, inciso I, 9º, inciso I, alínea "g", e inciso II, 11, §3º, 21, §6º, inciso I, 22, parágrafo único e incisos I, II, IV, VI e VII, da Lei nº 6.385, de 7 de dezembro de 1976, e tendo em vista os arts. 8º, 115, 116, 117, §1º, alíneas b e h,122, inciso VIII, 124, 136, incisos IV e IX, 157, §1º, alínea e c/c §§ 4º e 5º, 158, 160, 170, 177, §3º, 163, inciso III, 165, 223 a 230, e 264, da Lei nº 6.404, de 15 de dezembro de 1976, RESOLVEU baixar a seguinte Instrução:

DO ÂMBITO E FINALIDADE

Art. 1º - São regulados pelas disposições da presente Instrução, relativamente às operações de incorporação, fusão e cisão envolvendo companhia aberta:

I - a divulgação de informações;

II - o aproveitamento econômico e o tratamento contábil do ágio e do deságio;

III - a relação de substituição das ações dos acionistas não controladores;

• *(Inciso com redação dada pela Instrução CVM nº 320, de 06 de dezembro de 1999)*

IV - a obrigatoriedade de auditoria independente das demonstrações financeiras;

V - o conteúdo do relatório da administração;

VI - hipóteses de exercício abusivo do poder de controle; e

VII - o fluxo de dividendos dos acionistas não controladores.

§1º O disposto nesta Instrução aplica-se, independentemente da respectiva forma societária, às sociedades comerciais que façam parte das operações de que trata o caput deste artigo.

§2º Para os efeitos desta Instrução, equiparam-se às companhias abertas as sociedades beneficiárias de recursos oriundos de incentivos fiscais registradas na CVM, e as demais sociedades cujas ações sejam admitidas à negociação nas entidades do mercado de balcão organizado, nos termos da Instrução CVM nº 243, de 1º de março de 1996.

• *(Parágrafos com redação dada pela Instrução CVM nº 320, de 06 de dezembro de 1999)*

DA DIVULGAÇÃO DE INFORMAÇÕES

Art. 2º - Sem prejuízo do disposto na Instrução CVM nº 31, de 8 de fevereiro de 1984, as condições de incorporação, fusão ou cisão envolvendo companhia aberta deverão ser comunicadas pela companhia, até quinze dias antes da data de realização da assembleia-geral que irá deliberar sobre o respectivo protocolo e justificação, à CVM e às bolsas de valores ou entidades do mercado de balcão organizado nas quais os valores mobiliários de emissão da companhia estejam admitidos à negociação, assim como divulgadas na imprensa, mediante publicação nos jornais utilizados habitualmente pela companhia.

§1º A comunicação e a divulgação a que se refere o caput deste artigo deverão conter, no mínimo, as seguintes informações:

I - os motivos ou fins da operação, e o interesse da companhia na sua realização, destacando-se, notadamente:

a) os benefícios esperados, de natureza empresarial, patrimonial, legal, financeira e quaisquer outros efeitos positivos, bem como os eventuais fatores de risco envolvidos;

b) se for o caso, e nos termos da legislação tributária, o montante do ágio que poderá ser amortizado a título de benefício fiscal e as condições de seu aproveitamento pela companhia; e

c) a quantificação estimativa, razoavelmente discriminada em itens, dos custos de realização da operação.

II - a indicação dos atos societários e negociais que antecederam a operação;

III - o número, espécie e classe das ações que serão atribuídas em substituição dos direitos de sócio que se extinguirão, os critérios utilizados para determinar as relações de substituição e as razões pelas quais a operação é considerada equitativa para os acionistas da companhia;

IV - a comparação, em quadro demonstrativo, entre as vantagens políticas e patrimoniais das ações do controlador e dos demais acionistas antes e depois da operação, inclusive das alterações dos respectivos direitos;

V - as ações que os acionistas preferenciais receberão, as razões para a modificação dos seus direitos, se houver, bem como eventuais mecanismos compensatórios;

VI - se for o caso de incorporação de companhia aberta por sua controladora, ou desta por companhia aberta controlada, ou de fusão de controladora com controlada, o cálculo das relações de substituição das ações dos acionistas não controladores da controlada com base no valor do patrimônio líquido das ações da controladora e da controlada, avaliados os dois patrimônios segundo os mesmos critérios e na mesma data, a preços de mercado, para efeito da comparação prevista no art. 264 da Lei nº 6.404, de 15 de dezembro de 1976;

VII - os elementos ativos e passivos que formarão cada parcela do patrimônio, no caso de cisão;

VIII - os critérios de avaliação do patrimônio líquido, a data a que será referida a avaliação, e o tratamento das variações patrimoniais posteriores;

IX - a solução a ser adotada quanto às ações ou quotas do capital de uma das sociedades possuídas por outra;

X - o valor do capital das sociedades a serem criadas ou do aumento ou redução do capital das sociedades que forem parte na operação;

XI - a composição, após a operação, segundo espécies e classes das ações, do capital das companhias que deverão emitir ações em substituição às que se deverão extinguir;

XII - o valor de reembolso das ações a que terão direito os acionistas dissidentes, se for o caso;

XIII - o detalhamento da composição dos passivos e das contingências passivas não contabilizadas a serem assumidas pela companhia resultante da operação, na qualidade de sucessora legal;

XIV - a identificação dos peritos ou da empresa especializada, cuja nomeação será submetida à aprovação da assembleia-geral, para avaliar o patrimônio líquido da companhia, com a declaração da existência ou não, em relação aos mesmos, de qualquer conflito ou comunhão de interesses, atual ou potencial, com o controlador da companhia, ou em face de acionista(s) minoritário(s) da mesma, ou relativamente à outra sociedade envolvida, seus respectivos sócios, ou no tocante à própria operação;

XV - se a operação foi ou será submetida à aprovação das autoridades reguladoras ou de defesa da concorrência brasileiras e estrangeiras;

XVI - todas as demais condições a que estiver sujeita a operação, bem como outras informações relevantes referentes a planos futuros na condução dos negócios sociais, notadamente no que se refere a eventos societários específicos que se pretenda promover na companhia; e

XVII - a indicação dos locais onde estarão disponíveis o projeto ou projetos de estatuto, ou de alterações estatutárias, que deverão ser aprovados para se efetivar a operação, e a discriminação dos demais documentos colocados à disposição dos acionistas da companhia para exame e cópia, a partir da data de publicação das informações a que se refere este artigo, observado o disposto no art. 3º desta Instrução, sendo obrigatório o envio de cópia dos documentos de que trata o presente inciso à CVM e às bolsas de valores ou entidades do mercado de balcão organizado nas quais os valores mobiliários de emissão da companhia estejam admitidos à negociação.

§2º Os valores sujeitos à determinação serão indicados por estimativa.

Art. 3º - O protocolo, a justificação, bem como os pareceres jurídicos, contábeis, financeiros, laudos, avaliações, demonstrações financeiras, estudos, e quaisquer outras informações ou documentos que tenham sido postos à disposição do controlador ou por ele utilizados no planejamento, avaliação, promoção e execução de operações de incorporação, fusão ou cisão envolvendo companhia aberta, deverão ser obrigatoriamente disponibilizados a todos os acionistas desde a data de publicação das condições da operação (art. 2º).

Parágrafo único. As companhias abertas que divulgarem, no exterior, informações, demonstrações financeiras ou quaisquer outros documentos adicionais, ou que, por qualquer motivo, tiverem conteúdo diverso em relação aos requeridos pela legislação societária e pelas demais normas expedidas pela CVM, acerca das operações tratadas nesta Instrução, deverão, simultaneamente, divulgá-los no país e disponibilizá-los aos acionistas, mediante aviso publicado nos jornais utilizados habitualmente pela companhia, e comunicá-los à CVM e às bolsas e entidades do mercado de balcão organizado nas quais os valores mobiliários de emissão da companhia estejam admitidos à negociação.

Art. 4º - Os laudos definitivos deverão ser disponibilizados aos acionistas assim que finalizados, mediante aviso publicado nos jornais utilizados habitualmente pela companhia, até a data de publicação do anúncio de convocação da assembleia-geral que irá deliberar sobre os mesmos.

Art. 5º - As empresas e os profissionais que tenham emitido opiniões, certificações, pareceres, laudos, avaliações, estudos ou prestado quaisquer outros serviços, relativamente às operações de incorporação, fusão ou cisão envolvendo companhia aberta, sem prejuízo de outras disposições legais ou regulamentares aplicáveis, deverão:

I - esclarecer, em destaque, no corpo das respectivas opiniões, certificações, pareceres, laudos, avaliações, estudos ou quaisquer outros documentos de sua autoria, se tem interesse, direto ou indireto, na companhia ou na operação, bem como qualquer outra circunstância relevante que possa caracterizar conflito de interesses; e

II - informar, no modo indicado no inciso anterior, se o controlador ou os administradores da companhia direcionaram, limitaram, dificultaram ou praticaram quaisquer atos que tenham ou possam ter comprometido o acesso, a utilização ou o conhecimento de informações, bens, documentos ou metodologias de trabalho relevantes para a qualidade das respectivas conclusões.

DO TRATAMENTO CONTÁBIL DO ÁGIO E DO DESÁGIO

Art. 6º - O montante do ágio ou do deságio, conforme o caso, resultante da aquisição do controle da companhia aberta que vier a incorporar sua controladora será contabilizado, na incorporadora, da seguinte forma:

I - nas contas representativas dos bens que lhes deram origem – quando o fundamento econômico tiver sido a diferença entre o valor de mercado dos bens e o seu valor contábil (Instrução CVM nº 247/96, art. 14, § 1º);

II - em conta específica do ativo imobilizado (ágio) – quando o fundamento econômico tiver sido a aquisição do direito de exploração, concessão ou permissão delegadas pelo Poder Público (Instrução CVM nº 247/96, art. 14, § 2º, alínea b); e

III - em conta específica do ativo diferido (ágio) ou em conta específica de resultado de exercício futuro (deságio) – quando o fundamento econômico tiver sido a expectativa de resultado futuro (Instrução CVM nº 247/96, art. 14, § 2º, alínea a).

§1º O registro do ágio referido no inciso I deste artigo terá como contrapartida reserva especial de ágio na incorporação, constante do patrimônio líquido, devendo a companhia observar, relativamente aos registros referidos nos incisos II e III, o seguinte tratamento:

a) constituir provisão, na incorporada, no mínimo, no montante da diferença entre o valor do ágio e do benefício fiscal decorrente da sua amortização, que será apresentada como redução da conta em que o ágio foi registrado;

b) registrar o valor líquido (ágio menos provisão) em contrapartida da conta de reserva referida neste parágrafo;

c) reverter a provisão referida na letra "a" acima para o resultado do período, proporcionalmente à amortização do ágio; e

d) apresentar, para fins de divulgação das demonstrações contábeis, o valor líquido referido na letra "a" no ativo circulante e/ou realizável a longo prazo, conforme a expectativa da sua realização.

• *Parágrafo com redação dada pela Instrução CVM nº 349, de 06 de março de 2001.*

§2º A reserva referida no parágrafo anterior somente poderá ser incorporada ao capital social, na medida da amortização do ágio que lhe deu origem, em proveito de todos os acionistas, excetuado o disposto no art. 7º desta Instrução.

§3º Após a incorporação, o ágio ou o deságio continuará sendo amortizado observando-se, no que couber, as disposições das Instruções CVM nº 247, de 27 de março de 1996, e nº 285, de 31 de julho de 1998.

Art. 7º - O protocolo de incorporação de controladora por companhia aberta controlada poderá prever que, nos casos em que a companhia vier a auferir benefício fiscal, em decorrência da amortização do ágio referido no inciso III do art. 6º desta Instrução, a parcela da reserva especial de ágio na incorporação correspondente a tal benefício poderá ser objeto de capitalização em proveito do acionista controlador.

§1º Na hipótese prevista no caput deste artigo, observado o disposto no art. 170 da Lei nº 6.404/76, será sempre assegurado aos demais acionistas o direito de preferência e, se for o caso, as importâncias por eles pagas serão entregues ao controlador.

§2º A capitalização da parcela da reserva especial referida no caput deste artigo, correspondente ao benefício fiscal, somente poderá ser realizada ao término de cada exercício social e na medida em que esse benefício represente uma efetiva diminuição dos tributos pagos pela companhia.

Art. 8º - A companhia deverá efetuar e divulgar, ao término de cada exercício social, análise sobre a recuperação do valor do ágio, ainda que registrado na forma dos incisos II e III do art. 6º desta Instrução, a fim de que sejam:

a) registradas as perdas de valor do capital aplicado quando evidenciado que não haverá resultados suficientes para recuperação desse valor; ou

b) revisados e ajustados os critérios utilizados para a determinação da sua vida útil econômica e para o cálculo e prazo da sua amortização.

DAS RELAÇÕES DE SUBSTITUIÇÃO

Art. 9º - Nas operações de incorporação de companhia aberta por sua controladora, ou desta por companhia aberta controlada, o cálculo da relação de substituição das ações dos acionistas não controladores deverá excluir o saldo do ágio pago na aquisição da controlada.

Parágrafo único. O disposto no caput deste artigo também se aplica às operações de fusão de controladora com controlada.

Art. 10. No cálculo das relações de substituição das ações dos acionistas não controladores, que se extinguirão, estabelecidas no protocolo da operação, deve ser reconhecida a existência de espécies e classes de ações com direitos diferenciados, sendo vedado favorecer, direta ou indiretamente, uma outra espécie ou classe de ações.

Art. 11. É vedada a adoção, nas relações de substituição das ações dos acionistas não controladores, nas operações de que trata esta Instrução, da cotação de bolsa das ações das companhias envolvidas, salvo se essas ações integrarem índices gerais representativos de carteira de ações admitidos à negociação em bolsas de futuros.

AUDITORIA INDEPENDENTE

Art. 12. As demonstrações financeiras que servirem de base para operações de incorporação, fusão e cisão envolvendo companhia aberta deverão ser auditadas por auditor independente registrado na CVM.

Parágrafo único. O disposto neste artigo aplica-se, ainda, aos casos de incorporação de ações previstos no art. 252 da Lei nº 6.404/76.

Art. 13. As demonstrações financeiras referidas no artigo anterior deverão ser elaboradas de acordo com as disposições da legislação societária e normas da CVM e observarão, ainda, os critérios contábeis idênticos aos adotados pela companhia aberta, independentemente da forma societária da outra sociedade envolvida.

DO RELATÓRIO DA ADMINISTRAÇÃO

Art. 14. No relatório da administração, relativo ao exercício em que tiver sido efetuada qualquer operação de incorporação, fusão e cisão envolvendo companhia aberta, deverá ser dedicado capítulo ou parte específica, devidamente destacada, relacionado-se, item a item, todos os custos de transação suportados pela companhia em virtude da operação, assim como o quantitativo das economias e demais vantagens já auferidas em razão da mesma.

Parágrafo único. O relatório aludido no caput deste artigo e os relatórios dos dois exercícios seguintes conterão, sem prejuízo de outras informações devidas, exposição pormenorizada das mudanças ocorridas na administração e na condução dos negócios, relacionadas ou decorrentes da operação.

DO EXERCÍCIO ABUSIVO DO PODER DE CONTROLE

Art. 15. Sem prejuízo de outras disposições legais ou regulamentares, são hipóteses de exercício abusivo do poder de controle:

I - o aproveitamento direto ou indireto, pelo controlador, do valor do ágio pago na aquisição do controle de companhia aberta no cálculo da relação de substituição das ações dos acionistas não controladores, quando de sua incorporação pela controladora, ou nas operações de incorporação de controladora por companhia aberta controlada, ou de fusão de controladora com controlada;

II - a assunção, pela companhia, como sucessora legal, de forma direta ou indireta, de endividamento associado à aquisição de seu próprio controle, ou de qualquer outra espécie de dívida contraída no interesse exclusivo do controlador;

III - o não reconhecimento, no cálculo das relações de substituição das ações dos acionistas não controladores estabelecidas no protocolo da operação, da existência de espécies e classes de ações com direitos diferenciados, com a atribuição de ações, com direitos reduzidos, em substituição àquelas que se extinguirão, de modo a favorecer, direta ou indiretamente, uma outra espécie ou classe de ações;

IV - a adoção, nas relações de substituição das ações dos acionistas não controladores, da cotação de bolsa das ações das companhias envolvidas, que não integrem índices gerais representativos de carteira de ações admitidos à negociação em bolsas de futuros;

V - a não avaliação da totalidade dos dois patrimônios a preços de mercado, nas operações de incorporação de companhia aberta por sua controladora, ou desta por companhia aberta controlada, e nas operações de fusão entre controladora e controlada, para efeito da comparação prevista no art. 264 da Lei nº 6.404/76 e no inciso VI do art. 2º desta Instrução; e

VI - a omissão, a inconsistência ou o retardamento injustificado na divulgação de informações ou de documentos que tenham sido postos à disposição do controlador ou por ele utilizados no planejamento, avaliação, promoção e execução de operações de incorporação, fusão ou cisão envolvendo companhia aberta.

DO FLUXO DE DIVIDENDOS

Art. 16. Os dividendos atribuídos às ações detidas pelos acionistas não controladores não poderão ser diminuídos pelo montante do ágio amortizado em cada exercício.

DAS INFRAÇÕES GRAVES

Art. 17. Considera-se infração grave, para os efeitos do art. 11, § 3º, da Lei nº 6.385, de 7 de dezembro de 1976, a infração ao disposto nos arts. 170, 223, 224, 225, 226, 227, 228, 229, 230, 231 e 264, da Lei nº 6.404/76, assim como a violação das obrigações e o descumprimento dos prazos previstos nesta Instrução, e a prática de atos com exercício abusivo do poder de controle.

Parágrafo único. Estão sujeitos às penalidades previstas em lei, conforme o caso, a companhia aberta, os membros dos conselhos de administração e fiscal, e da diretoria, os integrantes de seus órgãos técnicos ou consultivos, bem como quaisquer outras pessoas naturais ou jurídicas que tenham concorrido para a infração.

DISPOSIÇÕES FINAIS

Art. 18. Aplica-se às operações já concretizadas o disposto nos arts. 6º, incisos I a III e §3º, 8º, 14 e 16 desta Instrução, sem prejuízo da apuração de eventual prática de exercício abusivo do poder de controle.

Art. 19. O estatuído nos arts. 2º, 3º, caput, 5º, 6º, §§ 1º e 2º, 7º, 9º, 10 e 11 desta Instrução não será aplicável às operações precedidas, nos últimos sessenta dias, de oferta pública voluntária de compra de ações, diretamente relacionada com a operação a ser realizada.

Art. 20. Esta Instrução entra em vigor na data de sua publicação no Diário Oficial da União.

FRANCISCO DA COSTA E SILVA
Presidente

19. Comitê de Pronunciamentos Contábeis – CPC

Origem

O Comitê de Pronunciamentos Contábeis (CPC) foi idealizado a partir da união de esforços e comunhão de objetivos das seguintes entidades:

- ABRASCA;
- APIMEC NACIONAL;
- BOVESPA;
- Conselho Federal de Contabilidade;
- FIPECAFI; e
- IBRACON.

Em função das necessidades de:

- convergência internacional das normas contábeis (redução de custo de elaboração de relatórios contábeis, redução de riscos e custo nas análises e decisões, redução de custo de capital);
- centralização na emissão de normas dessa natureza (no Brasil, diversas entidades o fazem);
- representação e processo democrático na produção dessas informações (produtores da informação contábil, auditor, usuário, intermediário, academia, governo).

Criação e Objetivo

Criado pela Resolução CFC nº 1.055/05, o CPC tem como objetivo *"o estudo, o preparo e a emissão de Pronunciamentos Técnicos sobre procedimentos de Contabilidade e a divulgação de informações dessa natureza, para permitir a emissão de normas pela entidade reguladora brasileira, visando à centralização e uniformização do seu processo de produção, levando sempre em conta a convergência da Contabilidade Brasileira aos padrões internacionais"*.

Características Básicas

- O CPC é totalmente autônomo das entidades representadas, deliberando por 2/3 de seus membros;
- O Conselho Federal de Contabilidade fornece a estrutura necessária;
- As seis entidades compõem o CPC, mas outras poderão vir a ser convidadas futuramente;
- Os membros do CPC, dois por entidade, na maioria Contadores, não auferem remuneração.

Além dos 12 membros atuais, serão sempre convidados a participar representantes dos seguintes órgãos:

- Banco Central do Brasil;
- Comissão de Valores Mobiliários (CVM);
- Secretaria da Receita Federal;
- Superintendência de Seguros Privados (SUSEP).

Outras entidades ou especialistas poderão ser convidados. Poderão ser formadas Comissões e Grupos de Trabalho para temas específicos.

Produtos do CPC:

- Pronunciamentos Técnicos;
- Orientações; e
- Interpretações.

Os Pronunciamentos Técnicos serão obrigatoriamente submetidos a audiências públicas. As Orientações e Interpretações poderão, também, sofrer esse processo.

ESTRUTURA

Assembleia dos Presidentes das Entidades:

- elegem os membros do CPC (representantes das seis entidades), com mandatos de quatro anos (exceto metade dos primeiros membros, com dois anos);
- podem, por 3/4 de seus membros, indicar outros membros do CPC;
- podem alterar o Regimento Interno do CPC.

Quatro Coordenadorias:

- de Operações;
- de Relações Institucionais;
- de Relações Internacionais;
- Técnica.

20. Bibliografia

- COMISSÃO DE VALORES MOBILIÁRIOS - CVM
  www.cvm.gov.br

- CONSELHO FEDERAL DE CONTABILIDADE - CFC
  www.cfc.org.br

- CONTABILIDADE AVANÇADA
  Autores: José Luiz dos Santos, Luciane A. Fernandes e Paulo Schmidt, Atlas – 2ª Edição – 2008

- CONTABILIDADE AVANÇADA
  Autores: José Hernandez Perez Junior e Luis Martins de Oliveira, Atlas – 7ª Edição – 2010

- CONTABILIDADE AVANÇADA
  Autor: Marcelo Cavalcanti Almeida, Atlas – 2ª Edição – 2010

- CONTABILIDADE AVANÇADA
  Autor: Osni Moura Ribeiro, Saraiva – 2ª Edição – 2009

- CONTABILIDADE AVANÇADA
  Autores: Arnaldo Reis e José Carlos Marion, Saraiva – 2006

- CONTABILIDADE AVANÇADA
  Autores: Silvério das Neves e Paulo E. Viceconti, Frase – 15ª Edição – 2007

- CONTABILIDADE AVANÇADA E INTERMEDIÁRIA
  Autor: Ricardo J. Ferreira, Ferreira – 3ª Edição – 2009

- CONTABILIDADE COMERCIAL
  Autores: José Carlos Marion e Sérgio de Iudícibus, Atlas – 9ª Edição – 2010

- CONTABILIDADE FINANCEIRA
  Autores: José Luiz dos Santos e Paulo Schmidt, Atlas – 2005

- CONTABILIDADE INTRODUTÓRIA
  Autores: Eliseu Martins, Sergio de Iudícibus e outros, Atlas – 11ª Edição – 2010

- CONTABILIDADE SOCIETÁRIA
  Autores: José Luiz dos Santos e Paulo Schmidt, Atlas – 2009

- CURSO PRÁTICO DE IMPOSTO DE RENDA
  Autores: Silvério das Neves e Paulo E. Viceconti, Frase – 14ª Edição – 2009

- DEMONSTRAÇÃO DO VALOR ADICIONADO
  Autor: Ariovaldo do Santos, Atlas – 2008

- DICIONÁRIO DE TERMOS DE CONTABILIDADE
  Autores: José Carlos Marion e Sérgio de Iudícibus, Atlas – 2003

- FUNDAMENTOS DE CONTABILIDADE AVANÇADA
  Autores: José Luiz dos Santos, Luciane A. Fernandes e Paulo Schmidt, Atlas – 2004

- **MANUAL DE CONTABILIDADE SOCIETÁRIA**
  Autores: Sérgio de Iudícibus, Eliseu Martins, Ernesto Rubens Gelbcke e Ariovaldo dos Santos FIPECAFI, Atlas – 2010

- **MUDANÇAS CONTÁBEIS NA LEI SOCIETÁRIA: Lei nº 11.638 de 28/12/2007**
  Autores: Hugo Rocha Braga e Marcelo Cavalcanti Almeida, Atlas – 2008

- **PRESIDÊNCIA DA REPÚBLICA DO BRASIL**
  www.presidencia.gov.br

Cód.: 0056
Contabilidade Avançada - 8ª Edição
ESP.: Matéria Básica
01/13

Caro(a) leitor(a),

Sua opinião é fundamental para que possamos corrigir eventuais falhas e continuar melhorando sempre a qualidade de nosso material didático, de modo a atender cada vez mais às suas expectativas, como é o nosso objetivo.
Assim sendo, gostaríamos de saber o que você achou desta apostila e, para isto, solicitamos-lhe a gentileza de preencher o formulário abaixo e entregá-lo em qualquer agência dos Correios. A postagem é gratuita.

Agradecemos a sua colaboração.

Atenção: Esta carta não será respondida.

Para entrar em contato conosco, envie um e-mail para: *faleconosco@degraucultural.com.br*

Os Editores

Nome: ____

Formação: ____________________ Atividade profissional: ____________________

Endereço: ______________________________ Bairro: ____________

Cidade: ______________________ UF: ________ CEP: ____________

Telefone residencial: ____________________ Telefone comercial: ____________________

E-mail: ______________________________ Fax: ____________________

Título da apostila:	
Edição:	**Código (favor ver na última página):**

Quais são os aspectos mais positivos desta apostila e como eles lhe foram úteis?

____

____

Que aspectos desta apostila você acha que poderiam ser melhorados e qual seria a sua sugestão?

____

____

Espaço reservado para outras observações que você queira fazer sobre este material:

____

____

corte aqui

cole aqui

dobre aqui

Carta Resposta
099122107-9/2003-DR/RJ
Editora
Degrau Cultural
CORREIOS

CARTA RESPOSTA

NÃO É NECESSÁRIO SELAR

O selo será pago por

EDITORA DEGRAU CULTURAL

AG. AFONSO CAVALCANTI
20299-999 Rio de Janeiro - RJ